# 非営利組織体の
# 簿記研究

■浸透する複式簿記の原理

## 小野正芳［編著］

中央経済社

## ■執筆者一覧

| | | | |
|---|---|---|---|
| 小野　正芳 | （日本大学商学部　教授） | 編集，第12章，第14章，第18章，第19章，結章 |
| 大塚　成男 | （熊本学園大学大学院会計専門職研究科　教授） | 第1章，第21章 |
| 望月　信幸 | （熊本県立大学総合管理学部　教授） | 第2章，第5章 |
| 舩津丸　仁 | （公認会計士） | 第3章，第5章 |
| 市川　紀子 | （駿河台大学経済経営学部　教授） | 第4章，第5章 |
| 丸岡　恵梨子 | （流通経済大学経済学部　准教授） | 第6章，第8章 |
| 中村　文彦 | （大東文化大学経営学部　准教授） | 第7章，第8章，第19章 |
| 佐藤　恵 | （国士舘大学政経学部　教授） | 第9章，第11章 |
| 山下　修平 | （国士舘大学経営学部　教授） | 第10章，第11章 |
| 石田　万由里 | （玉川大学経営学部　教授） | 第13章，第14章 |
| 青木　孝暢 | （白鷗大学経営学部　准教授） | 第15章，第22章 |
| 中野　貴元 | （公益社団法人全国経理教育協会　専務理事） | 第16章，第19章 |
| 吉田　智也 | （中央大学商学部　教授） | 第17章，第20章 |
| 坂上　学 | （法政大学経営学部　教授） | 第23章 |

# まえがき

## ■研究目的

　本書の目的は，非営利組織体における簿記処理に関して，その意義・役割等を明らかにするとともに，損益計算を本来目的としないと考えられる非営利組織体にとって，複式簿記がどのように利用されているのか，複式簿記がどのように役立っているのかを，実務の側面から検討することである。

　複式簿記は，営利企業の損益計算への役立ちに主眼をおいて発展してきたといえよう。しかし，今日では，その適用対象が拡大し，本来，損益計算を必要としないと考えられる非営利組織体における経済活動・事象の記録方法としても，複式簿記が採用されつつある。適用領域拡大の流れは，今後も変わらないと考えられるため，損益計算を必要としないと考えられる各種の非営利組織体のために「複式簿記は，何のために，何を記録すべきか」ということを中心に，今一度，非営利組織体における複式簿記の意義と役割について検討することが重要であると考える。

　本書の研究は，2018年から2021年まで日本簿記学会内に設置された簿記実務研究部会における研究成果に，さらなる論考を追加したものである。本書では11の非営利組織体（農業協同組合，医療法人，地方外郭団体（地方三公社），独立行政法人，国公立大学法人，公益法人，特定非営利活動法人（NPO法人），学校法人，社会福祉法人，宗教法人，地方自治体）を取り上げる。また，非営利組織体の簿記の今後の1つの方向性を示したものと捉えることができる日本公認会計士協会による非営利組織会計検討プロジェクトを取り上げる。

　独立行政法人と国公立大学法人等では「企業会計原則」をベースにした諸基準に，その他の非営利組織体では法人形態ごとの会計基準等に準拠して簿記処理が行われており，GAAPに相当する統一的な会計基準は未だ存在している状況とはいえない。このような状況下において，非営利組織体にとって，複式簿記を利用することで何を記録・計算しようとしているのかを，実務の側面から分析・議論することを目的とする。

## ■非営利組織体の特徴

本書では，非営利組織体を，「利益の獲得を目的とせず，原則として残余財産の分配を行わない組織体」と考えて検討している。また，複式簿記を，「現金出納帳だけではない，総勘定元帳を用いた記録手段」と位置づけて検討している。さまざまな論者が，複式簿記のさまざまな役立ち・機能・役割などについて論じていることは承知しているが，本書では，非営利組織体での記録の全体像を把握することに主眼を置いたため，複式簿記を，収支計算にとどまらない総勘定元帳へ拡張された記録の手段として捉えている。

## ■本書の分析視点

先に述べた研究目的を達成するために，本書では大きく3つのステップで研究を行った。

### ⑴ 非営利組織体への複式簿記の導入の経緯と簿記処理の特徴に関する検討

第1のステップでは，研究対象とする各非営利組織体の簿記・会計に関する現状を整理した（問題意識の詳細を第1章に収録）。現在，非営利組織体ごとに異なる方法で簿記処理が行われており，非営利組織体の簿記処理に共通する複式簿記の意義・役割を明らかにするためには，非営利組織体に適用される現行の会計基準が導入されるまでの経緯，および複式簿記を導入している会計基準においてはその導入の理由を把握することが必要である。

また，同時に，開示することが求められている財務書類，その財務書類を作成するために必要となる簿記処理，各非営利組織体における特徴的な簿記処理を整理した。これらの検討結果の詳細については，各非営利組織体に関して検討を行っている章（第2，3，4，6，7，9，10，12，13，15，16，17章）のおおむね前半部分に収録されている。

そこでは，複式簿記を導入した結果，1期間を超える予算・実績管理が可能になり，永続的な非営利の活動を行っていくために重要である財産の増減に関する要因説明が容易になったこと，そして，経済環境が変化する中で，各非営利組織体に求められる役割を果たす助けとなりうるといったことを指摘した。これらの検討結果について，第18章でまとめている。

## ⑵　非営利組織体における複式簿記の意義と役割に関する検討

　第2ステップでは，第1ステップの検討結果を踏まえて，提供された資金の性格に応じた簿記処理が必要とされているため，その視点から各非営利組織体における複式簿記の意義と役割を特徴づける作業を行った。

　第1ステップの各非営利組織体における簿記処理の研究を通じて，我々は，非営利組織体の簿記処理を最も特徴づけている要因が，資金提供者からの使途制限のある資金あるいは維持すべき資金の簿記処理にあると考えるようになった。非営利組織体には寄附金や公的な資金が多く投入され，使途が制限された資金の状態，その使用の状況などを記録し，資金提供者へ報告することが必要な状況が増えている。そして，各非営利組織体と資金提供者との関係は多様であるため，各非営利組織体で行われる，資金提供者から提供された資金の簿記処理に多様性をもたらしていると考えられるのである。

　ここで，使途制限のある資金とは，資金提供者が使途を指定したうえで提供した資金のことを指す。非営利組織体が活動の元手として利用するように使途が制限されていることもあれば，特定事業の特定支出に充てるよう制限されていることもある。また，資金提供当初は使途が制限されていても，一定期間が経過したのちに非営利組織体が自由に使用することが認められる資金もある。

　また，維持すべき資金とは，一定の条件を満たした収入を分離して，組織外部に流出しないようにすることが求められる資金である。自ら取得した固定資産への支出額を維持すべき金額とするケース，特定の資産を取得するために得た寄附金を維持すべき金額とするケースがある。

　非営利組織体への複式簿記導入の経緯，その簿記処理の特徴を検討することを通じて，営利企業にはないこのような資金の存在が，非営利組織体の簿記処理を特徴づけている大きな要因であると考えるに至った。

　そこで，資金提供者から得た使途制限のある資金あるいは維持すべき資金の簿記処理について，それを表す“場”の視点から，非営利組織体を以下の5つにグルーピングしたうえで，各非営利組織体における複式簿記の意義・役割を検討した。

　　①　企業会計に近い形で出資額の維持を行うグループ（第1グループ）
　　　　農業協同組合，医療法人，地方外郭団体（地方三公社）が該当する。
　　②　貸方項目だけで使途制限を表すグループ（第2グループ）

独立行政法人，国公立大学が該当する。これらの組織では，設立時に提供された資金を「資本金」として処理するものの，設立後の活動は，本来，国が行うべき業務を代わりに担っているものであるため，使途制限のある（決められた業務でのみ使用できる）資金を継続的に受け取る点に特徴がある。

③　借方項目・貸方項目の両者で使途制限を表すグループ（第3グループ）

公益法人，特定非営利活動法人（NPO法人）が該当する。使途制限が付されている提供資金と対応する資産をその他の資金・資産とは区別して扱い，資金源泉とその運用形態の両者で使途制限のある資金の存在を示す点に特徴がある。

④　貸方項目だけで維持すべき金額を表すグループ（第4グループ）

学校法人，社会福祉法人が該当する。学校法人においては自身が決定した額を，社会福祉法人においては使途制限のある寄附金の額を，純資産項目である「基本金」として処理し，維持する点に特徴がある。

⑤　現在，複式簿記の導入過程にあるグループ（第5グループ）

非営利組織会計検討プロジェクト，宗教法人，地方自治体が該当する。

これらの検討結果の詳細については，各非営利組織体に関して検討を行っている章（第2，3，4，6，7，9，10，12，13，15，16，17章）のおおむね後半部分に収録されている。

そのうえで，各非営利組織体で行われている複式簿記の違いを浮き彫りにし，各非営利組織体で行われている複式簿記の特徴をより明確にするため，上記のグループ内の非営利組織体間の簿記処理を比較した。これらの検討結果の詳細については，各部の最後の章（第5，8，11，14章）に収録されている。

さらに，各非営利組織体で行われている複式簿記の特徴をさらに明確にするため，非営利組織体で行われている複式簿記の特徴を取引要素の結合関係の視点から検討した。そこでは，非営利組織体の存在意義（ミッションの達成）が多様であるがゆえに，営利企業に関する情報を提供する企業会計における簿記処理に見られない多様な結合関係があることが明らかになった。これらの検討結果の詳細については，第20章に収録されている。

## ⑶　発展的研究

以上で，非営利組織体における複式簿記の特徴・意義・役割について，おお

むね明らかにできたと思われるが，本書では，さらに，次のような論点にも言及している。

① 業務類似性と簿記処理

異なる会計基準が適用される異なる非営利組織体が同じ業務を行った場合の簿記処理を比較・検討した。本書では，いずれも大学教育を提供している国公立大学法人と学校法人を取り上げている（第19章）。

② 純資産の認識・測定と複式簿記の必要性

非営利組織体は損益計算を必要としないはずであるけれども，組織の継続性など，現在，非営利組織体が社会的に求められている役割を果たすためには，非営利組織体の純資産項目の認識・測定が必要であることを論じている（第21章）。

③ 非営利組織体に適用される会計基準の共通化の可能性

現在，非営利組織体に適用される会計基準を共通化しようとする試みも進んでいる。一方で，非営利組織体がそれぞれ異なるミッションを目的としている中で求められる会計情報は非営利組織体ごとに異なる。そのような環境の中での基準共通化の是非・方法について論じている（第22章）。

④ 情報提供を意識した簿記処理のあり方

多様な簿記処理が求められる非営利組織体における，XBRLなどの営利企業を想定したプロセスの適用可能性について論じている（第23章）。

本研究で取り上げた非営利組織体は11の組織体である。ほかにも異なる種類の非営利組織体があり，本研究がすべての非営利組織体の複式簿記の特徴・意義・役割を明らかにすることができたわけではないが，損益計算を必要としないと考えられる非営利組織においても，複式簿記を必要とする理由，複式簿記による処理を行わなければならない理由の一端を明らかにできたものと考えている。

非営利組織体の活動財源がますます限られる中で，非営利組織体に対して高まる社会的要請をよりよく満たすためには，各非営利組織体が効率的に活動できるようにナビゲートする情報が必要であり，各非営利組織体はそれらの情報を作り出さなければならず，本研究がその一助になれば幸いである。

最後に，日本簿記学会，成川正晃先生に特にお礼申し上げなければならない。

日本簿記学会において簿記実務研究部会の設置が認められなければ，本書の研究は生まれなかった。研究助成をいただいたうえに，研究および報告の機会を与えていただいた日本簿記学会に深くお礼申し上げる。

成川正晃先生は東京経済大学元教授であり，簿記実務研究部会に当初より参加していただき，さまざまなご指導をいただいた。しかし，たいへん残念なことに本書の執筆が始まった2022年に4月に急逝された。本書は成川先生のご指導がなければ完成しなかった。心よりご冥福をお祈り申し上げるとともに，お礼申し上げる。

なお，本書の編集に際して，本書執筆メンバーである吉田智也氏の多大な協力を得た。丹念で面倒な作業への協力に感謝申し上げる。

また，出版事情が厳しい中，快くお引き受けいただいた中央経済社，そして我々の原稿提出を辛抱強く待っていただいた編集の小坂井和重氏により，本書という研究成果を多くの方々に見ていただく機会を得ることができた。心よりお礼申し上げる。

2024年12月

編著者

**【参考文献】**

日本簿記学会簿記実務研究部会 (2021)『日本簿記学会簿記実務研究部会最終報告書：非営利組織の簿記に関する研究』日本簿記学会。

# 目　次

まえがき・i

## 第1章
### 非営利組織体における複式簿記の必要性

第1節　はじめに　*1*

第2節　非営利組織体　*2*

第3節　非営利組織体に複式簿記の導入が求められる理由　*4*

第4節　複式簿記の導入で強化が図られる機能と検討課題　*6*
　　　4.1　利害調整機能　*6*
　　　4.2　情報提供機能　*7*
　　　4.3　内部管理機能　*8*

第5節　複式簿記により新たに導入される要素　*10*
　　　5.1　財務諸表の作成　*10*
　　　5.2　借方科目と貸方科目の相互関係に基づく制約　*11*

第6節　本書における研究の目標　*12*

（大塚　成男）

## 第1部　企業会計に近い形で出資額の維持を行う　　　　グループ

## 第2章
### 農業協同組合の簿記

第1節　農業協同組合会計の導入経緯　*16*

　　　　1.1　農業協同組合の特徴　*16*

　　　　1.2　産業組合の成立と収支簿記　*17*

　　　　1.3　農業協同組合の設立当初における簿記処理　*18*

　　　　1.4　エッシーン勧告と簿記処理　*19*

　第2節　農業協同組合会計における計算書類　*20*

　　　　2.1　準拠すべき会計原則　*20*

　　　　2.2　提出すべき計算書類と業務報告書　*22*

　　　　2.3　財務諸表の表示　*23*

　第3節　取引要素の結合関係　*27*

　第4節　農業協同組合に特徴的な簿記処理　*28*

　第5節　農業協同組合における複式簿記の役割と必要性　*29*

　　　　5.1　農業協同組合における複式簿記の意義　*29*

　　　　5.2　農業協同組合における複式簿記の必要性　*30*

（望月　信幸）

# 第3章

# 医療法人の簿記

　第1節　医療法人会計の導入の経緯　*32*

　　　　1.1　はじめに　*32*

　　　　1.2　病院の開設主体と会計基準　*34*

　　　　1.3　医療法人と会計基準（従来）　*35*

　　　　1.4　医療法人と会計基準（現在）　*36*

　第2節　医療法人会計における計算書類　*37*

　第3節　取引要素の結合図　*38*

　第4節　医療法人会計における簿記処理　*38*

　　　　4.1　簿記一巡　*38*

　　　　4.2　特徴的な簿記処理　*40*

　第5節　医療法人会計における複式簿記の役割と必要性　*42*

目　次　III

　　5.1　役　　割　*42*

　　5.2　必 要 性　*42*

　　5.3　複式簿記によってはじめて明らかになる事柄　*43*

（舩津丸 仁）

# 第4章

## 地方外郭団体の簿記—地方三公社—

### 第1節　地方三公社会計の導入経緯　*46*

　　1.1　第三セクター等および地方独立行政法人の年次別設立数　*47*

　　1.2　第三セクター等に対する出資額および地方公共団体出資割合　*48*

　　1.3　第三セクター等の経営状況等　*48*

　　1.4　第三セクター等改革推進債の概要　*48*

### 第2節　地方三公社会計における計算書類　*50*

### 第3節　取引要素の結合関係　*57*

### 第4節　地方三公社会計における簿記処理　*59*

### 第5節　地方三公社会計における複式簿記の役割と必要性　*60*

　　5.1　地方三公社における複式簿記の役割（意義）　*60*

　　5.2　地方三公社における複式簿記の必要性　*60*

（市川 紀子）

# 第5章

## 法人間の比較分析

　—農業協同組合，医療法人，地方外郭団体（三公社）の比較分析—

### 第1節　比較する視点　*65*

### 第2節　比較分析　*66*

IV　目　次

　　　2.1　簿記処理の根拠となる法令や会計基準等

　　　　　―資金使途制限把握に関する会計基準等―　66

　　　2.2　使途制限のある資金の処理―資本金の維持拘束性・資本金を

　　　　　取り崩す際の手続き・取り崩すときの仕訳など―　69

　第3節　考　　察　70

　　　3.1　比較結果　70

　　　3.2　複式簿記が求められる理由　71

　　　3.3　比較対象の異同点の確認　73

（望月 信幸／舩津丸 仁／市川 紀子）

---

## 第2部　貸方項目だけで使途制限を表すグループ

---

# 第6章
# 独立行政法人の簿記

　第1節　独立行政法人会計の導入経緯　78

　第2節　独立行政法人会計における財務書類　80

　第3節　取引要素の結合関係　83

　第4節　独立行政法人会計における簿記処理　84

　　　4.1　使途制限等のある資金に関する簿記処理　84

　　　4.2　独立行政法人特有の業務の簿記処理　89

　第5節　独立行政法人会計における複式簿記の役割と必要性　92

（丸岡 恵梨子）

# 第7章

## 国公立大学法人の簿記

### 第1節　国公立大学における法人会計の導入経緯　*95*

### 第2節　国公立大学法人の特徴　*96*

2.1　国公立大学法人の独立性と財源措置　*96*

2.2　国公立大学法人のガバナンス体制と業務サイクル　*96*

2.3　国公立大学法人の資金循環　*99*

### 第3節　国公立大学法人会計　*100*

3.1　特徴的な簿記処理　*102*

3.2　財務諸表の体系　*105*

### 第4節　設例による簿記処理の理解　*108*

### 第5節　結　　語　*111*

（中村　文彦）


# 第8章

## 法人間の比較分析—独立行政法人と国公立大学法人—

### 第1節　制度の比較：所轄省庁と適用される会計基準　*114*

### 第2節　使途制限のある資金の簿記処理の比較　*115*

2.1　運営費交付金の会計処理（固定資産を除く）　*115*

2.2　補助金等の会計処理（固定資産を除く）　*116*

2.3　寄附金の会計処理（固定資産を除く）　*117*

2.4　寄附金の会計処理（固定資産を取得する場合）　*117*

2.5　施設費の会計処理　*119*

2.6　運営費交付金により固定資産を取得した場合　*119*

2.7　補助金等により建物を取得した場合　*120*

2.8　賞与と退職給付債務の処理（運営費交付金で賄う額と
引当処理の計算）　*121*

VI 目 次

2.9 事後に財源措置が行われる特定の費用に係る会計処理  *121*

**第3節 損益処理の比較** *122*

3.1 損益処分の簿記処理  *122*

3.2 中期目標等期間終了事業年度末：利益剰余金の処理  *124*

3.3 法人の業務運営に対する評価の比較  *124*

（中村 文彦／丸岡 恵梨子）

# 第3部 借方項目・貸方項目の両者で使途制限を 表すグループ

# 第9章

# 公益法人の簿記

第1節 はじめに：公益法人会計の導入経緯  *128*

第2節 公益法人会計における計算書類  *129*

第3節 簿記処理の特徴と取引要素の結合関係  *131*

第4節 公益法人会計における簿記処理  *136*

第5節 収益・費用と収入・支出の関係  *137*

第6節 公益法人会計基準における複式簿記の定義と意義  *138*

（佐藤 恵）

# 第10章

# 特定非営利活動法人（NPO法人）の簿記

第1節 NPO法人会計基準の導入経緯  *140*

1.1 NPO法とNPO法人  *140*

1.2 NPO法人会計基準制定の歴史的経緯  *141*

目　次　VII

第2節　NPO法人会計における計算書類　*142*

2.1　NPO法人会計における計算書類とその展開　*142*

2.2　NPO法人会計基準の特徴　*143*

第3節　取引要素の結合関係　*145*

第4節　NPO法人会計における簿記処理　*147*

4.1　NPO法人会計基準における純資産・正味財産の
簿記処理　*147*

4.2　「NPO法人に特有の取引等」の簿記処理にみる名目勘定の
役立ち　*148*

4.3　特徴的な簿記処理　*148*

第5節　NPO法人会計における複式簿記の役割と必要性　*155*

（山下　修平）


# 第11章

## 法人間の比較分析

―公益法人と特定非営利活動法人（NPO法人）―

第1節　比較する視点　*158*

第2節　簿記処理・会計処理の比較・考察　*158*

2.1　使途制限を表す借方項目の比較　*158*

2.2　使途制限を表す貸方項目の比較・考察　*162*

2.3　使途制限を表す借方項目と貸方項目の関係性　*163*

2.4　使途制限のある項目に関する簿記処理の比較分析　*166*

第3節　複式簿記の特徴の比較　*169*

3.1　公益法人会計基準の複式簿記の特徴　*169*

3.2　NPO法人会計基準の複式簿記の特徴　*169*

第4節　おわりに　*170*

（佐藤　恵／山下　修平）

VIII 目 次

## 第4部　貸方項目だけで維持すべき金額を表すグループ

### 第12章
# 学校法人の簿記

第1節　はじめに：学校法人会計の導入経緯　*174*

第2節　学校法人会計における計算書類　*175*

第3節　簿記処理の特徴と取引要素の結合関係　*177*

3.1　学校法人の特質　*177*

3.2　基本金の意義　*178*

3.3　学校法人会計における簿記処理と取引要素の結合関係　*179*

第4節　学校法人会計における簿記処理　*181*

4.1　0期末の簿記処理および計算書類の作成　*181*

4.2　1期末の簿記処理および計算書類の作成　*184*

第5節　学校法人会計における複式簿記の役割と必要性　*189*

（小野 正芳）

### 第13章
# 社会福祉法人の簿記

第1節　社会福祉法人会計の導入の経緯　*193*

第2節　社会福祉法人会計における計算書類　*196*

2.1　資金収支計算書　*197*

2.2　事業活動計算書　*202*

2.3　貸借対照表　*207*

第3節　社会福祉法人の簿記処理　*211*

3.1　基 本 金　*211*

3.2　純資産の部における国庫補助金等特別積立金　*213*

第 4 節　社会福祉法人における複式簿記の役割と必要性　*215*

（石田　万由里）

# 第14章

## 法人間の比較分析—学校法人と社会福祉法人—

第 1 節　基本金の簿記処理　*220*

第 2 節　寄附による固定資産取得の簿記処理と比較分析　*222*

2.1　固定資産が現物出資された場合　*224*

2.2　提供された金銭で固定資産を取得した場合　*224*

2.3　固定資産を更新する場合　*224*

2.4　小　　括　*225*

第 3 節　国庫補助金等による固定資産取得の簿記処理と
比較分析　*225*

3.1　簿記処理の特徴　*226*

3.2　小　　括　*227*

第 4 節　借入れによる固定資産取得の簿記処理と比較分析　*227*

4.1　借入金を寄附金で返済する場合の簿記処理の特徴　*227*

4.2　固定資産取得のための借入金を自己資金で返済する
場合の簿記処理の特徴　*228*

4.3　小　　括　*229*

第 5 節　引当資産・積立金の充当による固定資産取得の
簿記処理と比較分析　*229*

5.1　簿記処理の特徴　*230*

5.2　小　　括　*231*

第 6 節　複式簿記の必要性　*231*

（小野　正芳／石田　万由里）

X　目　次

---

## 第5部　複式簿記の導入過程にあるグループ
### ―あるべき処理（展望）―

---

## 第15章
# 非営利組織会計検討プロジェクトにおける簿記

第1節　非営利組織会計への会計枠組みの導入経緯　*234*

第2節　非営利組織会計検討プロジェクトにおける財務諸表　*236*

　　2.1　非営利組織の特性と会計枠組みの必要性　*236*

　　2.2　財務報告の目的と財務諸表　*237*

第3節　取引要素の結合関係　*240*

　　3.1　貸借対照表の表示区分　*240*

　　3.2　活動計算書の表示区分　*242*

　　3.3　非営利組織会計検討プロジェクトにおける取引要素の
　　　　結合関係　*243*

第4節　非営利組織会計検討プロジェクトにおける簿記処理　*244*

　　4.1　数　値　例　*244*

　　4.2　数値例における特徴的な会計処理　*248*

　　4.3　簿記の特徴　*249*

第5節　非営利組織会計検討プロジェクトにおける複式簿記の
　　　　役割と必要性　*251*

（青木　孝暢）

---

## 第16章
# 宗教法人の簿記

第1節　はじめに：宗教法人会計の現状　*253*

第2節　宗教法人会計における決算書類　*256*

2.1　宗教法人法の決算書類　*256*

　　2.2　「基準案」の計算書類　*258*

　　2.3　「指針」の計算書類　*259*

　　2.4　「神社財務規程」の財務諸表　*260*

　　2.5　「教会基準」の計算書類　*261*

第3節　宗教法人会計における簿記手続きと取引要素の
　　　　結合関係　*262*

第4節　宗教法人会計における簿記処理　*264*

　　4.1　宗教法人法および「神社財務規程」の簿記処理　*264*

　　4.2　「基準案」の簿記処理　*265*

　　4.3　「指針」および「教会基準」の簿記処理　*266*

第5節　宗教法人会計における複式簿記の役割と必要性　*266*

（中野　貴元）


# 第17章

# 地方自治体の簿記
―「地方公会計マニュアル」における複式記入―

第1節　はじめに　*271*

第2節　「地方公会計マニュアル」における複式簿記　*272*

　　2.1　「地方公会計マニュアル」の概要　*272*

　　2.2　複式簿記による記帳と財務書類作成の流れ　*273*

　　2.3　具体的な仕訳例による複式簿記の分析　*274*

　　2.4　「地方公会計マニュアル」における仕訳帳への
　　　　　期末一括仕訳による記帳　*279*

第3節　まとめに代えて　*288*

（吉田　智也）

XII　目　次

---

## 第6部　非営利組織体における簿記研究の展開

---

# 第18章
## 非営利組織体への複式簿記導入の特徴

**第1節　非営利組織体への複式簿記導入の経緯**　*292*

　1.1　当初から複式簿記による簿記処理が求められている
　　　組織体　*292*

　1.2　単純な収支計算などから複式簿記による簿記処理へ
　　　移行した組織体　*294*

　1.3　複式簿記導入の過渡期にある組織体　*297*

**第2節　非営利組織会計検討プロジェクト**　*298*

**第3節　非営利組織体に求められる財務書類**　*299*

**第4節　非営利組織体における複式簿記の現状と特徴**　*301*

　4.1　当初から複式簿記による簿記処理が求められている
　　　組織体　*302*

　4.2　単純な収支計算などから複式簿記による簿記処理へ移行した
　　　組織体　*303*

　4.3　複式簿記導入の過渡期にある組織体　*303*

**第5節　資金の性格と複式簿記の意義・役割**　*304*

　5.1　第1グループ：企業会計に近い形で出資額の維持を行う
　　　グループ　*305*

　5.2　第2グループ：貸方項目だけで使途制限を表すグループ　*306*

　5.3　第3グループ：借方項目・貸方項目の両者で使途制限を
　　　表すグループ　*307*

　5.4　第4グループ：貸方項目だけで維持すべき金額を
　　　表すグループ　*307*

　5.5　第5グループ：現在，複式簿記の導入過程にある
　　　グループ　*308*

目 次 XIII

第6節 非営利組織体間の比較分析 *309*

6.1 第1グループ：企業会計に近い形で出資額の維持を行う
グループ *309*

6.2 第2グループ：貸方項目だけで使途制限を表すグループ *309*

6.3 第3グループ：借方項目・貸方項目の両者で使途制限を
表すグループ *309*

6.4 第4グループ：貸方項目だけで維持すべき金額を
表すグループ *310*

（小野 正芳）

# 第19章

# 業務類似性と簿記処理
―国公立大学法人と学校法人の比較―

第1節 国公立大学法人と学校法人の業務類似性と
簿記処理の違い *311*

第2節 資本金と基本金 *312*

2.1 国公立大学法人における資本金の計上 *312*

2.2 学校法人における基本金の計上 *314*

2.3 比較分析 *316*

第3節 減価償却 *319*

3.1 国公立大学法人における減価償却 *319*

3.2 学校法人における減価償却 *321*

3.3 比較分析 *323*

第4節 結 び *324*

（中村 文彦／中野 貴元／小野 正芳）

XIV 目 次

# 第20章

# 取引要素の結合関係の比較分析

—非営利組織体における取引要素の結合関係の諸相—

第 1 節 はじめに *327*

第 2 節 グループごとの取引要素の結合関係 *328*

2.1 「取引 8 要素の結合」として表されるグループ *328*

2.2 「取引 6 要素の結合」として表される可能性のある
グループ *331*

2.3 「取引要素が10を超える」グループ *333*

第 3 節 おわりに *338*

（吉田 智也）

# 第21章

# 非営利組織体における純資産の意味

第 1 節 はじめに *340*

第 2 節 純資産の形成プロセス *341*

2.1 外部からの資金の払込みによる純資産の形成 *342*

2.2 資産と負債の差額を純資産とする非営利組織体 *344*

第 3 節 非営利組織体における純資産の機能 *346*

3.1 内部的な機能 *346*

3.2 外部向けの機能 *349*

第 4 節 純資産の意義に基づく複式簿記の必要性 *350*

（大塚 成男）

目 次 XV

# 第22章

# モデル会計基準のその後の展開

第1節 モデル会計基準の普及 *352*

第2節 財務三基準 *353*

2.1 収支相償 *353*

2.2 公益目的事業比率 *355*

2.3 遊休財産額保有制度 *356*

第3節 課題整理の提案 *357*

3.1 貸借対照表 *357*

3.2 活動計算書 *359*

第4節 公益法人にモデル基準を導入した場合の簿記処理 *362*

4.1 資源提供者により使途拘束された資源の受入れ *362*

4.2 使途拘束の解除 *363*

第5節 非営利組織会計基準の共通化 *365*

（青木 孝暢）

# 第23章

# 非営利組織会計の多様性と簿記会計

第1節 はじめに *368*

第2節 非営利組織体に対する会計規制の現状 *369*

第3節 会計管理のための簿記と決算中心の簿記についての
考察 *372*

第4節 簿記会計一体説と簿記会計独立説についての考察 *375*

第5節 XBRLの視点からの考察 *377*

第6節 おわりに *381*

（坂上 学）

## 結　章
### 本研究のまとめと今後の課題・展望　*383*

（小野　正芳）

■索　　引・*389*

# 第1章

# 非営利組織体における複式簿記の必要性

## 第1節　はじめに

　本書においては，非営利組織体で現実に用いられている複式簿記の内容と機能を検討する。目指しているのは，非営利組織体における複式簿記の実務を事実として明らかにし，そこから現代社会において複式簿記が果たし得る役割を描き出すことである。それゆえ本書では，非営利組織体で複式簿記を採用することの是非は論じていない。本書では，非営利組織体で採用されるべき複式簿記を演繹的に論じるのではなく，非営利組織体における複式簿記を題材として，複式簿記が果たし得る役割を帰納的に検討している。

　近年，さまざまな非営利組織体に複式簿記が導入されている。法令等により複式簿記の導入が義務づけられた組織体も多い。非営利組織体における会計の機能強化にあたっては，その前提として複式簿記の導入が求められていると考えられる。たしかに，簿記が組織の管理システムの根幹部分をなす営利企業においては，簿記は複式簿記であることが当然であると考えられている。しかしながら，非営利組織体に複式簿記を導入することも同様に当然のものと考えることができるのか。非営利組織体に複式簿記が導入されていることには，非営利組織体としての目的や意味があるのではないか。これらの点が，本書における出発点となった問題意識である。そして，複式簿記を非営利組織体にまで浸透させることの積極的な意味を明らかにすることができれば，複式簿記が現在および将来において大きな役割を果たし得ることを示すことができるのではないかと考えた。

　複式簿記の本質を一般的に論じることは本書の目的ではない。「複式簿記とは何か」ではなく，「複式簿記に何ができるか」を検討することが本書におけるテーマである。それゆえ本書においては，形式として複式記入により取引の

記録を行う簿記を複式簿記と捉えている。

　複式簿記の起源は明確ではないが，経済活動の拡大による信用取引の増加という変化が複式簿記の普及を促したと考えることはできる。財貨の受渡しと代金の受渡しとの間に時間的な差がある信用取引が活動の中心となれば，現金の増減を記録するだけでは経済的な活動を網羅的に記録することはできない。債権・債務の残高や，債権・債務を変化させる活動を適切に記録することができる簿記としての複式簿記を導入することが必要になる。非営利組織体も営利企業と同一の経済的環境下で活動を行っているのであり，経済活動の拡大や複雑化に対応するために，非営利組織体にも複式簿記を導入する必要性が生じる。しかし，現実に用いられている営利企業の複式簿記と非営利組織体の複式簿記は同一ではない。それゆえ，両者に差異を生じさせる要因についての検討が必要となる。

　さらに，営利企業の複式簿記では，企業の活動を，現金の運動ではなく，資本の運動として捉える。資本の金額とは，所有者の持分となる金額であり，企業が継続的な活動においては維持すべき資金の金額である。そして，営利企業の複式簿記においては，資産・負債の変化と資本の変動とを連係させるとともに，企業活動の成果を資本の増加として認識・測定する。非営利組織体に複式簿記を導入する場合に，このような営利企業の複式簿記における論理がどのような機能を果たすのかも，改めて検討することが必要になるだろう。

　また，単式簿記にはない複式簿記の要素としては，貸借平均の原理がある。複式簿記の導入は，会計記録における貸借平均の原理の導入であるとみなすこともできる。特に主体における資金の調達と運用という視点に立てば，貸借平均の原理が導入されることで，負債・資本として表れる主体による資金調達の方法の違いによって資産としての資金の使途を拘束することが可能になる。非営利組織体も資金の調達と運用を行う主体であるならば，貸借平均の原理を導入することが大きな意味を持つことが考えられる。この点も，本書における検討課題である。

## 第2節　非営利組織体

　本書においては，可能な限り広い範囲の組織体を検討の対象とすることを目的として，非営利組織体を幅広く「利益の獲得を目的とせず，原則として残余

財産の分配を行わない組織体」として捉えている。そのため，本書で検討対象としている組織体の活動内容は多岐にわたり，中には利益が獲得される活動を部分的には実施している組織体もある。ただし，たとえ利益が獲得される活動を実施しているとしても，その設立の目的や存続にあたっての条件が利益の獲得ではない場合には，その組織体は非営利組織体であるとみなしている。

利益の獲得を主たる目的としていない組織体を非営利組織体として捉えている以上，非営利組織体では営利企業と同様の成果計算は行われない。それゆえ，非営利組織体における複式簿記の導入の目的は，営利企業と同質の期間損益計算を行わせることではないと考えられる。

また，営利企業においては企業の財産の分配を受ける権利を有する者がいるが，非営利組織体においては財産の分配を受ける権利を有する者はいない。非営利組織体に対する出資者が存在する場合もあるが，それらの出資者も非営利組織体の財産の分配を受けることができるわけではない。この点も営利企業と非営利組織体との違いである。

非営利組織体の活動目的は，一部のNPO法人のように有形財の生産・提供を行っている場合もあるが，一般的には社会的なニーズがある役務の提供である場合が多い。そして，非営利組織体は，その役務提供活動の継続を目的として設立される。したがって，非営利組織体に対しても，営利企業と同様に，継続企業の前提を適用することができる。

しかしながら，非営利組織体が継続企業であり続けることができる条件は，営利企業と同じではない。営利企業は自らの活動を継続するための資金を自らの活動を通じて獲得する。自らの活動による投資の回収ができなければ，営利企業の活動は継続できない。それに対して非営利組織体の多くでは，活動を継続するための資金が，自らの活動により提供された役務の対価として獲得されるのではなく，直接の役務提供者とは異なる関係者から提供されている。ただし，非営利組織体に対する外部からの資金提供も無条件ではない。少なくとも非営利組織体は，自らが実施している役務提供のための活動が効率的に行われていることを，資金の提供者に説明しなければならない。この点で非営利組織体も会計責任を負っている。

なお，非営利組織体も営利企業と同様に，活動の中での投資を行っている。多くの非営利組織体において，投資の回収は営利企業のような絶対的な条件ではない。ただし，可能な限り投資の回収を行うべき努力が求められている非営

利組織体もある。したがって，非営利組織体は投資の回収を目的としていないと言い切ることはできないが，営利企業のように継続企業であるための不可欠の条件として位置づけられるわけではない。

## 第3節　非営利組織体に複式簿記の導入が求められる理由

　近年は，非営利組織体に対して法令等で複式簿記の導入が義務づけられている場合が多い。特に組織の自律性が求められる場合，会計において複式簿記の導入が求められていると考えられる。その意味で，非営利組織体における組織の整備と複式簿記の導入とが一体のものとして捉えられている。ただし，非営利組織体には株主に相当する持分所有者が存在せず，投資の回収に基づく期間損益計算を行うことも求められていないとすれば，非営利組織体に対して営利企業と同様に資本の運動を把握することが求められているとは言えない。そのため，非営利組織体に複式簿記を導入する理由は自明ではない。

　単式簿記との対比に基づけば，複式簿記は単式簿記では記録することができない取引，特に現金の増減を伴わない取引を記録することができる。その点で，複式簿記の導入は発生主義の採用と密接に結びつく。それゆえ，経済社会において組織体の活動と現金の動きとの乖離が大きくなり，非営利組織体においても現金の増減を伴わない取引を記録すべき必要性が高いのであれば，複式簿記の導入により発生主義を採用し，その経済的な活動を適切に記録することが必要になる。

　また，複式簿記において必要な仕訳の手続きは，ひとつひとつの取引が組織体の状態や活動に対して与える影響を記録時に適切に解釈する手続きであると考えることができる。それゆえ，非営利組織体にも自らの活動を自律的に解釈して活動方針を決めることを求められるのであれば，複式簿記による会計帳簿を作成することが必要になる。ただし，営利企業とは活動目的や活動内容が異なる以上，仕訳を行ううえでの非営利組織体における取引の解釈の方法は営利企業とは異なったものになるだろう。その差異があるために，非営利組織体における複式簿記では営利企業の複式簿記とは異なる勘定科目を用いた仕訳が行われることになる。

　ただし，これらは単式簿記と複式簿記の外形上の差異に基づいて推測される理由であるに過ぎない。非営利組織体で複式簿記が用いられるべき理由として

は，複式簿記の記録システムとしての多面性だけでなく，非営利組織体に対しても複式簿記の導入を求める社会的な要請があることが重要となる。それはまた，非営利組織体における会計システムの機能を強化することを求める要請でもある。そして，その社会的な要請の背景には，非営利組織体をめぐる利害関係者の拡大と非営利組織体による開示が求められる情報の拡大という「2つの拡大」がある。

　非営利組織体をめぐる利害関係者の拡大は，非営利組織体が活動する領域が拡大していることを反映している。現在の社会においては，独立行政法人のような非営利組織体が行政機関から切り離されて活動しているだけでなく，NPO法人のような民間の非営利組織体が大きな役割を担っている。さらに，パブリック・セクターとプライベート・セクターの境界線が曖昧になる一方で，非営利組織体が社会において担う役割が大きくなっていることも指摘できる。そして，そのような役割の拡大に対応して，非営利組織体の規模も拡大している。また，独立行政法人やNPO法人等については，不特定多数との取引が想定されており，それらの取引先も利害関係者として捉えなければならない。したがって，現代社会における非営利組織体は，小規模で私的な組織であるとは言えず，多様な利害関係者の存在を想定した運営が求められる大規模で公的な組織になっていると考える必要がある。それゆえ，非営利組織体の会計も，非営利組織体に関わる幅広い利害関係者にとって役立つ仕組みとして強化されなければならない。

　また，非営利組織体の活動継続には社会からの支持が必要である以上，非営利組織体の運営方針の決定を非営利組織体の内部でのみ決定することや，当該組織体に対する限定的な資金提供者との協議のみで決定することは適切ではない。非営利組織体も秘密主義を採用することはできないと考えなければならない。したがって，非営利組織体も自らの活動内容や財政状態に対する情報の開示を行っていく必要がある。ただし，非営利組織体を取り巻く経済・社会的な環境も多様化・複雑化している。それゆえ，営利企業が開示すべき情報の拡大が図られてきたことと同様に，非営利組織体が開示すべき情報も従来よりも拡大することが必要になっている。

　利害関係者の拡大と開示すべき情報の拡大という「2つの拡大」によって求められている非営利組織体の会計の強化は，現金主義・単式簿記では十分に実現することはできない。拡大した利害関係者の関心の対象は非営利組織体が有

する現金だけではなく，開示すべき情報も非営利組織体における現金の増減だけではないためである。それゆえ，非営利組織体にも複式簿記を導入し，会計の機能を強化することが求められる。

## 第4節　複式簿記の導入で強化が図られる機能と検討課題

　非営利組織体の会計に複式簿記を導入することによって強化が図られる機能は，利害調整機能，情報提供機能，および内部管理機能の3つの側面から捉えることができる。そして，それぞれの機能についての検討を通じて複式簿記の機能を考えるうえでの課題を示すことができる。

### 4.1　利害調整機能

　前節でも指摘したように，非営利組織体を取り巻く利害関係者の範囲は拡大している。さまざまな利害が錯綜する現代社会において非営利組織体が自らの活動を継続しようとすれば，非営利組織体も広範な利害関係者との間の調整を自ら行っていかなければならない。そして，株式会社における株主と債権者との利害調整や，株主と経営者との間の利害調整を図る仕組みとして複式簿記が活用されている。会社法で定められている配当可能額の算定や，経営者に計算書類を用いた報告義務を課すことによる受託責任の明確化は，複式簿記の仕組みを前提としている。そして，複式簿記を導入することによって，株式会社における利害調整の仕組みを非営利組織体においても援用することが可能になる。それゆえ，複式簿記の導入により，非営利組織体の会計が利害調整のために活用することができる仕組みとして強化されると考えられる。

　また，調整すべき利害が多様化し，錯綜しているのであれば，利害調整にあたって考慮すべき事項も多様化し，拡大する。それに対して，認識の対象が限定される単式簿記では十分に対応することができない。利害調整のための仕組みとしての会計を活用するためには，認識される事項を拡大していかなければならない。そして複式簿記は認識の対象を拡大することができる簿記である。それゆえ，複式簿記を導入することにより，会計を単式簿記よりもはるかに多くの要素を踏まえて利害調整を行う有用なツールとすることができる。

　ただし，行われるべき具体的な利害調整の内容は，非営利組織体の種別によって異なる。行われるべき利害調整における優先順位にも違いが生じるだろ

う。営利企業と同様に債権者保護という利害調整が重要になる場合もあれば，活動を継続するうえで資金提供者を保護することが重要になる場合もある。また，複式簿記を用いる以上は資金提供者との間での利害調整が重要になるが，資金提供者自体の目的や手段も非営利組織体によって違いがある。さらには，監督官庁からの資金提供を受けている非営利組織体においては，直接的な資金提供を行っている監督官庁と，監督官庁に対する資金提供者である納税者の利害も関わってくる。したがって，非営利組織体において行われるべき利害調整は，営利企業よりも複雑なものとなり得る。そして，行われるべき利害調整の焦点がどこに置かれるかは非営利組織体の間でも差異があり，それが実際の簿記における非営利組織体ごとの違いを生じさせる。それゆえ，非営利組織体における複式簿記を検討することで，複式簿記が利害調整という側面で果たし得る役割を確認し，複式簿記が果たし得る役割を検討するための知見を得なければならない。

## 4.2 情報提供機能

非営利組織体が活動を継続するうえでは，多くの関係者から活動継続に対する支持を得る必要がある。そのためには，非営利組織体も多くの利害関係者に対して状態や活動実績に対する報告を行わなければならない。それゆえ，非営利組織体の会計においても情報提供機能を強化することが必要である。

採用されているのが現金主義に基づく単式簿記であっても，決算後の報告責任は重視されている。しかし，その場合に報告される内容は期中の活動における資金の使途に限定される。非営利組織体を取り巻く利害関係者が拡大し，活動継続のための条件も複雑化すれば，単なる資金の使途の報告だけでは十分な情報提供が行われているとはみなせない。現金以外の資産や負債の変動を含めた活動を活動内容ごとに区分して報告することが求められる。そのために情報システムとしての簿記の機能を強化しようとすれば，認識対象を広げることができる複式簿記を導入することが必要になる。

営利企業における会計を通じた情報提供については，資本市場におけるディスクロージャー制度における情報提供を中心に考えることになる。営利企業の会計のルールとしての会計基準は，ディスクロージャー制度において資金の提供者である投資家への情報提供を主たる目的として開発されている。ただし，資本市場を通じた資金調達を行っている非営利組織体は少ない。それゆえ，非

営利組織体に対して，ディスクロージャー制度において求められているものと同質の情報提供を求めることは必ずしも適切ではない。非営利組織体にも資金提供者は存在するが，それらの資金提供者は必ずしも自らの投資からの収益と投資自体の回収を目的としている投資家であるわけではない。また，非営利組織体の事業活動をめぐる利害関係者は資金提供とは別の観点から捉えることも必要になる。したがって，非営利組織体に求められる情報提供は，ディスクロージャー制度で求められているものとは異なるものになり得る。

　ただし，情報提供の内容を具体的に検討するうえでは，提供される情報の利用者における意思決定モデルを想定することも必要になる。したがって，非営利組織体についても情報提供を行う利害関係者が明確にされなければならない。そしてその利害関係者は，非営利組織体の種別によっても異なることも考えられる。非営利組織体の会計や簿記の内容を決めているルールにおいて想定される利害関係者が明示されていないとしても，現実の実務の内容から情報提供にあたって想定されている利害関係者を明らかにしておくことも重要である。

　非営利組織体における特徴的な情報提供先としては，それぞれの非営利組織体に対する監督官庁がある。監督官庁はそれぞれに異なる行政目的を有しており，非営利組織体はそれらの監督官庁の目的に合致した情報提供を行うことが求められる。また，この点は非営利組織体における活動継続の条件との関係でも検討を行うことが求められる。

　さらに非営利組織体には国や地方公共団体から活動継続のための資金提供を受けているものもある。それらの非営利組織体においては，具体的な活動では直接的な関連は有しないものの，国や地方公共団体の予算に対する決定権限を有する国会や議会への情報提供も義務づけられている。そして，その情報提供では，営利企業以上に，法令の遵守に関する情報や目標の達成度に関する情報の提供が重視されることになるだろう。

## 4.3　内部管理機能

　非営利組織体の多くは，自らの活動から得られる資金だけでは自らが行った投資を回収することができない。それゆえ非営利組織体の多くは活動の継続にあたって外部からの支援を必要とする。非営利組織体の活動自体が社会的な便益を生み出すことが認められていれば，受益者から直接・間接の支援を得ることは可能である。しかしながら，非営利組織体の活動が非効率なものであれば，

支援も中止される。それゆえ，非営利組織体においても自らの活動における効率性を維持・向上する仕組みを整えることが求められる。

非営利組織体が独立した主体として存在するうえでは，それぞれの組織の自律性が重視される。本書で取り上げている非営利組織体には，活動における自律性を高めることを目的として，公的機関から分離・設立されたものもある。そして，それぞれの非営利組織体の自律性を高めるうえでは，それらが自らの判断に基づいて活動の効率性を高めていくことが期待されている。そのためには，非営利組織体において自らの活動を適切に管理・運営するための適切な情報を得る仕組みが構築されなければならない。ここでも，複式簿記には大きな役割を果たすことが期待される。

非営利組織体における自律的な活動にあたって効率性を高めるために重視されているのが，計画（Plan）－実行（Do）－評価（Check）－改善（Action）を循環的な活動として実施するPDCAサイクルの確立である。非営利組織体には，予算を策定したうえで，それを執行するという形で活動を実施するものが多い。そのため，Plan（計画）とDo（実行）を適切に実施するための仕組みは整えられている。しかし，PDCAサイクルが非営利組織体の活動の効率性を高めるように機能するためには，Check（評価）が適切に行われ，その結果がAction（改善）に結び付けられなければならない。そして，そのCheckとActionを継続的に実施しているのが営利企業であり，そこで活用されている情報システムが複式簿記である。それゆえ非営利組織体にも複式簿記を導入し，PDCAサイクルの確立を通じた内部管理機能の強化が図られる。

非営利組織体に求められる効率性を高めるうえで必要なのは，不適切な現金支出を防止するための現金出納の厳密な管理だけではない。非営利組織との活動や状態を網羅的に捉えたうえでの評価を行うことが必要となる。そのためには，現金主義・単式簿記によるCheckでは十分ではない。Checkの対象を拡大したうえでのPDCAサイクルの確立が求められる。それに対して認識の対象を拡大できる複式簿記による会計システムが整備されれば，非営利組織体の状態や活動実績を幅広く捉えたCheckが行われるPDCAサイクルを確立することが可能になる。それゆえ，非営利組織体にも複式簿記の導入が図られると考えられる。

非営利組織体における効率性は，営利企業のように投資の回収という視点から評価することはできない。経済的資源の利用における無駄の排除という点は

共通するものの，何が無駄であるかを判断するための基準が非営利組織体と営利企業では異なる。また，非営利組織体の中でも，活動の目的の違いによって評価基準に違いが生じるだろう。したがって，一般論として複式簿記を導入したうえでのPDCAサイクルの確立が求められるとしても，採用されるべき具体的な簿記の仕組みは非営利組織体の活動目的の違いによって異なるものになり得る。また，複式簿記の導入が実際にその非営利組織体の内部管理に資するものになっているか否かについても，現実の事例に基づいて改めて検討することが必要となる。

# 第5節　複式簿記により新たに導入される要素

　非営利組織体における簿記が単式簿記から複式簿記に代わることによって新たに導入される要素としては，財務諸表の作成と，帳簿における借方項目と貸方項目との相互関係に基づく行動上の制約の設定がある。これらは，本書においてすべての非営利組織体の簿記に関して共通する検討事項としている。

## 5.1　財務諸表の作成

　現金主義・単式簿記では，現金の増加と減少を記録し，現金の残高を把握する。現金主義・単式簿記が採用されている場合も期末において決算書が作成されるが，決算書には現金収入と現金支出を網羅的に記載することが重視されるため，決算書から会計主体の全体像を把握することは難しい。また，決算書の内容を分類・整理して要約表を作成したとしても，そこに示されているのは期中における現金の増減という事実でしかない。

　それに対して複式簿記では，認識の対象が資産，負債，資本，収益，および費用という5要素に拡大される。すなわち，複式簿記では現金残高よりも拡大された対象についての資産の記録が行われるともに，同一の会計システムの中で負債が認識される。さらに，資本取引による資本の増減が記録され，資産と負債の差額としての純資産の認識・測定も行われる。また，期中の活動に関するフローの記録が行われるとともに，それらのフローの記録とストックの記録とが連係が確立される。そのうえで，それらの会計記録をまとめた報告書としての財務諸表が期末に作成される。

　非営利組織体に複式簿記が導入された場合も，営利企業と同様に拡大された

ストックとフローの記録が行われるとともに，ストックの記録とフローの記録とを連係させた会計記録が作成されていく。そしてその会計記録を用いて期末における財務諸表の作成が行われる。

ただし，記録される内容や財務諸表の内容は営利企業とは異なるものとなり得る。営利企業ではストックとフローが資本の運動という観点から把握される。また，営利企業における資本の運動は投資とその回収という捉え方もできる。しかし，非営利組織体の活動目的は実施した投資の回収ではないため，記録の対象となるストックやフローは営利企業とは異なるものになる可能性がある。さらに，非営利組織体には株主のような所有者としての出資者は存在せず，株式会社と同じ意味での資本取引は存在しない。ただし，非営利組織体においても資産と負債の差額としての純資産の認識・測定は行われ，純資産の構成要素の認識・測定も行われる。また，投資の回収が成果として認識される営利企業とは異なり，非営利組織体による活動の成果は貨幣額では測定できない場合が多い。そのため，非営利組織体では営利企業と同じ意味での収益という概念は成立しない場合が多い。したがって，非営利組織体における複式簿記による会計記録の内容は，営利企業とは異なるものとなっている可能性がある。そして，そのような会計記録の特徴は，非営利組織体が作成する会計記録の集計表である財務諸表から読み取ることができるだろう。

非営利組織体においても，複式簿記により作成される会計記録のすべてが財務諸表に反映されるわけではない。しかしながら，非営利組織体においても，求められる会計記録の内容が決算で作成される財務諸表から定められることが多いと考えられる。それゆえ，非営利組織体で複式簿記が採用して作成されている財務諸表の内容を分析することで，非営利組織体における会計記録の特徴を明らかにすることができると考えられる。そこで本書では，それぞれの非営利組織体が実際に作成している財務諸表の分析を行い，その結果に基づいた検討を行う。

## 5.2　借方科目と貸方科目の相互関係に基づく制約

単式簿記とは異なり，複式簿記では二面的な記録，すなわち借方科目と貸方科目の記録が行われる。そして，主体の行動に一定の制約を生かすことを目的として，借方科目の残高と貸方科目の残高との間に一定の関係を保つことが義務づけられることがある。

たとえば，株式会社においては，借方科目である資産の残高合計から貸方科目である負債の残高合計を差し引き，そのうえで，貸方科目である資本金と準備金の残高を差し引いて算定された剰余金が分配の対象となる。これは，指定された貸方科目の残高合計によって維持すべき借方科目の残高の金額を定めることで，株式会社が行う配当に制限を課していると考えられる。また，具体的な配当可能額の算定にあたっては，維持すべき純資産の額の計算方法が定められているが，これも貸方科目である純資産の金額によって維持すべき借方科目の金額を定めることで，株式会社が行う配当に制限を課している。

非営利組織体は株式会社と同様に剰余金の分配を行うわけではない。しかし，活動の継続性を確保することや，非営利組織体においても資金提供者との取決めに基づいて資源の流出に制限が課せられている場合がある。その際に，制約の実効性を高めるために，複式簿記における借方科目と貸方科目との相互関係に基づいた活動制限の仕組みを援用することも可能である。また，そのような仕組みを非営利組織体の財政運営に組み入れるためにも，複式簿記が導入されると考えることもできる。

単式簿記においても，収入金額と支出金額の突き合わせや，予算と決算との突き合わせは行われる。しかし，記録の対象がフローに限定されるため，突き合わせによる制約は単年度でしか機能しない。しかし，複式簿記では会計記録の繰越しが行われるため，当期において設けられた制約が次年度以降にも繰り越される。非営利組織体の活動にも継続性が求められ，その継続的な活動において複数年度にわたる制約が課せられるのであれば，単式簿記による制約では不十分である。それに対して複式簿記を導入すれば，会計を通じて複数年度にわたる行動に制約を課す新たな仕組みを構築することができる。

ただし，必ずしもすべての非営利組織体において課すべき制約があるわけではない。また，制約を課すことが必要な非営利組織体であっても，その制約の具体的な内容は非営利組織体の種別や目的によっても異なるだろう。そこで本書では，借方科目と貸方科目との間でどのような突き合わせが行われるのかという視点からも，非営利組織体における複式簿記の内容を検討する。

# 第6節　本書における研究の目標

本書では，さまざまな非営利組織体で実際に採用されている複式簿記の内容

を，まずそれぞれの非営利組織体の種類ごとに検討したうえで，種類の異なる非営利組織体間で比較し，非営利組織体において複式簿記が果たし得る役割の一般化を試みている。

本書では，できる限り多くの種類の非営利組織体における複式簿記を検討対象とすることを重視した。非営利組織体にも目的や活動内容にさまざまな差異があり，多様な組織体を「非営利組織体」として一括りにすることの是非は1つの論点ともなり得る。しかしながら本書では，さまざまな非営利組織体の複式簿記を網羅的に取り上げることで，利益の獲得を目的とした活動に限らず，経済的な資源を利用してアウトプットを生み出すという意味での経済的な活動を行う組織体における複式簿記の役割についての一般的な知見を得ることができると考えている。また，目的や活動内容が異なる組織体の複式簿記を相互に比較・検討することによって，目的や活動内容の差異に対して複式簿記がどのように対応し得るかを考察し，複式簿記という記録システムが有するポテンシャルを明らかにする。

それぞれの非営利組織体の複式簿記の検討にあたっては，相互に比較・検討を行ううえでの共通する検討課題として，それぞれの非営利組織体における純資産についての検討と，それぞれに特徴的な複式簿記の手続きの抽出を行っている。

純資産を検討対象としたのは，営利企業の複式簿記に対する非営利組織体の複式簿記の相違点が，純資産に関する簿記の内容に表れると考えたためである。前述したように，非営利組織体の活動は営利企業の活動のように資本の運動としては捉えることができない。非営利組織体の中には，株主のような出資者は存在せず，資本という概念自体が当てはまらないものもある。しかしながら，複式簿記であれば資産と負債の認識・測定は行われる以上，両者の差額としての純資産の認識・測定は行われる。非営利組織体において認識・測定される純資産の内容を分析することによって，非営利組織体における複式簿記の特性を明らかにすることを意図している。

また，それぞれの非営利組織体の複式簿記には，営利組織の複式簿記にはない特徴的な手続きが含まれている。それらの特徴的な手続きからは，営利組織とは異なる非営利組織体の目的や活動内容に対する複式簿記の対応力を読み取ることができる。そして，その検討作業を通じて，経済的な活動の記録に対して複式簿記を採用することの意義や，複式簿記の活用可能性を示すことを目指

している。

　なお，本書においては複式簿記を経済的な活動を行う組織体の情報システムとして捉えている。それゆえ，複式簿記と情報処理との関係についての検討も行っている。複式簿記という情報システムからのアウトプットは財務諸表であり，採用されている簿記処理には作成されるべき財務諸表の内容から決まるものもある。それゆえ，本書における検討では，財務諸表上の科目から勘定科目を考える，いわゆる「財務諸表簿記」の視点を採っている部分もある。ただし，本書における検討対象はあくまで実務の中で採用されている複式簿記の内容である。それゆえ，最終的な財務諸表には反映されないが，非営利組織体の管理・運営にあたって意味を持つ複式簿記の手続きも検討し，明らかにすることも研究にあたっての大きな目的としている。

　本書における研究の最終的な目的は，利益獲得という目的を有しない主体に対しても複式簿記を導入することが有意義であり，非営利組織体における複式簿記が今後も大きな役割を果たし得ることを示すことである。そして，複式簿記が現在および将来に向けて，さらに大きな役割を経済社会において果たし得ることを論証することが意図されている。

（大塚　成男）

# 第1部

## 企業会計に近い形で
## 出資額の維持を行うグループ

# 第2章

# 農業協同組合の簿記

## 第1節　農業協同組合会計の導入経緯

### 1.1　農業協同組合の特徴

　協同組合は，共通の目的を持つ者が自発的に集まり，出資金という形で自ら
が元手を出し合い作る経済組織である。出資形態としては，組合員から出資金
を徴収せずに必要な経費を組合に付加する，あるいは特産物の集荷や生産資材
の斡旋による手数料をもって組合を運営するという「非出資組合」と，組合員
から出資金を徴収し，組合経営に必要な固定設備も有しながら幅広い事業を行
う「出資組合」がある。特に出資組合については，利潤追求を第1の目的とす
る一般の営利企業とは異なり，出資者である組合員の経済生活を維持すること
を第1の目的としている。その意味では，結果的に利潤が創出されることは
あっても，協同組合そのものは非営利組織体として位置づけることができる。

　ただし，たとえば出資組合の出資金は，組合員がそれに基づいて配当を受け
たり，出資口数を減らすまたは脱退する際における払戻請求権の基礎となった
り，さらにはその権利を他人に対して譲渡することも可能であることから，組
合員にとって出資金は組合に対する債権と考えることもできる。そのため，組
合は出資金を元本として運用することで事業活動を行う反面，常に資本維持を
図ることが求められている。このように，経営実態としては企業会計と類似し
た点もかなり多く見られる。

　協同組合の中でも，農業協同組合は取り扱う事業や範囲が幅広く，多種多様
な事業を展開している。たとえば出資組合の1つである総合農協では，信用事
業，販売事業，購買事業，共済事業，加工事業，利用事業，特殊事業，指導事
業，受託会計といった，農業従事者を中心とする組合員の経済生活全般に関わ

る広範囲な事業を展開し，組合員の生活を支えている。その反面で，勘定科目や帳簿種類の増大化，種々雑多な取引件数の増加，記帳事務の増加かつ煩雑化など，すべてを1つの事業として捉えることはかなり難しいといえる。そこで，各事業の成果を判断するための方法として，農業協同組合には事業部門別計算の導入が求められている。

農業協同組合では，共同販売（無条件委託方式・実費手数料方式・共同計算方式）が一般的である。無条件委託方式とは，農業従事者が出荷した農作物について，売値，出荷時期，出荷先などの条件を付けずにその販売を農協に委託することであり，実費手数料方式とは，無条件委託方式により実現した販売価格から，農業協同組合がその販売に要した費用の実費を手数料として徴収する方式をいう。また共同計算方式とは，一定期間内に農業協同組合が出荷した同品質の農産物について，その期間の平均価格をもって精算する方式である。共同販売により事業を行うことで，農業従事者は農業協同組合に対し自ら生産した農作物の流通販売を一任するとともに，農業協同組合は組合員に対し真実な経営成果計算の経過と結果を把握し開示することが必要となる。そのため，財産計算と損益計算を二面的に行う複式簿記が導入されている。

## 1.2　産業組合の成立と収支簿記

農業協同組合が協同組合として設立されることとなったのは，1948（昭和23）年である。とはいえ，この時期に突如として農業協同組合が設立されたわけではなく，戦前には農事の改良や発達を目的として設立された「農会」と，産業組合法に基づき農民の保護および救済を目的に信用・販売・購買・生産の事業すべて，あるいはそれらの事業のうち複数を有した協同組合である「産業組合」がそれぞれ存在していた。しかし，戦争が拡大する1943（昭和18）年に農業団体法が公布され，全国規模の農業団体がすべて統合されて「農業会」が設立された。それが戦後になり，GHQの指導もあって農業会が解散され，これと並行して農業協同組合が設立されることとなった。

産業組合法が公布・施行されたのは1900（明治33）年であり，このときから法人としての協同組合が誕生することとなったが，このときの協同組合の会計処理に用いられていた簿記は「収支簿記」であった。収支簿記が採用される契機となったのは，1912（明治45）年に，産業組合千葉支会の求めに応じて，大原簿記学校の開祖であり収支簿記を考案したとされる大原信久を組合簿記の講

師として招いたことがきっかけである。その後，全国農業協同組合中央会に対する統一的な指導として，1912（大正元）年に産業組合中央会が主催となり産業組合長期講習会が開催されているが，その時点では「収支簿記」が採用されていた。それ以降，毎年行われている長期講習会において，収支簿記が説明されていた（全国農業協同組合中央会編（1962b）189-190頁）。

　このように，産業組合法が設立された当初は複式簿記ではあったものの，現金取引を中心とした収支簿記によって簿記処理が行われていた。しかし1943（昭和18）年に農業団体法が公布され，戦時経済統制の強化にともなって戦争協力体制を整備する目的から，「農会」を含む全国規模の農業団体がすべて統合され，「農業会」が設立されることとなった。「農業会」は農業団体法において市町村農業会，道府県農業会，全国農業経済会および中央農業会に区分されていたが，すべての農業会において「農業に関する国策に即応し農業の整備発達を図り且つ会員の農業及経済の発達に必要な事業を行うことを目的」とされていることから（全国農業協同組合制度史編纂委員会編（1967）45頁），それまでの農業の発達や農民の保護および救済といった要素が消え，農業に関する国策を支援することに第1の目的が変化した。ただし，簿記処理については，前身の産業組合で用いられていた収支簿記がそのまま用いられることとなった。

## 1.3　農業協同組合の設立当初における簿記処理

　その後，第二次世界大戦が終結し，国策を支援する役割としての「農業会」は1948（昭和23）年8月をもって法定解散し，これと併行して，新たな農業団体として農業協同組合が設立されることとなった。農業協同組合は，発足後に農業会から資産や負債の大部分を譲り受けており，人材についても同様に農業会のほとんどのメンバーが農業協同組合に移行している。そのため，農業協同組合の発足当初は，財務と労務に関してその前身である農業会と大きな違いは見られなかった。同様に簿記処理についても，農業会で用いられていた収支簿記をそのまま継承することとなった。ただし，「農協の業務は産業組合初期において案出された収支簿記によっては，その会計処理を充分に行い得ないまでに成長し，かねてからその抜本的改善が要請されていた」（全国農業協同組合中央会JA全国監査機構編（2013）37頁）こともあり，農業協同組合の体制が確立された当初から用いられていた収支簿記は，後に見直されることとなった。

　1949（昭和24）年には，GHQから農業協同組合による財務諸表の明瞭化につ

いての要求が示され，農林省（当時）では農業協同組合の財務諸表に関する研究が行われるようになった。時を同じくして，日本における戦後の経済復興に向けた試みとして，証券投資の民主化，外資導入，企業の合理化，課税の公正化などの合理的な解決を目的とした「企業会計原則」の中間報告が，政府の経済安定本部から公表されている。農業協同組合で行われる簿記処理・会計処理についてもその流れを受け，財産および損益状況の統一的把握を容易にするとともに，組合の経営合理化にも有効となる制度のあり方が全国指導農業組合連合会と農林省との間で検討され，1950（昭和25）年3月に「農協標準財務諸表」が農政局長名で通達されるに至っている。ただしこの段階では，「農協においては企業形態と事業種類の特殊性から，会計原則の全面的な適用な困難であること」（全国農業協同組合中央会編（1962）193頁），および「この時の通達では複式簿記の採用はみおくられ，統制業務の処理のため，それに適合するように帳簿様式を改め，混乱していた勘定科目を統一し，試算表の様式を決めた」（全国農業協同組合中央会JA全国監査機構編（2013）37頁）段階でとどまった。

## 1.4 エッシーン勧告と簿記処理

　農業協同組合の簿記処理方法に大きな影響を与えたのは，エッシーンの存在である。エッシーンは，GHQによる「わかりにくい農協の財務諸表を簡潔にするための会計制度を確立すべき」という意見に基づき，1951（昭和26）年に特別技術顧問として来日した米国の公認会計士である。エッシーンは日本での調査研究をサポートする組織として，各種協同組合から簿記会計指導関係者を数名選び「協同組合経理改善委員会」を発足させ，約4カ月にわたる調査研究を経て，その成果を軍総司令部天然資源局予備調査第65号「日本における農業協同組合の経理および監査の方法について」という報告書にまとめ公表している。この報告書の中で，エッシーンは特に次の5つの項目について勧告している（全国農業協同組合中央会編（1962b）195-196頁）。
- (1) 経理専門家による恒久的な協同組合経理改善委員会の設置
- (2) 地域農協の必要にこたえうる複式簿記法による模範的経理組織の確立
- (3) 模範的経理組織を県段階の経理専門家に教示し，さらに郡および単協の経理担当者に徹底
- (4) 県連合会のための模範経理組織の発展確立を目的とした調査研究の実施
- (5) 農林省は模範経理組織の採用実施を助長すべく，最大限の指示を与え，

20　第1部　企業会計に近い形で出資額の維持を行うグループ

信用事業を行うすべての単協に対し可及的速やかに模範的経理組織の採用を求める

　ここで示されている「模範的経理組織」には，農業協同組合で用いる簿記処理をそれまで採用されてきた変則的な複式簿記，いわゆる収支簿記から，貸借簿記としての複式簿記に切り替えることが意味されている。この時点で，農業協同組合における経理処理方法を現在の複式簿記法へと移行させることが試みられているといえる。

　勧告をもってエッシーンはその任を終え帰国することとなったが，当時の農林省は農業協同組合の実情に即した経理制度への改善を完遂することを目的として，協同組合経理改善委員会のうち農業協同組合に関する内容を農協経営対策中央協議会に引き継ぎ，同協議会において引き続き検討が行われることとなった。そして1952（昭和27）年1月に，同協議会から農林省に対し報告書が提出された。報告書の主要な内容としては，次の4点である（全国農業協同組合中央会JA全国監査機構編（2013）38頁）。

　(イ)　40年の歴史を持つ収支簿記は複式簿記に置き換える。
　(ロ)　従来の勘定分類の不統一を改め勘定組織，勘定コードの標準化をはかる。
　(ハ)　農協の貸借対照表，損益計算書等財務諸表の標準様式を定める。
　(ニ)　会計手続きの指針として，経理規程例を定める。

　これらの改善点を含む新経理制度への転換について，普及期間を経て全面的に実施されることとなり，1953（昭和28）年度からすべての農業協同組合において複式簿記により簿記処理を行うことが求められた。

## 第2節　農業協同組合会計における計算書類

### 2.1　準拠すべき会計原則

　農業協同組合の会計に関する法律は農業協同組合法，農業協同組合法施行規則，農業協同組合法施行令によって規定されている。その中で，準拠すべき会計原則については農業協同組合法第50条の5において，「組合の会計は，一般に公正妥当と認められる会計の慣行に従うものとする」と規定されている。ま

た農業協同組合法施行規則第88条において，「用語の解釈及び規定の適用に関しては，一般に公正妥当と認められる企業会計の基準その他の会計の慣行を斟酌しなければならない」と示されている。さらに，農業協同組合法施行規則の中で貸借対照表および損益計算書の細部についても明記されていることを考慮すると，ここでの「一般的に公正妥当と認められる会計の慣行」には，企業会計原則や企業会計基準委員会などによる会計基準および実務指針などが含まれると考えられる。

**図表 2 - 1　農業協同組合の勘定科目分類**

| | 大分類科目 | | 中分類科目 |
|---|---|---|---|
| 農協勘定科目分類 | 資産 | 信用事業資産 …… | 現金，預金，有価証券，貸付金，信用事業資産勘定など |
| | | 経済事業資産 …… | 受取手形，事業未収金，受託売買債権，棚卸資産，特別会計勘定，雑資産，固定資産，外部出資勘定など |
| | 負債 | 信用事業負債 …… | 貯金，借入金，信用事業負債，本支所勘定など |
| | | 経済事業負債及び資本 …… | 支払手形，事業未払金，受託売買債務，経済事業借入金，共済預り金，雑負債勘定など<br>出資金，剰余金勘定など |
| | 損益 | 信用損益 …… | 預金利息，貸付金利息，貯金利息，借入金利息勘定など |
| | | 購買損益 …… | 購買品供給高，購買収益，購買品受入高，販売費用，倉庫費用勘定など |
| | | 共済及び加工利用損益 …… | 共済事業収益，加工収益，利用収益，特殊事業利益，共済事業費用，加工費用，利用費用，特殊事業損失勘定など |
| | | 指導収支及び事業管理費 …… | 指導事業収入，指導事業支出，人件費，旅費交通費，事務費，業務費，諸税負担金，施設費，雑費勘定など |
| | | 事業外損益 …… | 事業外収益，事業外費用，期間外利益，期間外損失勘定など |

出典：全国農業協同組合中央会（1957）28頁。

## 2.2 提出すべき計算書類と業務報告書

　農業協同組合法第36条第1項では，「農林水産省令で定めるところにより，組合の成立の日における貸借対照表（非出資組合にあつては，財産目録）を作成しなければならない」と明記されている。また第2項では，「農林水産省令で定めるところにより，事業年度ごとに，非出資組合にあつては財産目録及び事業報告を，出資組合にあつては貸借対照表，損益計算書，剰余金処分案又は損失処理案その他組合の財産及び損益の状況を示すために必要かつ適当なものとして農林水産省令で定めるもの（以下「計算書類」という。）並びに事業報告並びにこれらの附属明細書を作成しなければならない」ことが規定されている。

　また，農業協同組合法第54条の2では，「事業年度ごとに，業務及び財産の状況を記載した業務報告書を作成し，行政庁に提出しなければならない」とされており，計算書類に加えて業務報告書の提出が義務づけられていることがわかる。

　これらの条文から，農業協同組合が作成し提出すべき書類は**図表2－2**のようになる。

**図表2－2**　会計監査人設置組合の作成書類

| 書類の名称 | 計算書類等 | 業務報告書 |
|---|---|---|
| 根拠条項 | 農業協同組合法第36条 | 農業協同組合法第54条の2<br>農業協同組合法施行規則第202条 |
| 作成の目的 | 通常総会提出および備置書類 | 行政庁提出 |
| 作成を要する組合 | すべて | すべて |
| 作成時期 | 通常総会の招集通知に「決算関係書類」を提供し，通常総会の2週間前から主たる事務所等に備置<br>（農業協同組合法第36条7項，9項，10項） | 総会終了後2週間以内（農業協同組合法施行規則第202条6項） |

第2章 農業協同組合の簿記 *23*

| 作成書類 | 計算書類（貸借対照表，損益計算書，剰余金処分案または損失処理案および注記表）（農業協同組合法第36条2項）附属明細書 | 貸借対照表，損益計算書，剰余金処分計算書，損失処理計算書，注記表，附属明細書 |
|---|---|---|
| 会計監査人の監査対象 | 対象 | 対象外 |

出典：日本公認会計士協会「非営利法人委員会研究報告第40号」3頁より一部修正。

## 2.3 財務諸表の表示

農業協同組合では，信用事業を含む多様な事業を展開することが認められていることは前述のとおりである。その反面，それらの事業をまとめて1つの貸借対照表や損益計算書を作成することは，事業ごとの成果を明確に示すことができない。そこで，農業協同組合法施行規則第97条では，「当該組合の財政状態を明らかにするため，資産又は負債について，適切な部又は項目に分けて表示しなければならない」ことを定めている。また，損益計算書についても同様に部門別損益計算書を作成することを求めている。

このように，信用事業を行う農業協同組合については，当該組合の財政状態や経営成績を明らかにする必要があることから，貸借対照表においては資産および負債をそれぞれ信用事業，共済事業，経済事業，共通のものに区分したうえで（農業協同組合法施行規則第97条），流動性配列法により表示する必要がある。なお，貸借対照表および部門別損益計算書の様式は**図表2－3**および**図表2－4**のとおりである（農業協同組合法施行規則第108条）。

**図表2－3　農業協同組合の貸借対照表（様式第1号の2(1)）**

| 科目 | 金額 | 科目 | 金額 |
|---|---|---|---|
| （資産の部） | | （負債の部） | |
| 1　信用事業資産 | | 1　信用事業負債 | |
| (1)　現金 | | (1)　貯金 | |
| (2)　預金 | | (2)　譲渡性貯金 | |
| 　　系統預金(信連及び農林中金) | | (3)　売現先勘定 | |

系統外預金(信連及び農林中金以外)

譲渡性預金

(3) コールローン

(4) 買現先勘定

(5) 債券貸借取引支払保証金

(6) 買入手形

(7) 買入金銭債権

(8) 商品有価証券

(9) 金銭の信託

(10) 有価証券

国債

地方債

政府保証債

金融債

短期社債

社債

外国証券

株式

受益証券

投資証券

(11) 貸出金

(12) 外国為替

(13) その他の信用事業資産

未収収益

金融派生商品

金融商品等差入担保金

リース投資資産

その他の資産

(14) 債務保証見返

(15) 貸倒引当金

2 共済事業資産

(1) 共済貸付金

(2) 共済未収利息

(3) その他の共済事業資産

(4) 貸倒引当金

3 経済事業資産

(4) 債券貸借取引受入担保金

(5) 借入金

(6) 外国為替

(7) その他の信用事業負債

未払費用

金融派生商品

金融商品等受入担保金

その他の負債

(8) 諸引当金

金融商品取引責任準備金

(9) 債務保証

2 共済事業負債

(1) 共済借入金

(2) 共済資金

(3) 共済未払利息

(4) 未経過共済付加収入

(5) 共済未払費用

(6) その他の共済事業負債

3 経済事業負債

(1) 支払手形

(2) 経済事業未払金

(3) 経済受託債務

(4) その他の経済事業負債

4 設備借入金

5 雑負債

(1) 未払法人税等

(2) リース債務

(3) 資産除去債務

(4) その他の負債

6 諸引当金

(1) 賞与引当金

(2) 退職給付引当金

(3) 役員退職慰労引当金

7 繰延税金負債

8 再評価に係る繰延税金負債

負 債 の 部 合 計

| | | | |
|---|---|---|---|
| ⑴ 受取手形 | | （純資産の部） | |
| ⑵ 経済事業未収金 | | 1　組合員資本 | |
| ⑶ 経済受託債権 | | ⑴　出資金 | |
| ⑷ 棚卸資産 | | （うち後配出資金） | |
| 　購買品 | | （＝配当率の低い出資金） | |
| 　…… | | ⑵　資本準備金 | |
| 　宅地等 | | ⑶　利益剰余金 | |
| 　その他の棚卸資産 | | 　利益準備金 | |
| ⑸　その他の経済事業資産 | | 　その他利益剰余金 | |
| ⑹　貸倒引当金 | | 　○○積立金 | |
| 4　雑資産 | | 　当期未処分剰余金（又は当期未処理損 | |
| 5　固定資産 | | 　失金） | |
| ⑴　有形固定資産 | | 　（うち当期剰余金（又は当期損失金）） | |
| 　建物 | | ⑷　処分未済持分 | |
| 　機械装置 | | 2　評価・換算差額等 | |
| 　土地 | | ⑴　その他有価証券評価差額金 | |
| 　リース資産 | | ⑵　繰延ヘッジ損益 | |
| 　建設仮勘定 | | ⑶　土地再評価差額金 | |
| 　その他の有形固定資産 | | 純 資 産 の 部 合 計 | |
| ⑵　無形固定資産 | | | |
| 　リース資産 | | | |
| 　その他の無形固定資産 | | | |
| 6　外部出資 | | | |
| ⑴　外部出資 | | | |
| 　系統出資（系統機関に対する出資） | | | |
| 　系統外出資 | | | |
| 　（取引上関係のある団体に対する出資） | | | |
| 　子会社等出資 | | | |
| 7　前払年金費用 | | | |
| 8　繰延税金資産 | | | |
| 9　再評価に係る繰延税金資産 | | | |
| 10　繰延資産 | | | |
| 資産の部合計 | | 負債及び純資産の部合計 | |

出典：農業協同組合法施行規則別紙様式第 1 号の 2 ⑴を一部加筆修正。

26　第1部　企業会計に近い形で出資額の維持を行うグループ

**図表2－4**　農業協同組合の損益計算書（第1号の2(2)）

| 科目 | 金額 |
|---|---|
| 事業総利益 | |
| 　(1)　信用事業収益 | |
| 　(2)　信用事業費用 | |
| 　　　信用事業総利益 | |
| 　(3)　共済事業収益 | |
| 　(4)　共済事業費用 | |
| 　　　共済事業総利益 | |
| 　(5)　購買事業収益 | |
| 　(6)　購買事業費用 | |
| 　　　購買事業総利益 | |
| 　(7)　販売事業収益 | |
| 　(8)　販売事業費用 | |
| 〈中略〉 | |
| 2　事業管理費 | |
| 事業利益 | |
| 3　事業外収益 | |
| 4　事業外費用 | |
| 経常利益 | |
| 5　特別利益 | |
| 6　特別損失 | |
| 税引前当期利益 | |
| 法人税，住民税及び事業税 | |
| 法人税等調整額 | |
| 　法人税等合計 | |
| 当期剰余金 | |
| 当期首繰越剰余金 | |
| ○○積立金取崩額 | |
| 当期未処分剰余金 | |

出典：農業協同組合法施行規則別紙様式第1号の2(2)を一部加筆修正。

## 第3節　取引要素の結合関係

　農業協同組合においては，前述のように勘定科目の特異性は見られるものの，基本的な簿記処理については，いわゆる取引8要素の結合関係に基づいた15の取引が存在するという点で企業会計と同様である。
　その中でも，「費用の発生と資本の増加」に関する取引としては，たとえば次のような取引が挙げられる。

| | | | | | | |
|---|---|---|---|---|---|---|
| **(例1)** | 組合長の報酬のうち，20,000を出資に充当する。 | | | | | |
| (借) | 人件費（役員報酬） | 20,000 | (貸) | 出　資　金 | 20,000 | |

　また，「資本の減少と収益の発生」に関する取引としては，たとえば次のような取引が挙げられる。

| | | | | | | |
|---|---|---|---|---|---|---|
| **(例2)** | 配当金のうちから150,000を貸付金利息に充当する。 | | | | | |
| (借) | 未処分剰余金 | 150,000 | (貸) | 貸付金利息 | 150,000 | |
| **(例3)** | 組合員が脱退したが，その際の出資金の返還額1,000を寄附された。 | | | | | |
| (借) | 出　資　金 | 1,000 | (貸) | 雑　収　入 | 1,000 | |

　上述のように，組合員に対する支払いなどの費用発生額について，そのまま組合員による出資金として扱われる場合には，「費用の発生と資本の増加」の関係が起こりうる取引となる。また出資者に対する配当金を出資者に対する貸付金の利息として農業協同組合側が受け取ったり，あるいは出資者が脱退した際の出資金の返還額を出資者が農業協同組合に寄附したりした場合などは，「資本の減少と収益の発生」の関係が起こりうる取引となる。ただし，どちらも頻繁に起こるケースというわけではなく，そういったケースもあるという程度の認識であろう。

### 図表2-5　取引8要素の結合関係

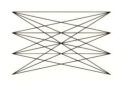

借方の取引要素
(1) 資産の増加
(2) 負債の減少
(3) 資本の減少
(4) 費用の発生

貸方の取引要素
(5) 資産の減少
(6) 負債の増加
(7) 資本の増加
(8) 収益の発生

## 第4節　農業協同組合に特徴的な簿記処理

　農業協同組合に特徴的な仕組みとして，回転出資金と事業分量配当金がある。そこでまず回転出資金から見ていく。

　農業協同組合においては，いわゆる民間企業における資本金の代わりに，出資金がある。出資金とは，出資金の払込済額の増減を記録計算する勘定である。総合農協は必ず出資組合でなければならず，出資組合の組合員は1口以上の出資をすることが求められる。法律上では，この出資口数に1口あたりの金額を乗じたものが出資金の金額となる。

　同じ出資金ではあるが，農業協同組合に特徴的な資本の1つが回転出資金である。回転出資金とは，後述する事業分量配当金の全部または一部について，5年を限度に組合員に再出資させた金額のことである（旧農業協同組合法第13条の2第1項）。すなわち回転出資金は，配当金として受け取るべき金額の全部または一部を農業協同組合に再出資の形で最長5年間，預けておくことと同じような仕組みであるため，再出資の期間が到来すると組合員に対し返済されることになる。なお，回転出資金は出資金配当の計算対象から除外される。

　また，回転出資金は普通の出資金とは異なり，組合に欠損が生じたときは任意積立金や法定準備金に次いで塡補に当てることができる。ただし，損失の塡補に当てた際の残額がある場合には，組合員が脱退したときなど，旧農業協同組合法第52条の2第2項に定める一定の場合には，払い戻す義務を有している。

　次に事業分量配当金とは，当該年度における各事業の利用分量割合に応じて，剰余金処分から組合員に分配される配当金を指す。事業分量配当金は，どのような基準で配当を行ったのかについて注記する必要がある（農業協同組合法施行規則第120条3号）。

　なお，事業分量配当金と回転出資金に関する仕訳を行うと次のとおりである。

| | | | |
|---|---|---|---|
| **（例4）** | 剰余金処分として，事業分量配当を行うことを決議した。 | | |
| （借）未処分剰余金 | ×××　 | （貸）未払配当金 | ×××　 |
| **（例5）** | 事業分量配当金を回転出資金とする承認決議を受けた。 | | |
| （借）未処分剰余金 | ×××　 | （貸）回転出資金 | ×××　 |
| **（例6）** | 総会における欠損金処理の決議に基づき，特別積立金，法定準備金，回転出資金を取り崩して塡補する。 | | |

| （借） | 特 別 積 立 金 | ××× | （貸） | 未処理欠損金 | ××× |
|---|---|---|---|---|---|
| | 法 定 準 備 金 | ××× | | | |
| | 回 転 出 資 金 | ××× | | | |

**（例7）** 回転出資金として受け取っていたが，5年が経過したため現金で払い戻した。

| （借） | 回 転 出 資 金 | ××× | （貸） | 現　　　　金 | ××× |
|---|---|---|---|---|---|

　回転出資金を受け入れることによって，農業協同組合にとっては対価を払うことなく事業資金を増やすことが可能となるだけではなく，損失を補填することもできるなどの利点がある。そのため，回転出資金そのものは資本として取り扱われることとなる。

　ただし回転出資金は，1951（昭和26）年に農業協同組合の資金不足解消を目的として導入されたものであり，現在では農業協同組合の財政基盤も強化され，回転出資金を利用するほどの資金不足となっている農業協同組合もほとんど存在していないことから，事実上，必要性が失われたといえる。そのため，2015（平成27）年に農業協同組合法が改正された際に廃止されており，現在は条文から削除されている。ただし，改正前に行われていた回転出資金の受入分については従前のとおり取り扱うこととされているため，最長で2020（令和2）年まで回転出資金による出資額が存在したこととなる。

# 第5節　農業協同組合における複式簿記の役割と必要性

## 5.1　農業協同組合における複式簿記の意義

　前述のように，農業協同組合においてはその前身である産業組合において，事業に対する結果記録を残すことを目的として複式簿記が導入されることとなった。ただし，このときに導入された複式簿記はいわゆる収支簿記であった。

　その後，産業組合から引き継いだ農業会，およびその後に誕生した農業協同組合へと，収支簿記が引き継がれてきたが，第二次世界大戦が終結し日本がGHQの統治下におかれていたとき，農業協同組合の財務諸表を明瞭化するようGHQからの要請があったことを受け，収支簿記から，貸借簿記としての複式簿記へと切り替えられることとなった。この段階において，現在と同じ貸借簿記としての複式簿記が導入されることとなったが，その背景にはGHQによ

る財務諸表の明瞭化，さらには日本の戦後経済復興に向けて示された「企業会計原則」の中間報告が示されたことによる影響もあった。

このように，農業協同組合における複式簿記は，始まりは事業に対する結果記録を示すための収支簿記であったが，戦後のGHQによる指導および戦後の経済復興に向けた「企業会計原則」の存在により，企業会計で用いられる複式簿記が色濃く反映されたと考えることができる。

## 5.2　農業協同組合における複式簿記の必要性

農業協同組合は，企業会計と類似した簿記処理を採用している反面，その目的は利潤追求を第1の目的とする一般の営利企業とは異なり，事業を遂行することで結果的に利潤が創出されることはあっても，第1の目的は出資者である組合員の経済生活を維持することであり，利益の創出を目的としたものではないという点で，非営利組織体としての存在意義がある。

また，農業協同組合では複式簿記を活用することによって農業協同組合の事業内容を的確に捉え，それを組合員である農業従事者に開示することを可能にしているという点で，複式簿記が有効に機能していると考えることができる。特に組合員の経済生活を維持するための事業として，信用事業や共済事業，購買事業，販売事業など幅広い事業を包括的に有していることから，それらの事業すべてについての状況を組合員に明確に示すという目的からも，複式簿記の機能を用いることによって農業協同組合の状況を開示することができるという点で一定の役割を果たしていると考えることができる。

ただし，農業協同組合が行う多様な事業をすべて的確に捉えることができているかといえば，その点については疑問が残る。すなわち，事業ごとに区分した貸借対照表や損益計算書を作成する形になっているとはいえ，農業協同組合が行う事業の多様性がかなり幅広くなっていることもまた事実であり，純粋に農業従事者に対するサポートとその成果の開示ではなく，農業従事者を含む幅広い外部への情報提供を行っているという形にも見える。前述のように農業協同組合に特有であった回転出資金の仕組みもその役割を終え，組合員の出資により成り立っている協同組合であるという点を除けば，事業を多角化している一般の民間企業と組織体制は類似したものと言っても過言ではない。そのため，農業協同組合の意義や役割を再確認しつつ，複式簿記により記帳された農業協同組合の活動や取引の状況について，誰にどんな目的で，どのような形で開示

をするのか，また利用者がどのように活用するのかなど，その目的や手段を新たに考え直す必要があるのではないか。


## 【参考文献】

相澤久子（2005）「JAの会計と企業会計」『経営実務 '05 増刊号』pp.71-77。

江上繁一（1952）「農協簿記における資本の概念」『農業協同組合経営実務』第7巻第7号，pp.48-53。

笠原千鶴（1956）『改訂・農協簿記精義』全国農業出版。

全国農業協同組合中央会編（1957）『農業協同組合の簿記』全国農業協同組合中央会。

全国農業協同組合中央会編（1962a）『農協教科書　農業簿記（上）』全国農業協同組合中央会。

全国農業協同組合中央会編（1962b）『農協教科書　農業簿記（下）』全国農業協同組合中央会。

全国農業協同組合制度史編纂委員会編（1967）『農業協同組合制度史1』協同組合経営研究所。

全国農業協同組合中央会編（2009）『新・JAの簿記会計』全国農業協同組合中央会。

全国農業協同組合中央会JA全国監査機構編（2013）『新農業協同組合中央会監査制度史』全国農業協同組合中央会JA全国監査機構。

日本公認会計士協会（2007）「非営利法人委員会研究資料第2号　農業協同組合の会計に関するQ&A」。https://jicpa.or.jp/specialized_field/pdf/2-13-2-0-20070228.pdf

日本公認会計士協会（2019）「非営利法人委員会研究報告第40号　農業協同組合等の会計に関する研究報告」。https://jicpa.or.jp/specialized_field/files/4-13-40-2-20190319.pdf

平野秀輔（2016）『例解　農協簿記（第7版）』全国共同出版。

星三男（1990）『四訂版　農協簿記入門』全国共同出版。

山根勝次（1974）「農協会計理論の研究」『経営経理研究』第12巻，1-16頁。

山根勝次（1975）「農協会計理論の研究―2―」『経営経理研究』第13巻，1-22頁。

有限責任監査法人トーマツJA支援室（2016）『実務に役立つJA会計ハンドブック』全国共同出版。

（望月　信幸）

*32* 第1部　企業会計に近い形で出資額の維持を行うグループ

# 第3章

# 医療法人の簿記

## 第1節　医療法人会計の導入の経緯

### 1.1　はじめに

　医療法人とは，医療法第39条の規定によって設立された特別法人であり，財団形態または社団形態により設立される法人である。同法第7条で，非営利性の遵守が求められている。また，同法第54条においては，配当も禁止されている。

**医療法第39条**

> 1　病院，医師若しくは歯科医師が常時勤務する診療所又は介護老人保健施設を開設しようとする社団又は財団は，この法律の規定により，これを法人とすることができる。
> 2　前項の規定による法人は，医療法人と称する。

**医療法第7条5項**

> 　営利を目的として，病院，診療所又は助産所を開設しようとする者に対しては，前項の規定にかかわらず，第1項[1]の許可を与えないことができる。

**医療法第54条**

> 　医療法人は，剰余金の配当をしてはならない。

　財団形態とは，出資者は存在せず，財産資金の寄附によって設立する形態である。この形態は，「財産を社会の役に立つように運用したい」場合に，当該

---

(1)　病院の開設許可に関する規定。

財産を拠出して設立されるものであることから、財団法人の性質の特徴は「財産資金の集まり」ということになる。

社団形態とは、出資者が存在し、その出資によって設立する形態である。この形態は、「複数人で活動する際に、契約等を適時適切に行うために、1つの法人格として活動したい」場合に、当該複数名が1つの法人として設立されるものであることから、社団法人の性質の特徴は「人の集まり」ということになる。

医療法人の設立形態は、2018（平成30）年3月末時点で、財団形態が369法人（0％）、社団形態が53,575法人（99％）となっており、財団形態は圧倒的少数となっている（**図表3－1**）。

医療法人数の推移は、1985（昭和60）年12月に、一人医師医療法人制度が創設されたことにより、その数が急激に伸長している。2018（平成30）年3月末時点で、一人医師医療法人は44,847法人（83％）、中規模・大規模法人は9,097法人（17％）となっている（**図表3－2**）。

**図表3－1** 医療法人数の推移（設立形態ごと）

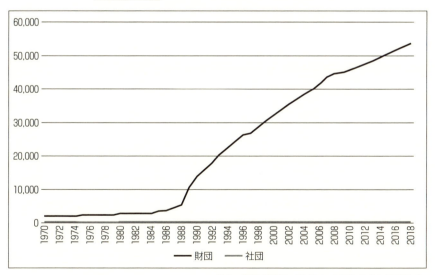

出典：厚生労働省（2018a）1頁を参考に筆者作成。

**図表3-2** 医療法人数の推移

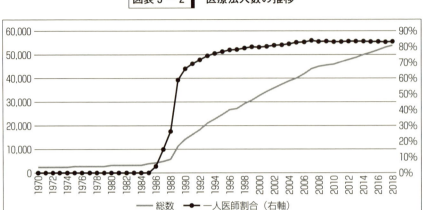

出典:厚生労働省(2018a)1頁を参考に筆者作成。

## 1.2 病院の開設主体と会計基準

　病院の開設は医療法人以外でも可能であり,その主体が公的法人から民間法人までさまざまであるという特徴から,開設主体ごとの会計基準等が制定されている状況であった(**図表3-3**)。

　また,開設主体ごとに見ると,病院の69%が医療法人として設立されており,医療法人が重要な役割を果たしていることがわかる(**図表3-4**)。

**図表3-3** 病院の開設主体と会計基準

| | 開設主体 | 会計基準 |
|---|---|---|
| 1 | 独立行政法人 | 独立行政法人会計基準 |
| 2 | 国立大学法人 | 国立大学法人会計基準 |
| 3 | 地方独立行政法人 | 地方独立行政法人会計基準 |
| 4 | 地方公営企業 | 地方公営企業法 |
| 5 | 学校法人 | 学校法人会計基準 |
| 6 | 社会福祉法人 | 社会福祉法人会計基準 |

| 7 | 公益法人 | 公益法人会計基準 |
|---|---|---|
| 8 | 国家公務員共済組合連合会 | 国家公務員共済組合法 |
| 9 | 日本赤十字社 | 日本赤十字社法 |
| 10 | 厚生農業協同組合連合会 | 農業協同組合法 |
| 11 | 医療法人 | 医療法人会計基準 |

出典：トーマツ（2017a）10頁に筆者加筆。

**図表 3 － 4** 開設主体別にみた施設数（2018（平成30）年 3 月末時点）

| | 病院 | | 一般診療所 | | 歯科診療所 | |
|---|---|---|---|---|---|---|
| | 数 | 割合 | 数 | 割合 | 数 | 割合 |
| 国 | 326 | 4% | 540 | 1% | 5 | 0% |
| 都道府県 | 199 | 2% | 257 | 0% | 7 | 0% |
| 市町村 | 626 | 7% | 2,959 | 3% | 256 | 0% |
| 地方独立行政法人 | 100 | 1% | 24 | 0% | | |
| 公益法人 | 217 | 3% | 525 | 1% | 110 | 0% |
| 医療法人 | 5,758 | 69% | 42,330 | 42% | 14,117 | 21% |
| 社会福祉法人 | 203 | 2% | 9,723 | 10% | 37 | 0% |
| 個人 | 201 | 2% | 41,748 | 41% | 54,034 | 79% |
| その他 | 759 | 9% | 3,754 | 4% | 190 | 0% |
| | 8,389 | 100% | 101,860 | 100% | 68,756 | 100% |

出典：厚生労働省（2018b） 1 頁を参考に筆者作成。

## 1.3 医療法人と会計基準（従来）

　上述（1.2項）の状況（開設主体ごとに会計基準が存在している状況）では，病院という施設単位での比較可能性が確保できないため，1965（昭和40）年に開設主体ではなく，病院という施設を単位とした，「病院会計準則」が制定され

*36*　第1部　企業会計に近い形で出資額の維持を行うグループ

た（任意適用）。

## 1.4　医療法人と会計基準（現在）

　医療法人は，病院，介護老人保健施設，ならびに訪問介護ステーション等の運営を目的とする法人であり，さまざまな施設を運営しているものの，それぞれの施設ごとで会計基準が存在していた状況であった（**図表3−5**）。つまり，従来の病院会計準則の会計単位は病院であるため，医療法人全体の財務諸表の作成にあたっては，別途の会計基準の整備が必要であった。

**図表3−5**　**医療法人が運営する主な施設**

| | 施　　設 | 会計基準 |
|---|---|---|
| 医療法人 | 病院 | 病院会計準則 |
| | 介護老人保健施設 | 介護老人保健施設会計・経理準則 |
| | 訪問介護ステーション等 | 指定老人訪問看護の事業及び指定訪問看護の事業の会計・経理準則 |

出典：トーマツ（2017a）11頁を参考に筆者作成。

　ここで，2014（平成26）年に医療法人会計基準（四病院団体協議会）が公表された（任意適用）。しかし，任意適用であったため，「病院会計準則を採用する法人，医療法人会計基準（四病院団体協議会）を採用する法人，企業会計を採用する法人等，さまざまな基準で決算書が作成されることから，比較可能性という観点では不十分な状況」（トーマツ（2017b）34頁）であった。

　そこで，比較可能性を確保するため，2016（平成28）年に医療法人会計基準（四病院団体協議会）をベースに，医療法人会計基準（厚生労働省令）が制定され，一定基準以上の法人[2]には強制適用となった（医療法第51条2項）。

---

（2）「医療法人」の場合は，事業収益70億円以上または負債50億円以上，「社会医療法人」の場合は，事業収益10億円以上または負債20億円以上ならびに社会医療法人債発行法人。

第3章 医療法人の簿記　*37*

**医療法第51条2項**

> 医療法人（その事業活動の規模その他の事情を勘案して厚生労働省令で定める基準に該当する者に限る。）は，厚生労働省令で定めるところにより，前項の貸借対照表及び損益計算書を作成しなければならない。

# 第2節　医療法人会計における計算書類

　医療法において求められる報告書類は，**図表3－6**のとおりである。

　ここで特徴的な部分は，キャッシュ・フロー計算書の作成・開示が求められるのが「法人債を発行している社会医療法人」のみである点である。企業会計において，キャッシュ・フロー計算書の作成・開示が求められるのは，金融商品取引法（主に上場会社）であり，会社法では作成・開示が求められていない。これは費用対効果を考慮して，利害関係者が多数に及ぶ会社（金融商品取引法の対象会社）に限定したためであるが，医療法の立法趣旨も同様であると考えられる。

**図表3－6**　報告書類の全体像

| | 医療法人 | | | | |
|---|---|---|---|---|---|
| | 社会医療法人 | | | その他 | |
| | 法人債発行 | 一定規模(3) | | 一定規模(4) | |
| | | 以上 | 未満 | 以上 | 未満 |
| 事業報告書 | ○ | ○ | ○ | ○ | ○ |
| 財産目録 | ○ | ○ | ○ | ○ | ○ |
| 貸借対照表 | ○ | ○ | ○ | ○ | ○ |
| 損益計算書 | ○ | ○ | ○ | ○ | ○ |
| 関係事業者との取引状況報告書 | ○ | ○ | ○ | ○ | ○ |

（3）　前会計年度の決算書における，事業収益10億円以上または負債20億円以上。
（4）　前会計年度の決算書における，事業収益70億円以上または負債50億円以上。

| 純資産変動計算書 | ○ | ○ | ○ | ○ | |
| キャッシュ・フロー計算書 | ○ | | | | |
| 附属明細表 | ○ | ○ | ○ | ○ | |
| 社会医療法人要件該当説明書類 | ○ | ○ | ○ | | |

## 第3節　取引要素の結合図

　医療法人会計における取引要素の結合図は，**図表3－7**のとおりであり，一般的な結合関係となっている。

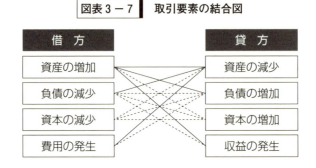

図表3－7　取引要素の結合図

## 第4節　医療法人会計における簿記処理

### 4.1　簿記一巡

#### 4.1.1　設立時の会計処理

　設立形態ごとの会計処理は下記のとおりとなる。

第 3 章　医療法人の簿記　　*39*

---

**(例1)**　設立時に5,000を受け入れた。

| 設立形態 | | （借） | | | （貸） | | |
|---|---|---|---|---|---|---|---|
| 社団 | 持分あり | 現　　　　金 | 5,000 | 出　資　金 | 5,000 |
| | 持分なし | 現　　　　金 | 5,000 | 基　　　金 | 5,000 |
| 財団 | | 現　　　　金 | 5,000 | 受 取 寄 附 金 | 5,000 |
| | | 受 取 寄 附 金 | 5,000 | 損　　　　益 | 5,000 |
| | | 損　　　　益 | 5,000 | 当 期 純 利 益 | 5,000 |
| | | 当 期 純 利 益 | 5,000 | 繰越利益積立金 | 5,000 |
| | | 繰越利益積立金 | 5,000 | 設立等積立金 | 5,000 |

　特徴的な処理が行われる財団について，勘定科目の転記を表すと下記のとおりとなる。

現金

| 受取寄附金 | 5,000 | 次 期 繰 越 | 5,000 |
|---|---|---|---|

受取寄附金

| 損　　　　益 | 5,000 | 現　　　　金 | 5,000 |
|---|---|---|---|

損益

| 当期純利益 | 5,000 | 受取寄附金 | 5,000 |
|---|---|---|---|

当期純利益

| 繰 越 利 益<br>積 立 金 | 5,000 | 損　　　　益 | 5,000 |
|---|---|---|---|

繰越利益積立金

| 設 立 等<br>積 立 金 | 5,000 | 当期純利益 | 5,000 |
|---|---|---|---|

設立等積立金

| 次 期 繰 越 | 5,000 | 繰 越 利 益<br>積 立 金 | 5,000 |
|---|---|---|---|

### 4.1.2　持分払戻しの会計処理

　社団（持分あり）の持分払戻しの会計処理は，下記のとおりとなる。

---

**(例2)**　持分の払戻しを行った。なお，払戻し前の純資産は，出資金5,000，繰越利益積立金2,000とする（出資金の全額について払戻しがあったとする）。

*40*　第1部　企業会計に近い形で出資額の維持を行うグループ

| 払戻額 | （借） | | （貸） | |
|---|---|---|---|---|
| 8,000 | 出　資　金<br>繰越利益積立金<br>持分払戻差額積立金<sup>(5)</sup> | 5,000<br>2,000<br>1,000 | 現　　　　金 | 8,000 |
| 6,000 | 出　資　金<br>繰越利益積立金 | 5,000<br>1,000 | 現　　　　金 | 6,000 |
| 5,000 | 出　資　金 | 5,000 | 現　　　　金 | 5,000 |
| 2,000 | 出　資　金 | 5,000 | 現　　　　金<br>持分払戻差額積立金 | 2,000<br>3,000 |

### 4.1.3　基金の返還（＝社団）の会計処理

　社団（持分なし，基金制度採用）の基金の返還の会計処理は，下記のとおりとなる。

**（例3）**　基金の返還を行った。なお，払戻し前の純資産は，出資金5,000，繰越利益積立金2,000とする。

| 払戻額 | （借） | | （貸） | |
|---|---|---|---|---|
| 1,000 | 基　　　　金<sup>(6)</sup><br>繰越利益積立金 | 1,000<br>1,000 | 現　　　　金<br>代　替　基　金<sup>(7)</sup> | 1,000<br>1,000 |

## 4.2　特徴的な簿記処理

### 4.2.1　純資産の簿記処理と意義

　他の非営利組織体と比べて特徴的な部分は純資産であり，設立形態ごとの純資産構成は**図表3－8**のとおりである。

　ここで特徴的な部分は「出資金」，「基金／代替基金」であるが，社団（持分

---

（5）　「出資金＋繰越利益積立金」を超える払戻しがあった場合，マイナスの持分払戻差額積立金が計上される（翌期以降の繰越利益を振替えることにより，マイナスを解消する）。
（6）　前期末の繰越利益積立金の残高が確定後，当該金額の範囲内で返還をする。
（7）　同額を繰越利益積立金から代替基金へ振替える。

あり）の形態での設立が現在はできないため，社団（持分なし，基金あり）の「基金／代替基金」の性格について見ると，下記のとおりである。

　基金制度とは，「医療法人の基本的性格（剰余金分配を目的としない）を維持しつつ，法人の活動の原資となる資金の調達手段として，その財産的基礎の維持を図るための制度」（トーマツ（2017b）36頁）（下線部，筆者加筆）であり，「基金の拠出者は，医療法人に対して劣後債権に類似した権利（資本ではない）を有するに過ぎない」（トーマツ（2017b）36頁）（下線部，筆者加筆）ものである。

　また，基金の返還には，定時社員総会の議決および一定の純資産額の存在が必要であり，返還額と同額を，代替基金として計上しなければならない。この代替基金は取崩しが不能なものであり，この点において，財産的基礎の維持が図られるものである。

**図表 3 − 8**　**設立形態ごとの純資産構成**

| 勘定科目 | 財団 | 社団 | | |
| --- | --- | --- | --- | --- |
| | | 持分なし | | 持分あり |
| | | 基金あり | 基金なし | |
| 出資金 | | | | ○ |
| 基金／代替基金 | | ○ | | |
| 積立金 | ○ | ○ | ○ | ○ |
| 評価・換算差額等 | ○ | ○ | ○ | ○ |

出典：トーマツ（2017b）36頁。

### 4.2.2 「持分払戻し」および「基金の返還」の相違点

　上記4.1.2（持分払戻し）では，純資産額を超えた金額の払戻しが可能である。

　上記4.1.3（基金の返還）では，純資産額を超えた金額の返還は不可能である。

　これは，上記4.2.1が「貸借対照表の純資産が簿価ベースで算定されているのに対し，払戻し額は時価ベースで算定されているから」（石井孝宜・五十嵐邦彦（2017）311頁）である。

　ここに「社団（持分あり）」の設立が廃止された理由が存在している。つまり，

「『社員の出資額に応じた払戻し』が認められ，非営利性の確保に抵触するのではないかとの疑義」（厚生労働省（2016）17頁）が存在したことである。

# 第5節　医療法人会計における複式簿記の役割と必要性

## 5.1　役　　割

　複式簿記とは，取引を二面的に捉えて，それぞれを貸借一致の原則で記録する記帳方法である。この複式簿記を導入することにより，財務諸表を誘導的に作成でき，利益（または損失）の発生原因を明らかにすることができ，現金収支がない取引についても記録できるようになり，医療法人の活動実態を数値で把握することができるようになる。中でも重要なことは，上記の「財務諸表の誘導的作成」である。これは，設立当初からの歴史的な積重ねを数値で記録できるということであり，単式簿記においては困難なことである。

　医療法人は公共性が非常に高い存在であり，その活動の安定性・継続性が重要となる。そして，活動を安定的・継続的に行っていくための重要な要素の1つが「財産的基礎の確保」である。そのためには，特に純資産項目の変動に留意することが必要であり，これを可能にするのが複式簿記による記帳である。

## 5.2　必　要　性

### 5.2.1　財務会計的視点

　国民医療費は増加の一途を辿っており，年間で約40兆円の規模となっている（**図表3－9**）。国民皆保険の我が国においては，医療費の主な財源は国民負担（税金等）であり，国民全員が利害関係者である。この点から，複式簿記を導入して経営成績および財政状況を開示することには「国民的な資源配分の見地からも意味がある」（トーマツ（2017a）5頁）と考えられる。

　ここに，「経営成績」という言葉が医療法人の「非営利性」と馴染まないのではないかという点に関してであるが，非営利であっても利益を計上することは否定されていない。つまり，非営利性とは，構成員への剰余金分配を禁止するものであり，法人自身に利益が計上されることには問題はないためである。

**図表 3 − 9　医療費の推移**

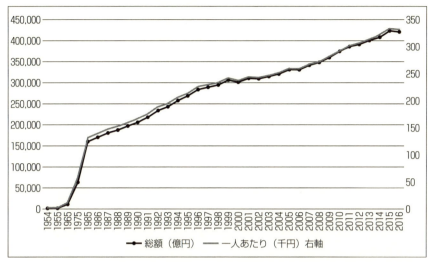

出典：厚生労働省（2018c）1頁を参考に筆者作成。

### 5.2.2　管理会計的視点

　医療費の削減のためには，各医療法人での効率的な経営が不可欠であり，「病院経営者は，効率よく経営を行うために，経営判断に資する材料を適時に入手・分析し経営のための意思決定をスピード感を持って行う必要がある」（トーマツ（2017a）はじめに）といえる。この点から，複式簿記を導入して経営実態を計数的に把握することには意味があると考えられる。

## 5.3　複式簿記によってはじめて明らかになる事柄

　2019（平成31）年度の一般会計歳出のうち，社会保障関係費（医療，年金，介護，福祉，その他）の医療に関するものは，合計で11兆9,974億円であり，主な内容は**図表 3 −10**のとおりである（**図表 3 −10**に分類できないものが合計で，2兆1,999億円ある）。

　このように，公的医療保険には，10兆円規模の税金が投入されているが，現在の「医療法人会計基準」および「医療法人会計基準適用上の留意事項並びに財産目録，純資産変動計算書及び附属明細表の作成方法に関する運用指針」において，事業損益は「本来業務事業損益，附帯業務事業損益及び収益業務事業

損益に区分」するとされているのみで，どの公的医療保険にどれだけの請求が行われているかが把握できない。

　公的医療保険のなかでも，特に多額の税金が投入されている，国民健康保険については，管轄が都道府県（**図表3−10**（A））および市町村（**図表3−10**（B））であることから，それぞれのレベルにおいての金額を知ることはできる。しかし，医療法人ごとの分布を把握することが不可能となっている。この医療法人ごとの分布を把握することには重要な意味があり，ここに名目勘定の存在意義があると考えられる。

　しかし，金融庁が公表している「2020年版EDINETタクソノミ」の「勘定科目リスト」の本業の収益項目を比較すると，損益計算書から医療法人の本業の収益項目の内訳を知ることが現状では困難な状況にあることがわかる（**図表3−11**）。

　この点，医療法人ごとの経営状態の把握のためにも，「本来業務事業損益」としてひとまとめにするのではなく，公的医療保険ごとの金額情報の開示も必要である。実際の開示としては，損益計算書を細分化してしまうと明瞭性の観点から問題が生じるため，既に附属明細表の一部として開示されている「事業費用明細表」のような形式での開示が考えられる。

**図表3−10**　公的医療保険の種類および一般会計歳出（2019（平成31）年度）予算

| 公 的 医療保険 | 対　象 | 運営主体 | 一般会計歳出 （社会保障関係費） |
| --- | --- | --- | --- |
| 健康保険 | 大企業 | 健康保険組合 | — |
| | 中小企業 | 全国健康保険協会（協会けんぽ） | 1兆2,030億円 |
| 共済保険 | 国家公務員 | 国家公務員共済組合 | — |
| | 地方公務員 | 地方公務員共済組合 | — |
| | 私立学校教職員 | 私学共済 | — |
| 国民健康保険 | 75歳未満 | 国民健康保険（A） | 3兆3,598億円 |
| | 75歳以上 | 後期高齢者医療保険（B） | 5兆2,307億円 |

出典：財務省（2018）4頁を参考に筆者作成。

第 3 章　医療法人の簿記　　*45*

**図表 3 −11**　「勘定科目リスト」の比較

|  | 科目分類A[8] | 科目分類B[9] |
|---|---|---|
| 一般商工業 | 11項目 | 56項目 |
| 社会医療法人 | 1項目 | — |

出典：「2020年版EDINETタクソノミ」の「勘定科目リスト」を参考に著者
　　　作成。

**【参考文献】**

厚生労働省（2018a）種類別医療法人数の年次推移。https://www.mhlw.go.jp/file/06
　　-seisakujouhou-10800000-Iseikyoku/0000213091.pdf（2018年 3 月30日閲覧）

厚生労働省（2018b）医療施設動態調査。https://www.mhlw.go.jp/toukei/saikin/
　　hw/iryosd/m18/dl/is1803_01.pdf（2018年 3 月30日閲覧）

厚生労働省（2018c）「平成29年度　医療費の動向」について。https://www.mhlw.
　　go.jp/toukei/saikin/hw/k-iryohi/17/dl/kekka.pdf（2018年 3 月30日閲覧）

財務省（2018）社会保障について。
　　https://www.mof.go.jp/about_mof/councils/fiscal_system_council/sub-of_fiscal_
　　system/proceedings/material/zaiseia301009/01.pdf（2018年 3 月30日閲覧）

有限責任監査法人トーマツ ヘルスケア インダストリー編（2017a）『病院会計』清
　　文社。

有限責任監査法人トーマツ（2017b）「医療法人」『会計情報』 7 月号，32-39頁。

石井孝宜・五十嵐邦彦（2017）『医療法人の会計と税務』同文舘出版。

厚生労働省（2016）「医療法人制度の概要と改正医療法について」日本公認会計士協
　　会　冬季研修資料。

**（舩津丸　仁）**

---

（8）　内閣府令，開示ガイドライン，財務諸表等規則等，会計基準および業法等の法令規則に設定の
　　　根拠を有する勘定科目である。

（9）　分類Aの要素以外で，開示実務において広く一般的に使用されている勘定科目である。

# 第4章

# 地方外郭団体の簿記

## ―地方三公社―

## 第1節　地方三公社会計の導入経緯

　外郭団体の定義は一様ではない。たとえば「『地方公社総覧』によると，土地・住宅・道路の三公社（特殊法人）と25％以上の出資法人を含むと地方公社を定義し，これをもって，一応，外郭団体としている。これは地方自治法第199条にもとづき，4分の1以上出資の団体については監査委員による事務監査の対象団体になることに準拠した定義といえる」（高寄（1991）8-9頁）としているが，実質的には「（財）神戸都市問題研究所都市経営研究会がのべているように，『出資比率という資金関係だけでなく，人的・業務的関連性の深い団体も含むことがある。また，出資率が高くとも，人的・業務的関連性などにおいて関連がない場合は外郭団体といえない』といわれている」（高寄（1991）9頁）と述べている。また「議会に提出される外郭団体の『決算に関する書類』も，統一性がなく，各団体独自の会計基準によって作成された決算書類が寄せ集まったものとなっている」（瓦田（1991）61頁）との指摘もある。いわゆる外郭団体の統一的な会計原則もない状況と考えられる。

　しかし，本章はそのような中においても「公有地の拡大の推進に関する法律」，「地方住宅供給公社法」，「地方道路公社法」という特別法をもち，地方自治体が全額出資している地方三公社を主な検討対象としたいと考える。そもそも本書は非営利組織体における複式簿記の役立ちを検討していくものであり，地方自治体が全額出資する，地方自治体と繋がりが深い地方外郭団体として地方三公社を取り上げる必要性は非常に高いと考える。

　地方三公社とは，土地開発公社，地方住宅供給公社，地方道路公社を指す。宮脇・蛭子（2009）によれば，土地開発公社は，1972（昭和47）年6月「公有地の拡大の推進に関する法律」に基づき，地方自治体が全額出資して設立した

法人であり，具体的な業務内容は，土地の取得，造成その他の管理および処分，地方自治体からの委託に基づく公共施設または公共施設の整備などである（宮脇・蛭子（2009）8頁）。地方住宅供給公社は，1965（昭和40）年6月に成立した「地方住宅供給公社法」に基づき，地方自治体が全額出資する法人で，設立主体は，都道府県や人口50万人以上の政令指定都市に限られる（宮脇・蛭子（2009）8頁）。地方道路公社は，1970（昭和45）年5月に成立した「地方道路公社法」に基づき，地方自治体が全額出資する法人で，民間資金を導入することで，有料道路の整備を一層推進することを目的としている。設立主体は，都道府県や人口50万人以上の政令指定都市に限られる（宮脇・蛭子（2009）9頁）。なお，上記三公社の定款は，大抵「附則」に施行期日に関する規定が明記され，施行期日の変更が多いものもある。

わが国では一時期，第三セクターが盛んに成立され，民間事業者と公共側が共同出資した事業体を行うことで，公益的な事業に民間の経営手法を取り入れて効率的な事業運営を行うという試みであったものの，破綻する第三セクターが相次ぎ，大きな問題となった（朝日監査法人パブリックセクター部編（1998）125-126頁）。その経営悪化の理由は，①自治体を担保にした信用膨張，②経営責任の曖昧さ，③施設の運営に対する意識が希薄，④公的支援を受けていることによる制約，⑤当初の採算見積りの甘さ，⑥経営のチェック機構がないことが指摘されている（朝日監査法人パブリックセクター部編（1998）126-127頁）。

本節は，地方三公社のこれまでの状況を踏まえ，第三セクター等および地方独立行政法人の年次別設立数，第三セクター等に対する出資額および地方公共団体出資割合，第三セクター等の経営状況，第三セクター等改革推進債の概要などを取り上げ，地方三公社の導入の経緯および現状も把握する。

## 1.1 第三セクター等および地方独立行政法人の年次別設立数

総務省（2018a）のデータをみるかぎり，地方三公社が最も設立されたのは1973（昭和48）年である。翌年の1974（昭和49）年も次点となるが多い。それ以降は，平成の時代に財団法人や株式会社の設立の増加は見受けられるが，地方三公社の増加はまったくないといってよいだろう。2018年（平成30）年3月31日時点では，法人数は微減となり，新設法人数は減少している。この時点の第三セクター等の数は7,364法人，地方独立行政法人の数は136法人，あわせて7,500法人であり，前年度に比べ3法人減少している（総務省（2018a）1頁）。

## 1.2 第三セクター等に対する出資額および地方公共団体出資割合

総務省（2018a）によれば，第三セクター等に対する出資の総額は5兆9,359億円であり，このうち地方公共団体の出資額は57.4％の3兆4,097億円となっている。地方公共団体の出資額は，社団，財団法人については67.5％の6,975億円，会社法法人については42.4％の1兆6,109億円，地方三公社については，100％の1兆1,014億円となっている（総務省（2018a）1頁）。全額出資（100％）であるのは地方三公社のみである。

## 1.3 第三セクター等の経営状況等

総務省（（2018b）5頁）によれば，地方三公社全体の法人数は764社，うち，地方住宅供給公社は41社，地方道路公社は33社，土地開発公社は690社である。よって地方三公社のうち土地開発公社の数の割合が最も多い。また地方三公社全体の764社のうち，450社が経常黒字（58.9％），314社が経常赤字（41.1％）である（総務省（2018b）5頁）。全体の約4割が経常赤字である。なお，地方住宅供給公社41社のうち，33社が経常黒字（80.5％），8社が経常赤字（19.5％），地方道路公社33社のうち，30社が経常黒字（90.9％），3社が経常赤字（9.1％），土地開発公社690社のうち，387社が経常黒字（56.1％），303社が経常赤字（43.9％）である（総務省（2018b）5頁）。このようなことから，地方三公社全体のうち，土地開発公社の経常赤字が非常に大きく，全体を押し下げていることがわかる。

## 1.4 第三セクター等改革推進債の概要

本項では，第三セクター等改革推進債について説明する。**図表4－1**は，第三セクター等改革推進債の概要である。ここで着目すべきは，**図表4－1**内の(A)の経費を特例的に地方債の対象とするものである（充当率100％・償還は10年以内を基本とする）。これは，複数年度事業に関連する部分であり，単年度の会計では捉えきれない部分をどう捉えるかが論点となる。これは後述する複式簿記の意義とも関連する。

第4章　地方外郭団体の簿記―地方三公社―　　*49*

| 図表4－1 | 第三セクター等改革推進債の概要 |

●地方公共団体（一般会計）にとって第三セクター等の経営悪化は財政運営上の大きな負担・リスク

```
                        損失補償・債務保証，貸付金，補助金等      ┌─────────────┐
    ┌───────────┐  ──────────────────────→  │ 第三セクター・地方公社 │
    │  地方公共団体  │                                    ├─────────────┤
    │  （一般会計）  │  ←──────────────────────  │    公営企業      │
    └───────────┘       一般会計からの負担           └─────────────┘
```

●第三セクター等の整理・再生を行った場合，以下の経費(A)を地方公共団体が一時に負担しなければならない。

　　　○第三セクター・地方公社の損失補償・債務保証や貸付金（当該年度に償還されなくなるもの）の整理　　　　　　　　　　　　　　　　　　　　　　　　　　　(A)
　　　○地方公営企業の債務や職員の退職金，施設・設備の原状回復等に要する経費

　　⇨ 地方公共団体は一時に多額の負担に対応できず，第三セクター等の整理・再生を行うことができない。

地方財政法を改正し（第33条5の7）第三セクター等改革推進債を創設，上記(A)の経費を特例的に地方債の対象とする。
　　⇨ 地方公共団体は負担の平準化（基本10年）が可能となり，第三セクター等の整理・再生が可能となる。

＜第三セクター等改革推進債の概要＞
　　○上記(A)の経費を対象とする特別の地方債（充当率100％・償還は10年以内を基本とする）
　　○平成21年度から平成25年度までの特例措置（経費措置対象団体は平成28年度まで起債可能（平成26年4月1日施行））

＜第三セクター等改革推進債の実績（平成21年度～平成28年度）＞　　　　　　　　（単位：件，億円）

| | 平成21年度 | | 平成22年度 | | 平成23年度 | | 平成24年度 | | 平成25年度 | | 平成26年度<br>（経過措置） | | 平成27年度<br>（経過措置） | | 平成28年度<br>（経過措置） | | 計 | |
|---|---|---|---|---|---|---|---|---|---|---|---|---|---|---|---|---|---|---|
| | 件数 | 許可額 | 件数 | 許可額 | 件数 | 許可額 | 件数 | 許可額 | 件数 | 許可額 | 件数 | 許可額 | 件数 | 許可額 | 件数 | 許可額 | 件数 | 許可額 |
| 公営企業 | 10 | 203 | 7 | 123 | 9 | 500 | 3 | 68 | 5 | 126 | 0 | 0 | 1 | 414 | 0 | 0 | 35 | 1,434 |
| 公社 | 0 | 0 | 17 | 1,126 | 6 | 159 | 29 | 1,607 | 77 | 4,193 | 2 | 50 | 4 | 71 | 3 | 61 | 140 | 7,267 |
| 三セク等 | 2 | 182 | 7 | 334 | 8 | 263 | 6 | 149 | 10 | 503 | 4 | 566 | 2 | 62 | 2 | 67 | 39 | 2,125 |
| 計 | 12 | 384 | 31 | 1,583 | 23 | 922 | 38 | 1,824 | 92 | 4,822 | 6 | 616 | 7 | 547 | 5 | 128 | 214 | 10,826 |

出典：総務省（2018b）6頁。

*50*　第1部　企業会計に近い形で出資額の維持を行うグループ

# 第2節　地方三公社会計における計算書類

　本節は主に埼玉県および埼玉県住宅供給公社を例として（埼玉県三公社のなかで定款以外に唯一「埼玉県住宅供給公社会計規程」（埼玉県住宅供給公社，1971）が存在するため），主に当該団体に関する計算書類に関連する内容を検討していく。

　まず埼玉県の財務諸表作成の対象範囲を確認していきたい。上述したように，地方三公社は自治体から全額出資のため，埼玉県と埼玉県住宅供給公社もその関係性は同様であろう。**図表4－2**は埼玉県の「平成29年度（公表平成31年3月）」の財務諸表作成の対象範囲である。対象範囲は，一般会計等，県全体・連結に区分される。一般会計等とは一般会計および11特別会計であり，一般会計等に地方公営事業会計を加えたものが県全体となり，県の関係団体である出資法人，地方独立行政法人，一部事務組合および広域連合を加えたものが連結となっている。埼玉県の地方三公社は，埼玉県住宅供給公社，埼玉県道路公社，埼玉県土地開発公社であり，それは当然，埼玉県の財務諸表作成の対象（連結）となっている。**図表4－2**の連結対象範囲内の「県出資法人(23)」の「(1)～(3)」のとおりである。

　埼玉県（2019）第3章「埼玉県の財務書類4表」による「各項目の説明」①貸借対照表「2投資その他の資産」では「(1)投資及び出資金：公社や第三セクター等に対する出資金などです」（埼玉県（2019）9頁）との記載があるように，埼玉県の貸借対照表の「投資及び出資金」は，主として地方三公社への出資金として扱われていると考えられるものであり，埼玉県住宅供給公社の貸借対照表の「資本金」は埼玉県から拠出された出資金と考えることができよう。

　埼玉県土地開発公社は，形式としては地方自治体本体とは切り離されているものの，**図表4－2**からもわかるように，実質は，連結対象範囲であり，実態としては地方公共団体の一部であることがわかる。よって埼玉県の地方三公社の資産・負債の状況が，埼玉県という地方自治体本体にも大きな影響を与えることになる。それは連結財務諸表の作成が前提となるからである。このようなことから，連結財務諸表を作成するうえでは地方自治体本体においてもストックを把握できる複式簿記を導入する必要があろう（地方自治体の連結の範囲は，現在の統一的な連結の基準ができたときに，支配力基準となっている。なお，地方

第4章　地方外郭団体の簿記―地方三公社―　*51*

**図表4－2**　埼玉県の「平成29年度（公表平成31年3月）」の財務諸表作成の対象
　　　　　　　範囲

一般会計及び11特別会計
(1)一般会計　(2)公債費特別会計　(3)市町村振興事業特別会計
(4)災害救助事業特別会計　(5)母子父子寡婦福祉資金特別会計
(6)中小企業高度化資金特別会計　(7)就農支援資金特別会計
(8)林業・木材産業改善資金特別会計　(9)本多静六博士育英事業特別会計
(10)用地事業特別会計　(11)県営住宅事業特別会計
(12)高等学校等奨学金事業特別会計
　　　　　　　　　　　　　　　　　　　　　　　　一般会計等

一般会計等に地方公営事業会計を加えた県全体
(1)病院事業会計　(2)工業用水道事業会計　(3)水道用水供給事業会計
(4)地域整備事業会計　(5)流域下水道事業会計　(6)公営競技事業特別会計
　　　　　　　　　　　　　　　　　　　　　　　　県　全　体

県全体に，県の関係団体である出資法人，地域独立行政法人，一部事務組合及び広域連合
を加えた連結
●県出資法人(23)
(1)埼玉県住宅供給公社　(2)埼玉県道路公社　(3)埼玉県土地開発公社
(4)(公財) 埼玉県公園緑地協会　(5)(公財) 埼玉県産業振興公社
(6)(公財) 埼玉県下水道公社　(7)(公財) 埼玉県埋蔵文化財調査事業団
(8)(公社) 埼玉県農林公社　(9)(公財) さいたま緑のトラスト協会
(10)(公財) 埼玉県国際交流協会　(11)(公財) 埼玉県暴力追放・薬物乱用防止センター
(12)(公財) いきいき埼玉　(13)(一財) 埼玉県河川公社　(14)(公財) 埼玉県芸術文化振興財団
(15)埼玉県高速鉄道㈱　(16)(福) 埼玉県社会福祉事業団　(17)㈱秩父開発機構
(18)埼玉新都市交通㈱　(19)(公財) 埼玉県消防協会
(20)(公財) 埼玉県生活衛生営業指導センター　(21)(公財) 埼玉県産業文化センター
(22)㈱さいたまアリーナ　(23)㈱さいたまリバーフロンティア
●地方独立行政法人(1)　公立大学法人埼玉県立大学
●一部事務組合(1)　　　埼玉県浦和競馬組合
●広域連合(1)　　　　　彩の国さいたま人づくり広域連合
　　　　　　　　　　　　　　　　　　　　　　　　連　結

出典：埼玉県（2019）2頁。

52　第1部　企業会計に近い形で出資額の維持を行うグループ

自治体については第17章を参照していただきたい。また，第三セクター等の業務運営に実質的に指導的立場を確保している場合に連結の対象としている）。

　また，埼玉県住宅供給公社，埼玉県道路公社，埼玉県土地開発公社はいずれも「定款」を公表している。**図表4－3**はそれらを比較表としてまとめたものである（紙幅の関係で各公社の目的などは掲載しておらず，会計に関連する内容を記載している）。定款の財務諸表の捉え方を端的に述べれば，地方三公社自体は企業会計の会計処理を踏まえている。ただし，埼玉県住宅供給公社では「予定貸借対照表」，「予定損益計算書」（埼玉県住宅供給公社（2018c））として予定財務諸表が作成されている。

**図表4－3**　埼玉県住宅供給公社，埼玉県道路公社，埼玉県土地開発公社の主な定款比較

| | 埼玉県住宅供給公社（住宅） | 埼玉県道路公社（道路） | 埼玉県土地開発公社（土地） |
|---|---|---|---|
| （資産／基本財産の額）<br>住宅　定款第19条<br>道路　定款第16条<br>土地　定款第20条 | この地方公社の資産は，基本財産及び運用財産とする。<br>2　この地方公社の基本財産の額は，4,000万円とし，埼玉県が全額を出資する。<br>3　基本財産は，安全かつ確実な方法により管理するものとし，これをとりくずしてはならない。 | この道路公社の基本財産の額は，117億8,324万6千円とし，埼玉県並びに千葉県の出資の額は，次のとおりとする。<br>埼玉県116億4,062万3千円<br>千葉県1億4,262万3千円 | この土地開発公社の資産は，基本財産とする。<br>2　この土地開発公社の基本財産の額は，1億円とし，埼玉県が全額を出資する。<br>3　基本財産は，安全かつ確実な方法により管理するものとし，これをとりくずしてはならない。 |
| （事業年度）<br>住宅　定款第20条<br>道路　定款第17条<br>土地　定款第21条 | 4／1－3／31 | 4／1－3／31 | 4／1－3／31 |
| （会計区分）<br>住宅　定款第21条 | この地方公社は，住宅の積立分譲契約に | —— | —— |

| | | | |
|---|---|---|---|
| | 基づく受入金に係る会計と他の業務に係る会計とを区分して経理する。<br>2 前項の他の業務に係る会計においては，内訳として積立分譲住宅勘定，一般分譲住宅勘定，賃貸住宅勘定，分譲宅地勘定，賃貸宅地勘定その他必要な勘定に区分する。 | | |
| （予算書の作成／予算の弾力条項）<br>道路 定款第18条<br>土地 定款第22条 | ―― | この道路公社は，毎事業年度，予算，事業計画及び資金計画を作成し，当該事業年度の開始前に，埼玉県知事の承認を受けなければならない。これを変更しようとするときも，同様とする。 | 理事長は，この土地開発公社の予算成立後，業務量の増加により業務のため直接必要な経費に不足を生じたときは，埼玉県知事の承認を得て，当該業務量の増加により増加する収入に相当する金額を当該経費に使用することができる。 |
| （決算）<br>住宅 定款第22条<br>道路 定款第19条 | この地方公社は，毎事業年度の決算を翌年度の5月31日までに完結しなければならない。 | この道路公社は，毎事業年度の決算を翌年度の5月31日までに完結しなければならない。 | ―― |
| （財務諸表及び業務／決算報告書）<br>住宅 定款第23条<br>道路 定款第20条<br>土地 定款第23条 | この地方公社は，毎事業年度，前事業年度の決算完結後2月以内に財務諸表を作成し，監事の監査を経て埼玉県知事に提 | この道路公社は，毎事業年度，前事業年度の決算完結後2箇月以内に財務諸表を作成し，監事の監査を経て埼玉県知事に | この土地開発公社は，毎事業年度の終了後2箇月以内に財産目録，貸借対照表，損益計算書及び事業報告書を作成 |

| | 住宅（地方公社） | 道路（道路公社） | 土地（土地開発公社） |
| --- | --- | --- | --- |
| | 出する。<br>2　この地方公社は、前項の規定により財務諸表を提出するときは、これに、建設省令で定める事項を記載した当該事業年度の業務報告書を添附し、並びに財務諸表及び業務報告書に関する監事の意見をつける。 | 提出しなければならない。<br>2　この道路公社は、前項の規定により財務諸表を提出するときは、これに、地方道路公社法施行規則（昭和45年建設省令第21号）第16条及び第17条で定める事項を記載した当該事業年度の決算報告書を添付し、並びに財務諸表及び決算報告書に関する監事の意見をつけなければならない。 | し、監事の意見を付けて、これを埼玉県知事に提出する。 |
| （利益及び損失の処理）<br>住宅　定款第24条<br>道路　定款第21条<br>土地　定款第24条 | この地方公社は、第21条第1項の会計区分に従い、毎事業年度の損益計算上利益を生じたときは、前事業年度から繰り越した損失をうめ、なお残余があるときは、その残余の額は、準備金として整理する。<br>2　この地方公社は、第21条第1項の会計区分に従い、毎事業年度の損益計算上損失を生じたときは、前項の規定による準備金を減額して整理し、なお不足が | この道路公社は、毎事業年度の損益計算上利益を生じたときは、前事業年度からの繰り越した損失をうめ、なお残余があるときは、その残余の額は、準備金として整理しなければならない。<br>2　この道路公社は、毎事業年度の損益計算上損失を生じたときは、前項の規定による準備金を減額して整理し、なお不足があるときは、その不足額は、繰越欠損金として整理し | この土地開発公社は、毎事業年度の損益計算上利益を生じたときは、前事業年度から繰り越した損失をうめ、なお残余があるときは、その残余の額は、準備金として整理する。<br>2　この土地開発公社は、毎事業年度の損益計算上損失を生じたときは、前項の規定による準備金を減額して整理し、なお不足があるときは、その不足額は、繰越欠損金として整理する。 |

| | あるときは，その不足額は，繰越欠損金として整理する。 | なければならない。 | |
|---|---|---|---|
| （余裕金の運用）<br>住宅　定款第25条<br>道路　定款第22条<br>土地　定款第25条 | この地方公社は，次の方法によるほか，業務上の余裕金を運用してはならない。<br>　一　国債，地方債その他国土交通大臣の指定する有価証券の取得<br>　二　銀行その他国土交通大臣の指定する金融機関への預金<br>　三　その他国土交通省令で定める方法 | この道路公社は，次の方法によるほか，業務上の余裕金を運用してはならない。<br>(1)　国債，地方債その他国土交通大臣の指定する有価証券の取得<br>(2)　銀行その他国土交通大臣の指定する金融機関への預金<br>(3)　その他国土交通省令で定める方法 | この土地開発公社は，次の方法によるほか，業務上の余裕金を運用してはならない。<br>(1)　国債，地方債その他主務大臣の指定する有価証券の取得<br>(2)　銀行その他主務大臣の指定する金融機関への預金 |

出典：埼玉県住宅供給公社（（1970）最終改正2007），埼玉県道路公社（（1972）最終改正2019），埼玉県土地開発公社（（1972）最終改正2008）などをもとに筆者作成。

　なお各Webサイトでの埼玉県三公社の公表物を確認したところ，具体的な「会計規定」は，埼玉県住宅供給公社のみ掲載されていた。埼玉県道路公社，埼玉県土地開発公社には同様の「会計規定」は掲載されていないようである。

　埼玉県住宅供給公社は1971年に上述の会計規定，すなわち「埼玉県住宅供給公社会計規定」（以下，埼玉住宅会計規定とする）を公表している。その第1章総則の（会計原則）第2条では，公社の会計は，次の各号の原則に適合するものでなければならないとして，下記(1)～(6)を掲げている。

---

(1)　公社の財政状態，経営成績及びキャッシュ・フローの状況に関して，真実な報告を提供するものでなければならない。

(2)　すべての取引及び事象について，複式簿記により体系的に記録し，正確な会計帳簿を作成しなければならない。

(3)　財務諸表によって，利害関係者に対し必要な会計情報を明瞭に表示しなければならない。

56　第1部　企業会計に近い形で出資額の維持を行うグループ

(4) 原則として，記録，計算，表示について正確な処理を行い，利害関係者の判断を誤らせないようにしなければならない。ただし，重要性の乏しいものについては，本来の厳密な方法によらないで他の簡便な方法によることができる。

(5) 会計処理の原則及び手続は，毎期継続して適用し，みだりにこれを変更してはならない。

(6) 公社の財政に不利な影響を及ぼす可能性があるには，これに備えて適切に健全な会計処理をしなければならない。

　これらの埼玉住宅会計規定の総則は，企業会計原則の一般原則に類似していると捉えることは可能であろう。すなわち，企業会計の会計処理を基本としているともいえる。また，埼玉住宅会計規定第4条では「公社の会計において収益及び費用の発生並びに資産，負債及び資本の増減，異動の所属する会計年度は，その原因となる事実の発生した日の属する会計年度とし，その日を決定しがたい場合はその原因となる事実を確認した日の属する会計年度とする」としており，発生主義を念頭に置いている。さらに埼玉住宅会計規定第5条の2は「公社は，毎決算期に次に掲げる財務諸表を作成しなければならない。(1)貸借対照表，(2)損益計算書，(3)剰余金計算書，(4)キャッシュ・フロー計算書，(5)附属明細書，(6)財産目録」として財務諸表の体系を示している。また，埼玉住宅会計規定第8条では「公社は，次の会計帳簿及び伝票を備え，これらに資産，負債及び資本の増減，異動その他所要の事項を整然かつ明瞭に記録するものとする」として次の(1)〜(4)をあげている（ただし(1)〜(4)の帳簿の詳細は当該Webサイトには公表されていないようである）。

(1) 主要簿
　　総勘定元帳
(2) 補助簿
　　現金出納帳・預金出納帳・有価証券明細帳・事業資産台帳・工事台帳・立替金内訳帳・固定資産台帳・長期事業未収金内訳帳・出資金内訳帳・短期借入金内訳帳・長期借入金内訳帳・前受金内訳帳・引当金内訳帳・減価償却累計額内訳帳・敷金台帳・基本金内訳帳・積立分譲住宅積立金内訳帳・債権管理簿・未収金内訳帳・予算収支簿
(3) 会計伝票（収入伝票，支出伝票，振替伝票）
(4) 合計残高試算表

　また，埼玉住宅会計規定の第2章予定財務諸表第13条では「理事長は，毎年

度事業計画及び資金計画に基づき，理事会の議決を経て予定貸借対照表，予定損益計算書（以下「予定財務諸表」という）を作成するものとする。2理事長は，予定財務諸表の変更に関しては，理事会の議決を経るものとする」としている。

　さらに，埼玉県住宅供給公社，埼玉県道路公社，埼玉県土地開発公社の財務諸表には，基本的には，貸借対照表，損益計算書，キャッシュ・フロー計算書等も含まれている。具体的には，埼玉県住宅供給公社の決算報告書は，貸借対照表，損益計算書，剰余金計算書，キャッシュ・フロー計算書，注記事項である（埼玉県住宅供給公社（2024））。埼玉県道路公社の財務諸表は，事業計画書，財産目録，貸借対照表，損益計算書，キャッシュ・フロー計算書である（埼玉県道路公社（2024））。埼玉県土地開発公社の財務諸表等は，貸借対照表，損益計算書，キャッシュ・フロー計算書，重要な会計方針及び注記事項，独立監査人の監査報告書である（埼玉県土地開発公社（2024））（なお，地方三公社ともに株主資本等変動計算書が作成されない点や，埼玉県住宅供給公社で剰余金計算書が作成される理由等は今後の検討課題である）。ただし，たとえば上述したように，埼玉県住宅供給公社では，「予定貸借対照表」，「予定損益計算書」（埼玉県住宅供給公社（2018c））の作成などが定款に盛り込まれている点が1つの特色といえるだろう。

## 第3節　取引要素の結合関係

　地方自治体（埼玉県）は，地方三公社（埼玉県住宅供給公社，埼玉県道路公社，埼玉県土地開発公社など）に対して，原則として全額出資である。上述したように，埼玉県（2019）第3章「埼玉県の財務書類4表」による「各項目の説明」①貸借対照表「2投資その他の資産」では「(1)投資及び出資金：公社や第三セクター等に対する出資金など」（埼玉県（2019）9頁）とあるように，埼玉県の貸借対照表の「投資及び出資金」は，主として地方三公社への出資金として扱われていると考えられる。簿記処理を推測すれば次のとおりである。

---

　**(例1)**　地方自治体（埼玉県）
　　（借）出　資　金　　　　××　　（貸）現　金　預　金　　　××
　**(例2)**　地方三公社（埼玉県住宅供給公社，埼玉県道路公社，埼玉県土地開発公社）
　　（借）現　金　預　金　　　××　　（貸）資　　本　　金　　　××

---

埼玉県住宅供給公社，埼玉県道路公社，埼玉県土地開発公社においては，上述したとおり，貸借対照表，損益計算書，キャッシュ・フロー計算書等が作成されており，その作成手法は企業会計に準じるものであろう。そのため，**図表4－4**のとおり，その取引要素の結合図は，原則として企業会計の取引8要素と同様であると考える。ただし，注意しなければならないのは，上述したとおり埼玉県住宅供給公社，埼玉県土地開発公社には「基本財産は，安全かつ確実な方法により管理するものとし，これをとりくずしてはならない」という規定があることである。すなわち，通常の企業会計は，資本の取崩しは認められているが，一部の公社は，定款を鑑みるに，資本の取崩しは認められていない，ということになる。

それはなぜか。たとえば赤川（2011）によれば，土地公社は，地方自治体の分身として公共的役割があることから，民間企業のような収益第一の概念はないこともあり，公共的使命が位置づけられている，と述べている（赤川（2011）

**図表4－4　取引要素の結合図**

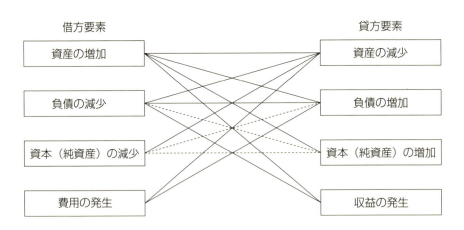

※三公社の会計処理は企業会計に準じる。ただし埼玉県住宅供給公社および埼玉県土地開発公社では基本財産（資本）は，**図表4－3**のとおり，安全かつ確実な方法により管理するものとし，これを取り崩してはならない，との規定がある。

出典：埼玉県（2019），埼玉県住宅供給公社（2018b），埼玉県道路公社（2018a，2018b），埼玉県土地開発公社（2018a，2018b）をもとに筆者作成。

61頁参照）。具体的には，「利益の確保を目的とした業務運営を行うことは適切ではない」（昭和62（1987）年10月22日付建設省経整発第61号・自治政第104号「土地開発公社」の業務について）という規定を赤川（2011）は，そのエビデンスとして示している（赤川（2011）61頁）。よって公共的使命という点で資本の取崩しは認められないと推測できる。しかし，企業的要素を取り入れなければ公共用地の中長期的な管理については行えないジレンマも同時に生じるのである。それを補っているのが地方三公社の役割であろう。このように地方三公社では一部が資本の取崩しができず，資本金の維持拘束性が企業会計と異なるが，上述したように，地方三公社の取引要素の結合図**図表4－4**は，基本的には企業会計に準じるものである。

## 第4節　地方三公社会計における簿記処理

　**図表4－3**でも示したとおり，三公社の「資産／基本財産の額」（ここでいう資産は，企業会計でいう資本にあたる）がその特徴を示している。繰り返すが，埼玉県住宅供給公社（定款第19条）は「この地方公社の資産は，基本財産及び運用財産とする。2　この地方公社の基本財産の額は，4,000万円とし，埼玉県が全額を出資する。3　基本財産は，安全かつ確実な方法により管理するものとし，これをとりくずしてはならない」とする。埼玉県道路公社（定款第16条）は「この道路公社の基本財産の額は，117億8,324万6千円とし，埼玉県並びに千葉県の出資の額は，次のとおりとする。埼玉県116億4,062万3千円　千葉県1億4,262万3千円」とする。埼玉県土地開発公社（定款第20条）は「この土地開発公社の資産は，基本財産とする。2　この土地開発公社の基本財産の額は，1億円とし，埼玉県が全額を出資する。3　基本財産は，安全かつ確実な方法により管理するものとし，これをとりくずしてはならない」とする。なお，基本財産などの変更は，埼玉県住宅供給公社の「理事会の決議」がなければ基本的に変更されない。埼玉住宅定款第16条における「次に掲げる事項は，理事会の議決を経なければならない。一　定款又は業務方法書の変更　二　基本財産たる財産の変更　三　毎年度の予定貸借対照表，予定損益計算書及び決算」のとおりである。

　このようなことから，いわゆる資本金の維持拘束性については，一部の公社に関して資本の取崩しが認められていないことから，その拘束は強固といえる

だろう。また原則として，取り崩さないことから，資本金を取り崩す際の手続きはなく，したがって，取り崩す時の仕訳も存在しないことになる。上述したように，理事会の決議によっては基本財産の変更があるかもしれないが，埼玉県の三公社の資本金を確認したところ，埼玉県から埼玉県三公社への出資金のフローにおける実際の金額は，少なくとも現在に至るまで変更はない。

## 第5節　地方三公社会計における複式簿記の役割と必要性

### 5.1　地方三公社における複式簿記の役割（意義）

　地方自治体（埼玉県）と地方三公社（埼玉県住宅供給公社，埼玉県道路公社，埼玉県土地開発公社）は形式的には別組織として機能しているものの，埼玉県が単年度主義で予算を1年ごとに決定しなければならないのに対し，これら三公社は宅地開発，道路，土地開発など複数年度の事業を行う必要がある。

　つまり，単年度主義と中長期的な活動をつなぐ仕組みとして，これら三公社が存在しているということになる。実態は，地方公共団体の一部である。埼玉県住宅供給公社では，企業会計の会計処理を採用しており，その点での特色は特にないと考える。ただし予定貸借対照表と予定損益計算書を作成している点（「財務諸表」欄ではなく「資金計画」欄での掲記であるが），また埼玉県の単年度主義を埼玉三公社が企業会計に準じる複式簿記を使用して，中長期的な活動として補っていると考えられる点は特色があるといえる。

### 5.2　地方三公社における複式簿記の必要性

　地方三公社に複式簿記が求められる理由は，次の事業活動の継続性と，事業活動の企業的要素の多さ，合理的効率的な運営の確保の2点があげられる。

#### 5.2.1　事業活動の継続性

　上述したように，県が単年度主義で予算を1年ごとに決定しなければならないのに対し，地方三公社は宅地開発，道路，土地開発など複数年度の事業を行う必要がある。単年度主義と中長期的な活動をつなぐ仕組みとして，地方三公社が存在している。このような県と地方三公社の関係性を鑑みると，地方自治

体の事業活動の継続性が理解できる。

### 5.2.2 事業活動の企業的要素の多さ，合理的効率的な運営の確保

　たとえば，土地開発公社では，「金融機関」を取り込んだ地方公共団体による用地取得の事務フローなどを行っている。赤川（2011）によれば，土地開発公社と金融機関との関係については，土地開発公社は金融機関との間で締結した銀行取引約定書および協定書の各条項の内容を承認したうえで，個別案件ごとに金銭消費賃借契約証書を締結し，金融機関から資金借入れを行い，金融機関はその金銭消費賃借契約書に基づき土地公社に対して融資を実行しているとされる（赤川（2011）35頁）。また，地方公共団体は，民間金融機関との間で締結した協定書に基づき，協調融資団（金融機関）に対して土地公社の借入債務を担保するために債務保証書または損失補償証書を金融機関に差し入れていると指摘している（赤川（2011）35頁）。このような金融機関を介在する事業活動は企業的要素が多く，複式簿記が求められる理由の1つと考えられる。なお企業的要素が多い（埼玉県の単年度主義を埼玉三公社が企業会計に準じる複式簿記を使用して，中長期的な活動として補っている）点では，上述した埼玉県三公社についても同様のことがいえる。

　さらに赤川（2011）によれば「事業の活動は企業的要素があることから，建設省および自治省通達において，予算の作成および執行に関する土地開発公社予算基準が示されており，状況の変化に適切に対応できる弾力性に富む予算制度が求められている」（赤川（2011）56-57頁）とされ，また「地公体は，土地開発公社が業務を行うために民間金融機関から資金借入を行う際に，債務保証等をしているために，欠損が生じたときには，最終的には地公体にその赤字が転化されることになる。したがって，地公体は土地公社の経営状況や財政状況等を経常的にチェックし，合理的効率的な運営を確保し，欠損を生じさせないよう指導監督することが求められている」（赤川（2011）58頁）と述べている。また「土地公社の経理は，地公体の一般会計のような現金主義ではなく，企業会計の発生主義が採用され（公拡法行施規則第6条），勘定区分（同規則第7条）も貸借対照表勘定および損益勘定が設けられている」（赤川（2011）60頁）という点も指摘がなされている。上述の赤川の引用文にもあるように，合理的効率的運営の確保が複式簿記の必要性を一層顕在化させていると考えられる。

### 5.2.3 複式簿記によってはじめて明らかになる事柄

上述したように，地方自治体本体（ここでいう埼玉県）は単年度主義であり，中長期的な活動を示すのは難しい。しかし，上述したように地方三公社の運営は中長期的な活動である。現金収支を把握するだけでは土地開発公社等の適切な運営はできないことになる。認識・測定の対象を拡大するために発生主義が必要であることにつながろう。

換言すれば，単年度主義である自治体は，予算を1年ごとに決めなければならないが，事業の中には，宅地開発，道路，土地開発など中長期的なものがある。埼玉県も埼玉県住宅供給公社，埼玉県道路公社，埼玉県土地開発公社があり，それらは形式的には別組織として機能しているものの，埼玉県が単年度主義で予算を1年ごとに決定しなければならないのに対し，これら三公社は宅地開発，道路，土地開発など複数年度の事業を行う必要がある。単年度主義と中長期的な活動をつなぐ仕組みとして，これら三公社が存在しているということになろう。よって実態は上述したように，地方公共団体の一部となるのである。そのためにはストックを把握できる複式簿記導入が必須となり，認識・測定には発生主義会計が必要となる。また，前述した**図表4－1**は，第三セクター等改革推進債の概要であり，**図表4－1**内の(A)の経費を特例的に地方債の対象とするものであったが（充当率100％・償還は10年以内を基本とする），これは複数年度事業に関連する部分であり，単年度の会計では捉えきれない部分であろう。

このようなことから理解できるのは，事業活動の企業的要素の多さ，合理的効率的な運営の確保のためには複式簿記が必要であり，それは中長期的に「財産的基礎（出資額）を維持する」ことに繋がり，「事業の継続性」を厳守することになるという点である。


**【参考文献】**

赤川彰彦（2011）『土地開発公社の実態分析と今後の展開』東洋経済新報社。

朝日監査法人パブリックセクター部編（1998）『自治体監査とコンサルティング―企業会計的手法・外郭団体運営評価・PFI導入―』第一法規。

掛谷純子（2017）「地方自治体における外郭団体の評価―先行研究の整理と総務省の方針―」『現代社会研究科論集：京都女子大学大学院現代社会研究科紀要』第11号，21-41頁。

瓦田太賀四（1991）「外郭団体の会計原則」財団法人神戸都市問題研究所編『外郭団体の理論と実践』勁草書房, 60-72頁。

埼玉県（2019）「平成29年度　埼玉県の財務諸表」。https://www.pref.saitama.lg.jp/a0103/documents/29kouhyou1.pdf（2019年5月19日, 2020年4月18日閲覧）

埼玉県住宅供給公社（1970（最終改正2007））「埼玉県住宅供給公社定款」。http://www.saijk.or.jp/about/pdf/teikan.pdf（2019年5月19日, 2020年4月18日閲覧）

埼玉県住宅供給公社（1971）「埼玉県住宅供給公社会計規定」。http://www.saijk.or.jp/nyusatu/manual/1-4.pdf（2019年5月19日, 2020年4月18日閲覧）

埼玉県住宅供給公社（2018a）「平成29年度業務報告書」。http://www.saijk.or.jp/about/pdf/H29_gyomu.pdf（2019年5月19日, 2020年4月18日閲覧）

埼玉県住宅供給公社（2018b）「平成29年度決算報告書」。http://www.saijk.or.jp/about/pdf/H29_kessan.pdf（2019年5月19日, 2020年4月18日閲覧）

埼玉県住宅供給公社（2018c）「平成31年度資金計画」。http://www.saijk.or.jp/about/pdf/H31_shikin.pdf（2019年5月19日, 2020年4月18日閲覧）

埼玉県住宅供給公社（2024）「令和5年度決算報告書」。https://www.saijk.or.jp/about/public/（2024年8月28日閲覧）

埼玉県道路公社（1972（最終改正2019））「埼玉県道路公社定款」。http://www.tollroad-saitama.or.jp/profile/img/kousyateikan.pdf（2019年5月19日, 2020年4月18日閲覧）

埼玉県道路公社（2018a）「財務諸表/貸借対照表」。http://www.tollroad-saitama.or.jp/profile/img/taishakutaishou.pdf（2019年5月19日, 2020年4月18日閲覧）

埼玉県道路公社（2018b）「財務諸表/損益計算書」。http://www.tollroad-saitama.or.jp/profile/img/sonekikeisan.pdf（2019年5月19日, 2020年4月18日閲覧）

埼玉県道路公社（2024）「財務諸表」。https://www.tollroad-saitama.or.jp/aboutus/balance/（2024年8月28日閲覧）

埼玉県土地開発公社（1972（最終改正2008））「埼玉県土地開発公社定款」。https://www.sld.or.jp/img/pdf/taro-teikan.pdf（2019年5月19日, 2020年4月18日閲覧）

埼玉県土地開発公社（2018a）「平成29年度埼玉県土地開発公社貸借対照表」。https://www.sld.or.jp/img/pdf/29_a.pdf（2019年5月19日, 2020年4月18日閲覧）

埼玉県土地開発公社（2018b）「平成29年度埼玉県土地開発公社損益計算書」。https://www.sld.or.jp/img/pdf/29_b.pdf（2019年5月19日, 2020年4月18日閲覧）

埼玉県土地開発公社（2024）「経営に関する情報」。https://www.sld.or.jp/outline.html（2024年8月28日閲覧）

総務省（2018a）「第三セクター等の出資・経営等の状況に関する調査／平成30年度調査結果（概要）」。http://www.soumu.go.jp/main_content/000593750.pdf（2019

年5月19日閲覧）

総務省（2018b）「第三セクター改革等先進事例集（平成29年度版）」。http://www.
soumu.go.jp/main_content/000476259.pdf（2019年5月19日閲覧）

高寄昇三（1991）「外郭団体原論」財団法人神戸都市問題研究所編『外郭団体の理論
と実践』勁草書房，3-15頁。

宮脇淳・蛭子准吏（2009）『外郭団体・公営企業の改革』ぎょうせい。

**（市川　紀子）**

# 第5章

## 法人間の比較分析

### ―農業協同組合，医療法人，地方外郭団体（三公社）の比較分析―

## 第1節　比較する視点

　本章は，農業協同組合，医療法人，地方外郭団体（三公社）を対象に，資金使途制限把握に係る簿記処理を中心に，比較分析を行うことを目的とする。

　当該3法人は，日本簿記学会簿記実務研究部会（平成30・31年度）において，簿記処理の貸方において何らかの資金使途制限が存在する共通点から，グルーピングされたものである。ただし，分析の視点によっては，共通点がないものもあることを付言しておく。結論から述べれば，当該3法人の簿記処理は企業会計の簿記処理に非常に近いといえる。ただし異なる点も存在する。

　2.1項においては，簿記処理の根拠となる法令と会計基準を示し，特に資金使途制限把握に関する会計基準について明記する。2.2項においては，使途制限のある資金の処理を示し，特に，資本金の維持拘束性，資本金を取り崩すときの手続き，取り崩すときの仕訳などを，より具体的に示していく。3.1項においては，それらの分析結果を明記する。3.2項においては，複式簿記が求められる理由を述べる。

　3.3項においては，上記を受けて，「複式簿記の定義（あるいは求められる理由）」を検討し，当該3法人の異同点および企業会計との異なる点を確認し，各法人の視点から検討を行う。

66　第1部　企業会計に近い形で出資額の維持を行うグループ

# 第2節　比較分析

## 2.1　簿記処理の根拠となる法令や会計基準等―資金使途制限把握に関する会計基準等―

　農業協同組合，医療法人，地方外郭団体（三公社）については，それぞれの設立背景が異なることから，法律の制定において共通性はないが，公的な目的や性質を持ちつつも企業会計的な要素を取り込んだ簿記処理を前提とした法令となっているという点では共通性が見られる。以下では，3法人の簿記処理の根拠となる法令，および特に資本に関わる条文について確認する。

### 2.1.1　農業協同組合

　農業協同組合においては，主たる法令として農業協同組合法が存在しており，簿記処理などを含む細部については，農業協同組合法施行規則およびいくつかの施行規程によって定められている。

　特に資本に関わる条文について，農業協同組合法では次のように示されている。

> **第22条**　出資組合の組合員は，前条第1項の規定（組合員たる資格の喪失：筆者加筆）により脱退したときは，定款の定めるところにより，その持分の全部又は一部の払戻しを請求することができる。
>
> 2　前項の持分は，脱退した事業年度末における当該出資組合の財産によつてこれを定める。
>
> **第26条**　出資組合の組合員は，事業を休止したとき，事業の一部を廃止したとき，その他特にやむを得ない事由があると認められるときは，定款の定めるところにより，その出資口数を減少することができる。
>
> **第44条**　次の事項は，総会の決議を経なければならない。
> 　一　定款の変更
> 　二　規約，信用事業規程，共済規程，信託規程，宅地等供給事業実施規程及び農業経営規程の設定，変更及び廃止
> 　三　毎事業年度の事業計画の設定及び変更
> 　四　経費の賦課及び徴収の方法
> 　五　財産目録又は計算書類及び事業報告

第5章　法人間の比較分析―農業協同組合，医療法人，地方外郭団体（三公社）の比較分析―　　*67*

　六　事業の全部の譲渡
　七　農業協同組合連合会の設立の発起人となり又は設立準備会の議事に同意す
　　　ること
　八　組合への加入及び組合からの脱退

　このように，出資者の加入および脱退の自由，また出資者が脱退した場合の払戻しについて，農業協同組合法では上記のように定められており，出資者の脱退による出資者への出資金の払戻しが法規上において明文化されている。

### 2.1.2　医療法人

　簿記処理の根拠となる法令は，医療法であり，詳細な簿記処理は厚生労働省令で定められている。

　簿記処理の大枠については，厚生労働省令の「医療法人会計基準」で定められている。資金使途制限については，具体的な規定はないものの，厚生労働省令の「医療法人会計基準適用上の留意事項並びに財産目録，純資産変動計算書及び附属明細表の作成方法に関する運用指針14」において，返還基金と同額を代替基金へ積み立てることが求められている。当該代替基金は，取崩しが不可能なものであり，実質的に基金額は法人外へ流出しないものである（財産的基礎の維持が強く求められている）。

■簿記処理の根拠となる法令：医療法

**第51条**
　2　医療法人（その事業活動の規模その他の事情を勘案して厚生労働省令で定める基準に該当する者に限る。）は，厚生労働省令で定めるところにより，前項の貸借対照表及び損益計算書を作成しなければならない。

■会計基準：
　　1．医療法人会計基準（厚生労働省令）
　　2．医療法人会計基準適用上の留意事項並びに財産目録，純資産変動計算書及び附属明細表の作成方法に関する運用指針（厚生労働省医政局長通知）

14　積立金の区分について
　②　基金の拠出者への返還に伴い，返還額と同額を計上した代替基金

## 2.1.3 地方外郭団体（三公社）

簿記処理の根拠となる法令は，地方住宅供給公社法，地方道路公社法，公有地の拡大の推進に関する法律となる。なお，詳細な内容については基本的に各自治体の定款において定められている（本章では定款の例示として埼玉県について明記する）。法令によれば，三公社はいずれも毎事業年度の終了後2カ月以内に，財産目録，貸借対照表，損益計算書などを提出することが定められている。

■簿記処理の根拠となる法令：地方住宅供給公社法，地方道路公社法，公有地の拡大の推進に関する法律

|  | 地方住宅供給公社法 | 地方道路公社法 | 公有地の拡大の推進に関する法律 |
|---|---|---|---|
| 法令 | **第5章** 財務及び会計（第29条～第35条）<br>**第32条** 地方公社は，毎事業年度，財産目録，貸借対照表及び損益計算書（以下「財務諸表」という。）を作成し，決算完結後2月以内に設立団体の長に提出しなければならない。<br>2 地方公社は，前項の規定により財務諸表を提出するときは，これに，国土交通省令で定める事項を記載した当該事業年度の業務報告書を添附し，並びに財務諸表及び業務報告書に関する監事の意見をつけなければならない。 | **第5章** 財務及び会計（第23条～第33条）<br>**第26条** 道路公社は，毎事業年度，財産目録，貸借対照表及び損益計算書（以下「財務諸表」という。）を作成し，決算完結後2月以内に設立団体の長に提出しなければならない。<br>2 道路公社は，前項の規定により財務諸表を提出するときは，これに，国土交通省令で定める事項を記載した当該事業年度の決算報告書を添附し，並びに財務諸表及び決算報告書に関する監事の意見をつけなければならない。 | **第3章** 土地開発公社（第10条～第23条）<br>**第18条**<br>3 土地開発公社は，毎事業年度の終了後2箇月以内に，財産目録，貸借対照表，損益計算書及び事業報告書を作成し，監事の意見を付けて，これを設立団体の長に提出しなければならない。 |

## 2.2 使途制限のある資金の処理—資本金の維持拘束性・資本金を取り崩す際の手続き・取り崩すときの仕訳など—

### 2.2.1 農業協同組合

前述のように，農業協同組合においては出資者の加入および脱退は自由であり，出資者が脱退した際は，脱退した出資者に対する出資金の払戻しが保証されている。なお，出資金を取り崩す際は総会の決議が必要とされる。

| **(例1)** 出資金を取り崩すときの仕訳：農協 | | | | |
|---|---|---|---|---|
| （借）出　資　金 | 1,000 | （貸）現　　　金 | 1,000 |

### 2.2.2 医療法人

医療法人においても出資者の加入および脱退は自由であり，農業協同組合と同様である。出資金の取崩しの際には，社員総会の決議が必要とされる（その他，定款で別途規程がある場合は当該規程に従う）。

| **(例2)** 出資金を取り崩すときの仕訳：医療法人 | | | |
|---|---|---|---|
| （借）基　　　金 | 1,000 | （貸）現　金　預　金 | 1,000 |
| 　　　繰越利益積立金 | 1,000 | 　　　代　替　基　金 | 1,000 |

・前期末の繰越利益積立金の残高が確定後，当該金額の範囲内で返還をする。
・取り崩した金額と同額を繰越利益積立金から代替基金へ振り替える（代替基金の積立て）。

### 2.2.3 地方外郭団体（三公社）

埼玉県住宅供給公社および埼玉県土地開発公社では，基本財産は，安全かつ確実な方法により管理するものとし，これを取り崩してはならない，との規定がある。

# 第3節　考　　察

## 3.1　比較結果

　農業協同組合および医療法人，地方外郭団体（三公社）における資本金の維持拘束性，資本金を取り崩す際の手続き，取崩し時の仕訳の比較結果を示したのが下記の一覧表である。農業協同組合および医療法人は，下記一覧表のとおり，資本金の維持拘束性に違いはあるものの，資本金を取り崩す際の手続きの制度自体は存在している。ただし，農業協同組合は出資金に対する維持拘束性は医療法人のそれと比べて弱く（医療法人は代替基金の取崩しは不可能であるが，農業協同組合は基本的に出資金に対する維持拘束性はないと考えられるので），その点に着目すれば，農業協同組合の簿記処理は，より企業会計の考え方に近いといえる。なお，地方外郭団体（三公社）は原則として取崩しを前提（想定）としていない制度であるため，農業協同組合および医療法人とは資本金の捉え方が根本から異なるものである。

**図表3－1**　農業協同組合，医療法人，地方外郭団体の資本維持に関する比較表

|  | 農業協同組合 | 医療法人 | 地方外郭団体<br>（三公社） |
|---|---|---|---|
| 資本金の維持拘束性 | ・組合員になるためには，必ず1口以上の出資が必要である（農協法第13条2項）。<br>・協同組合への加入や脱退は自由である。<br>・組合員からの出資金は，当該組合員が脱退する際に返還することになるため，返済義務が生じることになる。<br>・この意味では，出資 | ・基金（資本金）は，拠出者への返還義務を負うものであり，基金自体の維持拘束性はない（純資産額が一定の数値を超える場合に返還が可能）。<br>・ただし，基金返還と同額を代替基金として計上しなければならず，この代替基金は取崩しが不可能で | ・基本財産は，安全かつ確実な方法により管理するものとし，これをとりくずしてはならない（埼玉県住宅供給公社定款第19条3項）。<br>・基本財産は，安全かつ確実な方法により管理するものとし，これをとりくずしてはならない（埼玉県土地開発公社定款第 |

第5章　法人間の比較分析―農業協同組合，医療法人，地方外郭団体（三公社）の比較分析―　　*71*

| | | | |
|---|---|---|---|
| | 金に対する維持拘束性はない。<br>・ただし，外部からの資金調達とは異なる性質のものとして扱われるため，負債ではなく資本に区分されている。 | ある。<br>・上記から法人としての財産的基礎の維持拘束性は大変強固なものである。 | 20条3項）。<br>※道路のみ，拘束の文言なし |
| 資本金を取り崩すときの手続き | ・出資組合の組合員はその持分の全部を譲渡することによっていつでも脱退可能。<br>・譲受先がないときは年度末の60日前の営業日までに申し出ることで，年度末づけで脱退<br>・出資金はその年に開催される通常総会後に払戻し。 | ・定款で定めた手続きが必要。<br>・定時社員総会の決議が必要。 | ・資本金を取り崩すことを前提としていない制度である。 |
| 取り崩すときの仕訳 | （出資金）×××／<br>　（現金）×××　 | 1．基金の返還<br>（基金）×××／<br>　（現金）×××<br>2．代替基金の計上<br>（繰越利益積立金）<br>×××／<br>　（代替基金）××× | ・資本金を取り崩すことを前提としていない制度である。 |

## 3.2　複式簿記が求められる理由

### 3.2.1　農業協同組合

　農業協同組合において，複式簿記が求められる主たる理由は，事業の多様性である。農業協同組合においては，組合員の経済生活を保障するために，信用事業，販売事業，共済事業など，組合員の経済生活全般に接触する広範囲な事

業を展開している。そのため，勘定科目や帳簿種類の増大化であったり，取引件数の増加，記帳事務の増加や煩雑化などにより，事業成果を判断することは難しい。その反面で，組合員に対して事業運営の成果を報告する必要性もあることから，農業協同組合においては事業部門別の計算が求められている。

また，現金取引の頻度が多いことも特徴である。組合員が零細な農業生産者や消費者であることが多く，また実費経営を要請する反面で真実な経営成果計算の経過と結果を把握することが重要な，無条件委託方式が全面的に取り入れられている。そのため，財産計算と損益計算を二面的に行う必要がある。

さらには，各組合員の出資額に応じた持分の計算も求められていることから，農業協同組合の財産計算や事業成果の算定を，複式簿記を用いて行うことが必要とされている。

### 3.2.2 医療法人

医療法人において複式簿記が求められる理由は，法人の財政状況を把握し，財産的基礎を維持することで，法人活動の継続性を確保するためである。医療法人については，公共性が著しく高い活動を行っているものであり，その活動の継続性というものが，他の組織と比べて非常に重要であるためである。

### 3.2.3 地方外郭団体（三公社）

地方外郭団体において複式簿記が求められる理由は，事業活動の継続性と事業活動の企業的要素の多さ，合理的効率的な運営の確保である。

事業活動の継続性については，次のとおりである。地方自治体（埼玉県）と地方三公社（埼玉県住宅供給公社，埼玉県道路公社，埼玉県土地開発公社）は形式的には別組織として機能しているものの，埼玉県が単年度主義で予算を1年ごとに決定しなければならないのに対し，これら三公社（以下，埼玉三公社）は宅地開発，道路，土地開発など複数年度の事業を行う必要がある。単年度主義と中長期的な活動をつなぐ仕組みとして，これら三公社が存在している。

事業活動の企業的要素の多さ，合理的効率的な運営の確保については次のとおりである。土地開発公社では「金融機関」を取り込んだ地方公共団体による用地取得の事務フローなどを行っている。土地開発公社と金融機関との関係については，土地開発公社は金融機関との間で締結した銀行取引約定書および協定書の各条項の内容を承認したうえで，個別案件ごとに金銭消費賃借契約証書

第5章　法人間の比較分析―農業協同組合，医療法人，地方外郭団体（三公社）の比較分析―　　　73

を締結し，金融機関から資金借入れを行い，金融機関はその金銭消費賃借契約
書に基づき土地開発公社に対して融資を実行している（赤川彰彦（2011）『土地
開発公社の実態分析と今後の展開』東洋経済新報社，32-35頁参照）。このような金
融機関を介在する事業活動は企業的要素が多く，複式簿記が求められる理由の
１つと考えられる。なお企業的要素が多い（埼玉県の単年度主義を埼玉三公社が
企業会計に準じる複式簿記を使用して，中長期的な活動として補っている）点では，
埼玉三公社についても同様のことがいえる。さらに土地開発公社が業務を行う
ために民間金融機関から資金借入を行う際に，債務保証等をしているために，
欠損が生じたときには，最終的には地方公共団体にその赤字が転化されること
になり，地方公共団体は土地開発公社の経営状況や財政状況等を経常的に
チェックし，合理的効率的な運営を確保し，欠損を生じさせないよう指導監督
することが求められる（同上書，58頁参照）とされるため，当該運営の確保の
ためにも複式簿記の必要性が生じると考えられる。

## 3.3　比較対象の異同点の確認

### 3.3.1　共通点（農業協同組合，医療法人，地方外郭団体（三公社）の共通点）

「財産的基礎（出資額）を維持する」ことで，「事業の継続性」を厳守するこ
とが共通点であると考えられる。農業協同組合では，出資金に対する基本的に
は維持拘束性はなく，なおかつ回転出資金の廃止に伴い，制度的には資本維持
の拘束性は薄れたものの，出資金は外部からの資金調達とは異なる性質のもの
として扱われるため，実質的には財産的基礎を維持する方向性を示すものであ
ろう。また，医療法人は，基金返還と同額を代替基金として計上しなければな
らず，この代替基金は取崩しが不可能であるから，法人としての財産的基礎の
維持拘束性は強固なものである。地方外郭団体（三公社）については，資本金
を取り崩すことを前提としていない制度そのものが，財産的基礎を維持してい
ると考えられる。

| 農業協同組合 | 医療法人 | 地方外郭団体（三公社） |
|---|---|---|
| ・財産的基礎（出資額）を維持する。 | | |

### 3.3.2　大きく異なる点

当該３法人において，大きく異なる点は出資金の払戻しについてである。農

業協同組合および医療法人は，資本金を取り崩す際の手続きが存在する。しかし，地方外郭団体（三公社）は原則として取崩しを前提としていないと考えられる。基本的には，資本金を取り崩す手続きが存在する前者のグループは，より企業会計の考え方に近いといえる。それに対して，後者は基本的には取崩し規定はないため，強い資本維持拘束性があると考えられる[1]。

| | 農業協同組合 | 医療法人 | 地方外郭団体（三公社） |
| --- | --- | --- | --- |
| 出資金の払戻しの可否 | できる | できる | 想定されていない |

特に地方外郭団体（三公社）に取崩し規定がないのは「出資者」が地方公共団のみであり，取り崩す必要性がないためであると考えられる。ただしそれに代えて解散（解散認可は大臣等）および清算（清算人は理事等）が行え，清算事務の段階で残余財産があれば，出資元に分配することになっている（三公社各法令「解散及び清算」／地方住宅供給公社法第6章，地方道路公社法第6章，公有地の拡大の推進に関する法律第3章）[2]。その背景には，地方自治体本体は単年度主義であり，中長期的な活動を示すのは難しいという事情がある。地方外郭団体（三公社）の運営は中長期的な活動である。単年度主義と中長期的な活動をつなぐ仕組みとして，これら三公社が存在しているといってよい。そのため，農業協同組合と医療法人のもつ「継続性（永続性）」と地方外郭団体（三公社）の「継続性（中長期的）」の性質は異なると考えられる。

### 3.3.3　企業会計と異なる点
農業協同組合および医療法人，地方外郭団体（三公社）の簿記処理は，本章

---

（1）　企業会計での出資金の払戻し（有償減資）について，会社法上の規定はなく，①無償減資および②剰余金の配当を行うことで実施することになる。この点，農業協同組合及び医療法人においては，上記のような①および②の2段階の処理は想定されておらず，直接，出資金を減額する処理が行われる（地方外郭団体（三公社）については，出資金の払戻し自体が想定されていない）。

（2）　なお地方外郭団体（三公社）への資金調達（公的支援）も存在しているが，第三セクター等は独立した事業主体であり，その経営は当該法人の自助努力によって行われるべきであることから，原則として公的支援は，公共性，公益性を勘案したうえで，その性質上当該法人の経営に伴う収入をもって充てることが適当でない経費および当該法人の事業の性質上能率的な経営を行っても，なおその経営に伴う収入のみをもって充てることが客観的に困難であると認められる経費に限られるものであり，単なる赤字補てんを目的とした公的支援を行うべきではないとされている（総務省（2009）「第三セクター等の抜本的な改革等に関する指針」8頁参照）。また，公的支援を行う場合は，あらかじめ地方公共団体と法人の間でのその考え方を取り決めておくことが適当であると示されている（同上書，8頁参照）。このようなことから，地方外郭団体（三公社）においては基本的に「純資産の減少」は想定されていないと考えられる。

第5章　法人間の比較分析—農業協同組合，医療法人，地方外郭団体（三公社）の比較分析—　　*75*

　第1節で述べたとおり，他の非営利組織体に比べ，企業会計の簿記処理に近いといえる。具体的には，取引の8要素の結合処理や財産的基礎を維持している点について，企業会計の簿記処理の考え方を前提としているからである。しかし，当該3法人は，基本的には非営利法人の枠組みとして捉えられることが多い。よって，本節においては，非営利法人としてカテゴライズされる当該3法人について（企業会計の簿記処理の考え方を前提としながらも），どの点が企業会計の簿記処理と異なるのか，下記表内においてその具体的内容を明示した。

**図表3－2**　**農業協同組合，医療法人，地方外郭団体における企業会計と異なる点**

| 農業協同組合 | 医療法人 | 地方外郭団体（三公社） |
|---|---|---|
| 　設立当初の農協法は，農業協同組合の資金不足解消を目的として「資本維持の簿記」の概念から，配当金が資本に組み入れられる制度（組合員の再出資：回転出資金）が存在しており，その点が企業会計とは大きく異なる点であった。<br>　しかし，現在の農業協同組合においては設立当初に見受けられた資金不足の問題が解消されており，必要性が乏しくなったことから，2015（平成27）年に行われた農協法の改正により，農業協同組合に特有であった回転出資金の制度は廃止されている。 | 　財産的基礎の強固な維持のために，配当は認められず，出資の払戻しの際には同額の代替基金の積み立てが強制される点が企業会計とは異なる。<br>　また，代替基金は取崩しが不可能であり，企業会計よりも強固に財産的基礎の維持が図られている。 | 　資本金を取り崩すことを前提としていない制度が，企業会計と異なる。 |

（望月　信幸／舩津丸　仁／市川　紀子）

# 第 2 部

## 貸方項目だけで使途制限を表すグループ

# 第6章

# 独立行政法人の簿記

## 第1節　独立行政法人会計の導入経緯

　独立行政法人制度は，2001（平成13）年4月より開始された制度である。独立行政法人通則法（以下，「通則法」という）第2条第1項によれば独立行政法人とは，「国民生活及び社会経済の安定等の公共上の見地から確実に実施されることが必要な事務及び事業であつて，国が自ら主体となって直接に実施する必要のないもののうち，民間の主体に委ねた場合には必ずしも実施されないおそれがあるもの又は一の主体に独占して行わせることが必要であるものを効果的かつ効率的に行わせるため，中期目標管理法人，国立研究開発法人又は行政執行法人として，この法律及び個別法の定めるところにより設立される法人をいう」（通則法第2条第1項）とされている。

　中央省庁の再編を検討する目的で設置された諮問機関である行政改革会議の最終報告（1997（平成9）年12月3日）（以下，「最終報告」という）では，独立行政法人の創設の基本的な考え方について，「国民のニーズに即応した効率的な行政サービスの提供等を実現する，という行政改革の基本理念を実現するため，政策の企画立案機能と実施機能とを分離し，事務・事業の内容・性質に応じて最も適切な組織・運営の形態を追求するとともに，実施部門のうち一定の事務・事業について，事務・事業の垂直的減量を推進しつつ，効率性の向上，質の向上及び透明性の確保を図るため，独立の法人格を有する『独立行政法人』を設立する」（「最終報告」（1997）(2)独立行政法人の創設）としている。

　そして，「最終報告」では，独立行政法人制度の基本概念として，「a　独立行政法人制度においては，各法人の目的・任務について，それぞれの設置法令において明確に定めるとともに，この目的・任務を達成するための業務及び組織運営の基本的な基準・仕組みについては，当該法令又はこれに基づく規則に

第6章　独立行政法人の簿記　　*79*

よって定めることとする。また，主務大臣の独立行政法人に対する監督・関与
は，法人の業務及び組織運営に関する基本的な枠組みに限られるものとする。
b　これらの仕組みにより，各法人の目的・任務は明確化され，各法人が自ら
の判断・裁量により国民のニーズとは無関係に自己増殖的に業務を拡張するこ
とは防止される。また，主務大臣の監督・関与を制限することにより，法人運
営の細部にわたる事前関与・統制を極力排し，組織運営上の裁量・自律性（イ
ンセンティブ制度）を可能な限り拡大することにより，弾力的・効果的な業務
運営を確保して，効率化・質の向上といった国民の求める成果の達成を重視す
る事後チェックへ重点の移行を図ることも可能となる。c　さらに，業務の結
果について評価し改善する仕組みを導入するとともに，業務内容，業績，評価
等についての情報公開を徹底し，事業継続の必要性，民営化の可否等について，
定期的な見直しを実施することとする」（「最終報告」(1997) (2)独立行政法人の
創設）という3つの基本概念をあげている。

　1999（平成11）年に中央省庁等改革推進本部から公表された「中央省庁等改
革の推進に関する方針」によれば，独立行政法人に対する財源措置として，「独
立行政法人は，一般的には独立採算制を前提とするものではない。独立行政法
人への移行後は，国の予算において所要の財源措置を行うもの」とされた（中
央省庁等改革推進本部（1999）Ⅲ21(1)）。これを踏まえて，通則法第46条第1項
では，「政府は，予算の範囲内において，独立行政法人に対し，その業務の財
源に充てるために必要な金額の全部又は一部に相当する金額を交付することが
できる」としている。この交付金については，通則法第46条第2項において，「独
立行政法人は，業務運営に当たっては，前項の規定による交付金について，国
民から徴収された税金その他の貴重な財源で賄われるものであることに留意し，
法令の規定及び中期目標管理法人の中期計画，国立研究開発法人の中長期的計
画又は行政執行法人の事業計画に従って適切かつ効率的に使用するよう努めな
ければならない」としている。

　「最終報告」で述べられているように，独立行政法人においては，業務の結
果について評価し改善する仕組みを導入するとともに，業務内容，業績，評価
等についての情報を公開する必要があることから，業績等については，財務報
告が求められることになる。また，「中央省庁等改革の推進に関する方針」お
よび通則法より，独立行政法人には，その業務運営に対して，国から財源措置
が行われることになる。その財源は，国民から徴収した税金等で賄われること

になる。これらの措置は，独立行政法人が営利企業と異なり独立採算制を前提としていないことによる。そのため，独立行政法人は交付された資金をどのように使用したのかを納税者である国民に説明する責任を負うことになる。

独立行政法人の会計基準は，総務庁長官の委嘱を受けた会計，財政等の学識経験者によって構成された独立行政法人会計基準研究会により，2000（平成12）年2月16日に「独立行政法人会計基準」および「独立行政法人会計基準注解」が公表された（以下，「基準及び注解」という）。2017（平成29）年9月1日には，独立行政法人評価制度委員会会計基準等部会と財政制度等審議会財政制度分科会法制・公会計部会より「独立行政法人の財務報告に関する基本的な指針」（以下，「基本的な指針」という）が公表された。「基本的な方針」は，独立行政法人の財務報告の基礎にある前提や概念を体系化したもので，今後の独立行政法人会計基準および関係通知の改訂等にあたって参照されるものとなった。

## 第2節　独立行政法人会計における財務書類

独立行政法人会計における財務諸表の体系は，(1)貸借対照表，(2)行政コスト計算書，(3)損益計算書，(4)純資産変動計算書，(5)キャッシュ・フロー計算書，(6)利益の処分又は損失の処理に関する書類，(7)附属明細書（「基準及び注解」第42）となる。独立行政法人の財政状態は，貸借対照表で表されることになり，独立行政法人の運営状況は，行政コスト計算書と損益計算書で表されることになる（「基本的な方針」(2017) 3.1および3.2）。そして，独立行政法人の財政状態と運営状況との関係は，純資産変動計算書で表される（「基本的な方針」(2017) 3.3）。キャッシュ・フロー計算書は，1会計期間におけるキャッシュ・フローの状況を一定の活動区分別に表示するものであり，貸借対照表および損益計算書と同様に独立行政法人の活動の全体を対象とする重要な情報を提供するものとなっている（「基準及び注解」(注40)）。独立行政法人の財務諸表の体系は**図表6－1**のようになる。

**図表6－1**より，貸借対照表における純資産は，会計上の財産的基礎と業務に関連し発生した剰余金とに分類されている。独立行政法人は，国が公共性の高い事務・事業の確実な実施に必要な財源措置を実施すること，出資者に対する剰余金の分配を予定していないことから，独立行政法人の資本概念については，その特徴から生じる固有の取引を踏まえて「会計上の財産的基礎」および

第6章　独立行政法人の簿記　*81*

## 図表6−1　財務諸表の体系

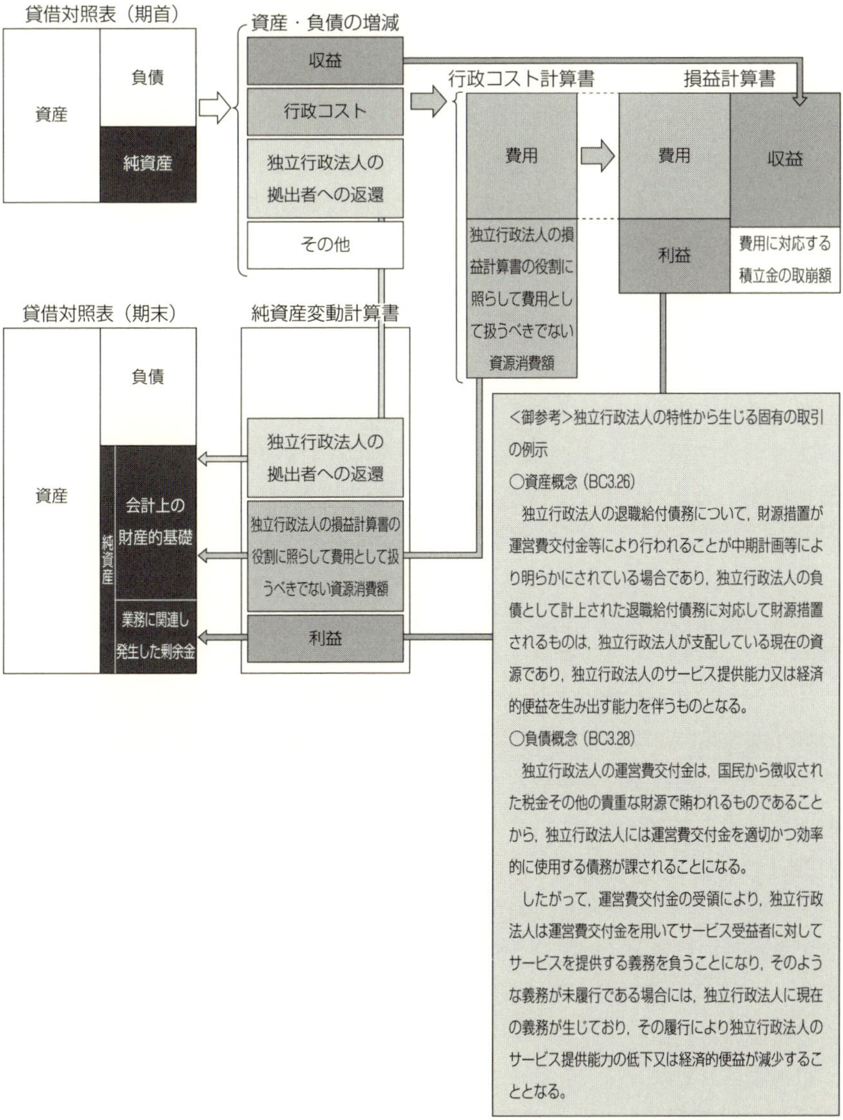

**貸借対照表（期首）**

| 資産 | 負債 |
| | 純資産 |

**資産・負債の増減**

- 収益
- 行政コスト
- 独立行政法人の拠出者への返還
- その他

**行政コスト計算書**

| 費用 |
| 独立行政法人の損益計算書の役割に照らして費用として扱うべきでない資源消費額 |

**損益計算書**

| 費用 | 収益 |
| 利益 | 費用に対応する積立金の取崩額 |

**貸借対照表（期末）**

| 資産 | 負債 |
| | 会計上の財産的基礎 |
| | 業務に関連し発生した剰余金 |

**純資産変動計算書**

- 独立行政法人の拠出者への返還
- 独立行政法人の損益計算書の役割に照らして費用として扱うべきでない資源消費額
- 利益

<御参考>独立行政法人の特性から生じる固有の取引の例示

○資産概念 (BC3.26)

　独立行政法人の退職給付債務について，財源措置が運営費交付金等により行われることが中期計画等により明らかにされている場合であり，独立行政法人の負債として計上された退職給付債務に対応して財源措置されるものは，独立行政法人が支配している現在の資源であり，独立行政法人のサービス提供能力又は経済的便益を生み出す能力を伴うものとなる。

○負債概念 (BC3.28)

　独立行政法人の運営費交付金は，国民から徴収された税金その他の貴重な財源で賄われるものであることから，独立行政法人には運営費交付金を適切かつ効率的に使用する債務が課されることになる。

　したがって，運営費交付金の受領により，独立行政法人は運営費交付金を用いてサービス受益者に対してサービスを提供する義務を負うことになり，そのような義務が未履行である場合には，独立行政法人に現在の義務が生じており，その履行により独立行政法人のサービス提供能力の低下又は経済的便益が減少することとなる。

出典：独立行政法人の財務報告に関する基本的な指針（概要）10頁より抜粋。

「業務に関連し発生した剰余金」として整理されている（「基本的な方針」（2017）BC3.30）。そして，「会計上の財産的基礎」を，財源措置の形式やサービス提供の履行義務に着目して定義するのではなく，拠出者の意図や取得資産の内容等に着目して定義することとしたため，「会計上の財産的基礎」とは，政府等からの出資のほか，出資と同じく業務を確実に実施するために独立行政法人に財源措置されたものであり，独立行政法人の拠出者の意図や取得資産の内容等が勘案されたものとなっている（「基本的な方針」（2017）BC3.31）。一方で，「業務に関連し発生した剰余金」は，通則法第44条第5項の利益処分の対象となる利益に関連し発生した剰余金であり，会計上の財産的基礎とは区別されるべきものであるとされている（「基本的な方針」（2017）BC3.32）。

　行政コスト計算書は，独立行政法人の運営状況を明らかにするため，1会計期間に属する独立行政法人のすべての費用とその他行政コストとを記載して行政コストを表示しなければならないことを作成目的としている（「基準及び注解」第45）。行政コストは，「独立行政法人がアウトプットを産み出すために使用したフルコスト」，「国民の負担に帰せられるコストの算定基礎を示す指標」という性格を有する（「基本的な方針」（2017）3.12）。行政コスト計算書は，フルコスト情報の提供源であることから，「行政コスト」は損益計算書における「費用」をはじめ，「独立行政法人の損益計算書の役割に照らして費用として扱うべきでない資源消費額」を含む概念として整理されている（「基本的な方針」（2017）BC3.9）。

　一方，損益計算書は，独立行政法人の運営状況を明らかにするため，1会計期間に属する独立行政法人のすべての費用とこれに対応するすべての収益とを記載して当期純利益を表示しなければならないことを作成目的としている（「基準及び注解」第46）。ただし，独立行政法人の損益の対応関係は，サービスを提供するための費用とそれを賄う財源としての収益という関係であり，営利企業のような収益を獲得するために費消した費用という関係とは異なる（「基本的な方針」（2017）1.14）。

　以上より，行政コスト計算書は行政コストの状況を表すとともに，フルコスト情報の提供源となり，損益計算書は損益の状況を表すとともに，インセンティブを与える仕組みに基づく独立行政法人の経営努力を反映する利益情報を提供している（「基本的な方針」（2017）3.2）。

第6章　独立行政法人の簿記　　*83*

# 第3節　取引要素の結合関係

　独立行政法人の会計は，正規の簿記の原則に基づいて，その財政状態および運営状況に関する全ての取引その他の事象について，複式簿記により体系的に記録し，正確な会計帳簿を作成しなければならないとされている（「独立行政法人会計基準」及び「独立行政法人会計基準注解」に関するQ＆A，Q2-1）（以下，「基準及び注解に関するQ＆A」という）。複式簿記における基本的な会計帳簿の体系例は以下のようになる。

| 図表6-2 | 独立行政法人における会計帳簿の体系 |

```
        会 計 帳 簿
       ┌─────────────┐
       │    主 要 簿     │
取    →│ 仕訳帳 → 総勘定元帳 │ → 試算表 → 会計単位の結合など → 財務諸表
引    →│ （会計伝票）    ↓ │
       │ 補助簿 →   照合   │
       │   ┌ 現金出納帳    │
       │   │ 預金出納帳    │
       │   │ 各種収益内訳帳  │
       │   └ 資産・負債内訳帳 │
       └─────────────┘
```

出典：「基準及び注解に関するQ＆A」Q2-1より抜粋。

　(1)　取　　　引
　独立行政法人の取引は全て証憑書類に基づいて行われ，証憑書類は，取引の裏付けとなる証拠書類で，会計記録の正確性，真実性を保証するものである。
　(2)　仕 訳 帳
　取引の発生順に仕訳を整理する帳簿であるが，伝票制度の発達に伴い，現在では，伝票（入金伝票，出金伝票，振替伝票）がこれに代わっている。なお，決算整理仕訳も仕訳帳で整理する。
　(3)　総勘定元帳
　取引の発生順に仕訳された仕訳帳から，各勘定科目別に整理するために，総勘定元帳に転記する。そのため，総勘定元帳には各勘定口座が設けられており，仕

訳をしたときの勘定科目を勘定科目ごとに再集計するために，総勘定元帳の各勘定口座に転記しその増減及び残高を記録する。

　(4) 補助簿

主要簿（仕訳帳及び総勘定元帳）の記録を補完するために詳細な記録が行われ，おおむね各勘定科目の内訳帳の役目を果たす。補助簿には，取引内容を詳細に記録する補助記入帳と特定の勘定ごとに内訳（主として相手先別，品目別などに口座を設ける。）を記録する補助元帳がある。その他，総勘定元帳の対応勘定との照合，突合を行い，相互検証を行う目的もある。

　(5) 会計単位の結合など

本部・支部会計の結合など複数の会計単位の合算を行うとともに，試算表の勘定科目から財務諸表の項目への科目の組替えを行う。

出典：「基準及び注解に関するQ＆A」Q2-1。

独立行政法人会計における取引要素の結合図は，基本的に以下のようになると考えられる。

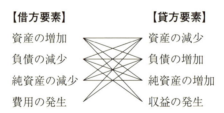

## 第4節　独立行政法人会計における簿記処理

### 4.1　使途制限等のある資金に関する簿記処理

独立行政法人は営利企業と違い，独立採算性を前提としていないため，その業務運営にあたっては，国の予算から財源措置が行われることになる。よって，純資産には，出資のほかに財源措置をされたものが含まれる。そこで，独立行政法人の財源措置として，運営費交付金，施設費，補助金等，事後に財源措置が行われる特定の費用，寄附金の会計処理を取り上げる。

### 4.1.1 運営費交付金の会計処理

　独立行政法人が運営費交付金を受領したときは，その相当額を運営費交付金債務として計上し，運営費交付金債務は，流動負債に属するものとされている（「基準及び注解」第18）。そして，運営費交付金債務について，中期目標等の期間中は，運営費交付金を業務の進行に応じて収益化を行う方法，すなわち，業務達成基準によって収益化を行うことが原則とされている（「基準及び注解」第18）。

---

(1)　独立行政法人運営のための財源については，通常，国が予算措置をすることになっている。申請時ではまだ入金されていないため，仕訳が不要となる。

(2)　運営費交付金の交付をもって直ちに収益に計上するのではなく，一旦，「運営費交付金債務」として流動負債に計上する。

（借）　現 金 及 び 預 金　　××　　（貸）　運営費交付金債務　　××

(3)　例外的に，すでに実施された業務の財源を補填するために交付されたことが明らかな場合は，交付時において収益計上することになる（「基準及び注解」（注61））。

（借）　現 金 及 び 預 金　　××　　（貸）　運営費交付金収益　　××

(4)　業務の進行に応じて運営費交付金債務を収益に振り替える。

（借）　運営費交付金債務　　××　　（貸）　運営費交付金収益　　××

(5)　中期目標期間の終了時点において，期間中に交付された運営費交付金が残る場合には精算のため収益化を行うことになる。

（借）　運営費交付金債務　　××　　（貸）　運営費交付金収益　　××

---

出典：新日本有限責任監査法人（2017）243頁。

　ではなぜ，運営費交付金を受領した際に収益として計上しないで，流動負債として計上するのであろうか。運営費交付金を企業会計における「前受収益」的性格を有するものとして捉えるならば，運営費交付金を受領した時点では，その運営費交付金を財源として予定する業務が未実施であるため，その業務が実施されるまでの間は運営費交付金債務として流動負債に計上するという考え方によるものとされている（岡本（2008）459頁）。運営費交付金は国から任された業務を遂行するための財源であり，その業務の遂行が行われていないうちから，収益として計上することは，妥当ではないということになる。よって，その業務の達成度合いによって，運営費交付金債務として計上されたものを収益化していくことになる。

### 4.1.2　施設費の会計処理

独立行政法人が施設費を受領したときは，相当額を預り施設費として計上し，預り施設費は，流動負債に属するものとされている（「基準及び注解」第82）。

| （借）　現　　　　　金 | ×× | （貸）　預　り　施　設　費 | ×× |
|---|---|---|---|

出典：新日本有限責任監査法人（2017）55頁。

新日本有限責任監査法人（（2017）155頁）によれば，預り施設費とは，国から施設費を受領したときに発生する義務を表す勘定であり，施設費は政策の実施にあたって必要な固定資産を購入するための財産的基礎とすることを意図して支出されている。そのため，施設費を財源として取得する固定資産については，独立行政法人の裁量の余地はないため，その財源である施設費を収益化することにはなじまず，最終的には資本剰余金として処理することになるとされている。

| （借）　固　定　資　産 | ×× | （貸）　現　　　　　金 | ×× |
|---|---|---|---|
| 　　　　預　り　施　設　費 | ×× | 　　　　資　本　剰　余　金 | ×× |

出典：新日本有限責任監査法人（2017）155頁。

### 4.1.3　補助金等の会計処理

独立行政法人が国又は地方公共団体から補助金等の概算交付を受けたときは，その相当額を預り補助金等として計上し，預り補助金等は流動負債に属する（「基準及び注解」第83）。

| （借）　現　　　　　金 | ×× | （貸）　預　り　補　助　金　等 | ×× |
|---|---|---|---|

出典：新日本有限責任監査法人（2017）264頁。

そして，預り補助金等は，補助金等の交付の目的に従った業務の進行に応じて収益化を行うものとされている（「基準及び注解」第83）。企業会計では，補助金を受領した時に収益に計上するが，独立行政法人会計では，交付を受けた時に義務を負ったとして，その時点で預り補助金等として負債計上する（新日本有限責任監査法人（2017）265頁）[1]。

| （借）　預　り　補　助　金　等 | ×× | （貸）　補　助　金　等　収　益 | ×× |
|---|---|---|---|

出典：新日本有限責任監査法人（2017）264頁。

### 4.1.4　事後に財源措置が行われる特定の費用に係る会計処理

　独立行政法人の業務運営に要する費用のうち，その発生額を後年度において財源措置することとされている特定の費用が発生した場合，財源措置が予定される金額を財源措置予定額収益の科目により収益に計上するとともに，未収財源措置予定額の科目により資産として計上するとされている（「基準及び注解」第84）。

| （借）　未収財源措置 | ×× | （貸）　財源措置予定額 | ×× |
| 予　定　額 | | 収　　益 | |

出典：新日本有限責任監査法人（2017）268頁。

　新日本有限責任監査法人（（2017）268頁）によれば，独立行政法人の損益計算書は，その業務の適正な評価に資することが要請されており，損益計算書には，法人に負託された責任範囲内での業務の運営状況を適切に反映させる必要がある。この観点から，独立行政法人は，特定の費用について国から財源措置される場合には，当該費用について財源措置による収益と期間対応を図る必要がある。しかし，国からの財源措置は，一般的には法人における費用発生の時期ではなく，現金支出の時期に着目して行われるため，時期がずれる場合がある。このとき，後年度において財源措置が予定される金額を未収財源措置予定額の科目で資産計上することにより，期間対応を図ることとされている。

　独立行政法人は，営利企業と異なり，利益の獲得を目的としていないことから，中期計画等に従って，業務運営を行った場合には，運営費交付金及び補助金等の財源措置との関係においては損益が均衡するように損益計算の仕組みが構築されている[2]。独立行政法人が実施する一部の業務では，法人における費用の発生と国からの財源措置の実施が同一年度ではなく，両者の間にタイミングのズレが生じる場合が想定され，費用の発生年度および財源措置の実施年度のそれぞれにおいて，独立行政法人の固有原理である損益均衡を確保できな

---

（1）　岡本（2008, 493頁）によれば，補助金等の性質に考慮したうえで，「補助金等については概算払が認められているが，通常，業務上の必要額が概算交付を受けた受領額と一致するケースは稀であることから，両者の差額が発生することが考えられる。このような状況において，仮に，補助金等について受領時点で収益計上するとした場合には，その差額が損益計算書にプラスに作用することになる。補助金等は交付年度において費消されるとは必ずしもかぎらないわけであり，翌事業年度以降に費消するような事態が発生することもないとはいえない。このような状況において，仮に補助金等を受領時点で収益計上する会計処理を行うとなれば，受領年度では収益のみがたち，それに対応する費用が発生していないことから，結果的に損益計算書上の利益が発生する」ことになると指摘している。

*88*　第2部　貸方項目だけで使途制限を表すグループ

くなる（岡本（2008）498-499頁）。そのため，損益均衡を確保するために，事後に財源措置が行われる特定の費用に係る会計処理が行われるということになる。

### 4.1.5　寄附金の会計処理

「基準及び注解」において，「中期計画等及び年度計画において，独立行政法人の財産的基礎に充てる目的で民間からの出えんを募ることを明らかにしている場合であって，当該計画に従って出えんを募った場合には，民間出えん金の科目により資本剰余金として計上する」としている（「基準及び注解」第85(1)）。

岡本（(2008) 524頁）によれば，「民間出えん金のうち，出えん者の意図が独立行政法人の業務運営の財産的基盤に充てる趣旨で出えんされたものであると整理されるものについては，出えん者の意思を尊重して資本として整理する必要があると考える。資本と整理される民間出えん金は，贈与資本に該当するものと考えられることから，会計基準第19を適用して資本剰余金として整理することが適当である」としている。

| （借）　現 金 及 び 預 金　　　　××　　（貸）　民 間 出 え ん 金　　　　×× |
| --- |

出典：新日本有限責任監査法人（2017）270頁。

次に，寄附者がその使途を特定した場合又は寄附者が使途を特定していなくとも独立行政法人が使用に先立ってあらかじめ計画的に使途を特定した場合，寄附金を受領した時点では預り寄附金として負債に計上し，当該使途に充てるための費用が発生した時点で当該費用に相当する額を預り寄附金から収益に振り替えなければならないとしている（「基準及び注解」第85(2)）。

---

（2）「改訂前の基準及び注解」第5（注6）によれば，「独立行政法人は，公共的な性格を有し，本来的には利益の獲得を目的とせず，公的なサービスの提供を行うことを目的としており，運営費交付金及び補助金等による国からの財源措置が行われることが一般的である。このような独立行政法人においては，第一に，経営成績ではなく運営状況を明らかにするために損益計算を行うこととしている。このような観点から行われる損益計算においては，独立行政法人が中期計画，中長期計画及び事業計画（以下「中期計画等」という。）に沿って通常の運営を行った場合，運営費交付金及び補助金等の財源措置との関係においては損益が均衡するように損益計算の仕組みが構築されることとなる。また，政策の企画立案主体としての国との関係において，独立行政法人の独自判断では意思決定が完結し得ない行為に起因する収支等独立行政法人の業績を評価する手段としての損益計算に含めることが合理的ではない収支は，独立行政法人の損益計算には含まれないものとする」とされている。

| （借）　現 金 及 び 預 金 | ×× | （貸）　預 り 寄 附 金 | ×× |
|---|---|---|---|
| （借）　預 り 寄 附 金 | ×× | （貸）　寄 附 金 収 益 | ×× |

出典：新日本有限責任監査法人（2017）270頁。

　また，使途を特定したと認められない場合には，当該寄附金に相当する額を受領時に寄附金収益として計上する。

| （借）　現 金 及 び 預 金 | ×× | （貸）　寄 附 金 収 益 | ×× |
|---|---|---|---|

出典：新日本有限責任監査法人（2017）270頁。

　寄附者が寄附金の使途を特定した場合においては，独立行政法人はその使途に寄附金を使用する義務を有していると解され，寄附金の受領によってそのような義務を負った独立行政法人は，寄附金の受領時点で負債と計上し，その使用に応じて負債を収益化する（岡本（2008）527頁）。ただし，寄附金は寄附者の意図に従って費消することに最大の意味があり，運営費交付金のように，その使用について独立行政法人が裁量を働かせることはそもそも期待されていないため，運営費交付金に係る収益化基準の場合のような処理が認められているというわけではないとしている（岡本（2008）527頁）。

## 4.2　独立行政法人特有の業務の簿記処理

　次に，独立行政法人特有の業務の簿記処理として，運営費交付金を財源として固定資産を取得した場合の会計処理について検討を行う。

---

**（例1）**　運営費交付金100,000が当座預金に振り込まれた。
　（借）　当 座 預 金　　100,000　　（貸）　運営費交付金債務　　100,000
**（例2）**　土地21,000の納入の確認，請求書を受領した。
　（借）　土　　　　　地　　21,000　　（貸）　未　払　　金　　21,000
**（例3－1）**　運営費交付金債務の振替え－非償却資産（中期計画等の想定の範囲内での購入）
　（借）　運営費交付金債務　　21,000　　（貸）　資 本 剰 余 金　　21,000

---

出典：新日本有限責任監査法人（2017）304-305頁。

　運営費交付金で非償却資産を購入することは，独立行政法人の財産的基礎を構成するものと考えられることから，運営費交付金債務を資本剰余金に振り替える。

90　第2部　貸方項目だけで使途制限を表すグループ

---

**（例3－2）** 運営費交付金債務の振替え－償却資産（中期計画の想定の範囲外の
　　　　　非償却資産の購入の場合も同様）
　（借）　運営費交付金債務　　　21,000　（貸）　資産見返運営費　　　21,000
　　　　　　　　　　　　　　　　　　　　　　　　交　付　金
**（例3－3）** 取得固定資産等が運営費交付金により支出されたと合理的に特定で
　　　　　きない場合
　（借）　運営費交付金債務　　　21,000　（貸）　運営費交付金収益　　21,000

---

出典：新日本有限責任監査法人（2017）305頁。

償却資産（中期計画の想定の範囲外の非償却資産）の購入の場合，運営費交付金債務を資産見返運営費交付金（固定負債）に振り替える。この資産見返運営費交付金は，業務の進行に応じて運営費交付金の収益化を行うために，固定資産の取得価額相当額の運営費交付金債務を一旦取り崩してプールしておく勘定である。この後，取得した固定資産の減価償却に合わせて収益化を行う。

また，取得固定資産が運営費交付金により支出されたと合理的に特定できない場合は，その相当額を全額収益化する。

減価償却とともに，資産見返運営費交付金の収益化を行うことになる。この収益化は減価償却に対応する形で行われるため，減価償却費（費用）と資産見返運営費交付金戻入（収益）によって損益に与える影響は相殺される。

上記の（例3-1）のように，取得する資産が非償却資産であって，その取得が中期計画等の想定の範囲内であるときに限り，その金額を運営費交付金債務から資本剰余金に振り替えることができる。なぜならば，通則法第8条第1項によれば，「独立行政法人は，その業務を確実に実施するために必要な資本金その他の財産的基礎を有しなければならない」としているからである。そのため，「独立行政法人の財産的基礎を構成することとなる取引に関しては，独立行政法人会計において，損益計算ではなく資本計算の枠組みで会計処理が行われることが前提となっていることが窺われる」と指摘される（岡本（2008）533頁）。「独立行政法人が業務を実施するうえで必要となる財産的基礎を整備する責任は国にあるという政策判断のもと，財産的基礎に係る会計処理は独立行政法人の業務の実績を測定するツールとしての損益計算の枠外に置こうとする制度設計の考え方が背景として存在する」からである（岡本（2008）533頁）。このような背景から，取得資産が独立行政法人における財産的基礎を構成しない場合は，損益計算の枠組みで行われることになる。その仕訳例が（例3-2）（例

５）（例６）となる。

---

**（例4）** 支払期日が到来し，代金を当座預金から支払った。
（借）　未　　払　　金　　21,000　（貸）　当　座　預　金　　21,000
**（例5）** 決算において固定資産の減価償却を行う（償却資産のみ）。21,000の固定資産を耐用年数５年，残存価額１で減価償却を行うこととする。
（借）　減　価　償　却　費　　4,200　（貸）　減価償却累計額　　4,200
**（例6）** 資産見返運営費交付金の収益化
（借）　資産見返運営費　　4,200　（貸）　資産見返運営費　　4,200
　　　　交　　付　　金　　　　　　　　　　交　付　金　戻　入

---

出典：新日本有限責任監査法人（2017）306頁。

　岡本（（2008）542-543頁）によれば，企業会計においては，期間損益の適正な計算を行うために費用収益対応の原則並びに費用配分の原則に従い，期間収益に対応する償却資産の減価部分について期間費用を構成する費用として認識しようとするものである。しかしながら，独立行政法人がその業務を実施するうえで必要となる償却資産に投下される資金は，必ずしも独立行政法人自らが獲得する自己収入によって回収することが予定されているわけでないという。そこで，償却資産の減価の補塡財源となる収入を自ら獲得することは想定されておらず，このような状況において減価償却を損益計算に含めると，減価償却相当分を含む費用が収益に比して過大となり，損益計算を行った結果として減価償却相当分だけ費用収益が不均衡になる恐れがあると指摘している。

　そこで，この損益の不均衡をなくすための措置として，上記のような仕訳が行われる。すなわち，運営費交付金債務を資産見返運営費交付金（固定負債）に振り替える。この資産見返運営費交付金は，業務の進行に応じて運営費交付金の収益化を行うために，固定資産の取得価額相当額の運営費交付金債務を一旦，取り崩してプールしておく。そして，この後，減価償却とともに，資産見返運営費交付金の収益化を行う。その結果，この収益化は減価償却に対応する形で行われるため，減価償却費（費用）と資産見返運営費交付金戻入（収益）によって損益に与える影響は相殺される。これにより，損益の均衡は保たれることになる。独立行政法人の計算構造の根幹をなす損益均衡の原則を確保するために，「資産見返運営費交付金」という勘定が計上され，さらには，収益と費用が同時に計上されることになるのである。補助金等および寄附金における固定資産取得の場合においても，同様の会計処理となる。

## 第5節 独立行政法人会計における複式簿記の役割と必要性

　中央省庁等改革推進本部による「中央省庁等改革の推進に関する方針」では，「独立行政法人の会計については，適切に情報開示を行うために，独立行政法人の財政状態及び運営状況を明らかにすることを目的とし，発生主義の考え方を導入する」とした（中央省庁等改革推進本部（1999）Ⅲ17(1)）。そして，「独立行政法人の会計については，その財政状態を明らかにするため，貸借対照表日におけるすべての資産，負債及び資本を記載し，正しく表示するものでなければならない。また，その運営状況を明らかにするため，すべての費用及び収益は，その支出及び収入に基づいて計上し，かつ，その発生した期間に正しく割り当てられるように処理しなければならない」としている（中央省庁等改革推進本部（1999）17(2)）。これを踏まえて，「基準及び注解」において，「独立行政法人の会計は，独立行政法人の財政状態及び運営状況に関するすべての取引その他の事象について，複式簿記により体系的に記録し，正確な会計帳簿を作成しなければならない」としている。このように独立行政法人会計では，発生主義に基づき，記録方法として複式簿記を採用することが定められている。では，なぜ独立行政法人会計において複式簿記を導入する必要があるのであろうか。

　独立行政法人の特徴の1つとして，独立行政法人が業務運営を行う際の財源措置が挙げられる。独立行政法人は，営利企業のように独立採算制を採用していないため，独立行政法人が業務運営を行うために必要な財源は，国から財源措置がされることになる。国からの財源措置は，国民からの税金で賄われている。そこで，独立行政法人はその業務の実施に関して負託された経済資源に関する財務情報を負託主体である国民に対して開示する責任を負うものとされる。そのため，独立行政法人により作成される財務報告は，その利用者である国民その他利害関係者に対して利用目的に適合した有用な内容を提供するものでなければならない。現金主義や単式簿記を基礎とする会計では，フロー情報として現金預金ないし財務資源しか捕捉できない。そこで，独立行政法人制度では，企業会計的手法等を導入することにより，発生主義・複式簿記を基礎に，負託された全ての経済資源を会計計算の対象とし，フロー情報に加えてストック情報を捕捉している（岡本（2008）374頁）[(3)]。この点に，まず，複式簿記の役割

および必要性が見いだせる。

　次に，独立行政法人特有の計算原理である損益均衡の確保のための簿記の意義が考えられる。独立行政法人は，公共的な性格を有し，本来的には利益の獲得を目的とせず，公的なサービスの提供を行うことを目的としているため，運営費交付金及び補助金等による国からの財源措置が行われる。そのため独立行政法人においては，経営成績ではなく運営状況を明らかにするために損益計算を行っている。このような観点から，独立行政法人が中期計画，中長期計画及び事業計画に沿って通常の運営を行った場合，運営費交付金及び補助金等の財源措置との関係においては損益が均衡するように損益計算の仕組みが構築されている。しかし，固定資産の取得による減価償却の会計処理においては，前述のように，損益の不均衡が生ずることになる。そこで，複式簿記の技法を用いて，損益の均衡を保っているといえる。

　このように複式簿記により，より的確な国民への説明責任を果たすとともに，独立行政法人の計算構造に特有な損益の均衡を保つことを可能にしているといえる。

**【参考文献】**

岡本義則（2008）『独立行政法人の制度設計と理論』中央大学出版部。

行政改革会議（1997）『最終報告』。

新日本有限責任監査法人（2017）『よくわかる独立行政法人会計基準—実践詳解（改訂第4版）』，白桃書房。

総務省行政管理局／財務省主計局／日本公認会計士協（2020）『「独立行政法人会計基準」及び「独立行政法人会計基準注解」に関するQ＆A』。

中央省庁等改革推進本部決定（1999）『中央省庁等改革の推進に関する方針』。

---

（3）　岡本（（2008）374頁）によれば，「独立行政法人は，その業務を確実に実施するために，国から必要な財源措置を受けることとなっており，これを納税者としての国民との関係において捉えるならば，その業務の確実な実施を担保するために，国民から経済的価値を有する経済資源を負託された関係にある」という。そのため，「現金主義・単式簿記をベースとする国の会計システムをみた場合，フロー情報として現金預金ないし財務資源しか補足できておらず極めて不十分であるといわざるを得ない。独立行政法人制度では，企業会計的手法等を導入することにより，発生主義・複式簿記をベースに，負託された全ての経済資源を会計計算の対象とし，フロー情報に加えてストック情報の捕捉することを企図している。また，このようにすることによって，独立行政法人が提供する行政サービスの受益者としての国民も，初めてそのサービスがどのような資源を使って提供されたのか，また，その資源はどのように調達されたのかを知ることが可能となる」と指摘している（岡本（2008）375頁）。

独立行政法人会計基準研究会／財政制度等審議会／財政制度分科会／法制・公会計部会総務省（2020）『「独立行政法人会計基準」及び「独立行政法人会計基準注解」』。

独立行政法人通則法。https://elaws.e-gov.go.jp/document?lawid＝411AC0000000103（2022年 9 月30日閲覧）

独立行政法人評価制度委員会／会計基準等部会／財政制度等審議会／財政制度分科会／法制・公会計部会総務省（2017）『独立行政法人の財務報告に関する基本的な指針』。

**（丸岡　恵梨子）**

# 第7章

## 国公立大学法人の簿記

### 第1節　国公立大学における法人会計の導入経緯

　国立大学法人と公立大学法人には，多くの共通性があるため，国公立大学法人と呼称されることが多い。しかしながら，制度的背景や根拠法令，設立までの経緯，ステークホルダー等の面では，さまざまな違いが存在する。

　国立大学の法人化の端緒は，1999年4月の閣議決定「国の行政組織等の減量，効率化等に関する基本的計画」にはじまる中央省庁の再編化で，柱の1つに位置づけられた独立行政法人制度の導入[1]にある。その過程で，公的立場で教育・研究を行う国立大学は，他と性質を異にするという理由から，別枠として，2000年7月の調査検討会議から検討が開始され，2002年3月に「新しい『国立大学法人』像について」という最終報告に纏められた[2]。これを受けて，成立（10月に施行）した国立大学法人法等関係法（2003年7月）に基づいて，国立大学法人への移行（2004年4月）が実現した．

　一方，公立大学の法人化は，国立大学の法人化の動きを傍観した公立大学協会が，「公立大学のみが法人制度を欠くことへの危機感から『公立大学が法人格を有することを可能とする法律の整備が不可欠』と指摘したうえで『今後その実現に向けて各界に働きかけること』を決議し，『大学における教育研究の特性』への配慮を強く求めながら，この法制度の整備を推進してきた」（公立大学協会（2018b）5頁）という経緯で実現したものである。

---

（1）　独立行政法人は，1980年代英サッチャー政権のエージェント制度に基礎づけられる（中井（2004）49-50頁）。

（2）　この際，大学改革の推進，国立大学の使命，自主性・自律性，という前提が置かれ，そのうえで，①個性豊かな大学作りと国際競争力ある教育研究の展開，②国民や社会への説明責任の重視と競争原理の導入，③経営責任の明確化による機動的・戦略的な大学運営の実現，という視点が設定された（新日本有限責任監査法人（2017）2頁）。

## 第2節　国公立大学法人の特徴

### 2.1　国公立大学法人の独立性と財源措置

　国公立大学法人の教育活動や研究活動は，対象となる学術領域ごとにさまざまな運営活動が行われる。そのなかには，附属大学病院事業等の運営を通じて学生の実習や教員の研究の場を充実させる大学法人も存在する。

　この業務運営を，設置主体である国という公的存在との緊密な関係に基づいて行うのが国立大学法人であり，地方行政の一環として，設置主体である地方公共団体との緊密な関係に基づいて行うのが公立大学法人である。いずれも，大学法人の業務は，公共上必要なものと位置づけられており，これを確実に実施するため，運営費交付金をはじめとする国や地方公共団体によるさまざまな財源措置が行われている。

　一方で，両法人は，それぞれの設置主体から独立した立場の主体，すなわち独立行政法人として業務の運営活動を行うことが基本使命とされる。独立行政法人は，既述のように，行政機関のスリム化の動きと一対を成す形で，業務の質・効率性の向上を図ることを期待されて登場してきた自律型の運営主体である。この趣旨から，設置主体より独立した立場から，民間的発想のマネジメント手法，学外者の参画，非公務員型の弾力的人事システム等を，適宜，採り入れることによって，大学法人の業務の質と効率性の向上を自由裁量の多い運営活動を通じて実現することが本質的に求められる。

　ただし，運営主体と責任は，依然として設置主体に置かれ続けることから，運営実績が事後評価される仕組みが組み込まれる。このため，各国公立大学法人は，事後評価を念頭に置きながら，パフォーマンス極大化に向けた運営活動を行うという責務のもとに置かれ，それが結果的にサービス向上，運営効率化，業務透明性の向上につながるものと期待されている。

### 2.2　国公立大学法人のガバナンス体制と業務サイクル

　ガバナンス体制に関しても，国立大学法人の整備動向を公立大学法人がフォローしたことから，基本的に，法人の内部と外部から構成される類似構造の制度が整備されている。

第7章 国公立大学法人の簿記 *97*

国立大学法人の内部ガバナンス体制は，次から構成される。

> **学長**<sup>(3)</sup>：所属職員を統督しながら校務をつかさどり，法人を代表してその業務
> を総理する。
> 　教育研究および経営について最終的な判断を行う強い権限を有している。学長
> は教育研究評議会と経営協議会に属し議長としてこれらを主宰する。
> **教育研究評議会**：教育研究に関する重要事項を審議する<sup>(4)</sup>。
> **経営協議会**：経営に関する重要事項を審議する<sup>(5)</sup>。
> **役員会**<sup>(6)</sup>：学長が決定する重要事項<sup>(7)</sup>，その他に関する審議を行う。
> **監事**：文部科学大臣により任命される。行われた業務運営の監査を行う。監事は
> 必要な場合，監査結果に基づき学長か文部科学大臣に意見を提出できる。

次に，国立大学法人を支える外部ガバナンス体制は，次の二者が担っている。

> **文部科学大臣**：中期目標の提示，中期計画認可，学長幹事を任命する。
> **国立大学法人評価委員会**：大学法人の業務運営の評価を行う。

一方，国立大学法人が進める業務サイクルは，次のように表すことができる。

> ① **経営戦略の策定**：自らの経営理念とビジョンに基づき，経営戦略を策定する。
> 　　法人戦略：教育，研究，社会サービスの各領域で法人が事業を行うドメイ
> 　　　ンを決定後，事業ポートフォリオのバランスを決定（資源配分）
> 　　部門戦略：学部，研究センター，附属病院等の部門戦略を策定する。
> 　　職能別戦略：財務，組織，施設，調達，情報システム，マーケティング等
> 　　　の職能レベルで具体案を策定し，最終的に全体として整合性のとれた職

---

（3）　学長は，学外者と学内者の代表から成る学長選考会議で選考され，その後，法人の申出に基づ
　　き文部科学大臣が行う。
（4）　教育研究評議会は，教育研究を直接担当する者の意見を教学面の方針に反映させる仕組みとし
　　て設計された審議機関である（高等教育局国立大学法人支援課（2014）18頁）。
（5）　経営協議会は，法人化に伴う組織・人事面，財務面における裁量の拡大に対応して，各国立大
　　学がその裁量を効果的に活用するため，経営について専門性を有する学外の知見を積極的に活用
　　するなど経営基盤の強化を目的として設けられた機関であり，委員の過半数は学外委員でなけれ
　　ばならない（高等教育局国立大学法人支援課（2014）16頁）。
（6）　国立大学法人に，独立行政法人にはない「役員会」が設けられるのは，規模が相対的に大きく，
　　経営協議会と教育研究評議会両者の審議を踏まえ国立大学法人内のコンセンサスを形成する仕組
　　みが必要であり，国立大学の経営上の意思決定に際して多角的な観点を踏まえた適切な判断が必
　　要なためである（高等教育局国立大学法人支援課（2014）12頁）。
（7）　中期目標についての意見および年度計画に関する事項，国立大学法人法により文部科学大臣の
　　認可または承認を受けなければならない事項，予算の作成および執行ならびに決算に関する事項，
　　国立大学・学部・学科その他の重要な組織の設置または廃止に関する事項，その他役員会が定め
　　る事項等がある。

*98* 第2部 貸方項目だけで使途制限を表すグループ

> 能戦略とする。
> ② **中期目標の作成**：経営戦略を遂行するための中期計画（6年）を立案し書類を作成する。
> ③ **中期計画の届出**：中期目標に基づき，具体的な計画を作成し文部科学大臣に届け出る。
> ④ **年度計画の届出**：中期計画に基づき，年度計画を作成し，文部科学大臣に届け出る。
> ⑤ **業務の遂行**：業務運営活動を実施する（各部局には予算単位として執行責任が生じる）。
> ⑥ **財務諸表，決算書類の作成**：事業年度ごとに運営活動の顛末に関する決算書類を作成し，文部科学大臣の承認を得る。
> ⑦ **内部評価**：自己点検評価委員会による内部評価，監事による業務監査および会計監査，経営協議会や教育研究評議会による内部評価が行われる。
> ⑧ **外部評価**：事業年度ごと，中期計画年度ごとに，国立大学法人評価委員会に資料を提供し，外部評価を受ける。各国立大学法人は基礎資料を作成する。

　これらガバナンス構造・サイクルは，公立大学法人においても同様に設計されている。

> **ガバナンス構造**：大学法人の責任者，教育研究審議機関，経営審議機関，役員会（理事長，副理事長，理事から構成）によるガバナンス構造は，基本的に国立大学法人と同様である。

　しかし，業務運営に関わる次のような重要な違いも存在するため注意が必要である。

> **公立大学法人の責任者**：国立大学法人とは異なり，理事長が基本であり学長も兼ねる。
> 　ただし，学長（副理事長となる）を別に置くことも選択可能である。
> **設置主体（地方公共団体）の長**：中期目標の提示，中期計画認可，学長・幹事の任命を行う。法人が作成した原案に基づき，地方独立法人評価委員会の意見を参考にしながら，設置主体の長が中期目標の制定を行う。
> **地方独立行政法人評価委員会**：大学法人の業務運営の評価を行う機関である。ただし，設置主体が設置するため，国立大学法人の場合よりも独立性が限定される。

　つまり，表面的には類似するガバナンス構造が構築されてはいるものの，国

第7章　国公立大学法人の簿記　　*99*

立大学法人と公立大学法人とでは，設置主体の業務運営に対する関与の度合い，意思決定を行う大学自体の中期目標に対する裁量の程度，中期計画や年度計画の実施を通じて達成される運営パフォーマンスの事後的な評価に関する評価機関の評価基準等，法人の業務運営の方向性に関わる人的な要因において，本質的に重要な違いが介在するということがわかるだろう。

## 2.3　国公立大学法人の資金循環

　資金循環に関して，上記制度上の特徴を反映して次のように整理することができる。

### 2.3.1　資金等調達の活動

　国公立大学法人における資金等の調達活動には，基本的に，２つの源泉が存在する。

　１つは，大学運営のための財産的基礎としての資本金を，設置主体である国や地方自治体から出資金等として受け入れる活動である。この関係から，資金の提供者たる設置主体は法人財政に関与することとなるが，仕組み上，その関与は，入口（基本方針）と出口（業績評価）に限定される。そのため，国立大学法人は，国から独立した主体として大学運営全般に関する意思決定を行う大幅な権限と責任を与えられる（国立大学財務・経営センター（2004）1‐2頁）。これは公立大学法人についても同様である。

　もう１つの資金源泉は，他人資本である。これに関しては，国立大学と公立大学とでは大きく異なっている。まず，国立大学法人の場合，法人化前に国立学校特別会計を通じて借り入れていた附属病院の整備資金を，法人化後，大学改革支援・学位授与機構債務負担金として負担している。これ以外の追加資金については，文部科学大臣に認可を受けたうえであれば，長期借入金や大学債によって調達することが可能である。

　これに対し，公立大学法人の場合，直接の追加資金を法人が借り入れることはできず，基本的に，設置主体である地方自治体を通じた借入れを行うこととなる。したがって，公立大学法人の場合，他人資本調達には国立大学法人に比べて制限があることになる。

### 2.3.2 支出に関わる活動

　国公立大学法人では，配分された予算の執行を通じて支出活動が行われる。具体的支出は，物品やサービスに対して行われる。物品の購入は，主に，財務諸表における資産に関わる項目が支出に伴って流入する取引である。すなわち，各種の有形固定資産の購入，資産のリースに対する契約および支出，無形資産の取得，ソフトウェアの取得，投資その他の資産，有価証券，棚卸資産等の勘定科目で記帳される各種項目に対する支出である。

　一方，サービスに対する支出は，主に，財務諸表における費用に関わる項目がサービス等の提供を受けることで生じ，それに対する支出を行う取引である。すなわち，旅費交通費，教育経費，研究経費，診療経費 教育研究支援経費，受託研究費，共同研究費，受託事業費，役員人件費，教員人件費，職員人件費一般管理費，区分が困難な費用等である。なお，消耗品の購入のように物品であっても，会計上費用で処理されるものもある。

### 2.3.3 収入に関わる活動

　国公立大学法人における収入活動には，学生納付金収益等のように大学の教育の対価として受領する自己収入だけではなく，運営を賄ううえで必要となる財源措置の流入が含まれる。具体的には，運営費交付金収入，施設費，寄附金等の対価性のない資金の流入が該当する。

　また，国公立大学法人の運営活動における収入としては，寮などの財産を貸し付けたことによる財産貸付料収入，附属病院の診療等に係る附属病院収入，受託研究や共同研究を受け入れた場合における受託研究収入や共同研究収入等がある。この他にも，受取利息，有価証券利息等のような財務的性質の収入や固定資産の売却・除却による収入等もある。

## 第3節　国公立大学法人会計

　法人化前の国立大学は，さまざまな国立学校設置法の対象機関（たとえば，国立高等専門学校，大学共同利用機関，大学評価・学位授与機構，国立学校財務センター等）の歳入・歳出を扱う「国立学校特別会計」の一部を構成していた。そのため，個々の国立大学にはその歳入と歳出を一致させる義務が課されず，「国立学校特別会計」という枠組み全体からの統制と弾力的調整が行われてい

第7章　国公立大学法人の簿記　　*101*

た（国立大学財務・経営センター（2004）1-7頁）。

　法人化前の公立大学法人においても，枠組みは異なるものの，同様の状況であった。財政は設置主体である地方公共団体の一部をなすため，いわゆる官庁会計の一部をなす形で調整されていた（関口他（2013）2頁）。

　事業の確実な実施と公的な財源措置の確実な利用を前提とすることから，基本的には予算管理が重視され，編成段階で事前統制が，事後的には執行状況と実績を評価する仕組みが与えられていた。これは記録計算体系にも投影され，予算の執行状況と実績の管理を目的として単式簿記が採用され，予算執行に伴う金銭収支や債権債務等の増減，資源の投入管理については，個々の担当者が現金基準に基づき記帳を行っていた。ただし，取引発生時から現金授受までのタイム・ラグを調整するため，出納整理期間が設けられていた（修正現金基準）。

　つまり，大学組織が行った個々の取引とそれに伴う諸要素の変動は，決算書類である歳入歳出決算書において，（修正）現金基準に基づいた単式簿記による記録のアウトプットとして表現されていたため，各国公立大は，それらが大学組織全体として，時系列（発生ベース）でどのように関わり合い，その結果どのような顛末に結びついたのかについて，情報として把握することができなかったのである。

　これに対して，法人化後の国公立大学法人会計では，各大学法人自身が会計単位となり，統合的な視点からの管理活動と部局への適正な資源配分により，業務について質を確保しつつ効率性を高めることが基本任務となる。さらに，財政面の均衡に対する責任も，個々の大学に課されることになり，自己収入，借入金，さまざまな財政措置（運営費交付金，施設費，補助金等）を合わせた収入総額が，法人の支出総額に対して不足する場合には，均衡達成に向けた経営努力が必要となる。

　そこで，こうした業務効率性や業務目的達成に向けた経営努力を財務的な側面から支えるためにも，各大学法人は，複式簿記と企業会計方式を導入することにより，大学組織が行った個々の取引とそれに伴う諸要素の変動が，法人全体で，時系列（発生ベース）にどのように関わり合い，結果として，いかなる顛末に結びついているのかを，日々の業務の記帳を通じて明確に把握しなければならない。

　ただし，国公立大学法人では，業務運営において，大学法人の財産的基盤である資本金だけでなく，公的機関から施されるさまざまな財政措置を利用して

いるため，これらの利用に伴って生じる活動が，それぞれどのように大学法人の業務の質と業務の効率性に結びついているのかを明確に把握する必要がある。そこで，国公立大学法人会計では，財源措置に関わる簿記処理を，企業会計で通常採用されている5要素（資産，負債，純資産，費用，収益）の変動という枠組みの範疇で表現し，両者の関わりを帳簿上にデータベース化し，それに基づいて財務諸表体系を作成し公表するものとしている。

## 3.1　特徴的な簿記処理

運営費交付金をはじめとするさまざまな財源措置に関しては，債務化，債務の振替処理，固定資産の取得財源別の処理，そして損益均衡という思考，それぞれに基づく特徴的な簿記処理が行われる。

### 3.1.1　債務化の処理

まず，財源措置の交付を受けた時点において，当該財源措置の目的を履行する義務が発生するものと捉えて，債務（運営費交付金の場合「運営費交付金債務」，補助金の場合「預り補助金等」，寄附金の場合「寄附金債務」，施設費の場合「預り施設費」）を計上する。期末まで履行（使用）されなかったものは元帳に残高として残り，貸借対照表には運営費交付金債務として記載される。運営費交付金の交付を受けた場合，次のように仕訳される。

（借）現　　　　　金　　××　　（貸）運営費交付金債務　　　　××

### 3.1.2　債務の振替処理

次に，財源措置を利用（履行）した際は，一方で財源自体の履行を記録しつつ，他方でその内容に応じて，適切な科目へと振替処理を行う。振替処理には，ここで説明する収益化の処理の他，別の債務への振替処理，純資産勘定への振替え（これらについては次の3.1.3で説明する）が行われる。

たとえば，運営費交付金を費用支出に充てた場合，一方で当該支出活動という事実を費用勘定に記録しつつ，他方でその交付金の財源措置の効果が支出額と同額生じたと捉えて，当該金額分を収益勘定（運営費交付金収益，補助金等収益，寄附金収益等）に振り替える。これは，財源措置の利用による活動は損益に関係させない（損益均衡）という思考に基づき行われる収益化の処理である。ただし，損益計算書には，費用および収益にそれぞれの科目が表示されること

になるため，損益が均衡しながらも，その効果は表示されるという特徴がある。

（借）消　耗　品　　×× （貸）現　　　　金　　××
　　　運営費交付金債務　　×× 　　　運営費交付金収益　　××

### 3.1.3　固定資産の取得財源別の処理

国立大学法人の固定資産会計は，複雑であるといわれるが，基本的に，取得財源の違いによって法人の運営基盤である資本項目の充実に関わらせる処理か否かを判断する会計思考に基づいて簿記処理が行われていることや，上記の債務化や振替処理，損益均衡の思考等も処理に関わることを理解することで，簿記処理は整理される。

国立大学法人が固定資産を取得する際の財源は，自己収入（学生納付金，附属病院収益等），運営費交付金[8]（国からの運営上の業務基幹費用の交付額），補助金，寄附金，施設費（国や大学改革支援・学位授与機構から交付される施設整備資金）目的積立金，現物出資，無償贈与，さらには借入金や債券による他人資本の調達等，多様なものが存在する。

現物出資，施設費，目的積立金の場合，大学の基盤を充実させる取引であるため，償却資産であるか否かに関係なく純資産項目（現物出資の場合は「資本金」施設費・目的積立金の場合は「資本剰余金」）として処理が行われる（太陽有限責任監査法人（2024）251頁）。

たとえば，施設費を使用して償却資産（建物）を購入した場合は，次のように仕訳される。

（借）建　　　　物　　×× （貸）現　　　　金　　××
　　　預 り 施 設 費　　×× 　　　資 本 剰 余 金　　××

運営費交付金，補助金，使途特定寄附金，無償贈与の場合には，上記と同様に，大学の財務基盤に関わるものとして純資産項目とするのは，非償却資産を取得する際に限られる。運営費交付金，補助金，使途特定寄附金，無償贈与で

---

（8）　国立大学法人の運営費交付金と学校法人の補助金は，一見すると似た機能を持っているように感じるが，基本的な性質自体が異なることに注意しなければならない。国立大学法人の場合，運営上の業務基幹費用を国から交付することが制度設計上明確にされている。そのため，使い切りの交付金として，これを各大学の裁量で配分や執行することが可能である。これに対し，学校法人の場合は，学校法人運営努力に対するあくまで補助金という立場とされている。この違いが，両者における会計処理の違い（債務化の処理を行うか否か）の要因となっている（国立大学財務・経営センター（2004）7-11頁）。

償却資産を取得した際は，資本項目とせずに，下記のように振替処理される（太陽有限責任監査法人（2024）第6章）。

たとえば，運営費交付金で償却資産を取得した場合，支出による償却資産の取得を一方で処理し，他方で運営費交付金収益への振替処理を行う。しかし，補助金等で非償却資産を取得した時は資本剰余金，償却資産の場合には長期繰延補助金の各勘定で処理を行う。また，寄附金で非償却資産を取得した時は資本剰余金，償却資産を取得した時は寄附金収益の各勘定で処理を行う[9]。

ここでは機関の補助金を利用して償却資産を取得した場合の仕訳を示す。

| （借） | 機 械 装 置 | ×× | （貸） | 現　　　金 | ×× |
| | 預 り 補 助 金 | ×× | | 長期繰延補助金等 | ×× |

### 3.1.4　財源に応じた減価償却の処理の違い

償却資産の減価償却時には，基本的に損益均衡の会計思考が適用される。この際，償却資産の財源に応じて簿記処理が使い分けられる。

運営費交付金，使途特定寄附金，無償贈与を用いて取得する償却資産の場合，減価償却費を計上することで，期をまたぐ均衡が図られる。しかし，機関の補助金の場合，償却分と同額が補助金等収益に振り替えられて，費用と収益を対応させる処理が行われる。

具体的には，次のように仕訳が行われる。

| （借） | 減 価 償 却 費 | ×× | （貸） | 機械装置減価償却累計額 | ×× |
| （借） | 長期繰延補助金等 | ×× | （貸） | 補 助 金 等 収 益 | ×× |

これに対して，現物出資，施設費，目的積立金の場合，取得する有形固定資産には減価額に対応する収益の獲得が予定されないため，減価償却を行う際，減価相当額を損益計算書に関わらせず，資本価値を減少させるという処理が行われる。具体的には，償却資産の帳簿価額を減価させながら減価償却分を費用ではなく，損益外減価償却累計額勘定を用いて資本剰余金からの控除が行われる（新日本有限責任監査法人（2017）368頁）。

| （借） | 損益外減価償却 累 計 額 | ×× | （貸） | 建 物 減 価 償 却 累 計 額 | ×× |

---

（9）　なお，無償増与の場合，贈与で取得した固定資産が非償却資産の場合「資本剰余金」，償却資産の場合「物品受贈益」に計上する処理が行われる。

## 3.2 財務諸表の体系

国公立大学法人では，①設置主体である国や地方自治体の関わりを入口（資本の拠出）と出口（業績の事後評価）という形で最小限に留め，各大学法人トップに大きな裁量を与え，②多くの財源措置を施し公的な事業を運営するための資金的サポートを行っている。そのため，各大学法人は，潤沢な資金を背景に，一定の範囲において自律的な視点から裁量の多い業務運営上の戦略を中期目標と中期計画・年度計画に反映させることができる。

こうした仕組みがとられている要因は既に幾度か言及しているように，業務の質の向上と業務の効率性を独立行政法人としての大学法人に求めるためである。したがって，設置主体である国や地方自治体は，業務の進捗度と予算の執行に関する事前事後の情報だけでなく，その過程に関わる情報の開示も基本的に大学法人に対して求めることとなる。また，設置主体は，担税者を中心とした国民や市民等に支えられ，行政サービスを提供する主体である。こうした設置主体固有の事情をも考慮すると，現在の国公立大学法人会計において，会計情報の開示が必要となるステークホルダーは，通常の企業会計で想定されるよりも広範になる。すなわち，学長・教職員・学生（およびその学費負担者）等といった大学法人の業務に直接関わる主体に留まらず，設置主体である国や地方自治体の存する社会（地域社会），取引相手，資金提供者である債権者等の外部利害関係者等にまで及ぶ。つまり，これら広範なステークホルダーに対する情報開示を通じて，業務運営活動に関する説明責任を果すことが，国公立大学法人会計に求められているのである。

こうした広い情報ニーズに対して，従来のような，事前に想定された計画に基づく予算配分とその執行に関する事前事後の結果に関する会計情報のみを開示するだけでは，必ずしも十分ではなくステークホルダーの情報ニーズを充足できない。したがって，国公立大学法人会計では，年度計画の変更等も含め，大学法人の機動的な運営動向や，予算執行の進捗状況を表現した有機的な財務諸表が必要とされることとなる。

国公立大学法人会計では，基本的に，企業会計と同様，ストックとフローに関する情報が開示される。その基礎となるのは，取引に伴う5要素の変動とその関連性を，複式記入を通じて，相互に関連性を保ちつつ，諸勘定の増減を発生主義ベースで漏れ無く記録しデータベース化する企業会計方式の複式簿記に

よる記録・体系である。

国立大学法人会計において最終的に作成が求められる財務諸表は，貸借対照表，損益計算書，純資産変動計算書及び利益の処分又は損益の処理に関する書類，キャッシュ・フロー計算書，附属明細書，決算報告書等である。これらには次の特徴がある。

### 3.2.1 期間損益の意味

会計期間の期末に行われる決算では，決算整理を経て総勘定元帳が締め切られ，ストック情報のデータを表す貸借対照表とフロー情報のデータを表す損益計算書が作成され，経営成果としての期間利益が示される。企業会計の場合，通常，ここで利益処分を通じ社外流出と留保の決定を行うが，設置主体に対する配当を本質的に予定しない国公立大学法人の場合は，このプロセスが異なり，評価主体による経営努力の認定を経たうえで，利益処分額が決定される。経営努力が認定されれば，法人が特定目的を自由に設定し得る目的積立金として留保でき，中期目標が終了する際には次期中期期間へと繰越しも可能となるのに対し，認定されない場合，損失を処理するために利用される積立金への計上のみが認められ，中期期間終了時に残額がある場合は，設置主体に返す必要が生じることになる。この判定は，国立大学法人の場合，評価機関が同一であるため同一の基準で行われるが，公立大学法人の場合は設置する地方自治体ごとの判断基準となるため，法人間で大きな違いが生じる可能性がある。

### 3.2.2 決算報告書の作成義務

国公立大学法人では，複式簿記を通じてアウトプットされる会計情報に基づいて，法人の運営活動に関わるキャッシュの流出入に係る情報も，精算書方式によって作成されるキャッシュ・フロー計算書を通じて開示される。

しかし，法人化前の国立学校特別会計で作成された決算書（決算報告書）も，依然作成が要される。決算報告書は，予算執行額が現金基準により予算額との対比で示され，差額とその要因を表示するものである。これは，中期目標による認可に沿って策定した運営計画と予算が，予算執行により着実に履行されたか否かを判断するための情報である。また，国立大学法人自身が，法人化前のデータとの時系列的な比較分析も行う際に有効なデータともなる。

### 3.2.3　業務運営に関して国民等の負担に帰せられるコストの注記

　国立大学法人の場合は業務実施コストが，公立大学法人の場合は行政コストが注記で開示されるのも大きな特徴である。既に述べたように，大学法人の損益計算書のコスト情報には損益均衡の原理から表現されないものもあるため，それらを含め大学法人の業務運営コストの全貌を示すため，これらの財務情報を示すことになる。具体的には，この注記では，損益計算書本体のデータに記載されないさまざまなコスト（損益外減価償却相当額，損益外減損損失等のように簿記処理されたうえで損益外項目とされるコストや，運営費交付金等の財源措置を受けることを前提に記帳段階で引当金対象とされずに引当外項目となる引当外賞与増加見積額や引当外退職給付増加見積額，さらに，国・地方公共団体から無償使用等を受けることで生じるさまざまな機会費用）をそれぞれ加味し，業務運営にかかる全コストを一覧形式で表示したうえで，そこから自己収入によって賄い得た金額を控除して，納税者がどの程度追加的なコスト負担をしているのかを会計情報として明示する。そのため，当該会計情報に基づいて，納税者をはじめステークホルダーは，トータルなコスト情報に基づいて大学法人の運営活動の成否を評価し得ることになるのである。

### 3.2.4　セグメント別情報

　国公立大学法人の中には，医学部を有し，関係者の教育と研究に関わる業務の一環として，附属病院を設置運営するものもある。この場合，附属病院は診療行為を通じて経営（運営）努力による自己収益を増大させる機会を持つことになる。附属病院も含め医学部の業務運営の効率性と業務の質に関するセグメント情報が開示され，それらが利用可能となることもステークホルダーの利便性を高めているといえるだろう。

　一般に附属病院の会計には2つの特徴がある。1つは，保険診療というシステムを利用していることである。保険診療は，外来診療の場合，保険診療機関は，被保険者が診療した時点でその者から自己負担分を受領し，残りは，審査支払機関のレセプト審査を経由して保険者に請求し，医療費は後日受領となる仕組みである。もう1つは，複式簿記の記録計算体系においては，収益認識のタイミングに応じて，いくつか簿記処理が存在することである。

*108* 第2部　貸方項目だけで使途制限を表すグループ

# 第4節　設例による簿記処理の理解

　以上の特徴を理解するために，次の設例を用いて，具体的な簿記処理について検討しよう。

> 【設例】　国立大学法人Ａ大学は，現金50,000および建物（α棟）100,000の出資を受け，令和X1年に設立された。設立後，Ａ大学は入学試験を行い，X1年の3月末日までに，授業料（500×200人）が納入された。

## (1) 設立年度の仕訳

> **(例1)**　設置主体による出資（法人設立）時
>
> （借）現　　　　　金　　　50,000　　（貸）資　本　金　　　150,000
> 　　　　　　　　　　　　　　　　　　　　　（大学法人の財政的基盤）
>
> 　　　　建物（α棟）　　100,000
>
> **(例2)**　授業料納入時（履行義務について負債計上を行う）
>
> （借）普　通　預　金　　100,000　　（貸）前　受　金　　　100,000
> 　　　　　　　　　　　　　　　　　　　　　（履行義務の負債計上＝債務化）

## (2) 当期中の取引と仕訳

> **(例3)**　X1年4月1日，前期に前受金として計上した授業料を授業料債務勘定に振り替えた。
>
> （借）前　受　金　　　100,000　　（貸）授業料債務　　100,000
> 　　　　　　　　　　　　　　　　　　　　　（履行義務の債務振替）
>
> **(例4)**　X1年4月1日，補助金50,000を受領した。
>
> （借）普　通　預　金　　50,000　　（貸）預り補助金等　　50,000
> 　　　　　　　　　　　　　　　　　　　　　（履行義務の負債計上＝債務化）
>
> **(例5)**　X1年5月10日，補助金でβ棟30,000と土地20,000を取得した。
>
> β棟の取得（固定資産取得に伴う債務の振替処理）
>
> （借）建物（β棟）　　30,000　　（貸）普　通　預　金　　30,000
>
> （借）預り補助金等　　30,000　　（貸）長期繰延補助金等　30,000
> 　　　　（義務の履行）　　　　　　　　　　（債務の振替処理）
>
> 土地の取得（固定資産取得に伴う資本化の処理）
>
> （借）土　　　　　地　　20,000　　（貸）普　通　預　金　　20,000

|（借）|預り補助金等|20,000|（貸）|資本剰余金|20,000|
|:--|:--|:--|:--|:--|:--|
| |（義務の履行）| | |（大学法人の財政的基盤）| |

**（例6）** X1年度にかかった各種経費は次のとおりであった。

　　　教育経費 20,000，研究経費 20,000，教育研究支援経費 35,000

　　　教員人件費 30,000，職員人件費 10,000，一般管理費 10,000

|（借）|教 育 経 費|20,000|（貸）|普 通 預 金|125,000|
|:--|:--|:--|:--|:--|:--|
| |研 究 経 費|20,000| | | |
| |教育研究支援経費|35,000| | | |
| |教 員 人 件 費|30,000| | | |
| |職 員 人 件 費|10,000| | | |
| |一 般 管 理 費|10,000| | | |

**（例7）** X1年期末において当年度の授業料債務を収益化した。

|（借）|授 業 料 債 務|100,000|（貸）|授 業 料 収 益|100,000|
|:--|:--|:--|:--|:--|:--|
| |（義務の履行）| | |（義務履行に伴う収益化）| |

**（例8）** X1年期末において建物の減価償却を行った。α棟，β棟ともに残存価額はゼロ，耐用年数は10年，償却は定額法による。

α棟の減価償却（資本化された有形固定資産の損益均衡処理）

|（借）|損益外減価償却累 計 額|10,000|（貸）|建物減価償却累 計 額|10,000|
|:--|:--|:--|:--|:--|:--|
| |（資本剰余金のマイナス項目）| | |（有形固定資産勘定の評価勘定）| |

β棟の減価償却（両建てによる損益均衡処理）

|（借）|減 価 償 却 費|3,000|（貸）|（β棟）減価償却累 計 額|3,000|
|:--|:--|:--|:--|:--|:--|

|（借）|長期繰延補助金等|3,000|（貸）|補 助 金 等 収 益|3,000|
|:--|:--|:--|:--|:--|:--|
| |（長期繰延）| | |（減価償却費計上に伴う均衡処理）| |

**（例9）** X2年2月20日までに入学検定料（10×1,000人分）が納入された。

|（借）|普 通 預 金|10,000|（貸）|入学検定料収益|10,000|
|:--|:--|:--|:--|:--|:--|

**（例10）** X2年3月20日までに入学金（200×100人），授業料（500×200人×2学年分）が納入された。

|（借）|普 通 預 金|20,000|（貸）|入 学 金 収 益|20,000|
|:--|:--|:--|:--|:--|:--|
|（借）|普 通 預 金|200,000|（貸）|前 受 金|200,000|

110    第2部　貸方項目だけで使途制限を表すグループ

## 〔設例に関する精算表〕

| | 前期末残高試算表 借方 | 前期末残高試算表 貸方 | 期中取引 借方 | 期中取引 貸方 | 損益計算書 借方 | 損益計算書 貸方 | 貸借対照表 借方 | 貸借対照表 貸方 |
|---|---|---|---|---|---|---|---|---|
| 現金預金 | 150,000 | | 280,000 | 175,000 | | | 255,000 | |
| 建物（α棟） | 100,000 | | | | | | 100,000 | |
| 建物減価償却累計額 | | | | 10,000 | | | | 10,000 |
| 建物（β棟） | | | 30,000 | | | | 30,000 | |
| 建物減価償却累計額 | | | | 3,000 | | | | 3,000 |
| 土地 | | | 20,000 | | | | 20,000 | |
| 前受金 | | 100,000 | 100,000 | 200,000 | | | | 200,000 |
| 資本金 | | 150,000 | | | | | | 150,000 |
| 資本剰余金 | | | | 20,000 | | | | 20,000 |
| 損益外減価償却累計額 | | | 10,000 | | | | 10,000 | |
| 授業料債務 | | | 100,000 | 100,000 | | | | 0 |
| 預り補助金等 | | | 50,000 | 50,000 | | | | 0 |
| 長期繰延補助金等 | | | 3,000 | 30,000 | | | | 27,000 |
| 補助金等収益 | | | | 3,000 | | 3,000 | | |
| 授業料収益 | | | | 100,000 | | 100,000 | | |
| 入学金収益 | | | | 20,000 | | 20,000 | | |
| 入学検定料収益 | | | | 10,000 | | 10,000 | | |
| 教育経費 | | | 20,000 | | 20,000 | | | |
| 研究経費 | | | 20,000 | | 20,000 | | | |
| 教育研究支援経費 | | | 35,000 | | 35,000 | | | |
| 教員人件費 | | | 30,000 | | 30,000 | | | |
| 職員人件費 | | | 10,000 | | 10,000 | | | |
| 一般管理費 | | | 10,000 | | 10,000 | | | |
| 減価償却費 | | | 3,000 | | 3,000 | | | |

| | | | | | | | | |
|---|---|---|---|---|---|---|---|---|
| 当期純利益 | | | | | 5,000 | | | 5,000 |
| 計 | 250,000 | 250,000 | 721,000 | 721,000 | 133,000 | 133,000 | 415,000 | 415,000 |

出典：筆者作成。

# 第5節　結　語

　本章では，国立大学法人会計制度および公立大学法人会計制度の意義と，当該制度目的に沿って構築された複式簿記による記録計算体系の特徴に焦点を当てて検討を行った。

　国立大学法人は，国立大学法人法という文部科学省所管の法律を背景として，また，公立大学法人は，地方行政法人法という総務省所管の法律を背景として，それぞれ別個に制度化された法人ではあるが，いずれも，基本的には，行政機関の業務の質の改善と効率化を標榜して進められた独立行政法人化の政策経緯を背景としているため，同程度の内部・外部のガバナンス構造と，中期計画を基軸とする業務サイクルが整備され，さらにそのパフォーマンスを企業会計方式による簿記処理を通じて帳簿に蓄積し，そのデータベースに基づいてさまざまな財務諸表によってステークホルダーに開示されていた。

　この結果，国公立大学法人の業務の効率性と業務の質は帳簿レベルの情報にも，財務諸表レベルの情報にも，明確に表現されるようになっていた。特に，大学法人の運営活動に対して，どの程度，各種財源措置が寄与しているのか，等を理解するためのデータが会計情報に明示されることはステークホルダーがコスト負担等を理解するためにも，また，大学法人自身の運営活動の把握するためにも有用な情報となるといえよう。国公立大学法人会計を支える特徴ある簿記処理は，こうした情報開示の機能拡大に大きく貢献しているといえるだろう。

## 【参考文献】

岩手県立大学「公立大学法人の仕組みの概要」岩手県立大学HP。https://www.iwate
　 – pu.ac.jp/information/info/management.html（2020年 4 月20日閲覧）

大串隆吉（2000）「財政危機のなかの公立大学」『大学と教育』第27号，18-35頁。

金子良太（2009）「非営利組織における純資産と負債の区分 IMES Discussion Paper
　 Series 2009-J-11」日本銀行金融研究所。

熊本大学（2019）「平成30事業年度財務レポート」熊本大学HP。https://www.kuma
　 moto-u.ac.jp/daigakujouhou/jouhoukoukai/zaimu/（2020年 4 月15日閲覧）

黒木淳（2013）「非営利組織会計の現状と課題」『経営研究』第63巻第 4 号，149-171頁。

高等教育局国立大学法人支援課（2014）「国立大学法人の組織及び運営に関する制度
　 の概要について（大学のガバナンス改革の推進方策に関する検討会議（第 3 回）
　 配付資料）」，文部科学省HP。https://www.mext.go.jp/b_menu/shingi/chousa/
　 koutou/059/gijiroku/1354177.htm（2020年 4 月13日閲覧）

公立大学協会（2017）『時代をLEADする公立大学 公立大学の将来構想に向けての議
　 論の方向性と可能性』一般社団法人公立大学協会。

公立大学協会（2018a）『時代をLEADする公立大学 公立大学の地域貢献機能』一般
　 社団法人公立大学協会。

公立大学協会（2018b）『時代をLEADする公立大学 未来マップのための16の課題』
　 一般社団法人公立大学協会。

公立大学協会（2019）『時代をLEADする公立大学 公立大学の将来構想 ガバナンス
　 が描く未来マップ』一般社団法人公立大学協会。

公立大学協会『公立大学便覧』，公立大学協会HP。http://www.kodaikyo.org/word
　 press/wp-content/uploads/2020/03/0.pdf（2020年 4 月20日閲覧）

国立大学財務・経営センター（2004）『国立大学法人経営ハンドブック（一）』独立
　 行政法人国立大学財務・経営センター。

国立大学財務・経営センター（2006）『国立大学法人経営ハンドブック（二）』独立
　 行政法人国立大学財務・経営センター。

国立大学財務・経営センター（2008）『国立大学法人経営ハンドブック（三）』独立
　 行政法人国立大学財務・経営センター。

国立大学財務・経営センター（2011）『国立大学法人 財務データ概要』独立行政法
　 人国立大学財務・経営センター。

後藤宗理（2004）「公立大学の管理運営問題」『大学と教育』第36号，22-36頁。

新日本有限責任監査法人（2017）『よくわかる国立大学法人会計基準―実践詳解―[第
　 8 版]』白桃書房。

関口恭三・千島貴弘・藤原道夫（2013）『公立大学法人の制度と会計 財務会計編』朝

陽会。

太陽有限責任監査法人（2024）『国立大学法人会計詳解ハンドブック』同文舘。

中井浩一（2004）『徹底検証大学法人化（中公新書ラクレ）』中央公論新社。

日本公認会計士協会非営利組織会計検討会（2015）『非営利組織会計検討会による報告非営利組織の財務報告の在り方に関する論点整理』日本公認会計士協会。

長谷川哲嘉（2014）『非営利会計における収支計算書―その意義を問う―』国元書房。

非営利法人研究学会公益法人会計研究委員会（2017）『最終報告書　非営利組織会計の研究』非営利法人研究学会。

文部科学省（2018）「現行の国立大学法人・大学共同利用機関法人・公立大学法人・学校法人の規定等についての比較（国立大学の一法人複数大学制度等に関する調査検討会議（第1回）配付資料）」文部科学省HP。https://www.mext.go.jp/b_menu/shingi/chousa/koutou/092/gijiroku/1409730.htm（2020年4月20日閲覧）

文部科学省「国立大学の法人化の経緯」文部科学省HP。http://www.mext.go.jp/a_menu/koutou/houjin/03052701.htm（2020年4月20日閲覧）

和歌山県立医科大学（2019a）「平成30年度財務諸表」和歌山県立医科大学HP。https://www.wakayama-med.ac.jp/intro/houjin/gyoumu/index.html（2020年4月20日閲覧）

和歌山県立医科大学（2019b）「平成30年度決算報告書」和歌山県立医科大学HP。https://www.wakayama-med.ac.jp/intro/houjin/gyoumu/index.html（2020年4月20日閲覧）

（中村　文彦）

# 第8章

## 法人間の比較分析

### ―独立行政法人と国公立大学法人―

## 第1節　制度の比較：所轄省庁と適用される会計基準

　最初に，独立行政法人，国立大学法人，公立大学法人，それぞれの，所管省庁，適用法および会計基準を比べ，共通性と相違性を整理しておこう。

　独立行政法人通則法を根拠とする独立行政法人の所轄省庁は，総務省である。適用される会計基準は，独立行政法人会計基準，独立行政法人会計基準注解であるが，企業会計方式を基礎とするため，規定のない部分に関しては企業会計原則，その他の会計基準（通則法第37条で「原則」と規定）が適用されている。実務指針は，日本公認会計士協会より「独立行政法人会計基準」および「独立行政法人会計基準注解」に関するQ＆A，公会計委員会実務指針の第2号「独立行政法人監査における法規準拠性」，第3号「独立行政法人監査における経済性・効率性等」，第4号「独立行政法人における連結財務諸表監査」，第5号「独立行政法人監査における会計監査人の独立性の保持の取扱い」，第7号「独立行政法人監査における監査報告書の文例」が公表されている。

　これに対し，国立大学法人法を根拠とする国立大学法人の所管省庁は，高等教育を対象とするため文部科学省とされる。ただし，もともと独立行政法人の1つという性格から，規定がない部分については，独立行政法人通則法（国立大学法人法第35条で独立行政法人通則法の準用を定める）が適用される。適用される会計基準は，国立大学法人会計基準，国立大学法人会計基準注解であるが，規定がない部分に企業会計原則，その他の会計基準が適用されるのは，独立行政法人と同様の理由である。実務指針も，日本公認会計士協会から，「国立大学法人会計基準」および「国立大学法人会計基準注解」に関する実務指針，公会計委員会実務指針「第6号 国立大学法人等監査に関する実務上の留意点」が公表されている。

特徴があるのは公立大学法人で，高等教育を対象としながらも地方独立行政法人法を根拠とするため，所管省庁は文部科学省ではなく総務省とされる。適用される会計基準は地方独立行政法人会計基準，地方独立行政法人会計基準注解であり，適用されていない部分については，上記同様，企業会計原則，その他の会計基準（地方行政法人法第33条で「原則」と規定）が適用される。

　いずれの法人制度も，独立採算を前提とせず財源措置が施されるため，損益均衡の簿記処理が採用されているが，違いも存在する。特に，国公立大学法人が，近年，公的な教育，研究活動，社会サービス活動をより自由裁量のある形で行うことを広く認められてきているのに対し，独立行政法人は業務と政策の実施に役割が限定されるため，財源措置利用に関わる裁量も狭い。

# 第2節　使途制限のある資金の簿記処理の比較

　それでは，制度面で上記のような類似性と相違性を持つ3法人制度の簿記処理には，どのような特徴が存在するのであろうか。ここでは，いずれの法人制度も独立採算制を前提とせず，財源措置を受けることを予定しているという点に着眼し，これを使途制限のある資金という視点から捉え，その種類ごとに簿記処理を観察する。

## 2.1　運営費交付金の会計処理（固定資産を除く）

　「国の予算では，独立行政法人ごとに，たとえば一項一目を立て，使途の内訳は特定しない」（中央省庁等改革推進本部（1999）Ⅲ21(3)）という背景から「渡し切り」として国から交付される運営費交付金は，独立行政法人が国の事前の関与を受けることなく予定外の使途に充てることができる。この点は，他の2法人についても同様である。

### 2.1.1　運営費交付金受領時
　運営費交付金の申請時には仕訳せず，運営費交付金受領時に債務化の仕訳を行う。

　（借）　現 金 及 び 預 金　　××　　（貸）　運営費交付金債務　　　　××

### 2.1.2 収益化の時点

運営費交付金債務を収益化する際の基準には，①業務達成基準，②期間進行基準，③費用進行基準，が存在する。運営費交付金債務を収益に振り替える仕訳は次のように示される。

（借）運営費交付金債務　　××　　（貸）運営費交付金収益　　××

例外的に，既に，実施された業務財源の補填のために交付されたことが明らかな場合は交付金受領時に収益計上する（独立行政法人基準注解61，地方行政法人会計基準注解55）。

（借）現金及び預金　　××　　（貸）運営費交付金収益　　××

中期目標期間終了時に，期間中交付された交付金残高がある場合，精算のため収益化し通常の収益と区別して臨時の収益として計上する。このような処理が行われるのは，運営費交付金の利用を事後評価の中期目標期間に関わらせているためである。

（借）運営費交付金債務　　××　　（貸）運営費交付金収益　　××

## 2.2　補助金等の会計処理（固定資産を除く）

独立行政法人が国又は地方公共団体から概算交付を受けた補助金等については，当初からその使途が対象となった補助事業にかかるものに限定される（太陽有限責任監査法人（2024）258-259頁）。そのため，受領時に収益計上する企業会計とは異なり，交付時に義務が生じ，その時点で預り補助金等を負債計上する（新日本有限責任監査法人（2017）265頁）。

（借）現金及び預金　　××　　（貸）預り補助金等　　××

そして，前述の①～③の基準により，収益化する。

（借）預り補助金等　　××　　（貸）補助金等収益　　××

補助金の処理についても，基本的に国公立大学法人でも同様の簿記処理を行う。ただし，研究を主たる業務とする点から文部科学省の科学研究費を受け入れる場合があるため，注意が必要である。科学研究費は，研究代表者に交付されるものであるが，所属国公立大学法人を経由して利用する仕組みであるため，国公立大学法人は，全額を一旦預り金処理し，本人の使用に応じて預り金を減じる処理を行う一方で，取扱事務にかかる経費額に関しては雑収入で処理しておき，間接経費という形で必要に応じて賄うことになる。

## 2.3 寄附金の会計処理（固定資産を除く）

独立行政法人の寄附金に関しては，中期計画で財産的基盤に充てる目的で民間から募った出えん金であるか否か，さらに，そうでない場合，使途が特定化されているか否かにより簿記処理が異なる。

出えん金の場合，「出えん者の意思を尊重して資本として整理する必要があり」（独立行政法人会計基準第85(1)），それは「贈与資本に該当するものと考えられることから，会計基準第19を適用して資本剰余金として整理することが適当」とされる（岡本（2008）524頁）。

（借）　現 金 及 び 預 金　　　××　　（貸）　民 間 出 え ん 金　　　　　　××
　　　　　　　　　　　　　　　　　　　　　　　　（資本剰余金）

それ以外の場合は，使途の特定の有無に応じて収益化のタイミングが異なる。以上は，国公立大学法人でも同様である。

**【設例】**
　①　使途が特定されている寄附金100を受領した。
　②　使途が特定されている寄附金100を執行した。
　③　使途が特定されていない寄附金100を受領した。

| 取引 | 独立行政法人 | 国公立大学法人 | 備考 |
|---|---|---|---|
| ① | 現　　　　金 100 ／ 預り寄附金 100<br>債務化 | 現　　　　金 100 ／ 預り寄附金 100<br>債務化 | 債務化の処理 |
| ② | 業 務 費 100 ／ 現　　　　金 100<br>預り寄附金 100 ／ 寄附金収益 100<br>収益化 | 業 務 費 100 ／ 現　　　　金 100<br>預り寄附金 100 ／ 寄附金収益 100<br>収益化 | 収益化の処理 |
| ③ | 現　　　　金 100 ／ 寄附金収益 100<br>収益化 | 現　　　　金 100 ／ 寄附金収益 100<br>収益化 | 収益化の処理 |

## 2.4 寄附金の会計処理（固定資産を取得する場合）

寄附金で固定資産を取得する場合，いずれの法人も償却資産であるか非償却資産であるか，また，非償却資産の場合は中期計画に想定された使途であるか否か，により簿記処理が分けられる。

非償却資産であり，かつ，中期計画で想定内の使途であれば，**法人の財政的基盤をなす資本剰余金として純資産を構成する要素**となる。しかし，償却資産および中期計画で想定外の非償却資産の場合は，独立行政法人と国公立大学法人では異なる処理となる。

## 【設例】

① 寄附者から使途の特定を受けた寄附金50,000を受領した。
② ①の寄附金を財源として土地を購入した。
③ 機械装置取得のための寄附金10,000を受領した。
④ ③の寄附金を財源として機械装置10,000を取得した。
⑤ 決算を迎え，③で取得した機械装置について，減価償却費2,000を計上する。
⑥ ⑤の翌期中に当該機械装置を6,500で売却。減価償却費1,000計上。

| 取引 | 独立行政法人 | 国公立大学法人 | 備考 |
|---|---|---|---|
| ① | 現　金 50,000 / 預り寄附金 50,000<br>債務化 | 現　金 50,000 / 預り寄附金 50,000<br>債務化 | |
| ② | 土　地 50,000 / 現　金 50,000<br>預り寄附金 50,000 / 資本剰余金 50,000<br>純資産 | 土　地 50,000 / 現　金 50,000<br>預り寄附金 50,000 / 資本剰余金 50,000<br>純資産 | 純資産に計上 |
| ③ | 現　金 10,000 / 預り寄附金 10,000<br>債務化 | 現　金 10,000 / 預り寄附金 10,000<br>債務化 | |
| ④ | 機械装置 10,000 / 現　金 10,000<br>預り寄附金 10,000 / 資産見返寄附金 10,000<br>負債 | 機械装置 10,000 / 現　金 10,000<br>預り寄附金 10,000 / 寄附金収益 10,000 | 損益均衡の表現の違い |
| ⑤ | 減価償却費 2,000 / 減価償却累計額 2,000<br>資産見返寄附金 2,000 / 資産見返寄附金戻入 2,000<br>収益化 | 減価償却費 2,000 / 減価償却累計額 2,000 | 損益均衡の表現の違い |
| ⑥ | 現　金 6,500 / 機械装置 10,000<br>減価償却累計額 2,000<br>減価償却費 1,000<br>固定資産売却損 500<br>資産見返寄附金 8,000 / 資産見返寄附金戻入 8,000 | 現　金 6,500 / 機械装置 10,000<br>減価償却累計額 2,000<br>減価償却費 1,000<br>固定資産売却損 500 | 損益均衡の表現の違い |

## 2.5 施設費の会計処理

独立行政法人では,対象資産の購入を行うまでは,使途が特定された財源として,施設費を預り施設費で負債計上する(独立行政法人会計基準注62)。施設費で購入した償却資産は,基本的に,財源措置により取得したものであるため,損益均衡の簿記処理が行われることが基本となる。

しかし,それ以上に重要なのは,当該資産の減価に対応する収益の獲得が予定されない特定資産であるということである。この2つの性質に基づいて,減価償却の手続きにおいて,通常行われる減価償却費(費用)と見返勘定の戻入(収益)の両建て計上ではなく,減価分だけ取得時の効果を貸借対照表上で減額するという損益外の簿記処理,すなわち,減価償却相当累計額(資本剰余金の控除勘定)と減価償却累計額の両建て処理が行われることになる。

これに関しても,国公立大学法人において同様の処理が行われる。

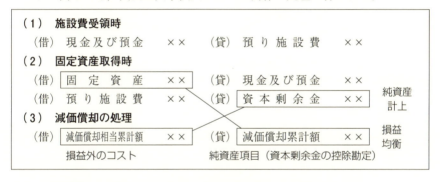

## 2.6 運営費交付金により固定資産を取得した場合

運営費交付金は,前述のように,独立行政法人,国公立大学法人が業務運営を弾力的に行えるように支援する目的で交付する財源措置である。

この運営費交付金で固定資産を取得する場合は,中期計画の想定内であるか否か,償却資産であるか否(非償却資産)かによって下記のように処理が分かれる。

(例1) 運営費交付金受領時(各法人共通)
　　(借) 現金及び預金　××　(貸) 運営費交付金債務　××
(例2-1) 非償却資産の取得時:中期計画の想定内(各法人共通)

```
（借）　固　定　資　産　　　××　　（貸）　現 金 及 び 預 金　　××
（借）　運営費交付金債務　　××　　（貸）　資 本 剰 余 金　　××
```
**（例2－2）　償却資産の取得時**：想定外の非償却資産も同様（独立行政法人）
```
（借）　固　定　資　産　　　××　　（貸）　現 金 及 び 預 金　　××
（借）　運営費交付金債務　　××　　（貸）　資産見返運営費
                                        交　付　金　　××
```
**（例2－3）　償却資産の取得時**（国公立大学法人）
```
（借）　固　定　資　産　　　××　　（貸）　現 金 及 び 預 金　　××
（借）　運営費交付金債務　　××　　（貸）　運営費交付金収益　　××　　収益化
```
**（例3－1）　決算時**：償却資産の減価償却（独立行政法人）
```
（借）　減 価 償 却 費　　　××　　（貸）　減価償却累計額　　××
（借）　資産見返運営費　　　××　　（貸）　資産見返運営費　　××　　損益
        交　付　金                       交 付 金 戻 入            均衡
```
**（例3－2）　決算時**：償却資産の減価償却（国公立大学法人）
```
（借）　減 価 償 却 費　　　××　　（貸）　減価償却累計額　　××
```

## 2.7　補助金等により建物を取得した場合

　補助金に関しては，いずれの法人でも運営費交付金と同様の趣旨と解されるため，簿記処理も類似する。ただし国公立大学法人では見返勘定を用いず，「長期繰延補助金等」および「補助金収益等」を用いる。

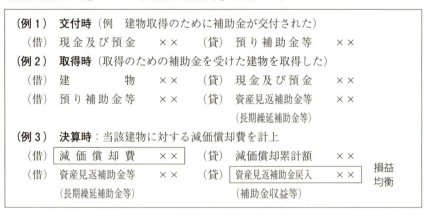

## 2.8 賞与と退職給付債務の処理（運営費交付金で賄う額と引当処理の計算）

　教育と研究を主たる業務とする国公立大学法人は，独立行政法人と異なり，人件費の割合が高く，それらに対する財源措置がもともと予定されているため，賞与引当金と退職給付引当金の算定が重要な簿記処理における論点となる。

　すなわち，賞与と退職給付に対する引当金を算定する際，運営費交付金によって次期以降財源措置が予定される金額については，本来，引当処理が不要となるため，その分を差し引いた費用額についても帳簿や財務諸表においても明らかにする役割が生じるのである。

　この運営費交付金で賄われる額は，独立行政法人では引当金見返勘定を用いて処理するため貸借対照表に示されるほか行政サービス実施コスト計算書において損益外項目として示されるが，国公立大学法人では引当計上しないため，国民の負担に帰されるべきコストとして注記が行われる。

## 2.9 事後に財源措置が行われる特定の費用に係る会計処理

　財源措置については，損益均衡の基本原理からその期間において利用されるべきであるが，一部の業務で法人の費用発生と財源措置が同一年度ではない場合もあり得る。この場合，損益均衡の原理の確保を重視し，事後に財源措置が行われる特定の費用に係る会計処理を行う。これに関しては，他の2法人とも同様の簿記処理が行われる。

| （借）　未収財源措置予定額 | ×× | （貸）　財源措置予定額収益 | ×× |
|---|---|---|---|

　さて，冒頭で示したように，独立行政法人・国立大学法人・公立大学法人は，制度的には，所管省庁や根拠法，会計基準のいずれにおいても，必ずしも同じではないが，いずれも外観的には独立しているが，財務面では独立採算制を予定しないという類似性が与えられ，財源措置を受けその執行責任を負う同様の仕組みが構築されている。

　そのため，これらの法人制度は，資本主たる設置主体から拠出された資本を法人の財産的基盤として，その運営活動の成果を明らかにする，という基本的役割に加え，財源措置による各種資金の利用状況とその効果をも明確に説明する役割が与えられていることになる。

上述の簿記処理の検討を通じて，法人の財産基盤に基づく運営活動と，運営活動に関わる多くの財源措置，という２つの異なる資金の動きは，一方で，互いにセパレートに表現しながらも，他方で，それらの関わりについても明確になるような工夫がなされていることが理解された。

具体的には，財源措置に「損益均衡」という基本原理を適用することを軸として，「取得財源と資本充実の判定」，「財源措置の債務化とその振替処理」，「財源別の減価償却処理」という，３つの特徴的な簿記処理を用意し，それを財政措置の使途制限の強弱や，法人の財源措置の利用の程度・進捗度等に応じて適宜適用することによって，上述の２つの資金循環，つまり，「財産的基礎（法人の純資産）の循環」，「運営活動による財源措置（運営交付金等）の動き・利用度・効果」を，体系的に結びつける簿記体系が整備されていた。

この結果，それぞれの法人には，制度間に存在する本質的な相違性を障壁とすることなく，同種の目的を達成し得るための財務面における共通の基盤が与えられているということができる。

# 第３節　損益処理の比較

もう１つ重要なのは，いずれの法人も行政改革という社会的背景に基づいて，「効率的な法人業務運営の達成」が共通課題として要請されることである。

それぞれの法人では，中期目標期間内の各計画年度の期末時に，どの程度の運営効率性を達成し得たのか，いかに自己収入の増大に努めたのか，あるいは，財源措置の節約に結びつくようなコスト削減努力をどの程度達成できたのか等といった，それぞれの法人の事業運営に対する経営努力や遂行状況，そして責任等が制度ごとに定められた評価機関により，中期目標と年度計画に照らして評価される。このため，複式簿記には，この経営努力の程度に関する評価の判断材料を数値化して提供する役割が求められることになる。

ここでは，評価の中心となる年度末および中期目標最終時の損益処理に焦点を当てて，簿記処理の役割について若干の考察を行うこととする。

## 3.1　損益処分の簿記処理

独立行政法人，国立大学法人，公立大学法人はいずれも，公的な立場から教育，研究，社会サービスを提供する非営利の法人であるため，利益を得ること

第8章　法人間の比較分析―独立行政法人と国公立大学法人―　　*123*

を目的としない。また，制度設計上，独立採算制も前提としないため，簿記処理に関しても，各法人が中期計画に沿って業務運営を行った場合，運営計画に基づく業務運営努力（費用）と，それを賄う財源（収益）は等しくなり，本質的に，損益が均衡する。

　しかし，何らかの要因で収益よりも費用が下回る（あるいは上回る）場合には，利益（損失）が生じるため，これが経営の努力（努力不足）によるものか否かが問われる。

　このプロセスは，たとえば，国立大学法人では次のように行われる。まず，①年度の法人利益が「経営努力」によるものか否かについて，文部科学大臣の判断を仰ぎ，②経営努力が認定された場合には，次年度以降，利用する目的積立金の積立てを認め，③認定されなかった場合には，次年度以降，損失の穴埋めに充当可能な積立金を積み立て，④中期計画の終了時に存在する積立金は，文部科学大臣の承認を受けたうえで，次の中期目標期間における業務の財源として繰り越すか，国庫に返還する（新日本有限監査法人（2017）522-523頁）。

　当期総利益10,000,000を処分する（繰越欠損金1,000,000がある場合）取引を，同じ処理が行われる独立行政法人のケースで見ると次のようになる。

---

**（例1）**　前事業年度から繰り越した損失に充当した。

（借）未 処 分 利 益　1,000,000　　（貸）繰 越 欠 損 金　1,000,000

**（例2）**　主務大臣の承認を受け，目的積立金に振り替えた。

（借）未 処 分 利 益　3,000,000　　（貸）○ ○ 積 立 金　3,000,000

（借）未 処 分 利 益　2,000,000　　（貸）△ △ 積 立 金　2,000,000

**（例3）**　残余を積立金として整理した。

（借）未 処 分 利 益　4,000,000　　（貸）積 　 立 　 金　4,000,000

**（例4―1）**　期末に損益振替えを行う（当期純損失が10,000,000と算定された場合）

（借）収　　　　益　90,000,000　　（貸）費　　　　用　100,000,000

　　　損　　　　益　10,000,000

（借）当 期 純 損 失　10,000,000　　（貸）損　　　　益　10,000,000

（借）当 期 総 損 失　10,000,000　　（貸）当 期 純 損 失　10,000,000

　損失処理に際して「積立金」と「目的積立金」のどちらを優先的に充てるべきかについて特別の規定は設けられておらず，また，その優先順位について予め一義的に定めておく必要はない（新日本有限責任監査法人（2017）471頁）。

**（例4―2）**　期末：資本振替（当期総損失を未処理損失に振り替える）

（借）未 処 分 利 益　10,000,000　　（貸）当 期 総 損 失　10,000,000

*124* 第2部 貸方項目だけで使途制限を表すグループ

**（例4—3）** 期末：当期未処理損失（前期繰越欠損金＋当期純損失）を処理する
ため積立金を取り崩す。

（借） 積 立 金 　5,000,000 （貸） 未 処 理 損 失 　5,000,000

**（例4—4）** 積立金を取り崩しても埋め合わせることのできない欠損金額は，次
期に繰り越す。

（借） 次期繰越欠損金 　5,000,000 （貸） 未 処 理 損 失 　5,000,000

出典：新日本有限責任監査法人（2017）469頁および471頁より筆者作成。

## 3.2　中期目標等期間終了事業年度末：利益剰余金の処理

中期目標等期間終了事業年度末では，利益剰余金が一旦すべて「積立金」に
集約される。

| | | | | | | |
|---|---|---|---|---|---|---|
| （借） | 目 的 積 立 金 | ×× | （貸） | 積 　 立 　 金 | ×× |
| （借） | 前中期目標期間<br>繰 越 積 立 金 | ×× | （貸） | 積 　 立 　 金 | ×× |

そのうえで，規定のある法人は，次の中間目標等期間に繰り越すか，国庫納
付（国に返還）を行い，国庫納付金計算書を作成する。

| | | | | | |
|---|---|---|---|---|---|
| （借） | 積 　 立 　 金 | ×× | （貸） | 未払国庫納付金 | ×× |
| | | | | 前中期目標期間<br>繰 越 積 立 金 | ×× |

以上の手続きは，基本的に国立大学法人，公立大学法人でも行われるため，
簿記処理が等しく行われることで，認定と評価を受ける項目以外の同質性や比
較可能性は，保証される仕組みとなっている。

## 3.3　法人の業務運営に対する評価の比較

いずれの法人も，当初設定された中期計画に基づき年度計画が作成され，実
行された後に，評価機関から評価を受ける点で，手続きに共通性がある。しか
しながら，目標の設定方法と評価機関の位置づけは，下記のように，制度上相
違するため，こうした違いが，認定と評価を受ける項目の数値に影響を及ぼす
ことで，各法人の特徴が生み出されているといえよう。

■**目標の設定方法**

独立行政法人：中期目標は通知であり，法人の意向は反映されない。

国立大学法人：中期目標は法人側の裁量で設定し，主務大臣より認可を受ける。

公立大学法人：中期目標（案）を大学側が作成するが，形式的には提示は地方公共団体の長。

■評価機関の位置づけ

独立行政法人：独立行政法人評価制度委員会および内閣総理大臣（厳しい評価）

国立大学法人：元教員等が多く関わる国立大学法人評価委員会（身内による評価）

公立大学法人：地方公共団体が設置した公立大学法人評価委員会（設置主体の政策影響）

【参考文献】 （紙幅の関係上，独立行政法人の簿記・国公立大学法人の簿記の各章に掲載の文献はおおむね省略している。両法人の簿記処理に関する詳細も含め，そちらを参照願いたい。）

岡本義則（2008）『独立行政法人の制度設計と理論』中央大学出版部。

河村小百合（2017）「成長戦略として国立大学法人制度に求められる抜本的改革の方向性」『JRレビュー』第12巻第51号2-46頁。

柴崎直子（2008）「独立行政法人の利益剰余金の国庫納付」『経済のプリズム』第57巻1-9頁。

新日本有限責任監査法人（2017）『よくわかる独立行政法人会計基準―実践詳解（改訂第4版）』白桃書房。

総務省ホームページ「独立行政法人評価」。https://www.soumu.go.jp/main_sosiki/hyouka/dokuritu_n/index.html（2020年7月17日閲覧）

総務省行政管理局／財務省主計局／日本公認会計士協会（2019）『「独立行政法人会計基準」及び「独立行政法人会計基準注解」に関するQ&A』。

太陽有限責任監査法人（2024）『独立行政法人会計詳細ハンドブック（第4版）』同文舘出版。

中央省庁等改革推進本部決定（1999）『中央省庁等改革の推進に関する方針』。

独立行政法人会計基準研究会／財政制度等審議会／財政制度分科会／法制・公会計部会総務省（2020）『「独立行政法人会計基準」及び「独立行政法人会計基準注解」』。

有限会社あずさ監査法人パブリックセクター本部（2012）『国立大学法人会計の実務ガイド（第3版）』中央経済社。

**（中村　文彦／丸岡　恵梨子）**

# 第3部

## 借方項目・貸方項目の両者で
## 使途制限を表すグループ

# 第9章

# 公益法人の簿記

## 第1節　はじめに：公益法人会計の導入経緯

　まず，本章の対象となる公益法人とは，一般社団法人・一般財団法人（以下，「公益法人」という）を指す。ここで公益法人とは，2006年に成立した公益法人制度改革関連3法のうち，「一般社団法人及び一般財団法人に関する法律」（以下，「一般法人法」という）に基づいて法人格を取得した団体をいう[1]。

　改正後民法第33条2項では，「学術，技芸，慈善，祭祀，宗教その他の公益を目的とする法人，営利事業を営むことを目的とする法人その他の法人の設立，組織，運営及び管理については，この法律その他の法律の定めるところによる」と改められ，主務官庁の自由裁量による設立許可制は民法上，廃止された。

　この民法改正にあわせて2006年に公益法人制度改革関連3法が成立した。うち一般法人法では，民法法人の設立に係る許可主義を改め，法人格の取得と公益性の判断を分離し，公益性の有無にかかわらず，一般法人を準則主義（登記）により設立できる旨が定められている（内閣府（2006）I 3）。公益法人会計基準は，かような公益法人制度改革を受けて大きく改正された経緯がある。

　公益法人会計基準は，1977（昭和52）年に制定されたのち，1985（昭和60）年，2004（平成16）年および2008（平成20）年と3度にわたり改正された。1985年基準で要求された収支予算書と会計帳簿が2004年基準では削除され，新たに貸借対照表と正味財産増減計算書が要求されていることから，全面的な改正は2004年基準で行われたといえる（内野（2013）13頁；あずさ監査法人（2017）16-17頁）。

---

（1）　2024年5月に「公益社団法人及び公益財団法人の認定等に関する法律」が公布されたことを受け，公益法人会計基準の見直しの議論が進められているが，本章では考察対象外となることを念のため記す。

第9章　公益法人の簿記　*129*

　2004年基準では，「公益法人を取り巻く社会経済状況の変化を受け，公益法人においても一層効率的な事業運営が求められることとなり，事業の効率性に関する情報を充実させる必要性が生じている。また，一部公益法人による不祥事等を受けて，公益法人の事業活動の状況を透明化し，寄付者等（会員等を含む）から受け入れた財産の受託責任についてより明確にすることを通じて，広く国民に対して理解しやすい財務情報を提供することが求められている」（公益法人等の指導監督等に関する関係省庁連絡会議申合せ（2004）1⑵）として，ディスクロージャーを重視する方針に大きく転換した（岡村（2012）9頁）。この方針転換にあわせて，従来の資金収支計算を中心とする体系を見直し，貸借対照表，正味財産増減計算書（フロー式）および財産目録で構成される財務諸表の体系を構築した。さらに，大規模公益法人についてはキャッシュ・フロー計算書の作成も義務づけた。なお，会計処理規程，会計帳簿，収支予算書・収支計算書の作成・保存については内部管理事項として基準の範囲外とした（公益法人等の指導監督等に関する関係省庁連絡会議申合せ（2004）1⑵，4頁）。2004年基準の方向転換は，日本の非営利組織会計の制度設計の方向性が利害調整・政府規制主導型である大陸型システム（独仏の会計制度）から情報提供・市場規律主導型である英米型システムに移行しつつある（藤井（2009）26頁）という俯瞰的な解釈の典型例とも解せる。

## 第2節　公益法人会計における計算書類

　本節では，2008年基準の計算書類のうち，貸借対照表，損益計算書およびキャッシュ・フロー計算書について説明する。まず，貸借対照表は，資産の部・負債の部・正味財産の部で構成され，さらに資産の部を流動資産・固定資産に，負債の部を流動負債・固定負債に，正味財産の部を指定正味財産・一般正味財産に区分する（2008年基準第2②）。指定正味財産とは，寄付によって受け入れた資産で，寄付者等（会員等を含む）の意思によりその使途に制約が課されている資産の受入額をいい，当該金額は，指定正味財産の区分に記載される。また，国・地方公共団体等から受け入れた補助金等についても，その受入額を指定正味財産の区分に記載する（2008年基準注解注6，注13；運用指針「財務諸表の科目」）。他方，一般正味財産とは，一般正味財産以外の正味財産をいい，法人の意思で自由に使える正味財産を意味する（江田（2011）28，31頁）[(2)]。指定

*130* 第3部 借方項目・貸方項目の両者で使途制限を表すグループ

正味財産・一般正味財産については，基本財産への充当額・特定資産への充当額を内書きとして記載する（2008年基準第2②）。

ここで基本財産とは定款において基本財産と定められた資産をいい，特定資産とは特定の目的のために使途に制約を課した資産をいう（運用指針「財務諸表の科目」）。基本財産・特定資産を有する場合には，資産の部の固定資産を基本財産・特定資産・その他固定資産に区分する（2008年基準注解注4①）。また，寄付によって受け入れた資産で，その額が指定正味財産に計上されるものは，基本財産または特定資産の区分に記載する（注解注4②）。なお，基金を設定した場合には，正味財産の部を基金・指定正味財産・一般正味財産に区分する（2008年基準注解注5）。

次に，正味財産増減計算書は，当該事業年度における正味財産のすべての増減内容を表示し，一般正味財産増減の部および指定正味財産増減の部に分かち，さらに一般正味財産増減の部を経常増減の部および経常外増減の部に区分する（2008年基準第3①・②）。

一般正味財産増減の部には，経常収益および経常費用を記載して当期経常増減額を表示し，これに経常外増減項目を加減して当期一般正味財産増減額を表示するとともに，当該期首残高を加算して一般正味財産期末残高を表示する。他方，指定正味財産増減の部は，指定正味財産増減額を発生原因別に表示し，当該期首残高を加算して指定正味財産期末残高を表示する（2008年基準第3③）。

国・自治体等から補助金等[3]を受け入れた額については受取補助金等[4]として記載する。そして，補助金等の目的たる支出が行われるのに応じて当該金額を指定正味財産から一般正味財産に振り替える。なお，当該事業年度末までに支出が予定されている補助金等を受け入れた場合には，その受入額を受取補助金等として一般正味財産増減の部に記載することができる（2008年基準注解注13（文中の脚注―筆者））。

ただし，当該補助金等を第三者へ交付する義務を負担する場合（補助金等交

---

（2） 基金制度を採用する場合には，一般正味財産は，基金および一般正味財産以外の正味財産をいう（運用指針「財務諸表の科目」参照）。

（3） 補助金等とは，補助金，負担金，利子補給金およびその他相当の反対給付を受けない給付金等をいい，役務の対価としての委託費等を含まない（運用指針10）。

（4） 正味財産増減計算書の一般正味財産増減の部において経常収益と経常費用および経常外収益と経常外費用を対応表示することが有用であるとの観点から，たとえば補助金等であれば，当初より一般正味財産として受け入れた場合の科目と同じ科目を使用することとされる（実務指針Q23）。

付業務を実質的に代行する場合など）には，預かり補助金等として処理し，その残高を負債の部に記載する（2008年基準注解注13）。この処理は，たとえば，日本赤十字社を通して最終的に被災者に支給する場合，集めた義援金を義援金配分委員会で取りまとめ，配分基準に従い，被災市町村を通じて配分されるときに適用される（内野（2013）6頁）。

そのほか，次の場合には，指定正味財産の部から一般正味財産の部に，次の金額を振り替え，当期の振替額を正味財産増減計算書の指定正味財産増減の部および一般正味財産増減の部に記載しなければならない。

① 指定正味財産に区分された寄付によって受け入れた資産について，制約が解除された場合：当該資産の帳簿価額

② 指定正味財産に区分される寄付により受け入れた資産について，減価償却した場合[5]：当該減価償却の額

③ 指定正味財産に区分される寄付により受け入れた資産が災害等により消滅した場合：当該資産の帳簿価額　　　　　　　　（以上，2008年基準注解注15）

最後に，キャッシュ・フロー計算書は，事業活動によるキャッシュ・フロー，投資活動によるキャッシュ・フローおよび財務活動によるキャッシュ・フローに区分し，現金および現金同等物に係る収入および支出を記載する（2008年基準第4②・③）。なお，キャッシュ・フロー計算書の作成は，認定法第5条12号により会計監査人を設置する公益社団・財団法人にのみ義務づけられている（運用指針3①）。

## 第3節　簿記処理の特徴と取引要素の結合関係

本節では，2008年基準に基づく簿記一巡について数値例を用いて説明したうえで，取引要素の結合図を示す。公益法人の簿記一巡を明確に解説した先行研究として，内閣総理大臣官房管理室編（1985，第5章，Ⅲ，取引例）の簿記一巡を示す数値例があるが，これは1985年基準に基づく。また，この1985年基準に基づく数値例を2004年基準にあわせて書き換えた先行研究として長谷川（2014）

---

（5）　実務指針（Q19A）では，寄付金ではなく補助金により取得した建物の減価償却が例示されている。

132　第3部　借方項目・貸方項目の両者で使途制限を表すグループ

（4-3中の設例4-2）がある。本報告では，これらの先行研究を参照し，2008年基準を前提に（かつ，紙幅の都合により簡略化のうえ）加筆した取引例を用いて簿記一巡を説明する。以上を踏まえて，最後に取引要素の結合図を示す。

［取引例］

## ■期首貸借対照表

### 貸　借　対　照　表

| Ⅰ資産の部 | | Ⅱ負債の部 | |
|---|---|---|---|
| 　1．流動資産 | | 　1．流動負債 | |
| 　現金預金 | 3,100 | 　預り金 | 100 |
| 　流動資産合計 | 3,100 | 　2．固定負債 | |
| 　2．固定資産 | | 　長期借入金 | 6,000 |
| 　土地（基本財産） | 30,000 | 　退職給付引当金 | 500 |
| 　建物 | 11,800 | 　負債合計 | 6,600 |
| 　備品 | 900 | Ⅲ正味財産の部 | |
| 　固定資産合計 | 42,700 | 　1．指定正味財産 | 30,000 |
| | | 　（うち基本財産への充当額） | (30,000) |
| | | 　2．一般正味財産 | 9,200 |
| | | 　正味財産合計 | 39,200 |
| 　資産合計 | 45,800 | 　負債正味財産合計 | 45,800 |

---

**（例1）** 当年度年会費6,300と次年度会費の前受金100，計6,400を現金で受け取った。

（借）現　金　預　金　　　6,400　　（貸）受　取　会　費　　　6,300
　　　　【資産】　　　　　　　　　　　　【一般正味財産の増加】

　　　　　　　　　　　　　　　　　　　　　前　　受　　金　　　 100
　　　　　　　　　　　　　　　　　　　　　　【負債】

**（例2）** 前年度における建物および備品の減価償却相当額300を特定預金に積み立てた。

（借）減価償却引当預金　　　300　　（貸）現　金　預　金　　　 300
　　　　【資産】　　　　　　　　　　　　【資産】

**（例3）** 所得税の源泉徴収預り金100を現金で納付した。

（借）預　　り　　金　　　 100　　（貸）現　金　預　金　　　 100
　　　　【負債】　　　　　　　　　　　　【資産】

**（例4）** 基本財産として国債6,000（額面，時価5,700）の寄付を受けた。満期ま

での期間は5年である。

|（借）| 投資有価証券・<br>基本財産<br>【資産】| 5,700 |（貸）| 投資有価証券<br>受贈益<br>【一般正味財産の増加】| 5,700 |

**（例5）** 基本財産である国債の利息収入360を現金で受け入れた。

|（借）| 現金預金<br>【資産】| 360 |（貸）| 基本財産受取利息<br>【指定正味財産の増加】| 360 |

|（借）| 一般正味財産へ<br>の振替額<br>【指定正味財産の減少】| 360 |（貸）| 基本財産受取利息<br>【一般正味財産の増加】| 360 |

**（例6）** 長期借入金1,000の元利合計1,010を現金で支払った。

元金分 （借）長期借入金 1,000 （貸）現金預金 1,000
　　　　　　　【負債】　　　　　　　　　　　　　　　　【資産】

利息分 （借）支払利息 10 （貸）現金預金 10
　　　　　【一般正味財産の減少】　　　　　　　　　　　　【資産】

**（例7）** 建物（取得原価6,000，帳簿価額5,900）が全焼した（記帳方法は直接法）。

|（借）| 建物火災損失<br>【一般正味財産の減少】| 5,900 |（貸）| 建物<br>【資産】| 5,900 |

**（例8）** 備品（取得原価300，帳簿価額270）を500で売却し，代金を現金で受け取った。

|（借）| 現金預金<br>【資産】| 500 |（貸）| 備品<br>【資産】| 270 |
| | | | | 備品売却益<br>【一般正味財産の増加】| 230 |

**（例9）** 事業費350を現金で支払った。

|（借）| 事業費<br>【一般正味財産の減少】| 350 |（貸）| 現金預金<br>【資産】| 350 |

**（例10）** 管理費200を現金で支払った。

|（借）| 管理費<br>【一般正味財産の減少】| 200 |（貸）| 現金預金<br>【資産】| 200 |

**（例11）** 備品購入代金の一部200を現金で前払いした。

|（借）| 前払金<br>【資産】| 200 |（貸）| 現金預金<br>【資産】| 200 |

**（例12）** 退職金100を現金で支払い，同額の退職給与引当金を取り崩した。

|（借）| 退職給付引当金<br>【負債】| 100 |（貸）| 現金預金<br>【資産】| 100 |

**（例13）** 基金を募集し，5,000を現金で受け入れた。

|（借）| 現金預金<br>【資産】| 5,000 |（貸）| 基金受入額<br>【基金の増加】| 5,000 |

**134** 第3部 借方項目・貸方項目の両者で使途制限を表すグループ

**（例14―決算整理1）** 当期分の未収会費が200ある。

（借）未　　収　　金　　200　　（貸）受　取　会　費　　200
　　　【資産】　　　　　　　　　　　　　　　　　　【一般正味財産の増加】

**（例15―決算整理2）** 事業費の未払分が200ある。

（借）事　　業　　費　　200　　（貸）未　　払　　金　　200
　　　【一般正味財産の減少】　　　　　　　　　　　【負債】

**（例16―決算整理3）** 建物および備品について，それぞれ100および70の減価償
　　　　　　　　　　　却費を計上する。

（借）減　価　償　却　費　　170　　（貸）建　　　　　物　　100
　　　【一般正味財産の減少】

　　　　　　　　　　　　　　　　　　　　　　　備　　　　品　　　70

**（例17―決算整理4）** 退職給与引当金に500を繰り入れる。

（借）退　職　給　付　費　用　　500　　（貸）退　職　給　付　引　当　金　　500
　　　【一般正味財産の減少】　　　　　　　　　　　【負債】

**（例18―決算整理5）** 当期に基本財産として受け入れた投資有価証券について，
　　　　　　　　　　　償却原価法（定額法）を適用する（基本財産受取利息：(6,000
　　　　　　　　　　　－5,700)×1／5年＝60)。

（借）投資有価証券・　　60　　（貸）基本財産受取利息　　60
　　　基　本　財　産　　　　　　　　　　　　　【一般正味財産の増加】
　　　【資産】

　以上の仕訳に基づいて，総勘定元帳の各勘定口座に転記が行われ，各勘定口座の残高を集計して残高試算表が作成される。そして，残高試算表に基づき，以下に示す貸借対照表および正味財産増減計算書が作成される（出塚・辺土名(2014)第2章）。なお，前述のとおり，2004年基準からは会計処理規程の作成は要請されていない。

第9章　公益法人の簿記　　*135*

## ■期末財務諸表（貸借対照表・正味財産増減計算書）

### 貸借対照表

| Ⅰ資産の部 | | Ⅱ負債の部 | |
|---|---:|---|---:|
| 1．流動資産 | | 1．流動負債 | |
| 現金預金 | 13,100 | 未払金 | 200 |
| 未収金 | 200 | 前受金 | 100 |
| 前払金 | 200 | 2．固定負債 | |
| 流動資産合計 | 13,500 | 長期借入金 | 5,000 |
| 2．固定資産 | | 退職給与引当金 | 900 |
| 基本財産（土地） | 30,000 | 負債合計 | 6,200 |
| 基本財産（投資有価証券） | 5,760 | Ⅲ正味財産の部 | |
| 特定資産（減価償却引当預金） | 300 | 1．基金 | 5,000 |
| 建物 | 5,800 | 2．指定正味財産 | 30,000 |
| 備品 | 560 | （うち基本財産への充当額） | (30,000) |
| 固定資産合計 | 42,420 | （うち特定資産への充当額） | ( 0) |
| | | 3．一般正味財産 | 14,720 |
| | | （うち基本財産への充当額） | ( 5,760) |
| | | （うち特定資産への充当額） | ( 300) |
| | | 正味財産合計 | 49,720 |
| 資産合計 | 55,920 | 負債正味財産合計 | 55,920 |

### 正味財産増減計算書

| | |
|---|---:|
| Ⅰ一般正味財産増減の部 | |
| 1．経常増減の部 | |
| （1）経常収益 | |
| 基本財産運用益 | |
| 基本財産受取利息 | 420 |
| 受取会費 | 6,500 |
| （2）経常費用 | |
| 支払利息 | 10 |
| 事業費 | 550 |
| 管理費 | 200 |
| 減価償却費 | 170 |
| 退職給付費用 | 500 |
| 2．経常外増減の部 | |
| （1）経常外収益 | |
| 投資有価証券受贈益 | 5,700 |
| 備品売却益 | 230 |
| （2）経常外費用 | |
| 建物火災損失 | 5,900 |
| 当期一般正味財産増加額 | 5,520 |
| 一般正味財産期首残高 | 9,200 |
| 一般正味財産期末残高 | 14,720 |
| Ⅱ指定正味財産増減の部 | |
| 基本財産受取利息 | 360 |
| 一般正味財産への振替額 | △360 |
| 当期指定正味財産増減額 | 0 |
| 指定正味財産期首残高 | 30,000 |
| 指定正味財産期末残高 | 30,000 |
| Ⅲ基金増減の部 | |
| 基金受入額 | 5,000 |
| 当期基金増減額 | 5,000 |
| 基金期首残高 | 0 |
| 基金期末残高 | 5,000 |
| Ⅳ正味財産期末残高 | 49,720 |

図表9－1は2008年基準を前提とした取引要素の結合関係を示している。

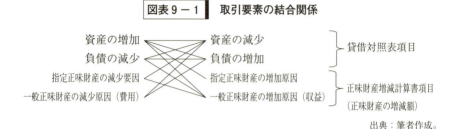

簿記一巡の取引例でも示したように，貸借対照表の正味財産項目は，正味財産増減計算書を経由することになる。したがって，取引要素の結合関係を示すにあたり，「正味財産の増加」と「正味財産の減少」という要素は存在しない[6]。また，「指定正味財産の減少原因」と「一般正味財産の増加原因」が結びつく取引とは，使途の制約の解除により指定正味財産から一般正味財産へ振り替える処理が該当する。なお，「指定正味財産の減少要因」と「資産の減少」が結びつく取引とは，たとえば，指定正味財産を財源とする基本財産・特定資産の評価損の計上が該当する。

## 第4節　公益法人会計における簿記処理

2008年基準における特徴的な簿記処理としては，使途制限の解除により指定正味財産から一般正味財産へ振り替える処理がある。ここでは，指定正味財産を財源とする基本財産の取引例を挙げて，振替処理をより具体的に説明する。

（例19）　基本財産として株式100,000の寄贈を受けた。寄付者からは株式配当金を法人の事業の財源に充てるために保有する旨の指定を受けている。
（借）　投資有価証券・　　100,000　　（貸）　投資有価証券　　100,000
　　　　基　本　財　産　　　　　　　　　　　　受　贈　益
　　　　【資産】　　　　　　　　　　　　　　　【指定正味財産の増加】
（例20）　指定正味財産に区分された寄贈による基本財産の株式（簿価100,000）について，時価が28,000に下落しており，回復の見込みが不明であるので，

---

(6) 決算手続きにおいて，有高勘定として指定正味財産勘定ならびに一般正味財産勘定を設けることは否定されない。

第9章　公益法人の簿記　　*137*

|  | | | | | |
|---|---|---|---|---|---|
| | 減損を実施する。 | | | | |
| （借） | 基本財産減損損失・<br>投資有価証券減損損失<br>【一般正味財産の減少】 | 72,000 | （貸） | 投資有価証券・<br>基　本　財　産<br>【資産】 | 72,000 |
| （借） | 一般正味財産へ<br>の　振　替　額<br>【指定正味財産の減少】 | 72,000 | （貸） | 固定資産受贈益・投資<br>有価証券受贈益振替額<br>【一般正味財産の増加】 | 72,000 |

出典：公益法人協会（2014）189頁の取引例および運用指針参照。

　取引（例20）における指定正味財産から一般正味財産への振替仕訳をみると，結果としてはストック計算上，減額された資産勘定（基本財産）と同額の指定正味財産を減額させる効果をもつ。そして取引（例20）に基づくと，フロー計算上は，指定の解除をあらわす勘定と費用（減損損失）の発生をあらわす勘定を対応させる効果をもつといえる。

## 第5節　収益・費用と収入・支出の関係

　発生主義会計に関連する簿記処理として，前掲の取引（例2）に着目する。この処理は，減価償却相当額を特定資産として保有目的を占める科目（減価償却引当費勘定）に振り替えたものである。
　しかし，従前から，基本財産が償却資産である場合には，基本財産の額を維持するために減価償却相当額を特定預金（減価償却引当預金）とすることが推奨されていた（内閣総理大臣官房管理室編（1985）86）。1985年基準に基づくと，この取引は，資金項目と非資金項目の交換取引に該当するため，次のような1取引2仕訳となる。

|  | | | | | |
|---|---|---|---|---|---|
| （借） | 減価償却引当預金<br>支　　　出<br>【支出】 | 300 | （貸） | 現　金　預　金<br>【資金資産】 | 300 |
| （借） | 減価償却引当預金<br>【非資金資産】 | 300 | （貸） | 減価償却引当預金<br>増　加　額<br>【正味財産増加額】 | 300 |

　なお，決算整理における減価償却費の計上に関しては，2008年基準と1985年基準を比較する限りにおいて，相違はない（2008年基準は前掲した（例16—決算整理3）を，1985年基準は以下を参照されたい）。

| （借）減価償却額 | 170 | （貸）建 物 | 100 |
| 【正味財産の減少】 | | 備 品 | 70 |

　前述のとおり，2004年基準から減価償却の実施が義務化されている。この点のみに着目すれば，近年になって発生主義が導入されたという印象を持つかもしれない。しかし，簿記処理上は，1985年基準においても，減価償却費相当額ならびに繰入相当額を正味財産の減少項目として記入している。つまり，実質的に費用化していると捉えられる。

## 第6節　公益法人会計基準における複式簿記の定義と意義

　前述のとおり，2004年基準から収支計算書と正味財産増減計算書を同時作成するために考案された1取引2仕訳から1取引1仕訳へと簿記処理が大きく変更されたことで，時価評価会計の導入など企業会計と近似する処理が可能となったとされる。さらに，2004年基準から会計処理規程の作成義務が基準から削除されている。この流れは大局的には，主務官庁の自由裁量による許可主義から，準則主義（登記のみ）に基づき簡便に法人格の取得が可能となった公益法人制度改革とも軌を一にする。

　とすると，現行の公益法人会計基準は，（1取引1仕訳という）企業会計において一般的な複式記入の原理に基づくことで，財務諸表作成者にとって作成が容易となる（と考えられる）方向に転換したといえる。なお，収支計算書の作成義務が削除されたことで簿記一巡の範囲を離れて別途，予算管理を行う必要が新たに生じることとなったが，この点については本章では仔細に触れていない。以上を踏まえるならば，同基準は，財務諸表作成者の利便性を第一として，複式記入の原理を活用していると指摘しうる。が，この暫定的な結論は，複式簿記をいかに定義するかによって変わりうることに留意されたい。


**【参考文献】**（法令・会計基準を除く）

あずさ監査法人編（2017）『公益法人会計の実務ガイド（第4版）』中央経済社。

江田寛（2011）『平成20年基準版　公益法人基準の解説』全国公益法人協会。

岡村勝義（2010a）「正味財産と資産対応の意義と展開―公益法人会計基準の変遷に関係させて―」『非営利法人研究学会誌』第12号，51-64頁。

岡村勝義（2010b）「公益法人会計における正味財産と基本財産」『財務会計研究』第4号，1-27頁。

岡村勝義（2012）「公益法人の制度転換と会計枠組みの変化」『産業経理』第72巻第2号，4-15頁。

岡村勝義（2015）「一般財団・財団法人の公益認定基準の検討―公益性判断基準と財務三基準―」『非営利法人研究学会誌』第17号，1-12頁。

公益法人協会（2017）「公益法人（非営利法人制度）」『公益法人関連用語集』。http://www.kohokyo.or.jp/kohokyo-weblog/yougo/（2021年7月31日閲覧）

公益法人等の指導監督等に関する関係省庁連絡会議申合せ（2004）「公益法人会計基準の改正等について」2004年10月4日。

佐藤恵（2016）「非営利組織会計の純資産区分に関する試論―財務的弾力性の観点から―」『非営利法人研究学会誌』第18号，17-28頁。

出塚清治・辺土名厚編著（2013）『公益法人・一般法人の会計実務（補訂版）』公益法人協会。

内閣府公益認定等委員会（2009）「公益法人会計基準の運用指針」2009年10月16日改正。

内閣府（2016）「新たな公益法人制度への移行等に関するよくある質問（FAQ）」。

内閣府（2018a）「平成29年『公益法人の概況及び公益認定等委員会の活動報告』概要」。

内閣府（2018b）「平成29年『公益法人の概況及び公益認定等委員会の活動報告』付属資料」。

内閣府（2018c）「平成29年『公益法人の概況及び公益認定等委員会の活動報告』統計資料」。

日本公認会計士協会（2016）「非営利法人委員会実務指針第38号『公益法人会計に関する実務指針』。

日本簿記学会簿記実務研究部会（2019）「中間報告書　非営利組織体の簿記に関する研究」日本簿記学会。

長谷川哲嘉（2014）『非営利会計における収支計算書―その意義を問う』国元書房。

非営利法人研究学会一般法人会計研究委員会（2020）「研究報告書　一般社団・財団法人が公益法人会計基準を適用する場合の諸課題とその解決策の検討」非営利組織研究学会。

藤井秀樹（2009）「非営利法人における会計基準統一化の可能性」『非営利法人研究学会誌』第11号，23-35頁。

**（佐藤　恵）**

# 第10章

# 特定非営利活動法人（NPO法人）の簿記

## 第1節　NPO法人会計基準の導入経緯

### 1.1　NPO法とNPO法人

　特定非営利活動法人（以下，「NPO法人」という）には，所轄官庁から定められた統一的な会計基準は存在しない。特定非営利活動促進法（以下，「NPO法」という）において，「会計簿は，正規の簿記の原則に従って正しく記帳すること」，「計算書類（活動計算書及び貸借対照表）及び財産目録は，会計簿に基づいて活動に係る事業の実績及び財政状態に関する真実な内容を明瞭に表示したものとすること」，「採用する会計処理の基準及び手続については，毎事業年度継続して適用し，みだりにこれを変更しないこと」を規定するのみである。NPO法人会計基準が存在するが，民間主導で作成されたことに大きな特徴がある。内閣府の調査によれば，このNPO法人会計基準に従って簿記処理を行う法人が浸透しつつある[1]。

　NPOとは「Non-Profit Organization」の略で，「非営利組織体」，「非営利団体」などと訳される。NPO法に基づき法人格を取得した法人をNPO法人[2]という。ここでの「非営利」とは，「営利を追求しない」，「利益を上げて事業を行わない」というわけではなく，「毎年の利益や残余財産を構成員に分配しない」との捉え方がなされている。NPO法では，さらに公共性の要件が課されている。

　NPO法は1998年12月に施行された。1995年の阪神・淡路大震災が本法制定

---

（1）　内閣府（2021）の調査よれば，認定や特例認定を受けていないNPO法人の67％（回答数2,841法人），認定・特例認定を受けているNPO法人の87.8％（回答数1,076法人）において，NPO法人会計基準を採用していた（内閣府（2021）14頁）。

（2）　一定の要件を満たすと，認定NPO法人，特例認定NPO法人となり，税制上の優遇等がなされる。

の契機といわれる。非営利活動団体の法人格を容易に取得できるようにという各界からの要望や機運によって，議員立法により誕生した。本法により，NPO法人は，所轄庁の「許可」ではなく，設立要件に適合していれば「認証」される制度となった。しかし，設立が容易である分，法律に情報公開に関する義務を定め，市民からの監視を受けることを前提とした仕組みとなっている。

　NPO法では，特定非営利活動を「別表に掲げる活動に該当する活動であって，不特定かつ多数のものの利益の増進に寄与することを目的とするもの」（NPO法第2条）と定めている。別表には20の活動分野[3]が列記されているほか，さらに「その他の事業」も認められている。ただし，「その他の事業」の利益は，特定非営利活動に係る事業のために使用しなければならないとされている。

## 1.2　NPO法人会計基準制定の歴史的経緯

　NPO法の制定以降，法人数は増加の一途をたどり，会計基準を整備する必要性が民間主導で主張されるようになった。2007年には，国民生活審議会総合企画部会による「特定非営利活動法人制度の見直しに向けて」のなかで，「広く市民に対して理解しやすい計算書類を作成するためには，法人自身の自主的な取組に加え，法人の取組をバックアップするものとして，会計処理の目安となる会計基準が策定されることが適当である。……（中略）……会計基準の策定主体については，所轄庁等が策定すると必要以上の指導的効果を持つおそれがあるため，民間の自主的な取組に任せるべきとの考え方があるものの，基準の策定及び定期的な見直しには相当のコストがかかることから，行政と協力して民間主導で行うことが適当である」と記載され，所轄庁も民間主導の会計基準の作成を後押しするようになった（NPO法人会計基準協議会編（2018）179-182頁）。2009年3月31日，全国18のNPO支援団体の呼びかけによりNPO法人会計

---

（3）　別表に列記されている20の活動分野は，以下のとおり。1．保健，医療または福祉の増進を図る活動，2．社会教育の推進を図る活動，3．まちづくりの推進を図る活動，4．観光の振興を図る活動，5．農山漁村または中山間地域の振興を図る活動，6．学術，文化，芸術またはスポーツの振興を図る活動，7．環境の保全を図る活動，8．災害救援活動，9．地域安全活動，10．人権の擁護または平和の推進を図る活動，11．国際協力の活動，12．男女共同参画社会の形成の促進を図る活動，13．子どもの健全育成を図る活動，14．情報化社会の発展を図る活動，15．科学技術の振興を図る活動，16．経済活動の活性化を図る活動，17．職業能力の開発または雇用機会の拡充を支援する活動，18．消費者の保護を図る活動，19．前各号に掲げる活動を行う団体の運営または活動に関する連絡，助言または援助の活動，20．前各号に掲げる活動に準ずる活動として都道府県または指定都市の条例で定める活動。

基準協議会が発足し，策定委員会，専門委員会，協議会，パブリック・コメントの募集，各地域の学習会を経て，2010年7月20日にNPO法人会計基準が公表された。このように，NPO法人会計基準が政府主導によるものではなく，あるいは政府からの補助金に頼ることなく，民間の支援資金によって会計基準策定が行われた。

NPO法人会計基準の特徴の1つに，「収支計算書」に代わり「活動計算書」を作成する点にある。この点を踏まえ，2011年6月にはNPO法が改正され（2012年4月施行），第27条（会計の原則）第3項（計算書類）の「収支計算書」が「活動計算書」に修正された（ただし，附則で「収支計算書」も可とされた）。

2011年11月には，内閣府「特定非営利活動法人の会計の明確化に関する研究会」報告書において，「NPO法人が採用する会計基準については，NPO法人会計基準（2010年7月20日，2011年11月20日一部改正 NPO法人会計基準協議会）が望ましい」とされ，所轄庁の後押しを受けることとなった。

# 第2節　NPO法人会計における計算書類

## 2.1　NPO法人会計における計算書類とその展開

NPO法では，会計に関わる条文が規定されているものの，強制される基準はない。NPO法第27条（会計の原則）では，下記のとおり「真実性」，「明瞭性」，「継続性」，「正規の簿記の原則」などの原則が読み取れる。

> **第27条**　特定非営利活動法人の会計は，この法律に定めるもののほか，次に掲げる原則に従って，行わなければならない。
> 一　削除
> 二　会計簿は，正規の簿記の原則に従って正しく記帳すること。
> 三　計算書類（活動計算書及び貸借対照表をいう。次条第1項において同じ。）及び財産目録は，会計簿に基づいて活動に係る事業の実績及び財政状態に関する真実な内容を明瞭に表示したものとすること。
> 四　採用する会計処理の基準及び手続については，毎事業年度継続して適用し，みだりにこれを変更しないこと。

他方，手続きについては「会計簿は，正規の簿記の原則に従って正しく記帳すること」と規定されるのみである。このため，計算書類（財務諸表）[4]を作

成するうえで必要となる，より詳細な会計基準の規定が求められてきた。

　従来，NPO法人の会計は，収支計算書の作成が求められ，企業会計の経理とは異なる，いわゆる1取引2仕訳が必要とされてきた。企業会計に明るい者にとっても難解で，一般市民にとってはなおさらであったといえよう。情報開示の対象が広く一般市民であることに鑑み，現在は，収支計算書から活動計算書の作成へと変化を遂げ，より企業会計寄りの会計処理が求められるようになっている。

　1998年12月にNPO法が施行されたが，施行当初における会計に係る条文は，以下のとおりであった。

---

**NPO法　第27条**（1998年の施行当時）
　一　収入及び支出は，予算に基づいて行うこと。
　二　会計簿は，正規の簿記の原則に従って正しく記帳すること。
　三　財産目録，貸借対照表及び収支計算書は，会計簿に基づいて収支及び財政状態に関する真実な内容を明りょうに表示したものとすること。
　四　採用する会計処理の基準及び手続については，毎年（事業年度を設けている場合は，毎事業年度。次条第1項及び第29条第1項において同じ。）継続して適用し，みだりにこれを変更しないこと。

---

　施行当時の第27条第1号は，官庁会計における予算制度を色濃く反映させた内容となっている（現在は削除されている）。また，第27条第3号には「収支計算書」の記載がある。現在は「活動計算書」と変更になっている部分である。

　1998年12月，経済企画庁国民生活局によって「特定非営利活動法人の会計に関する研究会」が設立され，1999年に経済企画庁「特定非営利活動法人の会計の手引き」が公表された。公益法人会計基準の影響を強く受けており，官庁会計における予算制度を模範としていた。同手引きは，その後のNPO会計実務に大きな影響を与えたとされる（認定特定非営利活動法人NPO会計税務専門家ネットワーク編著（2018）65-69頁）。

## 2.2　NPO法人会計基準の特徴

　基本的な考え方として，利用者である市民にとってわかりやすい会計報告であること，社会の信頼にこたえる会計報告であること，を掲げている（NPO法

---

（4）　NPO法では「計算書類」，NPO法人会計基準では「財務諸表」と呼んでいる。

人会計基準協議会編（2018）11-13頁）。情報公開の対象として，不特定多数の市民を念頭に置いている。それまでの「収支計算書」は，利用者である一般市民にとって理解が困難である点が多く，また，作成者にとっても，いわゆる1取引2仕訳を必要とするなど，企業会計を経験した者にとってもわかりにくいものであった。たとえば，従来は固定資産購入の際には下記の仕訳を必要としていた。

---

**（例1）** 固定資産100を取得し，現金で支払った。

| （借） | 備品購入支出 | 100 | （貸） | 現金預金 | 100 |
|---|---|---|---|---|---|
| | 【収支計算書：収支計算の支出】 | | | 【B/S：資産減少】 | |
| （借） | 備品 | 100 | （貸） | 備品増加高 | 100 |
| | 【B/S：資産増加】 | | | 【収支計算書：正味財産増減の部】 | |

---

「収支計算書」の収益や費用の表示は，資金の増加や減少の原因を収入や支出として表すものであり，収支差額が貸借対照表の正味財産とそのままでは整合しない。また，減価償却費については購入時の支出額を資金の減少原因である支出として計上することが求められた。

あらたに制定されたNPO法人会計基準では，「活動計算書」の作成を求めている。「活動計算書」は構造的には損益計算書と同じであり，発生主義を採用し，複式簿記による作成を念頭に置いている。企業会計寄りの作成基準といえる。収益や費用は，当期の正味財産の増加や減少の原因を表す。収支差額は「利益」ではなく法人の「財務的生存力」を表すものと説明されることもある（江田（2014）64頁）。「活動計算書」は貸借対照表と整合するようになり，また，企業会計と同様に減価償却費を計上することとなった。

NPO法人会計基準では，とくに小規模法人に対する配慮がなされている。これは，NPO法人の大多数は小規模な組織形態をとっており，経理業務の負担を考えてのものである。小規模法人では会計を担当する専門スタッフの雇用は困難なケースが考えられる。原則は，複式簿記，発生主義会計を前提としているが，負担軽減のため，「重要性の原則」を強調している。ガイドラインでは4段階の計算書類の記載例を示しており，法人の規模や取引内容を考慮し，「期末に現預金以外の資産・負債がないような小規模な法人」，「期末に現預金以外にも資産・負債があるような中規模法人」，「特定非営利事業に係る事業と『その他の事業』を行う法人」，「NPO法人に特有の取引等がある法人」を想定している。小規模な法人向けには，簡素な活動計算書のひな型を提示した。

NPO法人会計基準では，「NPO法人に特有の取引等」を列挙していることも

特徴の1つである（NPO法人会計基準24-30）。これについては，「4.3　特徴的な簿記処理」において詳述する。

## 第3節　取引要素の結合関係

　NPO法人会計基準における取引要素の結合関係は，**図表10−1**のようになると考えられる。一般的な企業会計における会計を志向した経緯があり，基本的には企業会計と似ている。ただし，取引要素に，企業会計にみられるような「資本の減少」，「資本の増加」は存在しない。出資や持分という概念がないためである。「費用の発生」，「収益の発生」を「正味財産減少の発生」，「正味財産増加の発生」に置き換えている。さらに，NPO法人会計に特徴的な点として「正味財産減少の発生」と「正味財産増加の発生」の要素が結合することが挙げられる。企業会計における「費用の発生」と「収益の発生」の取引は存在されないとされる。「正味財産減少の発生」と「正味財産増加の発生」との結合は，「ボランティアによる役務の提供の取扱い」，「無償又は著しく低い価格

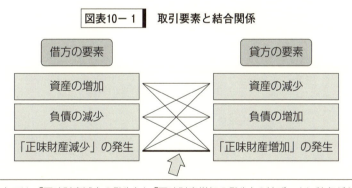

図表10−1　取引要素と結合関係

NPO法人では，「正味財産減少の発生」と「正味財産増加の発生」の結びつきに特色がある。
・NPO法人会計基準26　NPO法人に特有の取引等「ボランティアによる役務の提供の取扱い」
　　（借）ボランティア評価費用　　×××　　（貸）ボランティア受入評価益　　×××
・NPO法人会計基準25　NPO法人に特有の取引等「無償又は著しく低い価格で施設の提供等を受けた場合の取扱い」
　　（借）施設等評価費用　　×××　　（貸）施設等受入評価益　　×××

出典：筆者作成。

で施設の提供等を受けた場合の取扱い」の取引の際に生じる。

　簿記手続きの一巡についても，企業会計に準じた部分が多いが，設立時や決算手続きにおいて差異が見られる。設立時においては，「資本」の概念がないことから，企業会計にみられるような出資を受け入れる考え方は取られない。下記のような設例が考えられる。

> **(例2)**　有志5人がそれぞれ現金100,000を出し合い（寄付し）NPO法人を設立した。
> 　（借）現　　　　　金　　500,000　　（貸）受 取 寄 付 金　　500,000

　設立時には，現金のみならず，事務所や車などの現物の寄付により法人を設立することも考えられるが，その際には借方の勘定科目は「建物」，「車両運搬具」などとなる。このように，設立時には，通常の取引と同様の仕訳が行われることとなる。

　決算手続きは，以下のとおりとなる。元帳の各正味財産増減額は，正味財産増減勘定に振り替える。正味財産増加額（正味財産減少額），つまり正味財産増減集合勘定の残高は，正味財産勘定に振り替えを行う。資産・負債・正味財産の各勘定の残高を決算残高勘定に振り替える（英米式では省略）。正味財産増減勘定に基づいて活動計算書を作成し，決算残高勘定に基づいて貸借対照表を作成することとなる。

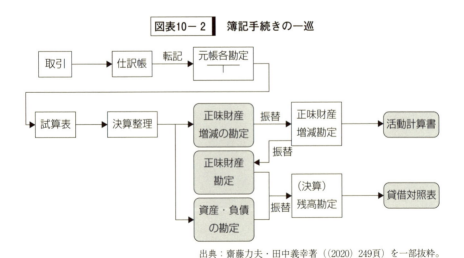

図表10－2　簿記手続きの一巡

出典：齋藤力夫・田中義幸著（（2020）249頁）を一部抜粋。

# 第4節　NPO法人会計における簿記処理

## 4.1　NPO法人会計基準における純資産・正味財産の簿記処理

　NPO法人においては，会員の所有財産や利益分配という概念はない。そのため，貸借対照表における純財産は，正味財産として記載することとなる。正味財産は，前期繰越正味財産と当期正味財産増減額とに区分され，後者は当期中に増加（減少）した正味財産，すなわち活動計算書で計算された金額が記載されることとなる。

　NPO法人会計基準では，「NPO法人に特有の取引等」を列挙している。この中には，純資産・正味財産に関わる項目も挙げられている。とくに，使途等が制約された寄付金や，返還義務のある助成金・補助金については，企業会計にはない特徴ある取引である。

　「使途等が制約された寄付金等の取扱い」はNPO法人会計基準27に規定される。このような使い道が拘束された寄付金については，注記の記載が求められる。寄付金等のその内容，正味財産に含まれる期首残高，当期増加額，当期減少額，正味財産に含まれる期末残高等を，注記として記載する。ただし，重要性が高い場合には，貸借対照表の正味財産の部を「指定正味財産」と「一般正味財産」に区分する。また，活動計算書においても「指定正味財産増減の部」，「一般正味財産増減の部」に区分する。この「重要性が高い」場合とは，使途が震災復興に制約され複数事業年度にまたがって使用することが予定されている寄付金や，奨学金給付事業のための資産として元本を維持して給付に充てることを指定された寄付金などが想定されている。

　NPO会計基準30には，「対象事業及び実施期間が定められている助成金，補助金等の注記」の扱いが規定されている。受入金額，減少額および事業年度末の残高につき，注記が求められる。助成金・補助金についても寄付金等の扱いと同様に，重要性が高い場合には貸借対照表の正味財産の部を「一般正味財産」と「指定正味財産」に区分表示することが求められる。

　このほか，NPO法人会計基準「28　返還義務のある助成金，補助金等の未使用額の取扱い」においては，前受助成金等として処理する旨が規定されているほか，「29　後払いの助成金，補助金等の取扱い」においては，未収助成金

等として計上することが求められている。

## 4.2 「NPO法人に特有の取引等」の簿記処理にみる名目勘定の役立ち

　NPO法人における活動の特性から，活動報告書に計上される収益や費用の位置づけは企業会計のものとは変質している。収益は寄付金に依拠するところが大きく，収益と費用の対応は，努力と成果の対応になっていない。収益と費用の対応が，企業会計上にみられるような直接的対応としては認められず，単に資金の流入・支出の期間的対応として確認されているものとの指摘がなされている（徳山（2014）82-86頁）。

　NPO法人会計基準の制定により，複数の「NPO法人に特有の取引等」が列挙されることになった。名目勘定の役立ちの観点からは，ボランティアによる役務提供の計上が認められた点が非常に特徴的な内容である。NPO法人の活動実態をふまえた取組みであり，企業会計や他の非営利組織体の会計と比べても，ユニークな内容となっている。NPO法人会計基準の制定以前は，ボランティアによる役務提供について会計上の収益に計上することはなかった。しかし，ボランティアの受け入れが活発な法人では，会計上に表さないとすると，会計上の動きがほとんどないことになってしまうとの問題点[5]があった。NPO法人はボランティアの受け入れ等が多い組織であり，会計上の収益に計上することとした。ボランティアによる役務の提供の金額を合理的に算定できる場合には注記，客観的に把握できる場合には注記に加え活動計算書に計上することとした。

## 4.3　特徴的な簿記処理

### 4.3.1　現物寄付の取扱い

　NPO法人における収益の根幹をなす寄付金については，NPO法人会計基準24に「現物寄付の取扱い」が取り上げられている。

> 24．受贈等によって取得した資産の取得価額は，取得時における公正な評価額とする。

---

（5）　ボランティアの労力を金額評価しない場合，事業実施に必要な労力に金銭を支払って調達する営利企業と比較してNPO法人の活動規模が過小評価される可能性や，行政との契約などで不利に働く可能性が指摘されている（認定特定非営利活動法人NPO会計税務専門家ネットワーク編著（2018）110-112頁）。

第10章　特定非営利活動法人（NPO法人）の簿記　　*149*

　まず，固定資産などの使用型の現物寄付を受けた場合には，公正な評価額で
資産受贈益を計上することとなる。

---

**（例3）**　自動車（市場での店頭価格1,000,000）を寄付として受け入れた。
　（借）　車 両 運 搬 具　　1,000,000　　（貸）　資 産 受 贈 益　　1,000,000
　　　　　　　　　　　　　　　　　　　　　　　　　　（公正な評価額）

---

　災害時等には，支援物資等の現物寄付を受けることが考えられる。この場合
にも，公正な評価額をもって資産受贈益を計上することとなる。

---

**（例4）**　災害支援のため医療用物資（評価額100,000）を受け入れた。
　（借）　貯 　蔵 　品　　100,000　　（貸）　資 産 受 贈 益　　100,000
　　　　　　　　　　　　　　　　　　　　　　　　　　（公正な評価額）

**（例5）**　なお，事業年度末には支援物資等の使用状況を踏まえ，下記の仕訳を必
　　　　要とする。
　（借）　援助用消耗品費　　80,000　　（貸）　貯 　蔵 　品　　80,000
　　　　　　　　　　　　　　　　　　　　　　　　　　（公正な評価額）

---

### 4.3.2　無償または著しく低い価格で施設の提供等を受けた場合

　NPO法人会計基準25では，無償または著しく低い価格で施設の提供等を受
けた場合の処理が規定されている。

---

25．無償又は著しく低い価格で施設の提供等の物的サービスを受けた場合で，提
　　供を受けた部分の金額を合理的に算定できる場合には，その内容を注記するこ
　　とができる。
　　　なお，当該金額を外部資料等により客観的に把握できる場合には，注記に加
　　えて活動計算書に計上することができる。

---

　無償または著しく低い価格で施設の提供等を受けた場合，3通りの処理方法
が考えられる。
　1つ目は，従来どおり会計上の処理や財務諸表への表示は行わないものとす
るものである。
　2つ目は，活動計算書には計上せずに，内容を注記に記載する方法である。
この場合には，物的サービスの評価額を合理的に算定，つまり金額の根拠を説
明することが可能であることが必要とされる。

150　第3部　借方項目・貸方項目の両者で使途制限を表すグループ

> ＜記載例＞　（注記）施設の提供等の物的サービスの受入れの内訳：
> 施設の提供等の物的サービスの受入れの状況は以下のとおりです。
>
> | 内容 | 金額 | 算定根拠 |
> |---|---|---|
> | ○○会議室の無償利用 | 100,000 | ○○会議室が一般に公表している利用料金表によって算定しています。 |

　3つ目は，注記に加えて活動計算書に計上する方法である。この場合，下記のような仕訳が想定される。

（借）　施設等評価費用　　100,000　　（貸）　施設等受入評価益　　100,000

「施設等評価費用」と「施設等受入評価益」は同額を計上することとなる。活動計算書に計上するためには，その物的サービスを客観的に把握できる必要があり，誰でも入手可能な具体的な外部資料の存在が必要となる。

　NPO法人会計基準が，無償または著しく低い価額で受ける物的サービス等について，金銭換算して表記する可能性を追求したことは画期的であった（認定特定非営利活動法人NPO会計税務専門家ネットワーク編著（2018）105-106頁）。企業会計にはない，特徴的な会計基準であるといえる。

### 4.3.3　ボランティアによる役務提供を受けた場合

　NPO法人会計基準26では，ボランティアによる役務の提供の扱いが規定されている。

> 26.　無償又は著しく低い価格で活動の原価の算定に必要なボランティアによる役務の提供を受けた場合で，提供を受けた部分の金額を合理的に算定できる場合には，その内容を注記することができる。
>
> 　なお，当該金額を外部資料等により客観的に把握できる場合には，注記に加えて活動計算書に計上することができる。

　ボランティアによる役務提供を受けた場合について，3通りの処理方法を示している。

　1つ目は，従来どおり会計上の処理や財務諸表への表示は行わないとするものである。

　2つ目は，活動計算書には計上せずに，内容を注記に記載する方法である。この場合，ボランティアによる役務の提供の評価額を合理的に算定できる必要

第10章　特定非営利活動法人（NPO法人）の簿記　　*151*

がある。

<記載例>　（注記）活動の原価の算定にあたって必要なボランティアによる役務の提供の内訳：活動の原価の算定にあたって必要なボランティアによる役務の提供の状況は以下のとおりです。

| 内容 | 金額 | 算定根拠 |
|---|---|---|
| 弁護士　10時間 | 100,000 | 日本弁護士連合会から出されている「市民のための弁護士報酬の目安」から1時間の法律相談の料金を1万円として計算しています。 |

　3つ目は，注記に加えて活動計算書に計上する方法である。この場合には，役務提供の評価額を客観的に把握できる必要がある。これは誰でも入手可能な具体的な外部資料が存在する状態を指している。

（借）ボランティア　　100,000　　（貸）ボランティア　　　100,000
　　　評　価　費　用　　　　　　　　　　　受　入　評　価　益

活動計算書に計上する場合には，「ボランティア評価費用」と「ボランティア受入評価益」の金額は同額となり，原則として貸借対照表に影響を及ぼさない。例外的に，建物建設などにボランティアが投入された場合には，下記の仕訳が考えられる（金子（2016）264-266頁）。

（借）建　　　　　物　　100,000　　（貸）ボランティア　　　100,000
　　　　　　　　　　　　　　　　　　　　　受　入　評　価　益

　ボランティア受入評価益を計上する際には，金額換算の根拠を明確にする必要がある。たとえば，法人所在地における厚生労働省が公表している最低賃金（時間給）を従事時間で乗じた額や，専門職の技能等の提供によるボランティアに関して，その専門職の標準報酬額をベースに時間給を算定し，それに従事時間を乗じた額とするといった処置が必要になる。

　このように，ボランティアによる役務提供を受けた場合の会計処理は，企業会計にはない特徴的な処理といえる。

### 4.3.4　使途等が制約された寄付金等の取扱い

　使途等が制約された寄付金等については，NPO法人会計基準27において，下記のとおり規定されている。

27. 寄付等によって受入れた資産で，寄付者等の意思により当該受入資産の使途
等について制約が課されている場合には，当該事業年度の収益として計上する
とともに，その使途ごとに受入金額，減少額及び事業年度末の残高を注記する。

　NPO法人が受け入れる寄付のなかには，使途が制約されるものも少なくない。とくに，助成金や補助金はその傾向が強いと考えられる。受け入れた寄付金は，使途等が制約されていたとしても受け入れた年度にすべてを収益として計上し，正味財産を増加させる。他方，数年にわたってミッションを遂行する場合があり，適切な開示が求められる。

　公益法人会計基準では，「指定正味財産」と「一般正味財産」の２つに区分することで明瞭な表示を試みているが，十分な会計スキルのある会計担当者を配置することが困難な小規模NPO法人が多い現状では，導入が疑問視されていた（NPO会計税務専門家ネットワーク編著（2018）100-102頁）。そのため，NPO法人会計基準では，使途が制約されている寄付金等については，寄付金等のその内容，正味財産に含まれる期首残高，当期増加額，当期減少額，正味財産に含まれる期末残高等を，注記として記載することを求めている。

<記載例>　使途等が制約された寄付等の内訳：
　使途等が制約された寄付等の内訳は以下のとおりです。当法人の正味財産は
1,500,000円ですが，そのうち700,000円はA基金事業に使用される財産です。し
たがって，使途が制約されていない正味財産は800,000円です。

| 内容 | 期首残高 | 当期増加額 | 当期減少額 | 期末残高 | 備考 |
|---|---|---|---|---|---|
| A基金事業 | 100,000 | 900,000 | 300,000 | 700,000 | A事業のための基金 |
| B助成団体助成金 | 0 | 200,000 | 200,000 | 0 | 助成金の総額は300,000円。当期の増加額との差額100,000円は前受助成金として貸借対照表に計上しています。 |
| 合計 | 100,000 | 1,100,000 | 500,000 | 700,000 | |

※対象事業および実施期間が定められ，未使用額の返還義務が規定されている助
　成金・補助金を未収経理，前受経理をした場合には，「当期増加額」には活動
　計算書に計上した金額を記載し，実際の入金額は「備考」欄に記載する。

第10章　特定非営利活動法人(NPO法人)の簿記　　**153**

　ただし，重要性が高い場合には，貸借対照表の正味財産の部を「指定正味財産」と「一般正味財産」に区分する。また，活動計算書においても「指定正味財産増減の部」「一般正味財産増減の部」に区分する。

| | |
|---|---|
| **(例6)**　台風10号被災者を援助するための寄付金1,000,000を受け入れた。 | |
| （借）　被災者支援事業　　1,000,000<br>　　　　用　　預　　金<br>　　　　【特定資産】 | （貸）　受 入 寄 付 金　　1,000,000<br>　　　　【指定正味財産】 |
| **(例7)**　援助用物資1,000,000を購入した。 | |
| （借）　被災者援助物資　　1,000,000 | （貸）　被災者支援事業　　1,000,000<br>　　　　用　　預　　金<br>　　　　【特定資産】 |
| **(例8)**　被災者へ援助物資500,000を届けた。 | |
| （借）　事業費：援助用　　　500,000<br>　　　　消 耗 品 費 | （貸）　被災者援助物資　　　500,000<br>　　　　【特定資産】 |
| 「援助用消耗品費」を活動計算書の一般正味財産増減の部（増加）に計上する。 | |
| **(例9)**　寄付者による制約の解除額を一般正味財産へ振り替える。 | |
| （借）　一般正味財産へ　　　500,000<br>　　　　の 振 替 額<br>　　　　【指定正味財産】 | （貸）　受入寄付金振替額　　500,000<br>　　　　【一般正味財産】 |

　「一般正味財産への振替額」を活動計算書の指定正味財産増減の部（減少）に計上するとともに，「受取寄付金振替額」を活動計算書の一般正味財産増減の部（増加）に計上する。

　（例6）〜（例9）を活動計算書に表すと，**図表10－3**になる。また，貸借対照表では，未使用の被災者援助物資として，正味財産の部の「指定正味財産」に500,000円が計上されることとなる。

*154* 第3部　借方項目・貸方項目の両者で使途制限を表すグループ

---

**図表10−3** 設例に基づく活動計算書における正味財産の増減

### 活動計算書
×1年4月1日から×2年3月31日まで

```
一般正味財産増減の部
  Ⅰ　経常収益
        受入寄付金振替額              500,000
      ....................

  Ⅱ　経常費用
      1　事業費
            援助用消耗品費            500,000
      ....................
指定正味財産増減の部
      受入寄付金                   1,000,000
      ....................
      一般正味財産への振替額         △500,000
```

出典：NPO法人会計基準協議会（2018）を参考に筆者作成。

## 4.3.5　返還義務のある助成金，補助金等の未使用額の取扱い

返還義務のある助成金，補助金等の未使用額については，NPO法人会計基準28において，下記のとおり，前受助成金等として処理する旨が規定されている。

> 28. 対象事業及び実施期間が定められ，未使用額の返還義務が規定されている助成金，補助金等について，実施期間の途中で事業年度末が到来した場合の未使用額は，当期の収益には計上せず，前受助成金等として処理しなければならない。

## 4.3.6　後払いの助成金，補助金等の取扱い

後払いの助成金，補助金等については，NPO法人会計基準29において，下記のとおり，未収助成金等として計上することが求められている。

> 29. 対象事業及び実施期間が定められている助成金，補助金等のうち，実施期間満了後又は一定期間ごとに交付されるもので，事業年度末に未収の金額がある

第10章　特定非営利活動法人（NPO法人）の簿記　*155*

場合，対象事業の実施に伴って当期に計上した費用に対応する金額を，未収助
成金等として計上する。

### 4.3.7　対象事業および実施期間が定められている助成金，補助金等の注記

対象事業および実施期間が定められている助成金，補助金等については，
NPO法人会計基準30において，下記のとおり注記によって表示することが求
められている。

30. 対象事業及び実施期間が定められている助成金，補助金等で，当期に受取助
成金又は受取補助金として活動計算書に計上したものは，使途等が制約された
寄付金等に該当するので，その助成金や補助金等ごとに受入金額，減少額及び
事業年度末の残高を注記する。

## 第5節　NPO法人会計における複式簿記の 役割と必要性

NPO法成立以降，NPO法人における会計は，企業会計に近づける変化を遂
げてきた。NPO法人会計基準協議会が指摘しているように，「市民にとってわ
かりやすい会計報告であること」や「社会の信頼にこたえる会計報告」を目指
してきた。

NPO法人は，市民に対する情報公開を前提に，市民自身がNPO法人の運営
を監視することを第一義としている。加えて，補助金・助成金を支出する国や
地方公共団体からの情報公開の要請という側面もあるであろう。所轄庁は監督
機関として関与するものの，それは最終的な是正手段であるとされている（認
定特定非営利活動法人NPO会計税務専門家ネットワーク編著（2018）63-65頁）。
NPO法人制度の理念からは，その情報開示の対象は，NPO活動に携わる会員
を含む市民であり，社会全般であるといえる。そのため，資金の使い道を明ら
かにし，法人の活動を周知させ，寄付者の賛同を得ることに留意していく必要
が求められる。そのためにも複式簿記が必要とされるといえる。

ストックの側面からは，貸借対照表における純財産の記載方法に特徴が表れ
ている。純資産は，会員の所有財産や利益分配という概念がないため，正味財
産としての記載が求められる。さらに使途等が制約された寄付金等は，重要性

が高い場合には，正味財産の部を「指定正味財産」と「一般正味財産」に区分表示することが求められる。フローの側面からは，活動使途の報告，つまり資金の使い道の明確化が求められる。とくに企業会計と異なる点として，活動資金の使途が制約されている場合があり，寄付者の意思を反映して資金が使用されたかを説明する必要がある。

活動計算書は，当期の正味財産の増加や減少の原因を収益や費用として表すものとされる。企業会計の「利益」に相当する部分は，「法人の財務的生存力を表すもの」であるとの考えが指摘されている。「財務的生存力」は，ストックに関する分析ばかりでなく，フローの情報によっても測定される（江田（2014）60-71頁）。NPO法人会計基準において財務諸表の作成に係る5つの目的[6]を規定しているが，このうち「財務の視点から，NPO法人の活動を適正に把握し，NPO法人の継続可能性を示すこと」は財務的生存力を示していると考えられる。

NPO法人の主たる目的は，利益の獲得ではなく，20の活動分野におけるミッション達成である。ミッション達成は法人の継続が前提となる。NPO法人の会計では，利益の獲得という視点ではなく，法人の活動の継続という視点から，すべての正味財産の増減を記録するフロー情報が必要とされる（非営利法人会計研究会編（2013）16-17頁）。

NPO法人は，活動計算書の作成が求められ，まさに「活動」の内容が市民に対し公開されている。複式簿記によって活動内容を明らかにしているといえる。とくに，「NPO法人に特有の取引等」の中でも「無償又は著しく低い価格で施設の提供等を受けた場合」，「ボランティアによる役務提供を受けた場合」は，「正味財産減少の発生」と「正味財産増加の発生」の両建てにすることにより，企業会計では表すことのできない，施設の提供やボランティア等の「活動」を示すことが可能となった。NPOのミッション達成のための「活動」を明らかにするために複式簿記が必要である，良い証左であるといえよう。

会計の機能については，公益法人と統一的な枠組みで論じられることがある。

---

（6） NPO法人会計基準において規定される5つの目的は以下のとおりである。NPO法人会計基準1．この会計基準は，以下の目的を達成するため，NPO法人の財務諸表及び財産目録（以下，「財務諸表等」という）の作成並びに表示の基準を定めたものである。⑴NPO法人の会計報告の質を高め，NPO法人の健全な運営に資すること。⑵財務の視点から，NPO法人の活動を適正に把握し，NPO法人の継続可能性を示すこと。⑶NPO法人を運営する者が，受託した責任を適切に果たしたか否かを明らかにすること。⑷NPO法人の財務諸表等の信頼性を高め，比較可能にし，理解を容易にすること。⑸NPO法人の財務諸表等の作成責任者に会計の指針を提供すること。

具体的には，①組織目的の共通性（非営利であること，活動内容が多種多様であること），②行政経営に果たす役割に共通性がみられること，③民間非営利組織体に共通の会計枠組み構築の必要性があることの理由があるからである（金子（2016）267-269頁）。将来的には，公益法人との統一的な基準の作成を検討することが視野に入るかもしれない。

　NPO法人を取り巻く環境は変化をし続けている。NPO法人会計基準は，環境の変化に合わせた改正を行っている。たとえば，2017年12月の改正では，収益認識を「入金時」から「確実に入金されることが明らかになった時」への変更がなされた。これは，クレジットカード払いの増加，クラウドファンディングの普及に対応したものである。NPO法人会計基準は，今後も民間主導で改正が行われていくことであろう。


## 【参考文献】

江田寛（2014）「「特定非営利活動法人の会計の明確化に関する研究会報告書」の検証」関東学院大学『経済系』第260集，60-71頁。

金子良太（2016）「公益法人・NPO法人における会計の機能と課題」，柴健次編『公共経営の変容と会計学の機能』同文舘出版，第14章253-270頁。

齋藤力夫・田中義幸編著（2020）『NPO法人のすべて（増補11版）―特定非営利活動法人の設立・運営・会計・税務』税務経理協会。

徳山英邦（2014）「NPO法人会計基準における収益の特質」『會計』185号，77-90頁。

内閣府（2021）「令和2年度 特定非営利活動法人に関する実態調査 報告書」。

馬場英朗・五百竹宏明・石田祐（2014）「NPO法人会計基準における利害関係者の情報ニーズに関する実証研究」『社会関連会計研究』26号，27-39頁。

非営利法人会計研究会編（2013）『非営利組織体の会計・業績および税務―理論・実務・制度の見地から―』関東学院大学出版会。

認定特定非営利活動法人NPO会計税務専門家ネットワーク編著（2018）『新版NPO法人実務ハンドブック』清文社。

NPO法人会計基準協議会（2018）『NPO法人会計基準［完全収録版（第3版）]』八月書館。

NPO法人会計基準協議会「みんなで使おう！　NPO法人会計基準」。http://www.npokaikeikijun.jp/（2023年1月31日閲覧）

（山下　修平）

## 第11章

# 法人間の比較分析

## ―公益法人と特定非営利活動法人（NPO法人）―

### 第1節　比較する視点

　本章では，公益法人[1]に適用される公益法人会計基準と，特定非営利活動法人（以下，NPO法人）に多く用いられるNPO法人会計基準（以下，「両基準」という）を対象として，これらの資金使途制限把握に関連する簿記処理を整理し，比較考察を行う。両者を比較検討するのは，NPO法人会計基準の開発にあたり，公益法人会計基準を参考とした経緯もあり，類似点が多いからである（NPO法人会計基準協議会（2018）「議論の経緯と結論の背景」10項）。

　具体的には，使途制限を表す項目を借方・貸方に分け，それぞれの会計上の定義および簿記処理を整理し，比較考察を行う。また，両基準における借方項目と貸方項目の関係性について整理する。さらに，設例を用いながら特徴的な簿記処理を比較する。最後に，これらの比較考察から導出される複式簿記の特徴・意義について触れる。

### 第2節　簿記処理・会計処理の比較・考察

#### 2.1　使途制限を表す借方項目の比較

##### 2.1.1　公益法人の基本財産

　一般社団法人及び一般財団法人に関する法律（以下，「一般法人法」という）では，「理事は，一般財団法人の財産のうち一般財団法人の目的である事業を

---

[1]　本章の対象となる公益法人とは，一般社団法人・一般財団法人を指す。ここで公益法人とは，2006年に成立した公益法人制度改革関連3法のうち「一般社団法人及び一般財団法人に関する法律」に基づいて法人格を取得した団体をいう。

行うために不可欠なものとして定款で定めた基本財産があるときは，定款で定めるところにより，これを維持しなければならず，かつ，これについて一般財団法人の目的である事業を行うことを妨げることとなる処分をしてはならない」（第172条2項）と規定されている。他方，一般社団法人の場合，一般法人法上，基本財産の定めはない。しかし，定款に定めても無効となる事項（一般法人法第153条3項）に該当しないことから，一般社団法人が基本財産を定款に定めたとしても特段問題ないと解されている。

　公益法人会計基準上，基本財産とは，「定款において基本財産と定められた資産」をいう。基本財産は固定資産の部に表示されることになる（平成20年運用指針「12. 財務諸表の科目」）。実質的に法律上の維持すべき財産である拠出金について，これを基本財産と定款に定めない場合には，会計上，維持拘束性の高い資金を資産側で拘束できない可能性が生じうると考えられる。

### 2.1.2　公益法人の特定資産

　基本財産とは異なり，特定資産に関する法律上の根拠はない（一般法人法に定めはなく，また，旧民法下の指導監督基準にも定めはない）。公益法人会計基準上，特定資産は「特定の目的のために使途等に制約を課した資産」をいう（平成20年運用指針「12. 財務諸表の科目」）。公益法人会計基準に関する実務指針（Q24）では，「特定資産は，特定の目的のために使途，保有又は運用方法等に制約が存在する資産であり，特定資産には，預金や有価証券等の金融資産のみならず，土地や建物等も含まれる」とされる。なお，「土地や建物等の特定資産の場合には，通常は保有目的を示す独立の科目による必要はない」（Q24）とされ，必ずしも「特定資産」という科目を使用しなくても良いとされる。なお，基本財産と同様，特定資産についても固定資産の部に表示されることになる（平成20年運用指針「12. 財務諸表の科目」）。

### 2.1.3　NPO法人の特定資産

　特定非営利活動促進法（NPO法）において，特定資産に関する法律上の規定はない。NPO法人会計基準上，特定資産は「特定の目的のために資産を有する場合には，流動資産の部又は固定資産の部において当該資産の保有目的を示す独立の科目で表示する」（NPO法人会計基準注解13）。また別表2貸借対照表の科目には，「1．流動資産」および「2．固定資産(3)投資その他の資産」に「○

○特定資産」が例示されている。

　NPO法人会計基準協議会が示すガイドラインによれば，「特定の目的を有する場合」とは，目的を明示する勘定科目で表示する方が，財務諸表利用者にとってわかりやすいと法人が判断する場合を意味しているとされる。NPO法人会計基準上，使途が制約された寄付がある場合，受け入れた資産についてどのような勘定科目で表示するかは定められていないため，特定資産の科目を使用せずに，他の科目に含めて表示することもできるとされる。しかし，「寄付者との約束を守るためには，他の資産と区分して分別管理することが必要であり，かつ，目的を明示する勘定科目を使用することが財務諸表利用者にとって分かりやすい」とNPO法人が判断した場合には，それは「特定の目的を有する場合」に該当するので「○○特定資産」として表示することになる（NPO法人会計基準のQ&A　Q27-3）。

### 2.1.4　小括：使途制限を表す借方項目の比較考察

　借方項目においては，基本財産・特定資産という形で，使途制限を表している。

　基本財産は，公益法人にのみ規定されている。とくに一般財団法人には法律上の規定があり，法人の目的である事業を行うために不可欠なものとして定款で定めた額を基本財産として使途制限をあらわす。基本財産の使途制限性は高いといえる。NPO法人においては，基本財産の規定はない。

　特定資産については，両法人ともに法律上の規定はない。公益法人会計基準における特定資産は，「特定の目的のために使途，保有又は運用方法等に制約が存在する資産」であり，預金や有価証券等の金融資産のみならず，土地や建物等も含まれる。NPO法人会計基準における特定資産は，特定の目的に使用するために保有している資産で，使途等が制約された寄付等が該当する。勘定科目名について定めはない。

　ここで使途制限を表す借方項目の表示区分を整理すると，公益法人会計基準においては，使途制限を表す借方項目はいずれも固定資産とされ，他方，NPO法人会計基準では，流動資産と固定資産のいずれにも分類可能である，という違いが見出せる。

　公益法人会計基準の固定資産の表示区分は，2004（平成16）年に改正されている。1985（昭和60）年基準では，固定資産は「基本財産」と「その他固定資産」

の２区分とされた。しかし，2004年基準からは，固定資産は「基本財産」，「特定資産」および「その他固定資産」の３区分とされることとなった。1984（昭和59）年に公益法人会計基準検討会が公表した会計基準改正案では，資産側で固定性配列法が採用され，固定資産として基本財産と準基本財産（特定資産）が表示されていた[2]。使途制限を表す借方項目の固定資産表示は，この改訂案が源流であろうと推知される。

他方，NPO法人会計基準において，NPO法人会計基準委員会では特定資産を「特定の目的に使用するために保有している資産」と定義しており，NPO会計基準別表２の勘定科目の説明をみると，流動資産に区分される特定資産に関して，「目的が特定されている資産で流動資産に属するもの」，固定資産の「投資その他の資産」に区分される特定資産について「目的が特定されている資産で固定資産に属するもの」と定義されている（**図表11－1**参照）。

### 図表11－1　NPO法人会計基準　別表2（一部抜粋）

| 勘定科目 | 科目の説明 |
|---|---|
| 1．流動資産<br>　　○○特定資産 | 目的が特定されている資産で流動資産に属するもの。目的を明示する。 |
| 2．固定資産<br>　(1)　有形固定資産<br>　(2)　無形固定資産<br>　(3)　投資その他の資産<br>　　　投資有価証券<br>　　　○○特定資産 | （略）<br><br>目的が特定されている資産で固定資産に属するもの。目的を明示する。 |

---

（2）　岡村（2012）を参照すると，1977年基準（1984年当時の基準）では，基本金は「『基本財産の額』および『当該法人が基本金と定めた額』」（二重括弧は筆者による加筆）とされるが，この定義は，財団法人（財産の集合体―筆者注）は「基本財産の額」を，社団法人（社員の集合体―筆者注）は「当該法人が基本金として定めた額」をそれぞれ基本金としていた点に起因する。しかし，運用にあたってその区分は曖昧であり，財団法人であっても後者の性格を有する基本金を保有する（たとえば，会費を基本財産に準じて維持すべき財産とする）場合，他方，社団法人であっても前者の性格を有する基本金を保有する（たとえば，財政基盤安定のために基金を設定する）場合があったという。以上を踏まえると，1984年改正案で基本財産と特定資産がともに固定資産として区分されたのは，(1)ともに基本金と紐づけられた財産であり，かつ，(2)両者の性格が同一視できるものであったからだと考える。

NPO法人会計基準委員会では，特定資産の定め方には統一した基準はないとしている。ただし，特定の目的を持つ場合として，①「外部の寄付者が寄付する時点で使途を制限することにより特定の目的を持つ場合や助成団体等からの助成がそもそも特定目的となっており特定目的の資産として受け入れる場合」，②「NPO法人自ら特定資産として指定する場合」を挙げている。①は，特定目的の資産であるものの，必ず貸借対照表の特定資産として計上しなくてはいけないということではない，とNPO法人会計基準委員会は説明している。②は，NPO独自で設定した積立預金などが考えられ，特定資産を広くとらえて法人が自らの意思で計上の要否を決めることとされており，流動資産・固定資産の双方を想定している。

別表2では，特定資産は「流動資産」と「投資その他の資産」の所に表記があり，現金預金や有価証券などの金融資産を区分表示することを想定している。

なお，使途等が制約された寄付等の内訳の注記に関して，NPO法人会計基準では「備品又は車両等については，対象となる資産を購入して，対象の事業に使用したときに制約の解除とみなして当該取得額を減少額とすることができる」（注解5-21(2)②）とある。別表2でも「有形固定資産」に特定資産の記載はない。使途制限のある資金を用いた有形固定資産や無形固定資産の購入は，購入時点で制約の解除とみなされ，特定資産への計上は想定されていない。

## 2.2　使途制限を表す貸方項目の比較・考察

### 2.2.1　公益法人会計基準の指定正味財産

一般法人法において，寄付の募集をはじめとして，寄付を受けた財産に関して特段の定めはない。なお，公益法人認定法では，寄附の募集に関する禁止行為（同法第17条）や寄附を受けた財産を公益目的事業財産として扱う旨の定め（同法第18条）において寄付を受けた財産に関する規定が存在する。公益法人会計基準（2008年）注解では，「寄付によって受け入れた資産で，寄付者等の意思により当該資産の使途について制約が課されている場合には，当該受け入れた資産の額を，貸借対照表上，指定正味財産の区分に記載する」（注6）と規定されている。つまり，指定正味財産とは，寄付によって受け入れた資産であり，かつ，寄付者等により使途制約が課された資産をいう。なお，寄付によって受け入れた資産であっても寄付者等による使途制限が課されていないのであれば，一般正味財産に該当することとなる。そして，当該資産の額は，正味財

第11章　法人間の比較分析—公益法人と特定非営利活動法人（NPO法人）—　　*163*

産増減計算書における「指定正味財産増減の部に記載する」（同基準注解注6）。

### 2.2.2　NPO会計基準の指定正味財産

特定非営利活動促進法（NPO法）において，指定正味財産に関する法律上の根拠はない。

NPO法人会計基準では，「使途等が制約された寄付等の内訳の注記」が求められている（NPO法人会計基準27，注解21）。ただし，重要性が高い場合は，当該受入資産の額を貸借対照表の指定正味財産の部に記載し，一般正味財産と区分する（注解22(1)）。また寄付等により当期中に受入れた資産の額は活動計算書の指定正味財産増減の部に記載する（注解22(3)）。

### 2.2.3　小括：使途制限のある貸方項目の比較

両法人ともに，貸方項目においては，指定正味財産という形で使途制限を表している。

公益法人会計基準においては，寄付によって受け入れた資産で，その額が指定正味財産に計上されるものは，基本財産または特定資産の区分に記載する。つまり，指定正味財産は基本財産と特定資産で構成される。借方と貸方が紐づけられている（2.3項にて詳述する）。

NPO法人会計基準においては，使途制約のある寄付については注記が求められ，とくに重要性のある場合には指定正味財産の区分を設けることとしている。NPO法人における指定正味財産は，必ずしも特定資産と結びつくものではない。NPO法人会計基準は簡便な取扱いとなっている。

公益法人とNPO法人との間にみられるこのような差異は，NPO法人会計基準が小規模な法人に配慮して設定された背景が関連していると考えられる。NPO法人の大多数は小規模な組織形態をとっていることから，会計基準に経理業務の負担の配慮が随所にみられる。指定正味財産の扱いもその一例であるといえる。

## 2.3　使途制限を表す借方項目と貸方項目の関係性

### 2.3.1　公益法人会計基準

公益法人会計基準では，使途制限の有無により，正味財産の部を指定正味財産と一般正味財産の2つに区分する。前述のとおり，指定正味財産とは，寄付

者等の意思によりその使途に制約が課されている資産の受入額をいう（2008年基準注解注6，運用指針「財務諸表の科目」）。他方，一般正味財産とは，指定正味財産以外の正味資産をいい，法人の意思で自由に使える正味財産を意味する（江田（2011）28・31頁）。

なお，一般社団法人の場合，定款の定めに基づき基金を募集することができる（一般法人法第131条）。この場合，正味財産の部を基金，指定正味財産および一般正味財産の3つに区分する（2008年基準注解注5）。ここで基金とは，拠出された金銭その他の財産であって，当該法人が拠出者に対して，返還義務（金銭以外の財産については，拠出時の当該財産の価額に相当する金銭の返還義務）を負うものをいう。定款には，基金の返還手続きを定めなければならない（一般法人法第131条）。つまり，基金制度は，一般社団法人に認められた返還義務を伴う資金調達手段であり[3]，自己資金と同様に使途制限なく使用することができる。

正味財産の各項目については，基本財産への充当額および特定資産への充当額を内書きとして記載する（2008年基準第2②）。**図表11－2**は，実務指針（Q24）における「基本財産，特定資産及びその他固定資産と財源との関係」を抜粋し，筆者が加筆したものである。正味財産の内書きによって示される関係は，①指定正味財産を財源とする基本資産，②指定正味財産を財源とする特定資産，③一般正味財産（・基金）を財源とする基本資産，④一般正味財産（・基金）を

図表11－2　使途制限に関する借方項目と貸方項目の関係

出典：実務指針（Q24）の図表に筆者が加筆している。

---

（3）　一般社団法人は，純資産額が基金の総額を超える場合等において，基金を返還することができる（一般法人法第141条）。基金を返還する場合には，返還する基金相当額を代替基金として計上しなければならず，代替基金は取り崩すことができない（一般法人法第144条）。

第11章　法人間の比較分析—公益法人と特定非営利活動法人（NPO法人）—　*165*

財源とする特定資産，の4つである（**図表11－2**参照）。

　このように公益法人会計基準では，財源を表す貸方項目と資産状況を表す借方項目の両者の観点から資金の使途制限状況を説明する。とくに**図表11－2**の①から④の関係性を内訳表示することにより，資金使途制限の状況を（後述するとおり）グラデーションのように表すことが可能となる（詳しくは，佐藤（2016）参照）。

### 2.3.2　NPO法人会計基準

　NPO法人会計基準において，使途等が制約された寄付金等は，その使途ごとに受入金額，減少額および事業年度末の残高を注記することが，原則的な取扱いとなっている。加えて，「特定の目的のために資産を有する場合」には，借方項目において，特定資産として資金使途制限の状況を示す。他方，貸方項目については，重要性が高い場合に，正味財産の部を指定正味財産と一般正味財産に区分する。なお，借方項目と貸方項目，つまり特定資産と指定正味財産との整合性は，必ずしも求められていない。

### 2.3.3　小括：使途制限のある借方項目と貸方項目の関係性の比較

　公益法人会計基準において，正味財産の内書きによって示される関係は，「①指定正味財産を財源とする基本資産」，「②指定正味財産を財源とする特定資産」，「③一般正味財産（・基金）を財源とする基本資産」，「④一般正味財産（・基金）を財源とする特定資産」に整理される。借方項目と貸方項目の両面から，資金使途制限の状況を示している。NPO法人会計基準においては，原則として注記によって資金使途制限の状況を示している。借方項目は，特定資産として区分する。重要性の高い場合には，貸方項目において，指定正味財産と一般正味財産とに区分する。両者（特定資産と指定正味財産）の整合性は，必ずしも求められていない。比較的小規模なNPO法人が多く，十分な会計スキルのある会計担当者の配置が困難である現状を鑑み，簡便な取扱いとなっている。公益法人には，文字どおりより高い公益性が求められることから，使途制限性の程度に応じ，借方項目と貸方項目の組み合わせによる会計処理が求められるといえる。

166　第3部　借方項目・貸方項目の両者で使途制限を表すグループ

## 2.4　使途制限のある項目に関する簿記処理の比較分析

　前項で触れたとおり，公益法人会計基準とNPO法人会計基準は，借方項目と貸方項目を用いて，資金の使途制限の状況を明らかにするものである。**図表11－3**は，使途制限の度合いに着目して，借方項目と貸方項目の関係を整理したものである。この分析視角に基づいて，使途制限の度合いの高い取引例を見ていくこととしたい。

**図表11－3**　**資金使途制限項目の組み合わせにみる使途制限の度合い**

| 取引例 | 公益法人会計基準 | | NPO法人会計基準 | |
|---|---|---|---|---|
| | 借方項目 | 貸方項目 | 借方項目 | 貸方項目 |
| ①使途制限のある寄付等を財源とする基本財産【設例1】 | 基本財産 | 指定正味財産 | ―※ | ― |
| ②使途制限のある寄付等を財源とする特定資産【設例2】 | 特定資産 | 指定正味財産 | 特定資産 | 指定正味財産（一般正味財産） |
| ③自己資金等を財源とする基本財産 | 基本財産 | （一般正味財産・基金） | ―※ | ― |
| ④自己資金等を財源とする特定資産 | 特定資産 | （一般正味財産・基金） | 特定資産 | （一般正味財産） |
| ⑤借入金を財源とする特定資産 | 特定資産 | （負債） | 特定資産 | （負債） |
| ⑥自己資金等を財源とするその他固定資産 | （固定資産） | （一般正味財産・基金） | （固定資産） | （一般正味財産） |
| ⑦借入金を財源とするその他固定資産 | （固定資産） | （負債） | （固定資産） | （負債） |

使途制限性（高）
↑
↓
（低）

第11章　法人間の比較分析―公益法人と特定非営利活動法人（NPO法人）―　　*167*

　　・表中の括弧書きは，使途制限のない科目を表す。なお，一般社団法人に募集が認
　　　められている基金には，使途制限がない。
　　・表中の「自己資金等」には使途制限のない寄付等も含む。
　　※特定非営利活動法人促進法ならびにNPO法人会計基準のいずれにおいても「基
　　　本財産」に関する定めは存在しない。

**【設例1】**「使途制限のある寄付等を財源とする基本財産」に関する簿記処理
　①　株式100の寄贈を受けた。寄贈者からは株式配当金を法人の財源に充て
　　　るために保有する旨の指定を受けており，基本財産として定款にこれを記
　　　載した。**〈使途制限の発生〉**
　②　当該株式の時価が30に下落し，回復の見込みが不明であるため，減損を
　　　実施する。**〈使途制限の解除〉**

| 取引 | 公益法人会計基準 | | NPO法人会計基準 |
|---|---|---|---|
| ① | 基 本 財 産 100 −投資有価証券 | 投資有価証券 100 受 贈 益 | － |
| ② | 基 本 財 産 70 減 損 損 失 −投資有価証券 減 損 損 失 【P/L】一般・経常外費用 | 基 本 財 産 70 −投資有価証券 【B/S】固定 | － |
| | 一般正味財産 70 へ の 振 替 額 【P/L】指定 | 固定資産受贈益 70 −投資有価証券 受贈益振替高 【P/L】一般−経常外収益 | － |

※公益法人協会（2014）189頁の取引例および運用指針参照し，筆者作成。
※表中のP/Lは，公益法人会計基準については「正味財産増減計算書」を，NPO法人会計
　基準においては「活動計算書」を示す。

　指定正味財産に区分される寄付によって受け入れた資産については，使途制
限が解除された場合，減価償却を行った場合，または災害等により消滅した場
合には，指定正味財産の部から一般正味財産の部に振り替えて，当期の振替額
を正味財産増減計算書における指定正味財産増減の部および一般正味財産増減
の部に記載する（2008年基準注解（注15））。

したがって，【設例1】の②のように，減損によって実質的に資産の価値が喪失する場合には，実質的に減損損失相当額だけ指定の解除がなされたものとして振替処理を行う。

**【設例2】**「使途制限のある寄付等を財源とする特定資産」に関する簿記処理

① 法人の目的の事業に使用する指定を受けて被災者援助のための寄付金100を受け入れ，これを特定資産とした。**〈使途制限の発生〉**

② 上記①を用いて，救援用物資100を購入し，被災者へ届けた。**〈使途制限の消滅〉**

| 取引 | 公益法人会計基準 | | NPO法人会計基準 | |
|---|---|---|---|---|
| ① | 特 定 資 産 100 －被災者支援 　事 業 預 金 　【B/S】固定 | 受 取 寄 付 金 100 　【P/L】指定 | 被 災 者 支 援 100 事 業 用 預 金 【B/S】流動・特定資産 | 受 取 寄 付 金 100 　【P/L】指定 |
| ② | 事 　業 　費 100 －援 　助 　用 　消 耗 品 費 　【P/L】一般・経常費用 | 特 定 財 産 100 －被災者支援 　事 業 預 金 　【B/S】固定資産 | 事 　業 　費 100 －援 　助 　用 　消 耗 品 費 　【P/L】一般・経常費用 | 被 災 者 支 援 100 事 業 用 預 金 【B/S】流動・特定資産 |
| | 一般正味財産 100 へ の 振 替 額 　【P/L】指定 | 受 取 寄 付 金 100 （振 　替 　額） 　【P/L】一般・経常収益 | 一般正味財産 100 へ の 振 替 額 　【P/L】指定 | 受 取 寄 付 金 100 （振 　替 　額） 　【P/L】一般・経常収益 |

※表中のP/Lは，公益法人会計基準については「正味財産増減計算書」を，NPO法人会計基準においては「活動計算書」を示す。

【設例1】と【設例2】のように使途制限がある寄付等を財源とする基本財産・特定資産に関しては，借方項目だけでなく，貸方項目も用いてその拘束性が表現される。両基準ともに，使途制限が解除されたと看做される場合には，貸方の指定正味財産を一般正味財産へ振り替えて，このタイミングで収益を計上している。

第11章　法人間の比較分析―公益法人と特定非営利活動法人（NPO法人）―　　*169*

# 第3節　複式簿記の特徴の比較

## 3.1　公益法人会計基準の複式簿記の特徴

　現在の公益法人会計基準では，かつてのそれとは異なり，収支計算書が要請されず，また，正味財産増減計算書もストック式からフロー式へと大きな改正が行われている。これを受け，（収支計算書と正味財産増減計算書を同時作成するために考案された1取引2仕訳から）1取引1仕訳となり，時価評価会計の導入など企業会計と近似する処理が可能となった。

　そのなかでも非営利組織体らしさが残る簿記処理の1つが，今回取り上げることとなった資金使途制限項目に関する一連の簿記処理である。この簿記処理を見る限りにおいて指摘できることは，公益法人会計基準における複式簿記の技術は，あるべき財務諸表表示を達成するために活用されてきた，という点である。たとえば，寄付者等による使途制限が解除された場合に行われる指定正味財産から一般正味財産への（フロー計算を経由する）振替処理は，（1取引2仕訳には該当しないものの）貸方項目で拘束性の程度を適正に表示するための簿記処理であるといえる。また，借方項目と貸方項目のカップリングに着目すると，公益法人会計基準が財務諸表表示を優先する思考が（逆説的にではあるが）垣間見られるといえよう。なぜならカップリングは簿記処理を前提としないからである。この点を踏まえ，「簿記処理を必要としない」カップリングという内訳表示が残された意味を考えることは，非営利組織体における複式簿記の貢献とは何かを考える契機となるかもしれない。

## 3.2　NPO法人会計基準の複式簿記の特徴

　特定非営利活動法人法（NPO法）に基づき，NPO法人は，所轄庁の「許可」ではなく，設立要件に適合していれば「認証」される制度となった。しかし，設立が容易である分，法律に情報公開に関する義務を定め，市民からの監視を受けることを前提とした仕組みとなっている。NPO法第28条の2において，貸借対照表の公告が義務づけられている。公告の方法は，電子公告等とされており，多くの法人で「内閣府NPO法人ポータルサイト」を活用しているものと思われる。

NPO法人は，市民に対する情報公開を前提に，市民自身がNPO法人の運営を監視することを第一義としている。加えて，補助金・助成金を支出する国や地方公共団体からの情報公開の要請という側面もある。所轄庁は監督機関として関与するものの，それは最終的な是正手段であるとされている（認定特定非営利活動法人NPO会計税務専門家ネットワーク編著（2018）63-65頁）。NPO法人制度の理念からは，その情報開示の対象は，NPO活動に携わる会員を含む市民であり，社会全般であるといえる。そのため，資金の使い道を明らかにし，法人の活動を周知させ，寄付者の賛同を得ることが求められる。情報公開を前提とした財務諸表作成のために複式簿記が必要とされるといえる。

ストックの側面からは，貸借対照表における純財産の記載方法に特徴が表れている。純資産は，会員の所有財産や利益分配という概念がないため，正味財産としての記載が求められる。さらに使途等が制約された寄付金等は，重要性が高い場合には，正味財産の部を「指定正味財産」と「一般正味財産」に区分表示することが求められる。フローの側面からは，活動使途の報告，つまり資金の使い道の明確化が求められる。

従来，NPO法人の会計は，NPO法において収支計算書の作成が求められ，企業会計の経理とは異なる1取引2仕訳が必要とされてきた。企業会計に詳しい者にとっても難解で，一般市民にとっては，なおさらであったといえよう。情報開示の対象が広く一般市民であることに鑑み，現在は収支計算書から活動計算書の作成へと変化を遂げ，より企業会計寄りの会計処理が求められるようになっている。

このように，広く市民への情報公開を前提とし，複式簿記を前提とする財務会計としての体系が求められている。NPO法人会計基準が設定された経緯をみても，企業会計に準じた複式簿記が求められているといえる。

## 第4節　おわりに

本章は，公益法人および特定非営利活動法人（NPO法人）を対象に，資金使途制限把握に係る簿記処理を中心に，比較分析を試みた。

第2節の2.1項，2.2項では，使途制限を表す項目を借方・貸方に分け，それぞれの会計上の定義および簿記処理を整理し，比較考察を行った。公益法人の「基本財産」については法律上の根拠が存在し，会計上もそれに準じた扱いと

なっている。他方,「特定資産」については,法律上の根拠は存在しない。会計基準上にその存在が規定されており,両基準ともに明瞭性を重視した扱いとなっている。あわせて当該借方項目の流動固定分類に関する両基準の扱いについても整理した。他方,「指定正味財産」については,いわゆる寄付金の取扱いに関する法律上の根拠は存在せず,会計基準上,使途制限に係る寄付金等に関する規定が存在する。

2.3項では,資金使途制限に係る借方項目と貸方項目の関係性について説明した。公益法人会計基準では,正味財産の部において,借方項目と貸方項目の組み合わせを内訳表示することで,使途制限の度合いをグラデーションのように示している。他方,NPO法人会計基準では,借方と貸方の両者で使途制限項目を設けることができるものの,借方項目と貸方項目の整合性は示されていない。

2.4項では,資金使途制限の度合いに応じた2つの取引例を用いて両基準の特徴を示した。

第3節では,上記をふまえ,各法人の視点から複式簿記の特徴について言及した。公益法人会計基準については,複式簿記の技術はあるべき財務諸表表示を達成されるために活用されていると指摘した。NPO法人においては,広く市民への情報公開を前提としており,企業会計寄りの財務会計としての体系の前提として複式簿記が求められるといえる。

## 【参考文献】

出塚清治・辺土名厚編著(2013)『公益法人・一般法人の会計実務(補訂版)』公益法人協会。

江田寛(2014)「特定非営利活動法人の会計の明確化に関する研究会報告書」の検証」関東学院大学『経済系』第260集,60-71頁。

岡村勝義(2012)「公益法人の制度転換と会計枠組みの変化」『産業経理』第72巻第2号,4-15頁。

公益法人等の指導監督等に関する関係閣僚会議幹事会申合わせ(1996)「公益法人の設立許可及び指導監督基準の運用指針」。

齋藤力夫・田中義幸編著(2020)『NPO法人のすべて(増補11版)特定非営利活動法人の設立・運営・会計・税務』税務経理協会。

佐藤恵(2016)「非営利組織会計の純資産区分に関する試論:財務的弾力性の観点か

ら」『非営利法人研究学会誌』第18巻，17-28頁。

内閣府（2021）「令和2年度 特定非営利活動法人に関する実態調査 報告書」。

日本公認会計士協会（2016）「公益法人会計基準に関する実務指針」日本公認会計士協会。

日本簿記学会簿記実務研究部会（2019）「中間報告書　非営利組織体の簿記に関する研究」日本簿記学会。

認定特定非営利活動法人NPO会計税務専門家ネットワーク編著（2018）『新版NPO法人実務ハンドブック』清文社。

林孝行・岩田聡子（2016）『NPO法人仕訳処理ハンドブック』清文社。

法務省「一般社団法人及び一般財団法人制度Q&A」。http://www.moj.go.jp/MINJI/minji153.html（2023年1月31日閲覧）

NPO法人会計基準協議会編（2018）『NPO法人会計基準［完全収録版（第3版）］』八月書館。

NPO法人会計基準協議会「みんなで使おう！　NPO法人会計基準」。http://www.npokaikeikijun.jp/（2023年1月31日閲覧）

**（佐藤　恵／山下　修平）**

## 第 4 部

# 貸方項目だけで維持すべき
# 金額を表すグループ

# 第12章

# 学校法人の簿記

## 第1節　はじめに：学校法人会計の導入経緯

　わが国の学校法人は，私立学校を設置・運営し，本来なら国が自ら行うべき教育という事業を国に代わって行っている（高橋・村山（1965）138頁）重要な存在であるが，少子化の進展でその永続性等が課題となっており，学校法人の財務的基盤を強化する必要性・重要性が高まっている。

　学校における会計制度としては，1949（昭和24）年，『私立学校法』が制定され，財産目録・貸借対照表・収支計算書の作成・備付けが義務づけられた。計算書類の所轄官庁への届出義務・形式および内容に関する基準は示されず，計算書類の内容などは各学校法人に委ねられており（片山（2011）28頁）[1]，不備不完全な状況であった。

　その後，高等教育が一般化していく中で，学校法人は人口増加に伴う学生・生徒の増加，それら学生・生徒の受入態勢の整備，国公私立間の学費格差，それらに対応するための学費値上げ問題などさまざまな社会的課題を抱えるようになったが，その当時，収支計算書の定義や勘定体系などが学校法人ごとに独自のものとなっており，学校法人が直面している社会的課題を解決する仕組みとして機能しえなかった（高橋・村山（1965）130-132頁）。そこで，日本私立大学連盟が学校会計研究会を設置し，これらの問題について研究討議し，1965（昭和40）年，『学校法人会計基準（案)』を公表した。

　一方，上記の課題解決の1つの手段として，1970（昭和45）年，私立学校等経常費補助金制度（私立学校振興助成法）が創設されるとともに，文部省内に設置された学校法人財務基準調査研究委員会において『学校法人会計基準

---

（1）　したがって，複式簿記による帳簿が作成されていたかどうかは不明である。

（案）』が議論され，1971（昭和46）年，この制度に基づいて補助金の交付を受ける学校法人に対して，『学校法人会計基準』（以下，『基準』という）に従って，収支計算書，消費収支計算書，貸借対照表の作成，その所轄官庁への届出を義務づけることとなった[2]。

その後，1976（昭和51）年に公認会計士による会計監査が義務づけられ，2003（平成15）年の『私立学校法』改正によって計算書類の利害関係人への閲覧が義務づけられた。そして，2013（平成25）年の改正により，資金収支計算書に活動区分資金収支計算書が追加され，消費収支計算書が事業活動収支計算書に変更され，現在に至る。ただし，計算体系の大幅な改正はなく今日に至っており（片山（2011）28頁），私立学校を取り巻く環境が大きく変化していくと考えられる今後のさらなる対応が求められるところである[3]。

## 第2節　学校法人会計における計算書類

『基準』では資金収支計算書，事業活動収支計算書，貸借対照表の作成が求められている（『基準』第4条）。

資金収支計算書[4]は，活動ごとに収入および支出の内容を明らかにする計算書であり（**図表12−1**），企業会計におけるキャッシュ・フロー計算書に該当する。各収入・支出は当年度に受け取るべきあるいは支払うべき金額で表示し，実際の収入・支出との差額を「調整勘定」によって調整する。なお，活動ごとに区分されていない資金収支計算書も作成・公表される。

事業活動収支計算書は，負債とならない収入（企業会計における収益に相当）と非資金的支出を含めた事業活動支出（企業会計における費用に相当）を対比させる計算書であり（**図表12−2**），企業会計における損益計算書に該当する。学校法人は非営利組織体であり（利益を追求する組織体ではなく），損益計算を必要としないが，非営利組織体といえども，組織の永続性を計算構造的に担保する必要がある。企業会計において，収益が費用を上回ることによって企業資本

---

（2）　現在は，収支計算書が資金収支計算書として，消費収支計算書が事業活動収支計算書として作成されている。
（3）　2023（令和5）年に『私立学校法』が改正され（2025（令和7）年より施行），『私立学校法』が『基準』に従った計算書類の作成・公表を求めるようになる。ただし，計算書類の役割に変化はないと考えられる。
（4）　資金収支計算書および事業活動収支計算書では予算と決算が並列表示される。

176 第4部 貸方項目だけで維持すべき金額を表すグループ

**図表12-1** 活動区分資金収支計算書

| 区分 | 科目 | 金額 |
|---|---|---|
| 教育活動による資金収支 | ⋮ | |
| | 教育活動資金収入計 | 3,987,420 |
| | ⋮ | |
| | 教育活動資金支出計 | 3,610,998 |
| | 差引 | 376,422 |
| | 調整勘定等 | 22,910 |
| | 教育活動資金収支差額 | 399,322 |
| 施設整備等活動による資金収支 | ⋮ | |
| | 施設整備等活動資金収入計 | 228,488 |
| | ⋮ | |
| | 施設整備等活動資金支出計 | 733,657 |
| | 差引 | △505,169 |
| | 調整勘定等 | △206,243 |
| | 施設整備等活動資金収支差額 | △711,412 |
| 小計（教育活動＋施設整備等） | | △312,090 |
| その他の活動による資金収支 | ⋮ | |
| | その他の活動資金収入計 | 1,040,430 |
| | ⋮ | |
| | その他の活動資金支出計 | 330,681 |
| | 差引 | 709,749 |
| | 調整勘定等 | 0 |
| | その他の活動資金収支差額 | 709,749 |
| 支払資金の増減額（小計＋その他） | | 397,659 |
| 前年度繰越支払資金 | | 1,993,771 |
| 翌年度繰越支払資金 | | 2,391,430 |

**図表12-2** 事業活動収支計算書

| 区分 | 科目 | 金額 |
|---|---|---|
| 教育活動収支 | ⋮ | |
| | 教育活動収入計 | 3,988,666 |
| | ⋮ | |
| | 教育活動支出計 | 4,076,476 |
| | 教育活動収支差額 | △87,810 |
| 教育外活動収支 | ⋮ | |
| | 教育外活動収入計 | 8,999 |
| | ⋮ | |
| | 教育外活動支出計 | 31,343 |
| | 教育外活動収支差額 | △22,344 |
| 経常収支差額 | | △110,154 |
| 特別収支 | ⋮ | |
| | 特別収入計 | 257,333 |
| | ⋮ | |
| | 特別支出計 | 256,219 |
| | 特別収支差額 | 1,114 |
| 〔予備費〕 | | － |
| 基本金組入前当年度収支差額 | | △109,040 |
| 基本金組入額合計 | | △8,158 |
| 当年度収支差額 | | △117,198 |
| 前年度繰越収支差額 | | △4,608,199 |
| 基本金取崩額 | | 0 |
| 翌年度繰越収支差額 | | △4,725,397 |

の維持が達成されるが，その程度を測定する損益計算機能を学校法人会計においても援用している。

貸借対照表は期末日の資産，負債，純資産の状態を明らかにするための計算書である（**図表12－3**）。純資産の部に記載されている基本金は，学校法人会計に特有の項目であり，学校経営を行ううえで必要となる固定資産相当額である（詳細は次節以降）。

**図表12－3** 貸借対照表

貸借対照表

| 資産の部 | | 負債の部 | |
|---|---|---|---|
| 固定資産 | 17,395,590 | 固定負債 | 4,644,640 |
| 有形固定資産 | 16,511,212 | 流動負債 | 1,210,140 |
| 特定資産 | 703,280 | 負債の部合計 | 5,854,780 |
| その他の固定資産 | 181,098 | 純資産の部 | |
| 流動資産 | 2,833,693 | 基本金 | 19,099,900 |
| | | 繰越収支差額 | △4,725,397 |
| | | 純資産の部合計 | 14,374,503 |
| 資産の部合計 | 20,229,283 | 負債及び純資産の部合計 | 20,229,283 |

## 第3節　簿記処理の特徴と取引要素の結合関係

### 3.1　学校法人の特質

学校法人には公共性，自主性，永続性という特質がある（高橋・村山（1965）137-140頁）。

学校法人は設立賛同者などの寄附等によって設立される。寄附等は一方的な財産の移転であり，寄附された財産は私的な目的には使えないという意味での公共の財産になる（滝澤（2007）2頁）。つまり，資金拠出者（寄附者）は学校

法人の所有者ではなく，学校法人に所有者は存在しない[5]。まさに教育関係者全体（国の役割を代わって行っている者）で教育のための財産を所有するのであり，ここに学校法人の公共性を見いだすことができる。

また，学校法人は，本来なら国が自ら行うべき教育事業を国に代わって行っているとはいっても，「一般に，創設者の建学の精神を以後独自の学風ないしは伝統として受け継いで永くその普及を図ろうとするところに，固有の意義と存立の理由を見いだせる」（高橋・村山（1965）140頁）のであり，公共的，かつ永続的に行われる学校法人の活動は自主性という要素を併せ持つ。学校法人の財産そのものは公共のものであるが，学校法人の建学の精神に賛同する寄附者からの寄附であり，寄附によって生じた財産は建学の精神を実現すべく，学校法人によって，自主的，永続的に維持・管理されるべきものである。

## 3.2　基本金の意義

公共的な役割を負っている学校法人が自主的，かつ，永続的に活動を行っていくために，基本的財産の自己資金による取得・維持が必要となり，基本金の設定・組入という考え方につながる。基本金とは「学校法人が，その諸活動の計画に基づき必要な資産を継続的に保持するために維持すべきものとして，その事業活動収入のうちから組み入れた金額」（『基準』第29条）であり，第1号から第4号まで，次のように規定されている（『基準』第30条）。

---

第1号：学校法人が設立当初に取得した固定資産，既設の学校の規模の拡大，教育の充実向上のために取得した固定資産の価額

第2号：学校法人が新たな学校の設置又は既設の学校の規模の拡大，教育の充実向上のために将来取得する固定資産の取得に充てる金銭その他の資産の額

第3号：基金として継続的に保持し，かつ，運用する金銭その他の資産の額

第4号：恒常的に保持すべき資金として別に文部科学大臣の定める額

---

2013（平成25）年の『基準』改正の際，基本金の在り方についても議論され

---

[5]　仮に学校法人が消滅する場合でもあっても，合併・破産手続きの場合ならば，残余財産は合併等の関係者へ，解散の場合ならば，残余財産は寄附行為において定められている教育事業を営む者へ譲渡されるため（私立学校法第30条第3項），資産拠出者が学校法人の所有者となることはない。なお，寄附行為において，残余財産の帰属する者が定められていない場合には，国庫に帰属する（私立学校法第51条2項）。

たが，「校地・校舎等学校法人が諸活動を実施する上で必要な資産を自己資金で維持するための制度として，基本金制度が設けられている。基本金制度は，現在でも，学校法人の健全性を維持する上で有効な仕組みであるため，更なる明解性を確保しつつ，基本的な考え方を維持すべき」（学校法人会計基準の在り方に関する検討会（2013）4頁）とされた。

学校法人は先に挙げた4つに該当する金額を基本金として組み入れなければならない一方，一定の要件を満たし，当該固定資産を利用している活動の一部または全部をやめた場合などには，基本金を取り崩すことができる。基本金は企業会計の資本金と混同されがちであるが，本質的に異なる（齋藤（2016）275頁）。

## 3.3 学校法人会計における簿記処理と取引要素の結合関係

学校法人は，資金収支計算書・事業活動収支計算書・貸借対照表という3つの計算書を作成するために，2系統の帳簿を作成する。つまり，資金収支計算書を作成するための収入と支出に関する記録をも複式簿記で行い，資金収支元帳（資金収支計算書の元となるデータ）を作成する簿記処理と，総勘定元帳（事業活動収支計算書・貸借対照表の元となるデータ）を作成する簿記処理が併存している点が特徴である[6]。

### 3.3.1 資金収支元帳を作成する簿記処理

資金収支元帳を作成する簿記処理とは，すなわち，入出金取引の記録である。入出金取引を現金勘定のみで記録するのではなく，入出金の原因を示す収入要因の勘定と支出要因の勘定もあわせて，複式簿記によって記録する（仕訳する）。

---

**（例1）** 授業料として現金100を受け取った。

（借）現　　　　金　　　100　　（貸）授業料収入　　　100
　　　　【現金の増加】　　　　　　　　　【収入要因の発生】

---

また，資金収支をあるべき収入額・支出額で表すため，未収・前受・未払・前払項目に関する修正仕訳（資金修正取引）が必要とされる。資金収支元帳（そして，そこから資金収支計算書）を作成するための帳簿記録の流れは**図表12－4**のとおりである。

---

（6）　多くの営利企業・非営利組織体ではこの3つの計算書を1系統の帳簿で作成することが一般的であり，2系統の帳簿を作成することが学校法人の簿記処理の最大の特徴といえよう。

**図表12－4** 資金収支元帳を作成する帳簿記録の流れ

　資金収支元帳を作成する簿記処理では，入出金取引を，現金の増加，現金の減少，収入（現金増加）要因の発生，支出（現金減少）要因の発生という取引要素によって捉え，原則として，現金の増加と収入要因の発生，現金の減少と支出要因の発生が結びつく（**図表12－5**）。

**図表12－5** 資金収支元帳を作成する帳簿記録における取引要素の結合関係

### 3.3.2　総勘定元帳を作成する簿記処理

　総勘定元帳を作成する手続きでは，資産・負債・純資産・事業活動収入（≒収益）・事業活動支出（≒費用）を増減させる取引が記録され，その帳簿記録の流れは**図表12－6**のとおりである。仕訳は総勘定元帳に転記され，そこから事業活動収支計算書と貸借対照表が作成される。

**図表12－6** 総勘定元帳を作成する帳簿記録の流れ

　総勘定元帳を作成する簿記処理では，営利企業の簿記処理と同様，学校法人の活動を，資産の増減，負債の増減，純資産の増減，事業活動収入の発生，事業活動支出の発生という取引要素によって捉え，それらの要素の結びつきは**図表12－7**のとおりである。

**図表12－7** 総勘定元帳を作成する帳簿記録における取引要素の結合関係

資産の増加
負債の減少
純資産の減少
事業活動支出の発生
（事業活動収入の取消・控除）

資産の減少
負債の増加
純資産の増加
事業活動収入の発生
（事業活動支出の取消）

入出金取引は資金収支元帳と総勘定元帳の両者に記載され，1つの取引について2回の仕訳が必要となる。

## 第4節　学校法人会計における簿記処理

本節では，具体例を用いて，学校法人の簿記処理について検討する[7]。

### 4.1　0期末の簿記処理および計算書類の作成

学校法人は，設立に際して，その設置する私立学校に必要な施設および設備またはこれらに要する資金，その設置する私立学校の経営に必要な財産を有しなければならない（『私立学校法』第25条）ため，設立の源泉は学納金以外（設立者の私財などの寄附）となる。0期末においては寄附等の受入れとその資金による設備等の購入の簿記処理がなされ，3つの計算書類が作成される。

#### 4.1.1　資金収支元帳を作成する簿記処理

資金収支元帳を作成するための簿記処理では，現金の増減，収入要因，支出要因が記録される。収入要因の勘定と支出要因の勘定は資金収支集合勘定（集合勘定）に振り替えられ，資金収支集合勘定において資金収支差額が計算される。そして，資金収支差額が翌年度繰越支払資金勘定[8]に振り替えられ，現金残高と一致することになる。最後に，資金収支集合勘定に基づいて，資金収支計算書が作成される（以下では，活動を区分しない資金収支計算書を示す）。

---

(7)　紙幅の都合上，耐用年数1年で減価償却を行うこととする。
(8)　現金の対照勘定としての役割を持つ勘定であると考えられる。

**（例2）** 【0期末】学校法人の設立に際し，寄附80を受け入れた。また，教育に
必要な設備等50（耐用年数1年）を取得した。

(1) 取引の記録

| （借） | 現　　　　　金 | 80 | （貸） | 寄 附 金 収 入 | 80 |
|---|---|---|---|---|---|
| | 【現金の増加】 | | | 【収入要因の発生】 | |
| （借） | 備 品 購 入 支 出 | 50 | （貸） | 現　　　　　金 | 50 |
| | 【支出要因の発生】 | | | 【現金の減少】 | |

(2) 資金収支振替仕訳

| （借） | 寄 附 金 収 入 | 80 | （貸） | 資 金 収 支 集 合 | 80 |
|---|---|---|---|---|---|
| | 資 金 収 支 集 合 | 50 | | 備 品 購 入 支 出 | 50 |

(3) 資金残高振替仕訳

| （借） | 資 金 収 支 集 合 | 30 | （貸） | 翌年度繰越支払資金 | 30 |
|---|---|---|---|---|---|

(4) 転記

現　　　金

| 寄附金収入 | 80 | 備品購入支出 | 50 |
|---|---|---|---|
| | | 次 期 繰 越 | 30 |
| | 80 | | 80 |

寄附金収入

| 資金収支集合 | 80 | 現　　　金 | 80 |
|---|---|---|---|

備品購入支出

| 現　　　金 | 50 | 資金収支集合 | 50 |
|---|---|---|---|

翌年度繰越支払資金

| 次 期 繰 越 | 30 | 資金収支集合 | 30 |
|---|---|---|---|

資金収支集合

| 備品購入支出 | 50 | 寄附金収入 | 80 |
|---|---|---|---|
| 翌年度繰越支払資金 | 30 | | |
| | 80 | | 80 |

(5) 資金収支計算書

| 寄附金収入 | 80 |
|---|---|
| 収入の部合計 | 80 |
| 備品購入支出 | 50 |
| 翌年度繰越支払資金 | 30 |
| 支出の部合計 | 80 |

### 4.1.2 総勘定元帳を作成する簿記処理

　総勘定元帳を作成するための簿記処理では，資産，負債，純資産，事業活動収入，事業活動支出の増減・発生が記録される。事業活動収入と事業活動支出が事業活動収支集合勘定（集合勘定）に振り替えられ，事業活動収支集合勘定において事業活動収支差額（企業会計の利益に相当）が計算され，繰越収支差額勘定（企業会計の繰越利益剰余金に相当）に振り替えられ，純資産となる。

　ここで特徴的な手続きが基本金の計上である。取得した設備の金額に相当する50が第1号基本金として組み入れられ，組入額が事業活動収支計算書での事業活動収入の控除項目となる。学校法人の活動のために永続的に使用する設備は学校法人自らが決定し，それが維持すべき金額として第1号基本金に組み入れる。すなわち，維持すべき金額を学校法人自らの意思で決定しており，出資額が維持すべき資本とされる企業会計とは根本的に異なる点である。

　本設例では，受け取った寄附金が80あるが，固定資産の取得のために50が支出され，事業活動収入の控除項目となるため，事業活動収支計算書で計算される繰越収支差額は30である。なお，事業活動収支計算書で計算される繰越収支差額を累積させたものが貸借対照表の（累）繰越収支差額である。

　最後に，事業活動収支勘定に基づいて事業活動収支計算書が，資産・負債・純資産の勘定残高に基づいて貸借対照表が作成される。

---

(1) 取引の記録

| （借）現　　　　金 | 80 | （貸）寄　　附　　金 | 80 |
| 【資産の増加】 | | 【事業活動収入の発生】 | |
| （借）備　　　　品 | 50 | （貸）現　　　　金 | 50 |
| 【資産の増加】 | | 【資産の減少】 | |

(2) 決算整理

| （借）基本金組入額 | 50 | （貸）第1号基本金 | 50 |
| 【事業活動収入の取消・控除】 | | 【純資産の増加】 | |

(3) 事業活動収支振替仕訳

| （借）寄　　附　　金 | 80 | （貸）事業活動収支集合 | 80 |
| 　　　事業活動収支集合 | 50 | 　　　基本金組入額 | 50 |

(4) 繰越収支差額振替仕訳

| （借）事業活動収支集合 | 30 | （貸）繰越収支差額 | 30 |
| | | 【純資産の増加】 | |

184　第4部　貸方項目だけで維持すべき金額を表すグループ

(5) 転記

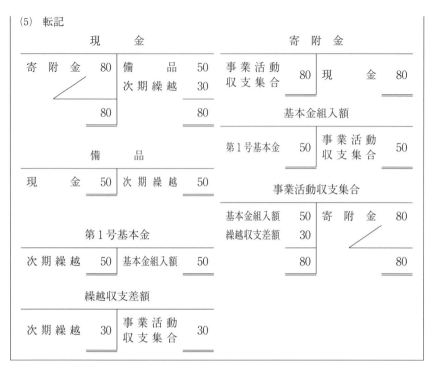

上記のとおり，総勘定元帳内で振替処理が行われるため，事業活動収支計算書と貸借対照表は連携する。しかし，総勘定元帳の勘定と資金収支元帳の勘定間での振替えはなされないため，資金収支計算書と事業活動収支計算書・貸借対照表は連携しない。

## 4.2　1期末の簿記処理および計算書類の作成

続いて1期中の取引が処理・集計され，1期末に計算書類が作成される簿記処理をみる。

第12章　学校法人の簿記　　*185*

### 4.2.1　資金収支元帳を作成する簿記処理

　0期末と同様に，資金収支に関わる取引の簿記処理が行われる。本設例では，授業料収入と教育研究経費支出を記録する。ただし，資金収支計算書にはあるべき収入と支出を記載することになるため，決算整理として，前受項目に関する修正仕訳が必要となる。

　最後に資金収支集合勘定に基づいて，資金収支計算書が作成される。ここで注意すべきは当年度に受け取るべき収入をいったん発生主義でもって計上したのちに，未入金分・未出金分などを調整する構造がとられる（梅田（2010）50頁）点である。

　ここで問題になるのが資金収支計算における期末前受金等の位置づけである。仕訳に示すとおり，資金収支における年度のズレを明示するための処理であるから，期末未収金，期末前受金は収入要因の調整勘定と位置づけられるといえよう。なお，便宜上，決算整理を行った後に設備更新を行うものとする。

---

**（例3）**　【1期末】授業料などの事業活動収入130，人件費などの事業活動支出60
　　　　が生じた。なお，事業活動収入には2期分の授業料20が含まれる。また，
　　　　0期末と同等の設備を55で取得した。

(1)　取引の記録

　　（借）現　　　　　金　　　130　　　（貸）授 業 料 収 入　　　130
　　　　　　【現金の増加】　　　　　　　　　　　　【収入要因の発生】
　　（借）教育研究経費支出　　60　　　（貸）現　　　　　金　　　60
　　　　　　【支出要因の発生】　　　　　　　　　　【現金の減少】

(2)　決算整理

　　（借）授 業 料 収 入　　　20　　　（貸）期 末 前 受 金　　　20
　　　　　　【収入要因の消滅】　　　　　　　　　　【収入要因の発生】

(3)　設備更新

　　（借）備 品 購 入 支 出　　55　　　（貸）現　　　　　金　　　55
　　　　　　【支出要因の発生】　　　　　　　　　　【現金の減少】

(4)　資金収支振替仕訳

　　（借）授 業 料 収 入　　　110　　（貸）資 金 収 支 集 合　　110
　　　　　資 金 収 支 集 合　　60　　　　　　教育研究経費支出　　60
　　　　　資 金 収 支 集 合　　55　　　　　　備 品 購 入 支 出　　55
　　　　　期 末 前 受 金　　　20　　　　　　資 金 収 入 調 整　　20
　　　　　資 金 収 入 調 整　　20　　　　　　資 金 収 支 集 合　　20

(5) 資金残高振替仕訳
 (借) 資金収支集合　　15　　(貸) 翌年度繰越支払資金　　15
(6) 転記

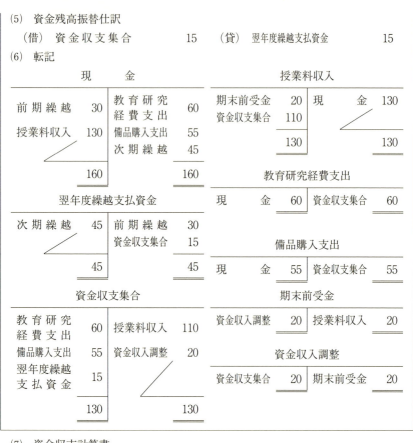

(7) 資金収支計算書

|  |  |  |
|---|---:|---|
| 授業料収入 | 110 | →発生主義 |
| 資金収入調整勘定（期末前受金20） | 20 | →調整 |
| 前年度繰越支払資金 | 30 |  |
| 　　　　収入の部合計 | 160 | →現金主義 |
| 教育研究経費支出 | 60 |  |
| 備品購入支出 | 55 |  |
| 資金支出調整勘定 | 0 |  |
| 翌年度繰越支払資金 | 45 |  |
| 　　　　支出の部合計 | 160 |  |

### 4.2.2　総勘定元帳を作成する簿記処理

　続いて，事業活動を表すための簿記処理が行われ，設備更新の処理と合わせて事業活動収支計算書および貸借対照表が作成される。1期末に備品を更新（除却＋取得）し，その際の取得価額は上昇しているため，取得額増加分5が更新時点の自己余裕資金（繰越収支差額）から第1号基本金へ振り替えられ，法人内に維持されることになる。

---

(1)　取引の記録

(借)　現　　　　金　　130　(貸)　授　業　料　　130
　　　【資産の増加】　　　　　　　　　　　【事業活動収入の発生】

(借)　教育研究経費　　60　(貸)　現　　　　金　　60
　　　【事業活動支出の発生】　　　　　　　【資産の減少】

(2)　決算整理

(借)　減価償却費(9)　　50　(貸)　備　品(10)　　50
　　　【事業活動支出の発生】　　　　　　　【資産の減少】

(借)　授　業　料　　20　(貸)　前受授業料　　20
　　　【事業活動収入の取消・控除】　　　　【負債の発生】

(3)　設備更新

(借)　固定資産除却損　　0　(貸)　備　　　　品　　0
　　　【事業活動支出の発生】　　　　　　　【資産の減少】

(借)　備　　　　品　　55　(貸)　現　　　　金　　55
　　　【資産の増加】　　　　　　　　　　　【資産の減少】

(借)　基本金組入額　　5　(貸)　第1号基本金　　5
　　　【事業活動収入の取消・控除】　　　　【純資産の増加】

(4)　事業活動収支振替仕訳

(借)　授　業　料　　110　(貸)　事業活動収支集合　　110
　　　事業活動収支集合　　60　　　　　　　教育研究経費　　60
　　　事業活動収支集合　　50　　　　　　　減価償却費　　50
　　　事業活動収支集合　　0　　　　　　　固定資産除却損　　0
　　　事業活動収支集合　　5　　　　　　　基本金組入額　　5

(5)　繰越収支差額振替仕訳

(借)　繰越収支差額　　5　(貸)　事業活動収支集合　　5
　　　（純資産の減少）

---

(9)　『基準』では減価償却額と表記するよう求められているが，本書では減価償却費と表記する。
(10)　便宜上，直接法で処理するが，本章での議論に影響しない。

188 第4部 貸方項目だけで維持すべき金額を表すグループ

(6) 転記

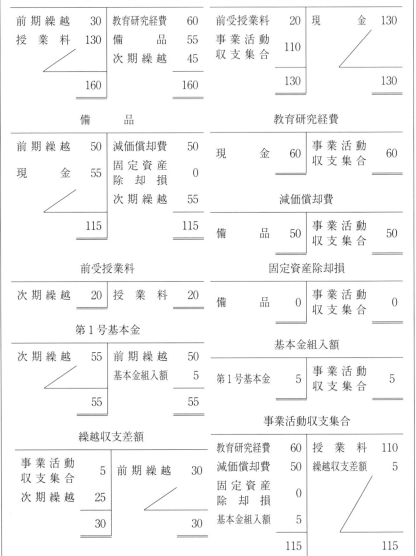

## (7) 事業活動収支計算書

| | | |
|---|---:|---:|
| 授業料収入 | | 110 |
| 教育研究経費 | 60 | |
| 減価償却費 | 50 | 110 |
| 基本金組入前収支差額 | | 0 |
| 基本金組入額 | | △5 |
| 繰越収支差額 | | △5 |

## (8) 貸借対照表

| | | | | |
|---|---:|---|---:|
| 現　　金 | 45 | 前受授業料 | 20 |
| 備　　品 | 55 | 第1号基本金 | 55 |
| | | 繰越収支差額 | 25 [(11)] |
| | 100 | | 100 |

# 第5節　学校法人会計における複式簿記の役割と必要性

　学校法人が持つ公共性という特質は収支均衡の考え方につながる。ただし，寄附金や固定資産の取得のように数年に一度の大きな収入・支出があるため，単に資金収支計算書における翌年度繰越支払資金だけを見ていても判断を見誤る。

　そこで，事業活動収支計算書と貸借対照表を作成すれば，基本金組入前収支差額を短期的な（毎年度の）収支均衡状態，貸借対照表の繰越収支差額を長期の収支均衡状態を表す（文部科学省（2016）15頁；検討会（2013）9頁）ものとして活用できる。

　つまり，本設例で言えば，第1号基本金の存在により，事業活動収入に含まれる資本的支出に充当すべき部分が事業活動収入から分離され，それとともに事業活動支出が（事業活動収入−減価償却費）の金額になるよう規定され，短期の収支均衡達成の目標値となる。そして，第1号基本金が組入・取崩されている場合，短期の収支均衡を前提とすれば，繰越収支差額の増加額がゼロになることによって，設立時の状態を保っているシグナルとなる（マイナスになると，設立時の状態を保つことができていないシグナルとなる）[(12)]。

　これは次のように一般化できよう。設立時に固定資産の取得を目的とした，学校法人内に長期的に維持すべき収入（寄附金：**図表12−8**の⓪）と，各種経費

---

(11)　当期末の繰越収支差額25は，前期末繰越収支差額30に当期収支差額△5を加えたものである。

(12)　上記例の1期末においては，事業活動収支計算書の基本金組入前収支差額が0であることから，短期的な収支の均衡状態を保つことができているが，貸借対照表の繰越収支差額が0期末から△5の変化となっていることから，当初の余裕資金がそれだけ侵食され，長期的な収支の均衡状態が崩れはじめていることがわかる。

## 図表12－8　学校法人内における資金移動

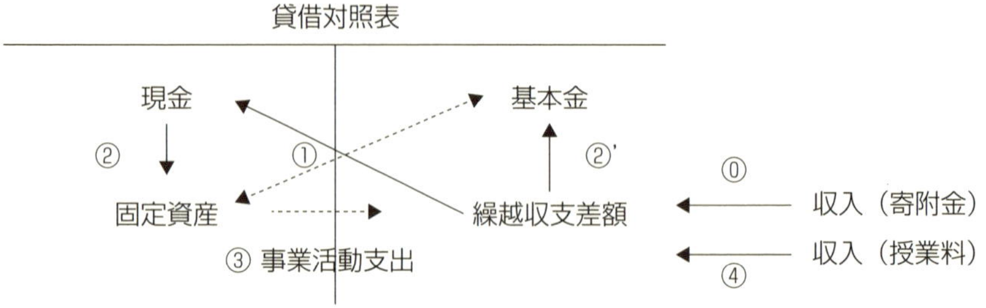

貸借対照表

```
    現金                      基本金
②    ↓          ①           ②′ ↑
  固定資産  ←········→  繰越収支差額  ←──  収入（寄附金）
        ③ 事業活動支出              ⓪
                                ←──  収入（授業料）
                                 ④
```

に充当することが予定される収入（授業料：**図表12－8**の④）があるとしよう。『基準』に基づくと⓪と④の収入は流入時点で何も区別されず（すべて事業活動収入とされる），法人内で維持すべき金額は決まっていない。なお，これらの収入は，当初，現金などとして法人内に存在することになる（①）。

　そして，その事業活動収入のうち，固定資産投資を行う際に（②），学校法人が固定資産取得額を維持すべき金額と決め，固定資産取得額相当額を第1号基本金として事業活動収入から分離させる（②′）。②の処理は固定資産投資時点で，②′の処理は決算時に行われるため，その処理のタイミングは異なるが，②と②′の処理により，第1号基本金と固定資産がひもづけられる。

　営利を目的としない学校法人は，永続的に存在するために，この固定資産の価値の減少を各世代の利用者からの回収によって担保しなければならない。そのために行われるのが減価償却である。減価償却の手続きによって生じる事業活動支出が繰越収支差額の計算に含められる（③）。基本金組入後の繰越収支差額がゼロになるようにすることによって，活動に必要な固定資産取得額と活動からの収入が同額であることを意味し，永続的に存在するために必要となる固定資産を維持したうえで，回収すべき額を回収していることを意味する。

　すなわち，学校法人における複式簿記は，区別されていない流入資金を，維持すべき金額と消費する部分に区分し，維持すべき金額を維持しながら固定資産取得額の回収過程を示し，回収の程度を表す役割をもつのである[13]。

　営利企業においては，**図表12－9**に示すように，株主からの出資額（⓪）と企業活動の結果得られる収入（売上など④）は，流入時点で資本と利益に区別される。出資者によって決められた金額（出資額）が企業内で維持すべき金額とされる（資本金は資金提供者の権利（株式）とひもづけられる）。そして，流入

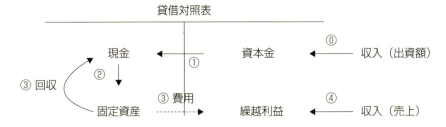

**図表12−9　営利企業内における資金移動**

時点で資本が確定し，資本の具体的形態である資産とは切り離される（①）。そのうえで，②③のように具体的形態である資産の変化が，④とともに資本増殖運動として複式簿記によって表現される（松本（2007）155頁）。

以上，学校法人の簿記処理の特徴について考察してきた。

学校法人においては，当初，収支計算が求められるのみであったが，その後，複式簿記を利用した資金収支計算，事業活動収支計算，財産計算が求められるようになった。その背景には，学校法人の公共性，自主性，永続性があり，これらのための具体的な簿記処理として，貸方側での対応である基本金制度と，借方側での対応である減価償却が存在している。基本金制度は，流入した資金から維持すべき分を控除する機能を有する制度であり，この制度が存在することで維持すべき金額を学校法人内に維持することができる。一方，減価償却は，営利企業においては投下資金の回収のための仕組みであるが，学校法人では永続性を担保するために，学校法人の資産を消費した消費者から，更新するために必要な資金を回収する過程を示すための仕組みである。これらがそれぞれの役割を果たすことにより，各期における管理上の情報のみならず，適切な表示をもたらしているといえるのである。

このように学校法人においては，その法人の特質を担保するための会計的仕組みとして複式簿記が必要とされているのである。

---

(13) 基本金制度にも批判があり，次の4つに類型化できる。1つ目は，資金をベースにした計算（基本金組入）と発生主義（事業活動収支）が混在し，収支差額が無意味な数値になってしまう（醍醐（1981）123頁）こと，2つ目は，資本取引と損益取引の区分が達せられていない（内倉（1986）14頁）こと，3つ目は，基本金組入によって黒字隠しを行っているという疑念がある（細田（1985）2頁）こと，4つ目は，第1号基本金が学校法人の有する資産の価値に見合う金額をもはや表示していない（林（2017）46頁）ことである。

**【参考文献】**

内倉滋（1986）「『学校法人会計基準』の批判的検討」『産業経理』第46巻第2号，13 -25頁。

梅田守彦（2010）「学校法人の資金収支計算書」『中京経営研究』第19巻第2号，45- 53頁。

片山覺（2011）「学校法人会計基準の現状と課題」『會計』第179巻第4号，28-43頁。

学校法人会計基準の在り方に関する検討会（2013）『報告書；学校法人会計基準の在 り方について』。

齋藤力夫（2016）『学校会計入門』中央経済社。

醍醐聰（1981）『公企業会計の研究』国元書房。

高橋吉之助・村山徳五郎（1965）「『学校法人会計基準』について」『會計』第87巻第 6号，133-154頁。

滝澤博三（2007）「学校法人は誰のものか　私学のガバナンスを考える（下）」『アル カディア学報』第293号。

西野芳夫（2010）「学校法人会計基準再考」『産業経理』第70巻第2号，4-16頁。

林兵磨（2017）「学校法人会計基準を巡る検討～基本金を巡る議論を中心に～」『常 葉大学経営学部紀要』第4巻第2号，37-49頁。

細田哲（1985）「学校法人会計基準の問題点について(1)―特に消費収支計算および基 本金組入計算に関連して―」『城西経済学会誌』第20巻第3号，1-18頁。

松本敏史（2007）「資本循環公式の拡張と現代的意義」『複式簿記―根本原則の研究』 白桃書房。

文部科学省（2016）「学校法人会計基準について」説明会資料。

（小野　正芳）

# 第13章

# 社会福祉法人の簿記

## 第1節　社会福祉法人会計の導入の経緯

　社会福祉法人とは，社会福祉事業を行うことを目的として，社会福祉法の規定に基づき，所轄庁（法人の所在地等に応じ都道府県知事または市長等）の認可を受けて設立される法人である。社会福祉法人制度が創設された昭和20年代に政府は「社会福祉事業」を担う責務と本来的な経営主体を行政としつつも，事業の実施は民間に委ね，かつ，事業の公益性を担保する方策として，行政機関（所轄庁等）がサービスの対象者と内容を決定し，それに従い事業を実施するしくみである「措置制度[1]」を設けた。そして，措置を受託する法人に行政からの特別な規制と助成を可能とするため，社会福祉法人が活用されたのである。

　1997（平成9）年の介護保険法[2]の成立を受け，社会福祉の共通基盤制度の見直しとして，多様な経営主体により提供されることとなり，サービスの種類や内容の多様化も進んだことにより，利用者のニーズに応じたサービスの提供，事業展開，自主的なサービスの質の向上，経営の効率化・安定化といった，措置制度の下で行われていたような施設管理にはない法人経営という視点が，社会福祉法人により強く求められることとなった。

　2000（平成12）年には「社会福祉基礎構造改革[3]」による社会福祉法人制度

---

（1）　措置制度とは「社会福祉事業を担う責務と本来的な経営主体を行政（国や地方公共団体等の公的団体）としつつも，事業の実施を民間に委ね，かつ，事業の公益性を担保する方策として，行政機関（所轄庁等）がサービスの対象者と内容を決定し，それに従い事業を実施する仕組み」であり，措置を受託する法人に行政からの特別な規制と助成を可能とするため，「社会福祉法人」という特別な法人格が活用された（厚生労働省（2014）4頁）。
（2）　1997（平成9）年12月17日法律第123号，第141回臨時国会にて公布された。
（3）　厚生省（1999）。なお，本改革では，①自主的な経営基盤の強化，②福祉サービスの質の向上，③事業経営の透明性の確保を内容とする社会福祉法人の経営の原則が法定された。

の幅広い見直しが行われた。社会福祉基礎構造改革では，①自主的な経営基盤の強化，②福祉サービスの質の向上，③事業経営の透明性の確保を内容とする社会福祉法人の経営の原則が法定された。これに伴って，社会福祉法人が行う収益事業で得た利益の充当先の拡大や，第三者評価の受審の努力義務化，福祉サービスの利用を希望する者その他の利害関係人に対する財務諸表の閲覧の義務づけ等の改革が行われた。

さらに介護保険制度の導入により，介護サービスにおいて民間企業やNPO法人の参入が可能となった。民間企業にとって介護サービス事業は，公的な介護保険からの収入が中心のため，貸倒れのリスクが少ない事業であり，また訪問介護などは初期投資も少なくて開業ができるという利点がある。このような背景から，異業種からの参入や介護サービス経験者が独立・開業するというケースも多くみられた。

2021（令和3）年度における所轄庁から登録のあった社会福祉法人の数は21,024法人であり，1990（平成2）年度の13,423法人と比べると，この30余年間で約1.6倍に増加している[4]。近年では，一部の社会福祉法人における不適切な運営や法人制度の主旨に反する事例[5]が見受けられたため，法人組織の見直しや事業運営の透明化を図り，財務規律を強化して社会に対する説明責任を果たすことがより重要になった。このように社会福祉法人は，社会的に維持・継続されるべき社会福祉事業を担っているがゆえに，明確な資金の流れと法人における事業活動の透明化が必要不可欠である。

社会福祉法人会計基準が制定される以前の社会福祉法人の会計は「社会福祉施設を経営する社会福祉法人の経理規程準則の制定について」[6]（以下，「経理規程準則」という）により行われてきた[7]。経理規程準則では，措置費等の公

---

（4）　厚生労働省（2022）資料編，196頁。
（5）　2016年（平成28年）に実施された社会福祉法制度改革の一項目として「財務規律の強化」がある。ここには，①適正かつ公正な支出監理の確保，②いわゆる内部留保の明確化，③社会福祉事業への計画的な再投資，が挙げられている。この「いわゆる内部留保」の問題性は「2011（平成23）年7月に社会福祉法人が黒字をため込んでいるという報道がなされ，同年12月の社会保障審議会介護給付費分科会においては，特別養護老人ホーム1施設当たり平均約3.1億円の内部留保（平成22年度決算ベース）があることが報告された。これを受けて，2012（平成24）年7月には財務省予算執行調査，2013（平成25）年10月には会計検査院による調査が行われた」（厚生労働省（2014）11）ことにある。
（6）　1976（昭和51）年1月31日，社施第25号厚生省社会局長，児童家庭職長連名通知。
（7）　経理規程準則は，保護施設，保育所を含む児童福祉施設，障害者関係施設，特別施設の指定を受けていない養護老人ホームと軽費老人ホームに適用されているに過ぎない。

第13章　社会福祉法人の簿記　　195

的資金の収支を明瞭にし，その受託責任を明らかにすることを目的としており，これらは措置制度と呼ばれていた。措置制度下での会計処理の特徴は，収支会計と施設単位の区分にあった。

　しかし，1997年に導入された介護保険制度などの個別施策見直しに加え，社会福祉事業，社会福祉法人，措置制度など社会福祉の共通基盤制度全体の改革に取り組み，利用者の立場に立った社会福祉制度を構築するため，1999（平成11）年4月15日に厚生省（現：厚生労働省）より「社会福祉基礎構造改革について」（社会福祉事業法等改正法案大綱骨子）が公表[8]された。この制度改革に伴い「社会福祉法人会計基準の制定」[9]が行われ，ここに社会福祉法人会計基準（以下，「平成12年基準」とする）が制定された。しかしながら，社会福祉法人の会計は，社会福祉法人会計基準が制定されたにもかかわらず，適用すべき会計基準と考えられるものは複数存在しており，非常に複雑な状況にあった[10]。そのうえ同一法人の中でさまざまな会計ルール[11]が併存していることから，事務処理が煩雑である等という問題を解消するために，2011（平成23）年7月27日「社会福祉法人会計基準の制定について」が公表され，社会福祉法人会計基準[12]（以下，「平成23年基準」とする）が新たに定められた。

　2016（平成28）年3月の社会福祉法改正では，「社会福祉法人は，厚生労働省令で定める基準に従い，会計処理を行わなければならない」[13]と規定されており，これを受けて「社会福祉法人会計基準」（以下，「平成28年基準」とする）が同年3月31日に公表された[14]。2016（平成28）年社会福祉法人制度改革では，

---

（8）　厚生省（1999）2000（平成12）年4月施行。
（9）　2000（平成12）年2月17日社援第310号厚生省大臣官房障害保健福祉部長，社会・援護局長，老人保健福祉局長，児童家庭局長連名通知。
（10）　宮内忍，宮内眞木子（2012）2頁。なお，その他の会計基準として次のものが挙げられる。
　　・指定介護老人福祉施設等会計処理等取扱指導指針：介護保険事業における指定特定施設はこれを適用することが望ましいとされている。
　　・介護老人保健施設会計・経理準則（老健準則）：介護老人保健施設において適用。
　　・指定老人訪問看護の事業及び指定訪問看護の事業の会計・経理準則（訪看準則）：指定老人訪問看護事業において適用。
　　・授産施設会計基準：就労支援事業に該当しない授産施設において適用される。
　　・就労支援の事業の会計処理の基準（就労会計基準）：就労支援事業において適用される。
　　・病院会計準則（病院準則）：社会福祉法人が実施する病院において適用される。
（11）　「社会福祉法人会計基準」「指定介護老人福祉施設等会計処理等取扱指導指針」「介護老人保健施設会計・経理準則」「就労支援の事業の会計処理の基準」「経理規則準則」等である。
（12）　2012（平成24）年4月1日より適用。
（13）　社会福祉法第45条の23。
（14）　厚生労働省（2022）厚生労働省令第79号，2016（平成28）年3月31日。

経営組織のガバナンスの強化として，一定規模以上の法人への会計監査人の導入や「社会福祉充実残額（再投資財産額)」（純資産の額から事業の継続に必要な財産額を控除等した額）等[15]が掲げられ推進された。

平成28年基準では，社会福祉法上，すべての社会福祉法人は，社会福祉法人会計基準省令に従い，会計処理を行うことが義務づけられている[16]。社会福祉法人の会計処理は，これまでみてきたような変遷を経て，法人全体の財務状況を明らかにし，経営分析を可能にするとともに，外部への情報公開にも資することを目的に，平成23年基準から平成28年基準への一元化が図られた。

# 第2節　社会福祉法人会計における計算書類

社会福祉法人会計基準の範囲は，社会福祉事業のみを対象とするのではなく，収益事業，公益事業を含む社会福祉法人が実施するすべての事業を対象としており，社会福祉法人の計算書類は，社会福祉法人の健全な運営に資することを目的として，計算書類およびその附属明細書ならびに財産目録の作成が義務付けられている。

会計基準で定められている「計算書類[17]」には「貸借対照表及び収支計算書」とあるが，ここでの「収支計算書」には資金収支計算書および事業活動計算書が含まれる。これらの計算書類は，その附属明細書及び財産目録を併せて作成したうえで，毎会計年度終了後3カ月以内（6月30日まで）に所轄庁へ提出することと，監事の監査を受けた後，理事会の承認を受けなければならないと規定されている[18]。

また，2016（平成28）年の社会福祉法改正に伴い，運用上の透明性の向上を図るため，財務諸表の公開および閲覧に応ずることを義務とした。現在，すべての社会福祉法人における運営状況および財務状況に係る情報は，法人の事務負担を軽減することを目的として「財務諸表等電子開示システム」により運用されており，閲覧可能である[19]。

---

(15)　斎藤力夫・佐藤弘章（2018）4頁。
(16)　社会福祉法第45条の23。
(17)　「社会福祉法人は，この省令で定めるところに従い，会計処理を行い，会計帳簿，計算書類（貸借対照表及び収支計算書をいう。以下同じ。)，その附属明細書及び財産目録を作成しなければならない。」（社会福祉法人会計基準第1章総則第1条）
(18)　社会福祉法第45条の23，24，27，28。

社会福祉法人が作成する計算書類は，社会福祉法人が行うすべての事業（社会福祉事業，公益事業，収益事業）を適用対象とするため，法人全体，事業区分別，拠点区分別に，計算書類（資金収支計算書，事業活動計算書，貸借対照表）を作成する。作成時には，拠点区分ごと，すなわち法人全体，事業区分別，拠点区分別の３つに分類し，それぞれ総勘定元帳をもち，事業区分別から法人全体へと積み上げて集計し，くみ上げる方法である。

なお，事業区分における公益事業とは，社会福祉と関係のある公益を目的とする事業であり，たとえば介護老人保健施設の経営，有料老人ホームの経営をさし，また，収益事業とは，その収益を社会福祉事業または一定の公益事業に充てることを目的とする事業であり，たとえば，貸ビルの経営，駐車場の経営，公共的な施設内の売店の経営をさす。

## 2.1 資金収支計算書

資金収支計算書は，当年度におけるすべての支払資金の増加および減少の状況を明らかに表示するもの[20]であり，事業活動の状況を把握し事業の執行を統制する役割がある。社会福祉法人は，公的資金を受け入れ事業活動を行う公益性の高い団体であるため，予算を基準とした活動の合理性の担保と，それによる統制を行うことによって，経営活動の評価を行い，理事会承認の事業計画と予算に準拠して事業を執行することを可能とするものである。そのために金額欄は「予算」，「決算」，「差異」と分類され，予算に準拠した決算であることの報告がなされる仕組みになっている[21]。差異は，予算から決算を差し引いた額を計上し，備考欄は，予算と決算の額に著しい差異が生じている勘定科目の欄にその差異理由を記載することとなっている。

勘定科目の分類は「事業活動による収支」，「施設整備等による収支」，「その他の活動による収支」の３つの活動区分から成り立っており，それぞれの活動において収支計算を行う[22]。「事業活動による収支」は，毎年ほぼ継続して行われる事業活動の収支を表示するもので，法人の基礎的な資金構造の把握をす

---

(19) 厚生労働省「財務諸表等電子開示システム」。
　　 https://www.mhlw.go.jp/seisakunitsuite/bunya/hukushi_kaigo/seikatsuhogo/shakai-fukushi-houjin-seido/07.html
(20) 会計基準省令第12条。
(21) 宮内忍，宮内眞木子（2017）36頁。
(22) 会計基準省令第15条，第16条５・６項。

るうえで重要な収支を表す。「施設整備等による収支」は，事業活動を実施する法人の本拠となる施設・設備資金の調達と運用の収支を表示するものであり，「その他の活動による収支」は「事業活動による収支」と「施設整備等による収支」の区分に属さない収支を表示する。

　貸借対照表の流動資産と流動負債の差額が支払資金の残高になるが，支払基金は会計基準によりその範囲が定められている[23]。いずれも短期間に回収・支払が行われる性質のものであるため，支払資金の残高は，一般に法人の経常的な資金残高，つまり支払能力を示していると考えられる[24]。また，支払資金は，社会福祉法人の資金収支計算における資金概念であり，資金収支計算書の「当期末支払資金残高」は，貸借対照表における流動資産の部と流動負債の部との差額と定義されている[25]。

**図表13－1　資金収支計算書と貸借対照表との結合関係**

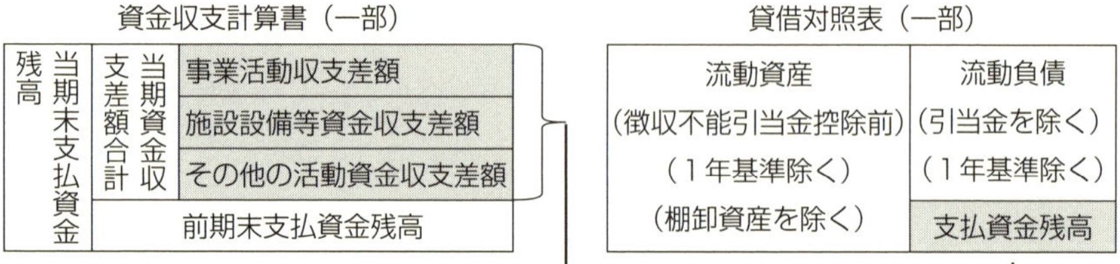

資金収支計算書（一部）

| 残高 | 支差額合計 | | 貸借対照表（一部） | |
|---|---|---|---|---|
| 当期末支払資金 | 当期資金収支差額合計 | 事業活動収支差額 | 流動資産 | 流動負債 |
| | | 施設整備等資金収支差額 | （徴収不能引当金控除前） | （引当金を除く） |
| | | その他の活動資金収支差額 | （1年基準除く） | （1年基準除く） |
| | 前期末支払資金残高 | | （棚卸資産を除く） | 支払資金残高 |

出典：宮内忍，宮内眞木子（2021）67頁を参考に一部加筆。

　資金収支計算書の様式は次のとおりである。

---

(23)　会計基準省令第13条。なお，引当金，棚卸資産（貯蔵品を除く），1年基準による資産・負債からの振替額を含めない。
(24)　齋藤力夫，中川健蔵（2018）73頁。
(25)　宮内忍，宮内眞木子（2021）66頁。

第13章 社会福祉法人の簿記　199

## 図表13-2　資金収支計算書の様式

法人単位資金収支計算書　　　　　　　　　第1号第1様式

(自) 令和　年　月　日　(至) 令和　年　月　日

| | | 勘定科目 | 予算(A) | 決算(B) | 差異(A)−(B) | 備考 |
|---|---|---|---|---|---|---|
| 事業活動による収支 | 収入 | 介護保険事業収入 | | | | |
| | | 老人福祉事業収入 | | | | |
| | | 児童福祉事業収入 | | | | |
| | | 保育事業収入 | | | | |
| | | 就労支援事業収入 | | | | |
| | | 障害福祉サービス等事業収入 | | | | |
| | | 生活保護事業収入 | | | | |
| | | 医療事業収入 | | | | |
| | | 退職共済事業収入 | | | | |
| | | ○○事業収入 | | | | |
| | | ○○収入 | | | | |
| | | 借入金利息補助金収入 | | | | |
| | | 経常経費寄附金収入 | | | | |
| | | 受取利息配当金収入 | | | | |
| | | 社会福祉連携推進業務貸付金受取利息収入 | | | | |
| | | その他の収入 | | | | |
| | | 流動資産評価益等による資金増加額 | | | | |
| | | 事業活動収入計(1) | | | | |
| | 支出 | 人件費支出 | | | | |
| | | 事業費支出 | | | | |
| | | 事務費支出 | | | | |

| | | | | | |
|---|---|---|---|---|---|
| | | 就労支援事業支出 | | | |
| | | 授産事業支出 | | | |
| | | 退職共済事業支出 | | | |
| | | ○○支出 | | | |
| | | 利用者負担軽減額 | | | |
| | | 支払利息支出 | | | |
| | | 社会福祉連携推進業務借入金支払利息支出 | | | |
| | | その他の支出 | | | |
| | | 流動資産評価損等による資金減少額 | | | |
| | 事業活動支出計(2) | | | | |
| 事業活動資金収支差額(3)＝(1)－(2) | | | | | |
| 施設整備等による収支 | 収入 | 施設整備等補助金収入 | | | |
| | | 施設整備等寄附金収入 | | | |
| | | 設備資金借入金収入 | | | |
| | | 社会福祉連携推進業務設備資金借入金収入 | | | |
| | | 固定資産売却収入 | | | |
| | | その他の施設整備等による収入 | | | |
| | | 施設整備等収入計(4) | | | |
| | 支出 | 設備資金借入金元金償還支出 | | | |
| | | 社会福祉連携推進業務設備資金借入金元金償還支出 | | | |
| | | 固定資産取得支出 | | | |
| | | 固定資産除却・廃棄支出 | | | |

第13章　社会福祉法人の簿記　　*201*

| | | | | | | |
|---|---|---|---|---|---|---|
| | | ファイナンス・リース債務の返済支出 | | | | |
| | | その他の施設整備等による支出 | | | | |
| | | 施設整備等支出計(5) | | | | |
| | 施設整備等資金収支差額(6)＝(4)－(5) | | | | | |
| その他の活動による収支 | 収入 | 長期運営資金借入金元金償還寄附金収入 | | | | |
| | | 長期運営資金借入金収入 | | | | |
| | | 役員等長期借入金収入 | | | | |
| | | 社会福祉連携推進業務長期運営資金借入金収入 | | | | |
| | | 長期貸付金回収収入 | | | | |
| | | 社会福祉連携推進業務長期貸付金回収収入 | | | | |
| | | 投資有価証券売却収入 | | | | |
| | | 積立資産取崩収入 | | | | |
| | | その他の活動による収入 | | | | |
| | | その他の活動による収入計(7) | | | | |
| | 支出 | 長期運営資金借入金元金償還支出 | | | | |
| | | 役員等長期借入金元金償還支出 | | | | |
| | | 社会福祉連携推進業務長期運営資金借入金元金償還支出 | | | | |
| | | 長期貸付金支出 | | | | |
| | | 社会福祉連携推進業務長期貸付金支出 | | | | |
| | | 投資有価証券取得支出 | | | | |

202　第4部　貸方項目だけで維持すべき金額を表すグループ

| | | | | |
|---|---|---|---|---|
| | 積立資産支出 | | | |
| | その他の活動による支出 | | | |
| | その他の活動による支出計(8) | | | |
| | その他の活動資金収支差額(9)＝(7)－(8) | | | |
| 予備費支出(10) | | ×××┐<br>△×××┘ | － | ××× |
| 当期資金収支差額合計(11)＝(3)＋(6)＋(9)－(10) | | | | |

| | | | | |
|---|---|---|---|---|
| 前期末支払資金残高(12) | | | | |
| 当期末支払資金残高(11)＋(12) | | | | |

(注)　予備費支出△×××円は○○支出に充当使用した額である。

## 2.2　事業活動計算書

　事業活動計算書は，当該会計年度における純資産のすべての増減内容を明瞭に表示するものでなければならない[26]。計算方法は，当年度に発生した収益と，それに対応する費用を計上して，当該期間の事業活動による収益と費用の増減差額を算出する。活動区分を「サービス活動増減」，「サービス活動外増減」，「特別増減」に分け，それぞれの差額を算出することは資金収支計算書と同様であるが，これに加えて「繰越活動増減差額」がある。「繰越活動増減差額」は，まず各活動の増減差額である「当期活動増減差額(11)[27]」に「前期繰越活動増減差額(12)」を加え「当期繰越活動増減差額(13)」を算定する。そして「当期末繰越活動増減差額(13)」と「基本金取崩額(14)」と「その他の積立金取崩額(15)」の合計から「その他の積立金積立額(16)」を引いたものが「次期繰越活動増減差額(17)」である[28]。

---

(26)　会計基準省令第19条。
(27)　(11)以下に示す括弧つき数字は，**図表13－3**の事業活動計算書の勘定科目に該当する。
(28)　会計基準省令第22条4項。

第13章　社会福祉法人の簿記　　*203*

　事業活動計算書の「サービス活動増減」,「サービス活動外増減」,「特別増減」までが企業会計でいう損益計算書であり，その後段に利益処分計算書に相当する「繰越活動増減差額」が続く構成となっている。社会福祉事業を福祉サービスととらえ，適正なコストの集計とその負担状況の把握，負担関係の合理性と事業の継続可能性を判断するために有効な情報を提供するものである[29]。

　「サービス活動増減」は，サービス活動による収益および費用を記載する。この場合において，サービス活動による費用には，減価償却費等の控除項目として国庫補助金等特別積立金取崩額を含めるものとする。「サービス活動外増減」は，受取利息配当金収益，支払利息，有価証券売却益，有価証券売却損その他サービス活動以外の原因による収益および費用であって経常的に発生するものを記載し，収益から費用を控除した額をサービス活動外増減差額として記載する。

　また「サービス活動増減差額」に「サービス活動外増減差額」を加算した額を「経常増減差額」として記載する[30]。そして「特別増減」は，寄附金および国庫補助金等の収益，基本金の組入額，国庫補助金等特別積立金の積立額，固定資産売却等に係る損益その他の臨時的な損益[31]を記載し，収益から費用を控除した額を記載する[32]。

　なお，平成12年基準から平成23年基準に移行する際に「事業活動収支計算書」から「事業活動計算書」へ名称変更され，用語も「収入・支出・収支」から「収益・費用・増減」へと変更された。また活動区分も「事業活動収支」から「サービス活動増減」,「事業活動外収支」は「サービス活動外増減」,「特別収支」は「特別増減」となり，平成28年基準では変更後の名称が継続して使用されている。事業活動計算書の様式は次のとおりである。

---

(29)　宮内忍・宮内眞木子（2017）40頁。
(30)　会計基準省令第21条 2 項・ 3 項。
(31)　金額が僅少なものを除く。
(32)　会計基準省令第21条 4 号。

204 第4部 貸方項目だけで維持すべき金額を表すグループ

## 図表13-3 事業活動計算書の様式

法人単位事業活動計算書　　　　　　　　第2号第1様式

（自）令和　年　月　日　（至）令和　年　月　日

| | | 勘定科目 | 当年度決算(A) | 前年度決算(B) | 増減(A)−(B) |
|---|---|---|---|---|---|
| サービス活動増減の部 | 収益 | 介護保険事業収益 | | | |
| | | 老人福祉事業収益 | | | |
| | | 児童福祉事業収益 | | | |
| | | 保育事業収益 | | | |
| | | 就労支援事業収益 | | | |
| | | 障害福祉サービス等事業収益 | | | |
| | | 生活保護事業収益 | | | |
| | | 医療事業収益 | | | |
| | | 退職共済事業収益 | | | |
| | | ○○事業収益 | | | |
| | | ○○収益 | | | |
| | | 経常経費寄附金収益 | | | |
| | | その他の収益 | | | |
| | | サービス活動収益計(1) | | | |
| | 費用 | 人件費 | | | |
| | | 事業費 | | | |
| | | 事務費 | | | |
| | | 就労支援事業費用 | | | |
| | | 授産事業費用 | | | |
| | | 退職共済事業費用 | | | |
| | | ○○費用 | | | |
| | | 利用者負担軽減額 | | | |

第13章　社会福祉法人の簿記　*205*

| | | | | | |
|---|---|---|---|---|---|
| | | 減価償却費 | | | |
| | | 国庫補助金等特別積立金取崩額 | △××× | △××× | |
| | | 貸倒損失額 | | | |
| | | 貸倒引当金繰入 | | | |
| | | 徴収不能額 | | | |
| | | 徴収不能引当金繰入 | | | |
| | | その他の費用 | | | |
| | | サービス活動費用計(2) | | | |
| | サービス活動増減差額(3)＝(1)－(2) | | | | |
| サービス活動外増減の部 | 収益 | 借入金利息補助金収益 | | | |
| | | 受取利息配当金収益 | | | |
| | | 社会福祉連携推進業務貸付金受取利息収益 | | | |
| | | 有価証券評価益 | | | |
| | | 有価証券売却益 | | | |
| | | 基本財産評価益 | | | |
| | | 投資有価証券評価益 | | | |
| | | 投資有価証券売却益 | | | |
| | | 積立資金評価益 | | | |
| | | その他のサービス活動外収益 | | | |
| | | サービス活動外収益計(4) | | | |
| | 費用 | 支払利息 | | | |
| | | 社会福祉連携推進業務借入金支払利息 | | | |
| | | 有価証券評価損 | | | |
| | | 有価証券売却損 | | | |

第4部　貸方項目だけで維持すべき金額を表すグループ

| | | | | | |
|---|---|---|---|---|---|
| | | 基本財産評価損 | | | |
| | | 投資有価証券評価損 | | | |
| | | 投資有価証券売却損 | | | |
| | | 積立資産評価損 | | | |
| | | その他のサービス活動外費用 | | | |
| | | サービス活動外費用計(5) | | | |
| | サービス活動外増減差額(6)＝(4)－(5) | | | | |
| 経常増減差額合計(7)＝(3)＋(6) | | | | | |
| 特別増減の部 | 収益 | 施設設備等補助金収益 | | | |
| | | 施設設備等寄附金収益 | | | |
| | | 長期運営資金借入金元金償還寄附金収益 | | | |
| | | 固定資産受贈益 | | | |
| | | 固定資産売却益 | | | |
| | | その他の特別収益 | | | |
| | | 特別収益計(8) | | | |
| | 費用 | 基本金組入額 | | | |
| | | 資産評価損 | | | |
| | | 固定資産売却損・処分損 | | | |
| | | 国庫補助金等特別積立金取崩額（除却等） | △×××  | △×××  | |
| | | 国庫補助金等特別積立金積立額 | | | |
| | | 災害損失 | | | |
| | | その他の特別損失 | | | |
| | | 特別費用計(9) | | | |
| | 特別増減差額(10)＝(8)－(9) | | | | |

| | | | | |
|---|---|---|---|---|
| | 当期活動増減差額(11)＝(7)＋(10) | | | |
| 繰越活動増減差額の部 | 前期繰越活動増減差額(12) | | | |
| | 当期末繰越活動増減差額(13)＝(11)＋(12) | | | |
| | 基本金取崩額(14) | | | |
| | その他の積立金取崩額(15) | | | |
| | その他の積立金積立額(16) | | | |
| | 次期繰越活動増減差額(17)＝(13)＋(14)＋(15)－(16) | | | |

＊本様式は，勘定科目の大区分のみを記載するが，必要のないものは省略することができる。ただし追加・修正はできないものとする。

　なお，事業活動計算書は，損益計算の結果として貸借対照表と有機的な関係を有するものであり，貸借対照表の純資産の部の次期繰越活動増減差額と直結している[33]。**図表13－4**は事業活動計算書と貸借対照表の結合関係を表したものである。

**図表13－4**　**資金収支計算書と貸借対照表との結合関係**

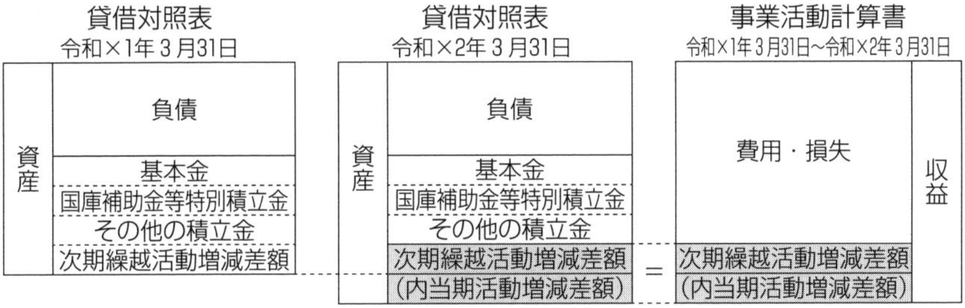

出典：宮内忍・宮内眞木子（2021）80頁を参考に一部修正・加筆。

## 2.3　貸借対照表

　貸借対照表は，当該会計年度末現在におけるすべての資産，負債および純資産の状態を明瞭に表示するものであり，資産の部，負債の部および純資産の部

---
(33)　宮内忍・宮内眞木子（2017）40頁。

から構成され，さらに資産の部は流動資産および固定資産，負債の部は流動負債および固定負債に区分される。固定資産の部は「基本財産」と「その他の固定資産」に区分され，純資産の部は基本金，国庫補助金等特別積立金，その他の積立金および次期繰越活動増減差額に区分されている[34]。

社会福祉法人会計における基本金は，社会福祉法人が事業を継続するための必要な一定の資産を維持していくために，社会福祉事業の対価としてではなく，施設の経営基盤を整備するために受け入れた寄附金のことをいう。社会福祉法人では法人設立や施設の創設時などの多額の資金を要する場合において，寄附金や国庫補助金等によって資金調達をする[35]。

貸借対照表[36]の様式は次のとおりである。なお，平成28年基準では，資金収支計算書，事業活動計算書，貸借対照表の３つの計算書類に加えて，計算書類の附属明細書と財産目録の作成を規定している[37]。

### 図表13－5　貸借対照表の様式

法人単位貸借対照表　　　　　　　　　　　　　第３号第１様式

令和　年　月　日現在

| 資　産　の　部 | | | | 負　債　の　部 | | | |
|---|---|---|---|---|---|---|---|
| | 当年度末 | 前年度末 | 増減 | | 当年度末 | 前年度末 | 増減 |
| 流動資産 | | | | 流動負債 | | | |
| 　現金預金 | | | | 　短期運用資金借入金 | | | |
| 　有価証券 | | | | 　事業未払金 | | | |
| 　事業未収金 | | | | 　その他の未払金 | | | |
| 　未収金 | | | | 　支払手形 | | | |
| 　未収補助金 | | | | 　社会福祉連携推進業務短期運営資金借入金 | | | |
| 　未収収益 | | | | 　役員等短期借入金 | | | |
| 　受取手形 | | | | 　１年以内返済予定社会福祉連 | | | |
| 　貯蔵品 | | | | 　携推進業務設備資金借入金 | | | |

---

(34)　会計基準省令第25条，第26条，第26条２項。
(35)　EY新日本有限責任監査法人（2021）203頁。
(36)　貸借対照表には複数あり「法人単位貸借対照表」は法人全体について表示し「貸借対照表内訳表及び事業区分貸借対照表内訳表」は事業区分の情報を表示するもの「拠点区分貸借対照表」は拠点区分別の情報を表示する（会計基準省令第27条，第27条２項・３項）。
(37)　会計基準省令第30条。

| 資産の部 | | | 負債の部 | | | |
|---|---|---|---|---|---|---|
| 医薬品 | | | 1年以内返済予定設備資金借入金 | | | |
| 診療・療養費等材料 | | | 1年以内返済予定社会福祉連携推進業務長期運営資金借入金 | | | |
| 給食用材料 | | | 1年以内返済予定長期運営資金借入金 | | | |
| 商品・製品 | | | 1年以内返済予定リース債務 | | | |
| 仕掛品 | | | 1年以内返済予定役員等長期借入金 | | | |
| 原材料 | | | 1年以内支払予定長期未払金 | | | |
| 立替金 | | | 未払費用 | | | |
| 前払金 | | | 預り金 | | | |
| 前払費用 | | | 職員預り金 | | | |
| 1年以内回収予定社会福祉連携推進業務長期貸付金 | | | 前受金 | | | |
| 1年以内回収予定長期貸付金 | | | 前受収益 | | | |
| 社会福祉連携推進業務短期貸付金 | | | 仮受金 | | | |
| 短期貸付金 | | | 賞与引当金 | | | |
| 仮払金 | | | その他の流動負債 | | | |
| その他の流動資産 | | | | | | |
| 貸倒引当金 | △××× | △××× | | | | |
| 徴収不能引当金 | △××× | △××× | | | | |
| 固定資産 | | | 固定負債 | | | |
| 基本財産 | | | 社会福祉連携推進業務設備資金借入金 | | | |
| 土地 | | | 設備資金借入金 | | | |
| 建物 | | | 社会福祉連携推進業務長期運営資金借入金 | | | |
| 建物減価償却累計額 | △××× | △××× | 長期運営資金借入金 | | | |
| 定期預金 | | | リース債務 | | | |
| 投資有価証券 | | | 役員等長期借入金 | | | |
| その他の固定資産 | | | 退職給付引当金 | | | |
| 土地 | | | 役員退職慰労引当金 | | | |
| 建物 | | | 長期未払金 | | | |
| 構築物 | | | 長期預り金 | | | |
| 機械及び装置 | | | 退職共済預り金 | | | |
| 車輌運搬具 | | | その他の固定負債 | | | |
| 器具及び備品 | | | 負債の部合計 | | | |
| 建設仮勘定 | | | 純 資 産 の 部 | | | |
| 有形リース資産 | | | 基本金 | | | |
| (何) 減価償却累計額 | △××× | △××× | 国庫補助金等特別積立金 | | | |
| 権利 | | | その他の積立金 | | | |
| ソフトウェア | | | ○○積立金 | | | |

| | | | | | | | |
|---|---|---|---|---|---|---|---|
| 無形リース資産 | | | | 次期繰越活動増減差額 | | | |
| 投資有価証券 | | | | (うち当期活動増減差額) | | | |
| 社会福祉連携推進業務長期貸付金 | | | | | | | |
| 長期貸付金 | | | | | | | |
| 退職給付引当資産 | | | | | | | |
| 長期預り金積立資産 | | | | | | | |
| 退職共済事業管理資産 | | | | | | | |
| (何) 積立資産 | | | | | | | |
| 差入保証金 | | | | | | | |
| 長期前払費用 | | | | | | | |
| その他の固定資産 | | | | | | | |
| 貸倒引当金 | △XXX | △XXX | | | | | |
| 徴収不能引当金 | △XXX | △XXX | | 純資産の部合計 | | | |
| 資産の部合計 | | | | 負債及び純資産の部合計 | | | |

　以上のように，社会福祉法人における計算書類をみてきたが，これらの相互関係は次のようにまとめられる。

①　貸借対照表上で算出される支払資金残高＝資金収支計算書の当期末支払資金残高

②　貸借対照表純資産の部「次期繰越活動増減差額」＝事業活動計算書「次期繰越活動増減差額」

③　貸借対照表純資産の部「次期繰越活動増減差額及びその内数（内当期活動増減差額）＝事業活動計算書「次期繰越活動増減差額及び当期活動増減差額」[38]

---

(38)　宮内忍・宮内眞木子（2020）81頁。

第13章 社会福祉法人の簿記 *211*

| 図表13－6 | 計算書類の相互関係図 |

**貸借対照表の一部（支払資金）** / **資金収支計算書**

| 流動資産<br>（徴収不能引当金控除前）<br>（1年基準除く）<br>（棚卸資産を除く） | 流動負債<br>（引当金を除く）<br>（1年基準除く） | 支出<br>（資金の減少） | 収入<br>（資金の増加） |
|---|---|---|---|
| | ①支払資金残高 | ①当期末支払資金残高 | 前期末支払資金残高 |

（①支払資金残高　—致　①当期末支払資金残高）

**貸借対照表** / **事業活動計算書**

| 流動資産 | 流動負債 | 費用・損失<br>（純資産の減少） | 収益<br>（純資産の増加） |
|---|---|---|---|
| | 固定負債 | | |
| 固定資産 | 純資産：基本金<br>国庫補助金等特別積立金<br>その他の積立金 | | |
| | ②次期繰越活動増減差額 | ②次期繰越活動増減差額 | 前期繰越活動増減差額 |
| | ③（内当期活動増減差額） | ③（内当期活動増減差額） | |

（②次期繰越活動増減差額／③（内当期活動増減差額）　—致）

出典：宮内忍・宮内眞木子（2020）81頁を参考に一部修正・加筆。

# 第3節　社会福祉法人の簿記処理

## 3.1　基本金

　「基本金」とは「社会福祉法人が事業開始等に当たって財源として受け入れた寄附金の額を計上するものとする」[39]とし，第1号基本金から第3号基本金までの合計額を表す。

　基本金への組入れは，基本金とすべき寄附金の受領時に，事業活動計算書の特別収益に計上した後，その収益に相当する額を基本金組入額として特別費用に計上する。また，複数の施設に対して一括して寄附金を受け入れた場合には，最も合理的な基準で各拠点区分に配分する[40]。

　社会福祉法人が事業の一部または全部を廃業し，かつ基本金組み入れの対象

---

(39)　会計基準省令第6条1項。
(40)　基本金の組入れは会計年度末に一括して合計額を計上することができる（「社会福祉法人会計基準の制定に伴う会計処理等に関する運用上の留意事項について」（以下，「運用上の留意事項」とする）14(2)))。

となった基本財産またはその他の固定資産が廃棄または売却された場合，当該事業に対して組み入れられた基本金の一部または全部の額を取り崩し，その金額を事業活動計算書の繰越活動増減差額の部に「基本金取崩額」として計上する。この場合，基本金組入れの対象となった固定資産は，廃棄または売却のみをもって基本金を取り崩すのではなく，事業の廃止が必要となる。また，基本金の取崩しは拠点区分ごとに行い，基本財産の取崩しと同様に，事前に所轄庁と協議し，内容の審査を受けなければならない[41]。なお，基本金の取崩しを行った場合は，その内容を注記する[42]。

　基本金の処理は次のとおりである（ 資金 は資金収支計算書作成のための仕訳を， 事業 は事業活動計算書および貸借対照表作成のための仕訳を示す）。

---

**（例1）** 法人の設立にあたり，理事長より基本財産として建物建築分として，1,000,000を受け入れた。

| 資金 | （借） 支 払 資 金 | 1,000,000 | （貸） 施 設 整 備 等 寄 附 金 収 入 | 1,000,000 |
| 事業 | （借） 現 金 預 金 | 1,000,000 | （貸） 施 設 整 備 等 寄 附 金 収 益 | 1,000,000 |
|  | （借） 基 本 金 組 入 額 | 1,000,000 | （貸） 第 1 号 基 本 金 | 1,000,000 |

　基本金の組入れの仕訳は，期末にまとめて行う場合もある。また，事業活動計算書における「基本金組入額」は「特別増減による費用」に区分する。また，貸方「第1号基本金」としているが，計算書類の表示は「基本金」とする。

---

**（例2）** 事業の廃止により，基本金対象である建物3,000,000（減価償却累計額2,500,000）を除去した。取崩しの要件は満たしたため，3,000,000を取り崩す。

| 資金 | | 仕訳なし | | |
| 事業 | （借） 建 物 減 価 償 却 累 計 額 | 2,500,000 | （貸） 建 物（基本財産） | 3,000,000 |
|  | 建 物 売 却 損・処 分 損 | 500,000 | | |
|  | （借） 第 1 号 基 本 金 | 3,000,000 | （貸） 基 本 金 財 産 取 崩 | 3,000,000 |

出典：齋藤力夫・中川健蔵（（2018）156-157頁）を参考に，一部，筆者により修正・加筆。

---

(41)　運用上の留意事項14(3)。
(42)　会計基準省令第29条1項7号。

第13章　社会福祉法人の簿記　　*213*

---

**（例3）**　施設の創設にあたって，理事長より土地50,000,000を贈与された。

| 資金 | 仕訳なし |
|---|---|

| 事業 | （借）　土地（基本財産）　50,000,000 | （貸）　土 地 受 贈 益　50,000,000 |
|---|---|---|
| | （借）　基 本 金 組 入 額　50,000,000 | （貸）　第 1 号 基 本 金　50,000,000 |

　　　　　　　　出典：あずさ監査法人（（2018）131頁）を参考に一部，筆者により修正・加筆。

　土地などの支払資金の増減に影響しない寄附物品については，資金活動計算書
上は仕訳しないものとなる（運用上の留意事項9(2)）。

---

## 3.2　純資産の部における国庫補助金等特別積立金

　国庫補助金等特別積立金とは「国庫補助金等特別積立金には，社会福祉法人
が施設及び設備の整備のために国，地方公共団体等から受領した補助金，助成
金，交付金等（第22条第4項において「国庫補助金等」という。）の額を計上する
ものとする」とし，設備資金借入金の返済時期にあわせて執行される補助金の
うち，施設・設備の整備にあたり，その受領金額が確実に見込まれており，実
質的に補助金等に相当するものは国庫補助金等と同様の扱いになる[43]。

　国庫補助金等特別積立金の積立ては，会計基準省令第6条2項に規定する国
庫補助金等の収益額を国または地方公共団体等から受け入れた補助金，助成金
および交付金等の額を各拠点区分で積み立てることとし，合築等により受け入れ
る拠点区分が判明しない場合，または複数の施設に対して補助金を受け入れ
た場合には，最も合理的な基準に基づいて各拠点区分に配分する。

　また，設備資金借入金の返済時期に合わせて執行される補助金等のうち，施
設整備時または設備整備時においてその受領金額が確実に見込まれており，実
質的に施設整備事業または設備整備事業に対する補助金等に相当するものとし
て国庫補助金等とされたものは，実際に償還補助があったときに当該金額を国
庫補助金等特別積立金に積み立てる。また，当該国庫補助金等が計画どおりに
入金されなかった場合は，差額部分を当初の予定額に加減算して，再度配分計
算を行う[44]。なお，設備資金借入金の償還補助が打ち切られた場合の国庫補
助金等については，差額部分を当初の予定額に加減算して再度配分計算をし，
経過期間分の修正を行う。当該修正額は原則として特別増減の部に記載するが，

---

(43)　会計基準省令第6条2項および運用上の留意事項15(1)。
(44)　ただし，当該金額が僅少な場合は，再計算を省略することができる。

*214* 第4部 貸方項目だけで維持すべき金額を表すグループ

重要性が乏しい場合はサービス活動外増減の部に記載できる[45]。

　国庫補助金等特別積立金の減価償却等による取崩しおよび国庫補助金等特別積立金の対象となった基本財産等が廃棄または売却された場合の取崩しの場合についても各拠点区分で処理する。また，国庫補助金等はその効果を発現する期間にわたって，支出対象経費（主として減価償却費をいう）の期間費用計上に対応して国庫補助金等特別積立金取崩額をサービス活動費用の控除項目として計上する。なお，非償却資産である土地に対する国庫補助金等は，原則として取崩しという事態は生じず，将来にわたって純資産に計上する。

　さらに，設備資金借入金の返済時期に合わせて執行される補助金のうち，施設整備時または設備整備時においてその受領金額が確実に見込まれており，実質的に施設整備事業または設備整備事業に対する補助金等に相当するものとして積み立てられた国庫補助金等特別積立金の取崩額の計算にあたっては，償還補助総額を基礎として支出対象経費（主として減価償却費をいう）の期間費用計上に対応して国庫補助金等特別積立金取崩額をサービス活動費用の控除項目として計上する[46]。

　国庫補助金等特別積立金の処理は次のとおりである。

---

**（例4）** 期首に車両2,000を購入した。

| 資金 | （借）車両運搬具取得支出 | 2,000 | （貸）支払資金 | 2,000 |
|---|---|---|---|---|
| 事業 | （借）車両運搬具 | 2,000 | （貸）現金預金 | 2,000 |

---

**（例5）** （例4）で購入した車両のための補助金1,000について自治体より通知があり，その後，入金された（補助割合50%）。また，国庫補助金等特別積立金の積立てを行った。

| 資金 | （借）支払資金 | 1,000 | （貸）施設整備等補助金収入 | 1,000 |
|---|---|---|---|---|
| 事業 | （借）未収補助金 | 1,000 | （貸）施設整備等補助金収益 | 1,000 |
| | （借）現金預金 | 1,000 | （貸）未収補助金 | 1,000 |
| | （借）国庫補助金等特別積立金積立額 | 1,000 | （貸）国庫補助金等特別積立金 | 1,000 |

---

(45) 運用上の留意事項15(2)ア。
(46) 運用上の留意事項15(2)イ。

| | | | | | | |
|---|---|---|---|---|---|---|
| **（例6）** | 決算にあたり，（例4）で購入した車両（耐用年数は5年，定額法償却率は0.200）の減価償却費の計上と国庫補助金等特別積立金の取崩しを行う。 | | | | | |

**（例6）** 決算にあたり，（例4）で購入した車両（耐用年数は5年，定額法償却率は0.200）の減価償却費の計上と国庫補助金等特別積立金の取崩しを行う。

| 資金 | 仕訳なし | | | |
|---|---|---|---|---|
| 事業 | (借) 減 価 償 却 費 | 400 | (貸) 車 両 運 搬 具 | 400 |
| | (借) 国 庫 補 助 金 等<br>特 別 積 立 金 | 200 | (貸) 国 庫 補 助 金 等<br>特別積立金取崩額 | 200 |

減価償却費＝取得原価2,000÷耐用年数5年
国庫補助金等特別積立金取崩額＝減価償却費400×補助割合50％

**（例7）** （例4）で購入した車両を4年目の期首に廃棄した。廃棄に伴う国庫補助金等特別積立金の取崩しも行う。

| 資金 | 仕訳なし | | | |
|---|---|---|---|---|
| 事業 | (借) 車両運搬具売却損・<br>処 分 額 | 800 | (貸) 車 両 運 搬 具 | 800 |
| | (借) 国 庫 補 助 金 等<br>特 別 積 立 金 | 400 | (貸) 国 庫 補 助 金 等<br>特別積立金取崩額 | 400 |

減少する車両運搬具＝取得原価2,000－減価償却累計額1,200
国庫補助金等特別積立金取崩額＝当初積立額1,000－減価償却に伴う取崩額600

出典：あずさ監査法人（2018）132-134頁を参考に一部，修正加筆。

　国庫補助金等の目的は，社会福祉法人が資産取得するための負担を軽減し，最終的には利用者の負担を軽減することにある。そのため「国庫補助金等特別積立金」は取得した資産の減価償却費等の補助割合に相当する金額を取り崩し，資金収支計算書の特別費用の控除項目として計上する。また，対象となった固定資産が廃棄・売却された場合には，当該資産に対応する「国庫補助金等特別積立金」の額を取り崩し，資金収支計算書の特別費用の控除項目として計上する。なお，積立時，取崩時には流動資産と流動負債の差額である支払資金に増減はないので，資金収支計算書の仕訳は不要となる。

## 第4節　社会福祉法人における複式簿記の役割と必要性

　社会福祉法人の経営目的は，福祉施策の実現に寄与する良質なサービスを継続的に提供する事業の運営である。社会福祉法人は，社会福祉事業を実施するために必要な財産を保有し，これを使用することによって適正な事業の運営と，

安定的な事業継続可能性を確保できる財産の保全，すなわち安定的な寄附金，政策として交付された施設整備補助金，運営資金として給付される措置費や委託費，またはサービスの対価として収受する介護報酬等が，目的事業の運営に効率的かつ有効に使用され，社会福祉事業としての役割を果たす事業活動が実施されていることを説明している報告機能といえよう。

　社会福祉法人が社会福祉法人としての役割を果たしているかどうかの検証は，法律に基づいて託された社会福祉事業について，法人の執行機関が一定期間における事業活動の成果と財産の状況を報告し，理事会および評議会の承認を受けることで受託責任が解明されることによってなされる。さらにこれらの会計情報を社会に公表することによって社会的責任が明らかとなるのである[47]。このように社会福祉法人は，社会的に維持・継続されるべき社会福祉事業を担っているがゆえに，明確な資金の流れと法人における事業活動の透明化が必要不可欠である。

　社会福祉法人における日々の活動記録は，日々の取引を複式簿記による2系統の帳簿記録を見れば明らかであり，ここに複式簿記の必要性がある。複式簿記による取引記録は，広く一般企業でもなされているが，一般企業と社会福祉法人の財産と運用をここで改めて比較してみたい。

**図表13−7　社会福祉法人と一般企業の財産と運用の比較**

| 項目 | | 一般企業 | 社会福祉法人 |
|---|---|---|---|
| 設立要件 | | 出資（金額要件なし） | 寄附および一定の施設・設備要件 |
| 事業目的 | | 利益の追求・出資者への還元 | 社会保障制度・社会福祉事業の実施 |
| 資金の調達 | 施設整備費 | 資本金（出資） | 設立者からの寄附金<br>国からの施設整備補助金 |
| | | 金融機関等からの設備資金借入金 | 独立行政法人福祉医療機構および協調融資借入金 |

_____

(47)　宮内忍・宮内眞木子（2020）12-15頁。

| 資金の調達 | 事業運営費 | 売上金 | 介護報酬・措置委託費・保育所運営費（委託費）・自立支援給付金・その他の対価・経常経費補助金・経常経費寄附金 |
|---|---|---|---|
| | | 運転資金借入金 | 運営資金寄附金（第3号基本金） |
| 財産の運用 | 固定資産 | すべての財源を効率よく運用するためのあらゆる手段を用いる | 社会福祉事業を実施する場所の確保 |
| | 流動資産 | | 社会福祉のための活動資金 |
| 財産の使途制限 | 固定資産 | 他律的使途制限なし 使途変更または売却も自由 | 目的の社会福祉事業に使用し続ける義務（補助金適化法）。変更に返済義務 |
| | 流動資産 | 利益の配分（配当）・役員賞与等新規事業への投資（出資）等自由に投資・運用 | 社会福祉事業に限定（目的外使用および貸付の禁止） |
| 出資金の回収 | | 配当，株式等の譲渡 残余財産配分請求権 | 回収なし，配当禁止 役員へ特別利益供与禁止 |
| 残余財産の処分 | | 出資割合に応じて出資者へ分配する | 国，または同種の社会福祉法人に帰属する |
| | | ↓ | ↓ |
| 会計の機能・目的 | | 現在および将来の株主に対する投資意思決定に有用な情報提供 | 受託責任（社会的な期待）の解明に役立つ情報 |

出典：宮内忍・宮内眞木子（2020）14頁を参考に一部修正・加筆。

　**図表13-7**にみられるように，社会福祉法人の会計は社会福祉事業の実施のために必要な財産を維持管理し，安定的な運営を実施することにある。2014（平成26）年6月24日には，社会福祉法人に対して，①社会福祉法人の財務諸表の開示や経営管理体制の強化，②社会貢献の義務化を内容とする規制改革実施計画が閣議決定された[48]。このような動向は，社会福祉法人会計基準の改正に伴い変更された会計の区分や会計監査の義務化，財務諸表の公開に影響を与えたと考えられる。これらの実務はすべて日常の会計処理，すなわち複式簿記に

よる帳簿記録がベースである。したがって日々の取引を，複式簿記を用いた帳簿記録から計算書類を作成，公開するという一連の会計手続きが，社会福祉法人の安定的な運営のために維持・管理されるべき財産管理と，社会福祉事業の運営および予算統制を担保しているといえよう。

> **（謝辞）** 本章の執筆にあたり，株式会社福祉会計サービスセンター 取締役 宮内忍氏，会計サービス部部長 上園浩一郎氏には，ご多忙の中，貴重なご意見を賜りました。ここに記して深く謝意を表します。

## 【参考文献】

EY新日本有限責任監査法人（2021）『Q&A 社会福祉法人会計の実務ガイダンス』EY新日本有限責任監査法人編，中央経済社。

あずさ監査法人（2018）『社会福祉法人会計の実務ガイド（第3版）』あずさ監査法人編，中央経済社。
https://www.mhlw.go.jp/seisakunitsuite/bunya/hukushi_kaigo/seikatsuhogo/shakai-fukushi-houjin-seido/dl/03-01.pdf（2021年8月10日閲覧）

厚生省（1999）「社会福祉基礎構造改革について（社会福祉事業法等改正法案大綱骨子）」。
https://www.mhlw.go.jp/www1/houdou/1104/h0415-2_16.html（2021年8月10日閲覧）

厚生労働省（2013）「社会保障制度改革国民会議報告書」。https://www.mhlw.go.jp/file/05-Shingikai-10801000-Iseikyoku-Soumuka/0000052615_1.pdf（2021年8月10日閲覧）

厚生労働省（2014）「社会福祉法人制度の在り方について」，社会福祉法人の在り方等に関する検討会。
https://www.mhlw.go.jp/file/05-Shingikai-12201000-Shakaiengokyokushougaihokenfukushibu-Kikakuka/0000050215.pdf（2021年8月10日閲覧）

厚生労働省（2022）『令和4年度版厚生労働白書資料編』。
https://www.mhlw.go.jp/wp/hakusyo/kousei/21-2/dl/all.pdf（2021年8月10日閲覧）

---

(48) 2013（平成25）年8月にとりまとめられた「社会保障制度改革国民会議報告書」において，①医療法人制度，社会福祉法人制度の見直しについて，非営利性や公共性の堅持を前提としつつ，たとえばホールディングカンパニーの枠組みのような法人間の合併や権利の移転等を速やかに行うことができる道を開くための制度改正の検討と，②特に社会福祉法人については，非課税とされているにふさわしい国家や地域への貢献が必要との見解が示された（厚生労働省（2013））。

齋藤力夫・中川健蔵（2018）『社会福祉法人の会計と税務の入門』税務経理協会。

宮内忍・宮内眞木子（2012）『社会福祉法人の新会計基準―移行時の会計処理―』，第一法規株式会社。

宮内忍・宮内眞木子（2017）『社会福祉法人会計の実務（第2編）―会計基準の体系と具体的取扱編―』，社会福祉法人東京都社会福祉協議会。

宮内忍・宮内眞木子（2020）『令和2年版　社会福祉法人会計の実務―第1編月次編』，社会福祉法人東京都社会福祉協議会。

宮内忍・宮内眞木子（2021）『令和2年版　社会福祉法人会計の実務―第2編決算編』，社会福祉法人東京都社会福祉協議会。

（石田　万由里）

220　第4部　貸方項目だけで維持すべき金額を表すグループ

# 第14章

# 法人間の比較分析

## ―学校法人と社会福祉法人―

## 第1節　基本金の簿記処理

　学校法人・社会福祉法人では基本金が計上される。基本金を計上する非営利組織体は他にはなく，その簿記処理は，学校法人・社会福祉法人の特徴的な処理であるといえよう。また，学校法人では繰越収支差額（フロー）に含められるものが社会福祉法人では積立金（ストック）とされる項目もある。そこで，本章では，学校法人・社会福祉法人の純資産の項目に焦点を当て，純資産項目の簿記処理の含意を検討したい[1]。

　学校法人と社会福祉法人における純資産項目に関する扱いは**図表14－1**に示したとおりであり，似たような勘定が用いられることもあるが，その内容の違いも多い。また，学校法人・社会福祉法人における取得資産・その資金財源・純資産項目の関係は**図表14－2**のとおりである。同じような取引を行っても，用いられる勘定が異なることも多く，本章ではその点について分析を行いたい。なお，紙幅の都合上，一部の組み合わせについてのみ分析を行う。

---

（1）　本章で扱う固定資産は，すべて事業継続に必要な固定資産あるいは基本財産に該当するものとする。

第14章　法人間の比較分析―学校法人と社会福祉法人―　　*221*

| 図表14-1 | 学校法人と社会福祉法人の純資産項目に関する扱い |

| | 学校法人 | 社会福祉法人 |
|---|---|---|
| 純資産の構成 | 第1号基本金　　第2号基本金<br>第3号基本金　　第4号基本金<br>繰越収支差額 | 第1号基本金　　第2号基本金<br>第3号基本金<br>国庫補助金等特別積立金<br>その他の積立金<br>繰越活動増減差額 |
| 基本金の定義 | 学校法人が，その諸活動の計画に基づき必要な資産を継続的に保持するために維持すべきものとして，その事業活動収入のうちから組み入れた金額（『学校法人会計基準』第29条） | 社会福祉法人が事業開始等に当たって財源として受け入れた寄附金の額を計上するものとする。（社会福祉法人会計基準省令6条1項） |
| 基本金の金額 | 法人によって，活動継続のために保持すべきと判断された固定資産相当額（支出額基準）。 | 「寄附金」として受け入れた金額（収入額基準）。 |
| 基本金の種類 | ■第1号：学校法人が設立当初に取得した固定資産，既設の学校の規模の拡大，教育の充実向上のために取得した固定資産の価額<br>■第2号：新たな学校の設置又は既設の学校の規模の拡大，教育の充実向上のために将来取得する固定資産の取得に充てる金銭その他の資産の額<br>■第3号：基金として継続的に保持し，かつ，運用する金銭その他の資産の額<br>■第4号：恒常的に保持すべき資金として別に文部科学大臣の定める額 | ■第1号：社会福祉法人の設立並びに施設及び増築等のために基本財産等を取得すべきものとして指定された寄附金の額※。<br>■第2号：資産の取得等に係る借入金の元金償還に充てるものとして指定された寄附金の額。<br><br>■第3号：施設の創設および増築時に運転資金に充てるために収受した寄附金の額。 |

※ただし，次については含めない。
・地方公共団体から無償または低廉な価額により譲渡された土地，建物の評価額（または評価差額）。
・設備の更新，改築等にあたっての寄附金。

222　第4部　貸方項目だけで維持すべき金額を表すグループ

| 図表14－2 | 資金財源・取得資産・純資産項目の関係

| 財　　源 | | 取得資産 | 純資産項目 | | 設例 | 摘　　要 |
|---|---|---|---|---|---|---|
| | | | 学校 | 社会福祉 | | |
| 寄附金 | | 法人の活動のために必要な固定資産<br><br>（資産<br>　土地<br>　建物<br>　構築物<br>　車両運搬具<br>　器具・備品等） | 第1号基本金 | 第1号基本金 | 【設例1】 | （学）取得財産＝基本金<br>　　　　　　　　≠寄附額<br>（社）基本財産＝基本金<br>　　　　　　　　＝寄附額 |
| 補助金 | | | | 国庫補助金等特別積立金 | 【設例2】 | （学）基本金・（社）積立金。<br>同じ活動が異なって表示される。 |
| 借入金 | 寄附金 | | | 第2号基本金 | 【設例3】 | 借入金で固定資産取得<br>→借入金を寄附金で返済 |
| | 事業収入 | | | 繰越活動増減差額 | 【設例4】 | 借入金で固定資産取得<br>→借入金を事業収入で返済 |
| 事業収入 | | | | 繰越活動増減差額 | － | 【設例4】と同様の結果となる。 |
| （学校）引当資産<br>（社福）積立金 | | | | その他の積立金 | － | （学）基本金・（社）積立金。<br>同じ活動が異なって表示される。 |
| 事業収入 | | 引当資産 | 第2号基本金 | その他の積立金 | － | 固定資産取得のための基金等。<br>同じ活動が異なって表示される。 |
| | | | 第3号基本金 | － | － | 研究資金等に関する基金。<br>同じ活動が異なって表示される。 |
| 寄附金 | | 現預金等 | 第4号基本金 | 第3号基本金 | － | 法令上求められる運転資金。 |
| 事業収入 | | | | － | － | 同じ活動が異なって表示される。 |
| | | 引当資産 | － | その他の積立金 | － | 特定目的のための基金等。<br>同じ活動が異なって表示される。 |

# 第2節　寄附による固定資産取得の簿記処理と比較分析

　次の設例を用いて，寄附による固定資産取得の簿記処理を比較する。

第14章　法人間の比較分析―学校法人と社会福祉法人―　223

## 【設例1】(2)

① 学校法人が校舎建設のための土地100の寄附を，社会福祉法人が老人ホーム建設のための土地100の寄附を受けた。また，同日，決算を迎えた。

② 学校法人・社会福祉法人が，それぞれ建物建設のため現金300の寄附を受けた。

③ 学校法人が校舎200を，社会福祉法人が老人ホーム300を建設した。

④ 決算日となり，学校法人・社会福祉法人が，それぞれ，③の建物について減価償却（耐用年数：8年，償却方法：定額法，記帳方法：間接法）を行う。

⑤ 学校法人・社会福祉法人が老朽化した施設の更新資金として寄附400を受けた。

⑥ 学校法人が旧校舎200を新校舎300へ，社会福祉法人が旧老人ホーム300を新老人ホーム400へ更新した。

⑦ 決算日となり，学校法人・社会福祉法人が，それぞれ，⑥の建物について減価償却（耐用年数：8年，償却方法：定額法，記帳方法：間接法）を行う。

| 取引 | 学校法人 | 社会福祉法人 | 差異 |
|---|---|---|---|
| ① | 土　　　　地　100／寄　附　金　100<br>基本金組入額　100／第1号基本金　100 | 基本財産土地　100／施設設備等　100<br>　　　　　　　　　／寄附金収益<br>基本金組入額　100／第1号基本金　100 | なし |
| ② | 現　　　　金　300／寄　附　金　300 | 現　　　　金　300／施設設備等　300<br>　　　　　　　　　／寄附金収益<br>基本金組入額　300／第1号基本金　300 | 組入金額<br>組入タイミング |
| ③ | 建　　　　物　200／現　　　金　200 | 基本財産建物　300／現　　　金　300 |  |
| ④ | 減価償却費　25／減価償却累計額　25<br>基本金組入額　200／第1号基本金　200 | 減価償却費　37.5／減価償却累計額　37.5 |  |
| ⑤ | 現　　　　金　400／寄　附　金　400 | 現　　　　金　400／施設設備等　400<br>　　　　　　　　　／寄附金収益 | 更新時の基本金組入の扱い(更新時の増額分) |
| ⑥ | 減価償却累計額　200／建　　　物　200<br>建　　　　物　300／現　　　金　300 | 減価償却累計額　300／基本財産建物　300<br>基本財産建物　400／現　　　金　400 |  |
| ⑦ | 減価償却費　37.5／減価償却累計額　37.5<br>基本金組入額　100／第1号基本金　100 | 減価償却費　50／減価償却累計額　50<br>（基本金組入額　400／第1号基本金　400）※ |  |

※増築時の寄附金は基本金に含めるが，更新・改築時の寄附金は基本金に含めない。

---

(2) 以降の設例では，すべて現金にて資金のやり取りを行っているものとする。

224 第4部 貸方項目だけで維持すべき金額を表すグループ

## 2.1 固定資産が現物出資された場合（取引①）

　いずれの法人においても，土地を計上するとともに，寄附金に関する収益を計上する。そのうえで，学校法人においては土地相当額の，社会福祉法人においては寄附金相当額の第1号基本金が計上される。このように，寄附が現物資産で行われ，その固定資産が法人の主たる活動に使われるケースにおいては，収益の勘定名を除いて，①のプロセスで学校法人と社会福祉法人で違いはない。

## 2.2 提供された金銭で固定資産を取得した場合（取引②～④）

　いずれの法人においても，受け取った寄附金を収益とする（②）。ただし，その後の処理は異なる。

　学校法人においては，固定資産を取得した処理を行うとともに（③），決算時に固定資産相当額の第1号基本金を組み入れる（④）。固定資産取得時には，固定資産と第1号基本金の額が同額になる。一方，当該固定資産の減価償却（④）により当該固定資産の帳簿価額が引き下げられるが，継続的な活動を中止しない限り第1号基本金の取崩しを行わないため，時間の経過とともに固定資産の帳簿価額と第1号基本金が相違することになる。

　社会福祉法人においては，基本財産取得のための寄附を受け入れたときに第1号基本金を組み入れる（②）。ここでも建物は基本財産として計上される（③）。社会福祉法人においても，減価償却（④）によって固定資産の帳簿価額が引き下げられる一方で，第1号基本金の取崩しは行われない。

　このように，寄附が金銭で行われた場合には，学校法人と社会福祉法人で同様の取引を行っているにもかかわらず[3]，当初の第1号基本金とされる金額に違いが出てくる。また，固定資産の帳簿価額と第1号基本金の金額は一致しない。

## 2.3 固定資産を更新する場合（取引⑤～⑦）

　学校法人においては，更新した固定資産の取得原価が更新前の当該固定資産の取得原価を超える場合，当該超過額を追加で基本金に組み入れる。本設例では，新建物の取得原価300と旧建物の取得原価200の差額100を追加で第1号基

---

（3）　本例では第1号基本金組入額の違いを明示するため，取得した固定資産の取得額を異なる金額にしているが，寄附金と取得した固定資産の金額が同額であったとしても本質的な違いはない。

第14章　法人間の比較分析—学校法人と社会福祉法人—　　*225*

本金とする（⑦）。すなわち，事業継続のために追加で100の資金を法人内に維持するため，基本金組入額として繰越収支差額から100だけ分離して，第1号基本金を計上する措置である。

　社会福祉法人においては，増築が生じた場合の寄附金相当額のみが第1号基本金とされ，設備更新のための寄附金は第1号基本金とされない。

　このように，学校法人では，更新資産の取得原価が旧資産の取得原価よりも上回れば，固定資産の物理的な増加によるものであれ，貨幣価値の変動によるものであれ，その超過額を第1号基本金に含めるが，社会福祉法人においては物理的な増加の場合のみ第1号基本金を増加させる。すなわち，追加される第1号基本金に質的な違いが生じる。

## 2.4　小　　括

　学校法人においては，法人自体が維持すべき金額と考える固定資産相当額（支出額）を第1号基本金とするのに対して，社会福祉法人においては，基本財産を取得するために得た寄附金相当額（収入額）を第1号基本金とする。

　この違いは法人の自主性に関する考え方に起因すると考えられる。学校法人の活動には自主性が認められ，その財産は公共の財産であり，所有者を想定しておらず，学校法人の活動目的を最もよく実現できるような資金の使い方が学校法人の自主性に基づいて決められる。すなわち，学校法人自体があらゆる資金提供者から独立した存在であると考えられている。一方で，社会福祉法人は寄附財源の使用方法などについて相当の制限が加えられている。社会福祉法人は，従来の公益法人に代わり，強い公的規制の下，助成を受けられる特別な法人として創設された経緯から，所轄庁による規制・監督と支援・助成が一体的に行われ，安定的な事業の実施を確保するための仕組みが制度化されている。

　このように，第1号基本金という同一の科目であっても，資金提供者との関係の違いがその金額の決定に大きな影響を与えていると考えられる。

# 第3節　国庫補助金等による固定資産取得の簿記処理と比較分析

　次の設例を用いて，補助金等による固定資産取得の簿記処理を比較する。

226　第 4 部　貸方項目だけで維持すべき金額を表すグループ

## 【設例 2 】

① 学校法人・社会福祉法人が，固定資産取得のための補助金100を受領した。

② 学校法人が校舎100を，社会福祉法人が老人ホーム100を取得した。

③ 決算日となり，学校法人・社会福祉法人が，それぞれ，上記建物について減価償却（耐用年数： 4 年，償却方法：定額法，記帳方法：間接法）を行う。

④ 学校法人・社会福祉法人が，それぞれ，上記資産を廃棄した。

| 取引 | 学校法人 | 社会福祉法人 | 差異 |
|---|---|---|---|
| ① | 現　　　金 100／補　　助　　金 100 | 現　　　金 100／施 設 設 備 等 100<br>　　　　　　　　　補 助 金 収 益<br>国庫補助金等 100／国庫補助金等 100<br>特別積立金積立額　　特 別 積 立 金 | 純資産項目<br>組入金額<br>組入タイミ<br>ング<br>取崩しの有<br>無 |
| ② | 建　　　物 100／現　　　金 100 | 基本財産建物 100／現　　　金 100 | |
| ③ | 減 価 償 却 費 25／減価償却累計額 25<br>基本金組入額 100／第 1 号基本金 100 | 減 価 償 却 費 25／減価償却累計額 25<br>国庫補助金等 25／国庫補助金等 25<br>特 別 積 立 金　　積立金取崩額 | |
| ④ | 減価償却累計額 100／建　　　物 100<br>（第 1 号基本金 100／基本金取崩額 100） | 減価償却累計額 100／基本財産建物 100 | |

## 3.1　簿記処理の特徴

　学校法人においては，受け取った補助金が収益とされ（①），繰越収支差額に集計される。そして，固定資産を取得した時に，固定資産相当額の第 1 号基本金が計上される（③）。つまり，寄附金の場合と同様であり，財源の違いによる純資産項目の違いはないということである。なお，学校法人においては，固定資産が廃棄されるだけで基本金の取崩しが行われることはない（固定資産を用いる事業を終了するときに基本金が取り崩される）。

　社会福祉法人においては，補助金受取時に収益が計上されるが，国庫補助金等特別積立金も同時に積み立てが行われる（①）。そして，減価償却が行われるときに，国庫補助金等特別積立金が費用配分割合と同じ割合だけ取り崩される（③）。

## 3.2 小 括

　学校法人においては，補助金収益と基本金組入額が相殺されることにより収支計算に影響を与えない状況を作り出している。ただし，寄附金による固定資産の取得時と同様に，固定資産が廃棄されても第1号基本金が残り続ける。

　社会福祉法人においては，補助金受取時には補助金収益と特別積立金積立額が相殺されることで収支計算が平準化され，減価償却時には減価償却費と取崩額が相殺されることで収支計算が平準化されることになる。つまり，補助金部分が損益に影響を与えない状況を作り出すとともに，固定資産が廃棄されたときには当該積立金が存在しない状態を作り出している。

# 第4節　借入れによる固定資産取得の簿記処理と比較分析

　次の設例を用いて，借入れにれよる固定資産取得の簿記処理を比較する。

## 4.1　借入金を寄附金で返済する場合の簿記処理の特徴

【設例3】

① 学校法人が校舎建設に，社会福祉法人が老人ホーム建設にあたって300を借り入れた。

② 学校法人・社会福祉法人が，それぞれ，借入資金にて建物300を建設した。

③ 学校法人・社会福祉法人が，それぞれ，借入金返済のため寄附金200を得た。

④ 学校法人・社会福祉法人が，それぞれ，借入金100を返済した。

⑤ 決算日となり，学校法人・社会福祉法人が，それぞれ，②の建物について減価償却（耐用年数：6年，償却方法：定額法，記帳方法：間接法）を行う。

| 取引 | 学校法人 | 社会福祉法人 | 差異 |
|---|---|---|---|
| ① | 現　　金 300／借　入　金 300 | 現　　金 300／借　入　金 300 | |
| ② | 建　　物 300／現　　金 300 | 基本財産建物 300／現　　金 300 | |
| ③ | 現　金 200／寄　附　金 200 | 現　金 200／設備資金借入金元金 200<br>／償還寄附金収益 | 純資産項目 |
| | | 基本金組入額 100／第2号基本金 100 | |
| ④ | 借　入　金 100／現　　金 100 | 借　入　金 100／現　　金 100 | |

| ⑤ | 減価償却費　50／減価償却累計額　50<br>基本金組入額　100／第１号基本金　100 | 減価償却費　50／減価償却累計額　50<br>設備資金償還　100／設備資金　100<br>積立金積立額　／償還積立金 | 純資産項目 |
|---|---|---|---|

　学校法人においては，寄附金を収益としたうえで（③），借入金を返済した期間に返済額と同額が第１号基本金として組み入れられる（⑤）。借入金の返済が，当該固定資産を事業収入などの自由に処分できる資金で調達することを意味するからである。そのため，借入金を全額返済した段階で，固定資産の取得原価相当額が第１号基本金とされることになる。ここでも明らかなように，第１号基本金とされる金額は，その時点で固定資産取得のために支出が終わっている部分であり，支出が終わっていない部分については繰越収支差額として維持されることになる。

　社会福祉法人においては，用途が固定資産取得のための借入金の返済に限定されている寄附金について，その返済額相当額を第２号基本金とする(4)。具体的には，設備資金借入金元金償還寄附金収益を計上するとともに，返済に充てる寄附金相当額について第２号基本金を計上する（③）。借入金償還のための寄附金は200であるが，当年度の返済額は100なので基本金組入額は100であり，残額は設備資金償還積立金とする（⑤）。

　このように，本例は取得資産と借入額が同額であるため，いずれの法人においても，第１号基本金あるいは第２号基本金とされる額とその他の純資産項目（学校法人の場合には繰越収支差額，社会福祉法人の場合には設備資金償還積立金）の金額は同額となる。ただし，項目名が異なるため，同じ取引を行っているけれども異なる表示になる。

## 4.2　固定資産取得のための借入金を自己資金で返済する場合の簿記処理の特徴

**【設例４】**

　①・②・④・⑤は【設例３】と同じ。

　③　学校法人が授業料，社会福祉法人が介護報酬300を得た。

---

（4）　借入金が生じた場合において，その借入金の返済を目的として収受した寄附金の総額であるため，借入金の返済にはそれに相当する償還計画に基づく寄附であることが前提である。

第14章　法人間の比較分析―学校法人と社会福祉法人―　　*229*

| 取引 | 学校法人 | 社会福祉法人 | 差異 |
|---|---|---|---|
| ① | 現　　　金　300／借　入　金　300 | 現　　　金　300／借　入　金　300 | 純資産項目 |
| ② | 建　　　物　300／現　　　金　300 | 基本財産建物　300／現　　　金　300 | 組入金額 |
| ③ | 現　　　金　200／授　業　料　300 | 現　　　金　200／介護保険事業収益　300 | （基本金≠固定資産・ |
| ④ | 借　入　金　100／現　　　金　100 | 借　入　金　200／現　　　金　200 | 基本財産）|
| ⑤ | 減価償却費　50／減価償却累計額　50<br>基本金組入額　100／第１号基本金　100 | 減価償却費　50／減価償却累計額　50 | 組入タイミング |

　学校法人においては，返済額と同額が第１号基本金とされる（⑤）。返済財源が寄附金であれ，補助金であれ，自己資金であれ，返済額（＝自己資金で調達したことになる固定資産の金額）が第１号基本金とされる。

　社会福祉法人においては，介護報酬や自立支援給付費など，原則として使途制限が付されていない報酬等を自己資金とするならば，返済について純資産項目を計上することはない。

## 4.3　小　　括

　借入れによって固定資産を調達した場合，その後の返済財源によって，学校法人と社会福祉法人に違いが出る。基本金の定義が明確に反映されているといえよう。学校法人の基本金は学校法人の業務遂行に必要な固定資産の額であるのに対して，社会福祉法人の基本金は社会福祉法人の業務遂行に必要な固定資産を取得するために受けた寄附の額である。学校法人の基本金が固定資産の取得額という支出額に基づいているのに対して，社会福祉法人の基本金が寄附金という収入額に基づいていることがはっきりと反映されている簿記処理であるといえる。

# 第5節　引当資産・積立金の充当による固定資産取得の簿記処理と比較分析

　次の設例を用いて，引当資産等の充当による固定資産取得の簿記処理を比較する。

*230* 第4部　貸方項目だけで維持すべき金額を表すグループ

## 【設例5】

① 決算日となり，学校法人・社会福祉法人が固定資産取得に備えて50の積立てを行った。

② 学校法人が校舎200を，社会福祉法人が老人ホーム200を取得（①以降4年間の積立金等の合計200）した。

③ 決算日となり，学校法人・社会福祉法人が，それぞれ，上記建物について減価償却（耐用年数：4年，償却方法：定額法，記帳方法：間接法）を行う。

④ 学校法人・社会福祉法人が，それぞれ，上記資産を廃棄した。

| 取引 | 学校法人 | 社会福祉法人 | 差異 |
|---|---|---|---|
| ① | 第2号引当資産　50／現　　金　50<br>基本金組入額　50／第2号基本金　50 | 設備整備積立資産　50／現　金　50<br>設備整備積立金積立額　50／設備整備積立金　50 | 純資産項目組入金額組入タイミング維持・取崩しの扱い |
| ② | 建　物　200／第2号引当資産　200 | 基本財産建物　200／設備整備積立資産　200<br>設備整備積立金　200／設備整備積立金取崩額　200 | |
| ③ | 減価償却費　50／減価償却累計額　50<br>第2号基本金　200／第1号基本金　200 | 減価償却費　50／減価償却累計額　50 | |
| ④ | 減価償却累計額　200／建　物　200<br>（第1号基本金　200／基本金取崩額　200） | 減価償却累計額　200／基本財産建物　200 | |

## 5.1　簿記処理の特徴

　学校法人においては，固定資産取得のための資産を積み立てる場合（預金などを特定の引当資産として処理する），当該資産相当額を第2号基本金とする（①）。そして，対象となる固定資産を取得した場合に，第2号基本金を第1号基本金に振り替える（③）。最終的に取得した固定資産相当額の第1号基本金が計上されることになる。つまり，手元資金で即時取得した場合，借入れによって取得した場合，先行積立後に取得した場合のいずれであっても，取得した固定資産相当額の第1号基本金が計上される会計構造になっている。

　社会福祉法人においては，固定資産取得のための資産を積み立てる場合，当

該積立額を設備整備積立金とし，基本金とはならない（①）。そして，固定資産取得時に当該積立金を取り崩す（②）。社会福祉法人における基本金は，原則として，受け入れた寄附金等の相当額であるため，この積立てのための寄附が行われない限り基本金が計上されることはない。

## 5.2　小　　括

　学校法人においては，固定資産取得のために先行的に積立てを行った相当額を第2号基本金とし，当該固定資産取得時には第1号基本金に振り替える。どのような方法であれ，最終的には取得した固定資産相当額が，第1号基本金の金額となる構造となっている。

　社会福祉法人では，積立金は自己資金あるいは補助金を財源として，社会福祉法人が施設及び設備の整備のために積み立てられた金額である一方，基本金はすべて寄附の額であるため，学校法人のように積立金を基本金に振り替える会計処理はない。ここにも両法人の「基本金」概念の相違が明確にみられる。

# 第6節　複式簿記の必要性

　第12・13章でも見てきたが，学校法人・社会福祉法人の純資産項目の処理に対して，社会におけるその法人の位置づけが重要な影響を与えている。

　学校法人の場合，その公共性，自主性がその活動に必要とされ，かつ，所有者がいないがゆえに，維持すべき固定資産を決定し，それに相当する資金を維持するための会計的措置が必要とされた結果，基本金制度が生み出された。すなわち，さまざまな種類の収入の中から維持すべき資金と消費すべき資金に分類するための仕組みとして複式簿記を必要としているのであり，学校法人の公共性・自主性を守り，それを支えるための簿記の仕組みとして複式簿記を必要としているといえよう。

　社会福祉法人の場合，社会的に維持・継続されるべき社会福祉事業を担っているがゆえに，明確な資金の流れと法人における事業活動の透明化が必要不可欠である。基本金に表示される寄附金，国および地方公共団体等から政策として交付された施設整備補助金，運営資金として給付される措置費や委託費，またはサービスの対価として収受する介護報酬等が，目的事業の運営に効率的かつ有効に使用され，社会福祉事業としての役割を果たす事業活動が実施されて

いることを説明することが重要であり，これらは日々の取引を複式簿記による
2系統の帳簿記録を見れば明らかであり，ここに複式簿記の必要性がある。事
業運営の透明性の確保は，社会福祉法第59条の2において求められており，計
算書類等の公表が社会福祉法人の受託責任の解明に重要である（宮内（2020）
84頁）と位置づけられている。


## 【参考文献】

あずさ監査法人（2018）『社会福祉法人会計の実務ガイド（第3版）』あずさ監査法
　　　人編，中央経済社。
厚生労働省（2019a）「「社会福祉法人会計基準の制定に伴う会計処理等に関する運用
　　　上の取扱いについて」の一部改正について」。https://www.mhlw.go.jp/file/06-
　　　Seisakujouhou-12000000-Shakaiengokyoku-Shakai/0000198617.pdf（2019年3月
　　　29日閲覧）
厚生労働省（2019b）「「社会福祉法人会計基準の制定に伴う会計処理等に関する運用
　　　上の留意事項について」の一部改正について」。https://www.mhlw.go.jp/file/06
　　　-Seisakujouhou-12000000-Shakaiengokyoku-Shakai/0000198621.pdf（2019年3月
　　　29日閲覧）
齋藤力夫・中川健蔵（2018）『社会福祉法人の会計と税務の入門』税務経理協会。
高橋吉之助・村山徳五郎（1965）「『学校法人会計基準』について」『會計』第87巻第
　　　6号，133-154頁。
滝澤博三（2007）「学校法人は誰のものか　私学のガバナンスを考える（下）」『アル
　　　カディア学報』第293号。
永田智彦・田中正明（2018）『改訂第二版　社会福祉法人の会計実務』TKC出版。
宮内忍・宮内眞木子（2020）『令和2年版　社会福祉法人会計の実務―第1編月次編』
　　　社会福祉法人東京都社会福祉協議会。
有限責任監査法人トーマツ（2019）『詳解　社会福祉法人会計』清文社。

**（小野　正芳／石田　万由里）**

# 第 5 部

## 複式簿記の導入過程にある
## グループ
### ―あるべき処理（展望）―

# 第15章

# 非営利組織会計検討プロジェクトにおける簿記

## 第1節　非営利組織会計への会計枠組みの導入経緯

　非営利組織に共通する会計枠組みを構築しようとする日本公認会計士協会による一連の取組みを非営利組織会計検討プロジェクト（以下，「プロジェクト」という）という。当該プロジェクトは，2013（平成25）年7月に日本公認会計士協会が非営利法人委員会研究報告第25号「非営利組織の会計枠組み構築に向けて」（以下，「研究報告」という）を公表して開始された。また，「研究報告」での提案内容を中心に有識者へのヒアリング調査を実施し，「研究報告」およびヒアリング調査の結果を踏まえて，2015（平成27）年5月に非営利組織会計検討会による報告「非営利組織の財務報告の在り方に関する論点整理」（以下，「論点整理」という）が公表された。

　さらに，優先的に検討すべき会計論点について，「論点整理」を基礎に，具体的な取扱いを検討し，2016（平成28）年9月に非営利法人委員会研究報告第30号「非営利組織会計基準開発に向けた個別論点整理〜反対給付のない収益の認識〜」，2018（平成30）年12月に非営利法人委員会研究報告第34号「非営利組織会計基準開発に向けた個別論点整理〜固定資産の減損〜」が公表されている。その後，2019（平成31）年4月の公開草案を経て，2019（令和元）年7月には，非営利組織における財務報告の在り方を検討した結果を，非営利組織会計検討会による報告「非営利組織における財務報告の検討〜財務報告の基礎概念・モデル会計基準の提案〜」（以下，「報告書」という）に取りまとめている。

　「報告書」は，会計基準の基礎にある前提や概念を体系化した「財務報告の基礎概念」（以下，「基礎概念」という）と，個別の事象について会計上の取扱いを具体的に定めた「モデル会計基準」を附属している。なお，現在のプロジェクトでは，法人形態別の会計基準との整合性を図る取組みが行われている[1]。

第15章 非営利組織会計検討プロジェクトにおける簿記    235

**図表15－1** 「プロジェクト」の経緯

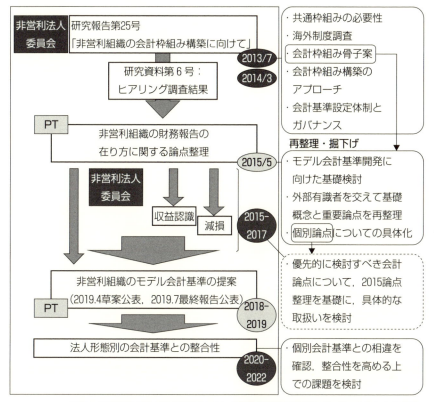

出典：日本公認会計士協会WEBサイト「非営利組織会計検討プロジェクト」より引用。

---

（1） 内閣府公益認定等委員会のもと開催されている公益法人の会計に関する研究会は，2020（令和2）年5月に「令和元年度公益法人の会計に関する諸課題の検討結果及び整理について」を公表した。当該文書には，2020（令和2）年5月に行われた公益法人会計基準の改正が「報告書」を参照しており，また今後の検討においても参考にする旨の記載がある。

## 第2節　非営利組織会計検討プロジェクトにおける財務諸表

### 2.1　非営利組織の特性と会計枠組みの必要性

　「モデル会計基準」は，民間非営利組織を対象に財務報告のあり方について検討を行っている（「報告書」第3章，3，(1)）。ここで，非営利組織とは，「組織の活動を通じて公益又は共益に資することを目的とし，資源提供者に対して経済的利益を提供することを目的としない組織」である（「論点整理」1.5)[2]。ただし，非営利組織においても，組織目的を追求した結果として経済的利益が稼得され，剰余金が蓄積されることがある（「報告書」第3章，3，(2)）。また，一部の非営利組織では，資源提供者への剰余金の分配が認められている[3]。当該組織が資源提供者に対して経済的利益を提供することを目的としているか否かは，経済的利益の大きさ，資源提供者が負うリスク，および資源提供者が期待する見返りを考慮して判断する（「報告書」第3章，4，(4)）。

　従来，社会福祉法人，医療法人，学校法人などの非営利組織は，福祉，医療，教育といったそれぞれ重要な公共サービスを提供してきた。さらに，近年では，多様な価値の提供の主体へとその活躍の場に広がりを見せている。このように非営利組織に対する社会の期待が高まる中で，法人形態が異なる非営利組織において，同種の事業が実施されることが多くなり[4]，各法人のステークホルダーが重複する傾向にある。また，非営利組織は，行政からの補助割合が低下したことなどにより，民間から資源を調達することが重要な課題となっている

---

[2]　非営利組織には，財またはサービスの販売収益を源泉とする組織である独立採算型組織と財またはサービスの販売収益以外の資源流入を源泉とする組織である寄附・補助金依存型組織がある。「報告書」では，独立採算型組織と寄附・補助金依存型組織の組織特性を併せ持つ非営利組織が存在すること，検討の対象を寄附・補助金依存型組織に限定すると非営利組織会計の二元化が生じることを理由に，独立採算型組織と寄附・補助金依存型組織の両方を財務報告の検討対象としている（「報告書」第3章，4，(3)）。

[3]　具体例として，基金制度のある医療法人，定款に残余財産の帰属について定めがない一般社団法人および一般財団法人，経過措置型医療法人，消費生活協同組合がある（「報告書」第3章，4，(4)）。

[4]　異なる法人形態の非営利組織が同種の事業を実施している具体例としては，医療法人，社会福祉法人，学校法人が営む病院事業，社会福祉法人，医療法人，NPO法人が営む介護事業，および学校法人やNPO法人が営む教育事業などがある（「公開草案」第1章，1，(3)）。

（「報告書」第1章，1）。

　これまで，非営利組織の会計基準は法人形態ごとにその所轄官庁により設定されており，会計処理や表示方法が異なることから，同種の事業を営む法人形態別の財務諸表を横断的に理解することが困難であった。また，会計基準の設定においては，所轄官庁の利便性が重視され，一般の情報利用者のニーズに応えることに主眼が置かれていなかった。そのため，異なる法人形態の非営利組織が同種の事業を営み，かつ民間からの資源調達が重要となっている現代社会においては，法人形態別の財務諸表を横断的に理解することができ，また，一般の情報利用者のニーズに応えることのできる会計枠組みを構築する必要がある（「報告書」第1章，2）。

　「報告書」では，会計基準の共通性を高めるとともに，現行制度および実務の継続性も確保するために，非営利組織に共通する財務報告における基礎的な概念を整理するとともに，これを基礎として非営利組織における「モデル会計基準」を開発するアプローチが取られている。ここで，「モデル会計基準」は，個別の法人形態に適用される会計処理や表示の基準ではなく，法人形態別の会計基準が開発・改訂される際に参照されることを目的としたものである。異なる法人形態で財務報告の基礎的な概念が共有され，かつ具体的な取扱いを示す「モデル会計基準」が参照されることにより，基準間の相互整合性が高まることが期待される（「報告書」第1章，4）。なお，「財務報告の基礎概念」と「モデル会計基準」は，企業会計の枠組みからは独立して構築されているが，財務報告目的や組織特性の相違による影響がない限り，企業会計と同じ認識および測定方法が採用される（「報告書」第3章，2）。

## 2.2　財務報告の目的と財務諸表

　「報告書」における財務報告の目的は，自己のニーズを満たす財務報告書の作成を個別に要求できない利用者の情報ニーズを満たすための一般目的の財務報告である（「基礎概念」1，4）。したがって，一般目的の財務報告は，自己のニーズを満たすために設計された財務報告書の作成を要求できる利用者の特定のニーズを満たすことを意図していない（「基礎概念」5）[5]。一般の情報利用者に向けた財務報告の目的は，意思決定有用性とスチュワードシップに基づ

---

（5）　このような利用者として，行政や金融機関等の大口債権者が考えられる。

く説明責任である（「基礎概念」18）。

### 2.2.1　意思決定有用性

　意思決定有用性とは，主たる情報利用者による意思決定に有用な情報を提供することである（「基礎概念」18）。非営利組織のステークホルダーには，資源提供者，債権者，受益者，従業員，ボランティア従事者，地域住民が存在する（「基礎概念」19）。このうち，主たる情報利用者と位置づけられるのは，資源提供者と債権者である（「基礎概念」21）。財務報告によって提供される情報によって，資源提供者は組織に資源を提供するかどうかの判断を行い，債権者は組織との取引関係を持つかどうかの判断を行う（「報告書」第3章，4，(7)）。なお，税制優遇や補助金等の措置が設けられている非営利組織に対しては，間接的に国民や地域社会から資源が付託されていると捉えることができる（「基礎概念」23）。したがって，資源提供者には，寄附者や補助金・助成金の提供主体のような直接的な資源提供者だけでなく，政府への納税行為を通じて資源を提供することとなる納税者のような間接的な資源提供者も含まれる（「基礎概念」21）。「報告書」では，資源提供者の範囲を広く捉えることが，その他のステークホルダーのニーズにも有用であると考えている（「基礎概念」21）。

　資源提供者の意思決定に有用な情報を提供するという観点からは，継続的活動能力および組織活動に関する情報が必要となる（「基礎概念」24）。このうち，継続的活動能力に関する情報とは，継続的にサービスを提供するための組織基盤を示す情報である（「基礎概念」24）。継続的活動能力に関して財務報告にとくに期待されるのは，財務情報である（「基礎概念」図表1）。また，組織活動に関して財務報告にとくに期待されるのは，活動努力（資源獲得と資源投入）の情報である（「基礎概念」図表1）。なお，非営利組織の活動成果は，組織の活動実績と当該活動による公益・共益への貢献によって表示されるべきであるとされる（「研究報告」Ⅴ，5，(2)）。これらの成果は，多くの場合，会計上測定することが困難であり，財務会計の枠外で非財務指標や説明的記述によって対応されるべきであるとされる（「研究報告」Ⅴ，5，(4)，①）。

### 2.2.2　スチュワードシップに基づく説明責任

　スチュワードシップに基づく説明責任とは，非営利組織に提供された資源を，どのように利用したかについての説明責任のことである（「基礎概念」18）。非

営利組織では，組織の活動と成果に期待した資源流入である寄附金，補助金および助成金が重要な財務資源となっている。この場合，非営利組織には，資源提供者に対して資源の利用状況について説明責任がある（「基礎概念」22）。スチュワードシップに基づく説明責任という観点からは，組織活動に関する情報に加えて，資源提供目的との整合性を表す情報が重要となる。ここで，資源提供目的との整合性とは，資源提供目的に沿って資源が利用されているか否かを意味する（「基礎概念」25）。このとき財務報告に期待されるのは，提供資源の適切な利用，とくに指定された使途に合致した資源利用に関する情報である（「基礎概念」25）。

### 2.2.3　財務諸表の体系

　財務報告に期待される情報のうち，継続的活動能力を表すストック情報として資産，負債および純資産が，組織活動を表すフロー情報として収益および費用が財務諸表の構成要素となる（「報告書」第3章，4，(9)）。非営利組織では，一般に資本の拠出を伴う資本取引が想定されていないため，資本は構成要素とならない。また，経済的利益の提供を目的としない非営利組織において，収益と費用の差額は活動成果を表さず，構成要素とはならない（「基礎概念」50）。各構成要素は，**図表15-2**のように整理できる。

　財務諸表の構成要素のうち，資産，負債および純資産の状態を表す貸借対照表と，収益および費用とその差額として計算される純資産増減を表す活動計算書の作成が求められる。また，継続的活動能力のうち財務健全性を表す資金フロー情報として，キャッシュ・フロー計算書の作成が求められる（「報告書」第3章，4，(10)）[6]。

---

（6）　キャッシュ・フロー計算書の作成方法については，主要な取引ごとに収入総額と支出総額を表示する方法（直接法）を原則とする（「報告書」第3章，5，(2)，(3)）。直接法によるキャッシュ・フロー計算書は，資金に該当する現預金勘定または現預金出納帳の増減記録を要約して作成するか，あるいは貸借対照表に計上される収入・収益のズレと支出・費用のズレを活動計算書の収益と費用の各項目に調整して作成する。

## 図表15－2　財務諸表の構成要素

| 構成要素 | 定　義 |
|---|---|
| 資　産 | 過去の取引または事象の結果として，非営利組織が支配している経済的資源であり，将来の経済的便益またはサービス提供能力をもたらす※。 |
| 負　債 | 過去の取引または事象の結果として，非営利組織が資産を放棄する，もしくは引渡しを行う，または用役を提供する義務である。 |
| 純資産 | 非営利組織に帰属する経済的資源の純額をいい，資産と負債の差額として表される。 |
| 収　益 | 経済的資源の流入もしくは増価または負債の減少に伴う純資産の増加である。 |
| 費　用 | 経済的資源の費消または義務の履行に伴う純資産の減少である。 |

※「基礎概念」では，将来の経済的便益を直接的にはもたらさなくとも，公益または共益に資する組織目的を達成するためのサービス提供能力の源泉となる資源を資産に含めている。この理由として，当該資源の状況に関する情報が継続的活動能力の理解に資すること，および，償却性の当該資源を資産として認識し，減価償却費が毎期の活動努力として計上されることが組織活動の理解に資することがあげられる（「基礎概念」51）。

出典：「基礎概念」49をもとに作成。

# 第3節　取引要素の結合関係

## 3.1　貸借対照表の表示区分

　非営利組織では，財務的基盤を担保するために，基本金等の形で資源確保が求められることがある。また，資源提供者がその使途を指定し，資源利用について一定の拘束を課すことが多い（「基礎概念」53）。このような非営利組織の特性を反映して，純資産は基盤純資産，使途拘束純資産，非拘束純資産，および評価・換算差額等に区分される（「モデル基準」22）。

　まず，基盤純資産とは，「法令等に定められた発生事由に従い，組織活動の基盤として保持し続けるために区分経理することを決定した純資産」（「モデル基準」155）と定義される。基盤純資産には，①資源保持の観点から法令上，純資産の区分保持が定められているもの（基本金等）や，②特定の目的のために

設置される基金であり，その元本を保持し続けることを目的に純資産における区分経理することを決定したものが含まれる（「モデル基準」156）。次に，使途拘束純資産とは，「資源提供者との合意又は組織の機関決定により，使途の制約を受ける資源のうち，基盤純資産に含まれないもの」（「モデル基準」158）と定義される。使途拘束純資産には，①特定の目的の支出を前提として受け入れる寄附金，助成金・補助金，②特定の目的のために設置される基金であって，基金の目的達成のために資金等の直接の利用を前提としているもの，および③償却性資産，非償却性資産を問わず，固定資産の取得に充てられることを前提に受け入れる寄附金，助成金・補助金が含まれる（「モデル基準」159）。そして，非拘束純資産とは，「非営利組織が自らの活動目的を達成する観点から自ら使途を決定できる資源」（「モデル基準」160）と定義される。

　このように純資産を区分するのは，資源提供目的との整合性を表すために，資源提供者から提供された資源がどのように利用されたかに関する情報が重要となるためである。また，非営利組織の継続的活動能力を表すためにも，純資産の利用についての制約の有無に関する情報が必要となる（「基礎概念」52）。継続的活動能力に関して財務報告に期待される財務情報には，財務的弾力性や財務健全性が該当するものと考えられる。ここで財務的弾力性とは，FASB基準書第117号「非営利組織の財務諸表」を引用することにより，「法人が自ら保有する資金について，支出の金額とタイミングをどの程度自由に操作できるかという程度」（「研究報告」注69）と定義される[7]。財務的弾力性が高いと，予測不可能な支出に対応することができる（「研究報告」注69）。そのため，財務的弾力性は，継続的活動能力を表すこととなる。また，同額の純資産が計上されている非営利組織であっても，使途が拘束されている資源を多く保有する組織とそうでない組織とでは，組織の体力を意味する財務健全性に重要な影響を及ぼすとされる（「論点整理」8.4）。

　なお，助成金によって取得した固定資産に譲渡や他の資産との交換が制限されることがあるように，特定の資産に利用制限が課されることがある（「論点整理」8.18）。資産を使途制約の有無によって区分表示することは，情報利用者による組織の活動能力や流動性の理解に有用である（「論点整理」8.22）。ただし，資産の拘束性区分情報を貸借対照表上で開示することは，表示の複雑性が増し，

---

（7）　財務的弾力性は，非拘束純資産を純資産全体で除して求められる（「研究報告」Ⅴ，4，(3)，②）。

理解可能性が損なわれる恐れがある（「報告書」第3章，5，(2)，①）。そこで，使途について制約のある資産のうち，すべての金融資産とそれ以外の資産については重要性(8)のあるものは，内訳，増減額および残高が注記される（「モデル基準」218）。

## 3.2　活動計算書の表示区分

　活動計算書は，組織活動を示すために，①活動別の表示として経常活動区分，その他活動区分および純資産間の振替区分の3区分を設け（「モデル基準」33，(1)），さらに，並列式の活動計算書を採用することにより，②拘束区分別の表示として使途拘束区分と非拘束区分の2区分を設けている（「モデル基準」33，(2)）。

　まず，活動別の表示について，経常活動区分では，経常的な活動から生じた収益および費用を記載し，経常収益費用差額を算出する（「モデル基準」34）。次に，その他活動区分では，固定資産売却損益や災害損失など経常活動により発生する項目以外の項目からその他収益費用差額を算出し，経常収益費用差額と合算することで収益費用差額(9)を算定する（「モデル基準」35）。そして，純資産間の振替区分では，純資産区分間の振替えを記載し，純資産変動額を算出する（「モデル基準」36）。

　これに対して，拘束区分別の表示について，使途拘束区分と非拘束区分に分けられるのは，資源流入について使途制約の状況が把握できること，拘束区分の解消や振替えを当期の資源流入と区別して把握できること，および「拘束区分の変更勘定」を別途設けることで内部振替であることが明確となることといった理由による（「報告書」第3章，5，(2)，②）。なお，活動計算書において，基盤純資産の増減は表示されない(10)。これは，組織の活動状況を示すという活動計算書の目的を考慮したためであるとされる（「報告書」第3章，5，(2)，②）。組織活動の基盤として維持される資源から構成される基盤純資産は，法令または定款等に基づく組織の機関決定によってのみ繰入れと取崩しが実施される（「報告書」第3章，5，(2)，①）。そのため，基盤純資産の増減は，組織の活動状況，とくに活動努力（資源獲得や費消）を示さないとみなされているものと

---

（8）　重要性とは，特定の会計処理および開示内容の省略や虚偽の記載が情報利用者による意思決定に影響を与える可能性を意味する（「モデル基準」4）。

（9）　収益費用差額は，財務健全性の理解に貢献するが，成果情報とはならないとされる（「研究報告」Ⅴ，1，(3)，②）。

（10）　基盤純資産のフロー情報は，注記によって示される（「報告書」第3章，5，(2)，②）。

考えられる。

なお,純資産間の振替えからは資源の流入や費消等が生じないため,「拘束区分の変更勘定」は収益・費用の定義を満たさない。そこで,活動計算書では,収益費用差額の下に純資産間の振替区分が設けられる。これは,一般に資本取引のない非営利組織において,使途拘束純資産と非拘束純資産の変動を活動計算書で算定し,貸借対照表の期末残高に振り替えるための区分である。以上のことから,「拘束区分の変更勘定」は,資源の流入や費消等が生じないこれらの純資産の振替えによる変動額を収容し,貸借対照表と活動計算書の連携を維持するための勘定である。

### 3.3 非営利組織会計検討プロジェクトにおける取引要素の結合関係

「プロジェクト」における取引要素の結合関係を示すと**図表15－3**のようになる（特徴的な箇所を太線にしており,かつ振替えは点線で示してある）。まず,使途拘束純資産と非拘束純資産は,他の純資産と振り替える際に「拘束区分の変更勘定」を用いて処理される。そのため,営利組織における取引の8要素に加えて,「**振替による純資産の増加**」と「**振替による純資産の減少**」が取引要素を構成することとなる。次に,「拘束区分の変更勘定」は,1会計期間における振替えによる純資産の変動額を表しているので,活動計算書に計上されるフロー勘定である。したがって,使途拘束純資産と非拘束純資産の間で振替えが行われると,フロー勘定同士が結びつくこととなる。さらに,取引要素のうち純資産の増加・減少における具体的な項目には,基盤純資産と評価・換算差

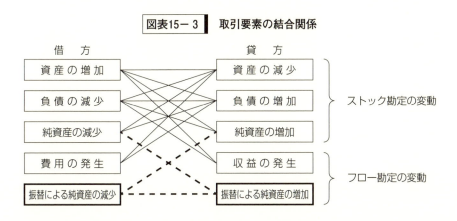

**図表15－3** 取引要素の結合関係

額等の増減と使途拘束純資産・非拘束純資産の振替え以外の増減が該当する。これらの純資産は，基盤純資産同士など同じ項目間の振替え，または基盤純資産と評価・換算差額等の間での振替えが存在しない。そのため，取引要素としての純資産の増加と減少は，結びつかないものと考えられる。最後に，基盤純資産が使途拘束純資産または非拘束純資産と振り替えられると，純資産がフロー勘定と結びついて増加・減少することとなる。

## 第4節　非営利組織会計検討プロジェクトにおける簿記処理

### 4.1　数値例

以下では，「報告書」で提案されている会計処理を明らかにし，財務諸表が作成されるプロセスを通じてプロジェクトにおける簿記の特徴を検討するため数値例を設ける。

(例1)　【取引①】非営利組織の設立に際し，基本金として現金5,000を受け入れた。なお，当該基本金は，基盤純資産に区分する。
　　　(借)　現　　　　金　　　5,000　　(貸)　基盤純資産　　　5,000
(例2)　【取引②】A事業用の建物の取得に使途が限定された助成金5,000を現金で受け取った。
　　　(借)　現　　　　金　　　5,000　　(貸)　受取助成金　　　5,000
　　　　　　　　　　　　　　　　　　　　　　　(使途拘束)
(例3)　【取引③】使途に制約のない寄附金10,000を現金で受け取った。
　　　(借)　現　　　　金　　　10,000　(貸)　受取寄附金　　　10,000
　　　　　　　　　　　　　　　　　　　　　　　(非拘束)
(例4)　【取引④】建物5,000を購入し，代金は②で受け入れた現金で支払った。
　　　(借)　建　　　　物　　　5,000　　(貸)　現　　　　金　　　5,000
　　　　　(A事業・使途拘束)
(例5)　【取引⑤】B事業に従事する職員の給与手当4,000を現金で支払った。
　　　(借)　給　与　手　当　　4,000　　(貸)　現　　　　金　　　4,000
　　　　　(B事業・非拘束)
(例6)　【取引⑥】役員報酬1,000を現金で支払った。
　　　(借)　役　員　報　酬　　1,000　　(貸)　現　　　　金　　　1,000
　　　　　(管理・非拘束)

**（例7）** 【取引⑦】基金を設置するため，2,000を非拘束純資産から使途拘束純資産へ振り替えた。

| （借） | 使途拘束純資産<br>繰　　　　入 | 2,000 | （貸） | 非 拘 束 純 資 産<br>取　　　　崩 | 2,000 |
|---|---|---|---|---|---|

**（例8）** 【取引⑧】法令の改定により，基盤純資産1,000を取り崩した。なお，当該純資産の使途に制約はない。

| （借） | 基 盤 純 資 産 | 1,000 | （貸） | 基盤純資産取崩<br>（ 非　 拘　 束 ） | 1,000 |
|---|---|---|---|---|---|

**（例9）** 【取引⑨】決算につき，④で購入した建物の減価償却費1,000を計上する。

| （借） | 減 価 償 却 費<br>（A事業・使途拘束） | 1,000 | （貸） | 減価償却累計額<br>（A事業・使途拘束） | 1,000 |
|---|---|---|---|---|---|

**（例10）** 勘定の締切りを行う。

| （借） | 受 取 助 成 金<br>（ 使 途 拘 束 ） | 5,000 | （貸） | 純 資 産 変 動 額<br>（ 使 途 拘 束 ） | 5,000 |
|---|---|---|---|---|---|
| （借） | 純 資 産 変 動 額<br>（ 使 途 拘 束 ） | 1,000 | （貸） | 減 価 償 却 費<br>（A事業・使途拘束） | 1,000 |
| （借） | 非 拘 束 純 資 産<br>取　　　　崩 | 2,000 | （貸） | 純 資 産 変 動 額<br>（ 使 途 拘 束 ） | 2,000 |
| （借） | 純 資 産 変 動 額<br>（ 使 途 拘 束 ） | 6,000 | （貸） | 使途拘束純資産 | 6,000 |
| （借） | 受 取 寄 附 金<br>（ 非　 拘　 束 ） | 10,000 | （貸） | 純 資 産 変 動 額<br>（ 非　 拘　 束 ） | 10,000 |
| （借） | 純 資 産 変 動 額<br>（ 非　 拘　 束 ） | 4,000 | （貸） | 給 与 手 当<br>（B事業・非拘束） | 4,000 |
| （借） | 純 資 産 変 動 額<br>（ 非　 拘　 束 ） | 1,000 |  | 役 員 報 酬<br>（管理・非拘束） | 1,000 |
| （借） | 基盤純資産取崩<br>（ 非　 拘　 束 ） | 1,000 | （貸） | 純 資 産 変 動 額<br>（ 非　 拘　 束 ） | 1,000 |
| （借） | 純 資 産 変 動 額<br>（ 非　 拘　 束 ） | 2,000 | （貸） | 使途拘束純資産<br>繰　　　　入 | 2,000 |
| （借） | 純 資 産 変 動 額<br>（ 非　 拘　 束 ） | 4,000 | （貸） | 非 拘 束 純 資 産 | 4,000 |

## 〔勘定〕

### 現　金

| | | | | | |
|---|---|---|---|---|---|
| ① | 基盤純資産 | 5,000 | ④ | 建　　物（A事業・使途拘束） | 5,000 |
| ② | 受取助成金（使途拘束） | 5,000 | ⑤ | 給与手当（B事業・非拘束） | 4,000 |
| ③ | 受取寄附金（非拘束） | 10,000 | ⑥ | 役員報酬（管理・非拘束） | 1,000 |
| | | | ⑩ | 次期繰越 | 10,000 |
| | | 20,000 | | | 20,000 |

### 建物（A事業・使途拘束）

| | | | | | |
|---|---|---|---|---|---|
| ④ | 現　金 | 5,000 | ⑩ | 次期繰越 | 5,000 |

### 減価償却累計額（A事業・使途拘束）

| | | | | | |
|---|---|---|---|---|---|
| ⑩ | 次期繰越 | 1,000 | ⑨ | 減価償却費（A事業・使途拘束） | 1,000 |

### 基盤純資産

| | | | | | |
|---|---|---|---|---|---|
| ⑧ | 基盤純資産取崩（非拘束） | 1,000 | ① | 現　金 | 5,000 |
| ⑩ | 次期繰越 | 4,000 | | | |
| | | 5,000 | | | 5,000 |

### 使途拘束純資産

| | | | | | |
|---|---|---|---|---|---|
| ⑩ | 次期繰越 | 6,000 | | 純資産変動額（使途拘束） | 6,000 |

### 非拘束純資産

| | | | | | |
|---|---|---|---|---|---|
| ⑩ | 次期繰越 | 4,000 | | 純資産変動額（非拘束） | 4,000 |

### 受取助成金（使途拘束）

| | | | | | |
|---|---|---|---|---|---|
| ⑩ | 純資産変動額（使途拘束） | 5,000 | ② | 現　金 | 5,000 |

### 受取寄附金（非拘束）

| | | | | | |
|---|---|---|---|---|---|
| ⑩ | 純資産変動額（非拘束） | 10,000 | ③ | 現　金 | 10,000 |

### 給与手当（B事業・非拘束）

| | | | | | |
|---|---|---|---|---|---|
| ⑤ | 現　金 | 4,000 | ⑩ | 純資産変動額（非拘束） | 4,000 |

### 役員報酬（管理・非拘束）

| | | | | | |
|---|---|---|---|---|---|
| ⑥ | 現　金 | 1,000 | ⑩ | 純資産変動額（非拘束） | 1,000 |

### 減価償却費（A事業・使途拘束）

| | | | | | |
|---|---|---|---|---|---|
| ⑨ | 減価償却累計額（A事業・使途拘束） | 1,000 | ⑩ | 純資産変動額（使途拘束） | 1,000 |

### 非拘束純資産取崩

| | | | | | |
|---|---|---|---|---|---|
| ⑩ | 純資産変動額（使途拘束） | 2,000 | ⑦ | 使途拘束純資産繰入 | 2,000 |

### 基盤純資産取崩（非拘束）

| | | | | | |
|---|---|---|---|---|---|
| ⑩ | 純資産変動額（非拘束） | 1,000 | ⑧ | 基盤純資産 | 1,000 |

### 使途拘束純資産繰入

| | | | | | |
|---|---|---|---|---|---|
| ⑦ | 非拘束純資産取崩 | 2,000 | ⑩ | 純資産変動額（非拘束） | 2,000 |

### 純資産変動額（使途拘束）

| | | | | | |
|---|---|---|---|---|---|
| ⑩ | 減価償却費（A事業・使途拘束） | 1,000 | ⑩ | 受取助成金（使途拘束） | 5,000 |
| 〃 | 使途拘束純資産 | 6,000 | 〃 | 非拘束純資産取崩 | 2,000 |
| | | 7,000 | | | 7,000 |

### 純資産変動額（非拘束）

| | | | | | |
|---|---|---|---|---|---|
| ⑩ | 給与手当（B事業・非拘束） | 4,000 | ⑩ | 受取寄附金（非拘束） | 10,000 |
| 〃 | 役員報酬（管理・非拘束） | 1,000 | 〃 | 基盤純資産取崩（非拘束） | 1,000 |
| 〃 | 使途拘束純資産繰入 | 2,000 | | | |
| 〃 | 非拘束純資産 | 4,000 | | | |
| | | 11,000 | | | 11,000 |

第15章　非営利組織会計検討プロジェクトにおける簿記　*247*

〔財務諸表〕

### 貸 借 対 照 表
#### 期首現在

| 資産の部 | 金　額 | 純資産の部 | 金　額 |
|---|---|---|---|
| Ⅰ　流動資産<br>　　現金及び預金 | <br>5,000 | Ⅰ　基盤純資産 | 5,000 |
| 資産合計 | 5,000 | 純資産合計 | 5,000 |

〔活動計算書〕

### 活 動 計 算 書
#### 年　月　日から　年　月　日まで

| | 非拘束 | 使途拘束 | 合　　計 |
|---|---|---|---|
| Ⅰ　経常活動区分 | | | |
| 経常収益 | | | |
| 　受取寄附金 | 10,000 | | 10,000 |
| 　受取助成金 | | 5,000 | 5,000 |
| 　　　　　　経常収益計 | 10,000 | 5,000 | 15,000 |
| 経常費用 | | | |
| 　A事業費 | | 1,000 | 1,000 |
| 　B事業費 | 4,000 | | 4,000 |
| 　管理費 | 1,000 | | 1,000 |
| 　　　　　　経常費用計 | 5,000 | 1,000 | 6,000 |
| 　　　　経常収益費用差額 | 5,000 | 4,000 | 9,000 |
| Ⅱ　純資産間の振替区分 | | | |
| 振替 | | | |
| 　基盤純資産との振替 | 1,000 | | 1,000 |
| 　基盤純資産以外の純資産間の振替 | (2,000) | 2,000 | 0 |
| 　　　　　　純資産変動額 | 4,000 | 6,000 | 10,000 |
| 期首純資産額 | 0 | 0 | 0 |
| 期末純資産額 | 4,000 | 6,000 | 10,000 |

## 貸　借　対　照　表
### 期末現在

| 資産の部 | | 金　　額 | 純資産の部 | | 金　　額 |
|---|---|---|---|---|---|
| Ⅰ | 流動資産 | | Ⅰ | 基盤純資産 | 4,000 |
| | 現金及び預金 | 10,000 | Ⅱ | 使途拘束純資産 | 6,000 |
| Ⅱ | 固定資産 | | Ⅲ | 非拘束純資産 | 4,000 |
| | 建物 | 4,000 | | | |
| | 資産合計 | 14,000 | | 純資産合計 | 14,000 |

## 4.2　数値例における特徴的な会計処理

　持分のない非営利組織では資本取引が想定されていないため，純資産の増減は，原則として活動計算書を通じて貸借対照表に反映される（「報告書」第3章，4，(10)）。したがって，助成金や寄附金を受け入れたときは，当該資源が組織の財務基盤となる場合を除いて，受取助成金や受取寄附金といった収益が計上される（②・③）。また，使途拘束純資産や非拘束純資産を他の純資産と振り替えた場合も，当該純資産が直接増減するのではなく，「拘束区分の変更勘定」を用いて処理される（⑦・⑧）。ただし，活動計算書において，基盤純資産の増減を表示する区分は存在しないため，基盤純資産の繰入れや取崩しの際には，当該純資産が直接増減するものと考えられる（①・⑧）。

　また，活動計算書では使途拘束区分と非拘束区分が設けられており，使途が限定された助成金を受け取った際の受取助成金は拘束区分，使途に制約のない寄附金を受け取った際の受取寄附金は非拘束区分にそれぞれ計上される（②・③）。同様に，A事業に使途が拘束された建物の減価償却から生じる減価償却費は使途拘束区分，使途の拘束されていない資源の費消を伴う給与手当や役員報酬は非拘束区分にそれぞれ計上される（⑤・⑥・⑨）[11]。なお，活動計算書において，経常活動区分における費用は活動別分類[12]により表示される（「モデル基準」38）。具体的な科目名は，個々の事業名を付した事業費と管理費となる（「モデル基準」47）。したがって，A事業用の建物の減価償却費は「A事業費」，B事業に従事する職員の給与手当は「B事業費」，および個々の事業を管理するための費用である役員報酬は「管理費」と表示される。

## 4.3 簿記の特徴

### 4.3.1 収益と費用の勘定

　営利組織（企業）では，収益と費用の勘定は，形態別分類により設定されることが簿記の慣習である。非営利組織では，経常活動区分における費用は活動別分類により表示され，収益とその他活動区分における費用は形態別分類により表示される。そのため，活動計算書における表示科目に応じて勘定を設定すると2つの異なる分類方法が混在することとなる。経常活動区分における費用についても，注記において形態別分類が開示されるため，非営利組織においても，収益と費用の勘定の設定は，形態別分類によることが望ましいと考えられる。

　収益と費用の勘定を形態別分類により設定すると，活動計算書には拘束区分と非拘束区分があるため，勘定で拘束区分を明らかにする必要がある。たとえば，取引③に加えて，使途が限定された寄附金を受け取った場合は，「受取寄附金（非拘束）」の他に「受取寄附金（使途拘束）」といった勘定を設定する。さらに，経常活動区分における費用については，活動別分類による表示が行われるため，活動別に勘定を設定しなければならない。たとえば，取引⑤に加えて，A事業に従事する職員の給与手当を支払った場合は，「給与手当（B事業・非拘束）」の他に「給与手当（A事業・非拘束）」といった勘定を設定する。

　また，償却資産についても，拘束区分別と活動別の勘定の設定が必要となる。これは，資産を償却したときに生じる費用をいずれの拘束区分にどのような表示科目として計上されるか把握するためである。なお，減価償却累計額についても，定率法のように減価償却費の計算に必要となるのであれば，拘束区分別と活動別に勘定が設定されることとなる。

---

(11)　建物の取得に使途が限定された助成金を受け取ることにより計上された使途拘束純資産は，当該建物の耐用年数にわたって，減価償却費が使途拘束区分に計上されることにより非拘束純資産に振り替えられる。これにより，貸借対照表では，使途拘束純資産と固定資産の簿価が対応する。また，活動計算書では，減価償却費が使途拘束された資源で賄われている程度が明らかになる（「研究報告」Ⅴ，3，(3)，④）。

(12)　活動別分類とは，「活動に注目し，費目を集約して科目を分類する方法」（「モデル基準」38）である。モデル基準では，組織に提供された資源が各事業においてどのように使用されているかを明らかにするため当該方法が採用されている（「報告書」第3章，5，(2)，②）。なお，形態別分類による費用科目は注記で開示される（「モデル基準」42）。これは，発生費用の内訳を示すことで，組織運営状況の理解に資するためである（「報告書」第3章，5，(2)，②）。

250 第5部 複式簿記の導入過程にあるグループ―あるべき処理（展望）―

　これまでの内容から，記帳を主要簿のみで完結させた場合，相当数の勘定を設定しなければならない可能性がある。主要簿への記帳を簡略化するには，活動ごとの内訳を経費帳や固定資産台帳といった補助簿に記帳する方法が考えられる。活動ごとの内訳を補助簿から把握することにより，少なくとも経常活動区分における費用，償却資産および減価償却累計額については，活動別の勘定の設定を省略することができる[13]。

### 4.3.2　拘束区分の変更勘定と純資産変動額

　使途拘束純資産や非拘束純資産を他の純資産と振り替えたときに生じる「拘束区分の変更勘定」は，活動計算書において純資産間の振替区分に計上される。本章では，当該勘定の具体的な勘定科目として，「〇〇純資産繰入」と「〇〇純資産取崩」を使用している[14]。たとえば，使途拘束純資産繰入は，使途拘束純資産を繰り入れたことにより生じる非拘束純資産の減少を表す。一方，非拘束純資産取崩は，非拘束純資産を取り崩したことにより生じる使途拘束純資産の増加を意味する（取引⑦）。なお，基盤純資産取崩は，基盤純資産を取り崩したことにより生じる使途拘束純資産または非拘束純資産の増加であるが，いずれの純資産が増加するかにより活動計算書に計上される拘束区分が異なるため，勘定に拘束区分を付すことが必要となる（取引⑧）。

　また，1会計期間における使途拘束純資産と非拘束純資産の変動額は，収益費用差額と純資産間の振替額から構成される。したがって，この変動額を活動計算書で算定し，貸借対照表の期末残高に反映させるためには，収益と費用だけでなく「拘束区分の変更勘定」の残高も集合勘定へ振り替える必要がある。そこで，本章では，この集合勘定を「純資産変動額」と呼称している。なお，各拘束区分で算定された純資産の変動額が使途拘束純資産と非拘束純資産へそれぞれ振り替えられるため，「純資産変動額」は，拘束区分別に設定されることとなる（取引⑩）。

---

(13)　拘束区分別の勘定の設定は，補助簿で内訳を示せば省略することができる。拘束区分別の内訳を示すことのできる補助簿として，費用には経費帳，償却資産と減価償却累計額には固定資産台帳が存在する。しかし，収益については，このような内訳を示すことのできるような補助簿は一般的には用いられてはいない。したがって，本章では，収益と費用の勘定は，拘束区分別に設定されるものと考えている。ただし，収益の当該内訳を示すことのできる補助簿が新たに作成されれば，この限りではない。

(14)　〇〇には，繰り入れたあるいは取り崩した純資産の項目名が入る。

## 第5節　非営利組織会計検討プロジェクトにおける複式簿記の役割と必要性

　「プロジェクト」によると，組織の継続的活動能力，活動努力および成果を適切に表現するのは，資源の変動時に認識を行う発生主義であるとする。たとえば，建物は，取得時に固定資産として計上し，耐用年数にわたって減価償却により費用化する。これにより，当該期間に建物を利用して提供されるサービスである活動成果と資源の費消である活動努力を結び付けて把握することができる。また，将来発生する可能性の高い資源流出のうち，当期に負担すべきものには，費用を認識し，負債（引当金）を計上する。負債を適時に計上することにより，組織の実質的な財政状態を示すことができる。このように，発生主義では，貸借対照表におけるストック情報，および活動計算書におけるフロー情報を，資源の流入および流出実態に応じて表示することができる（「研究報告」Ⅴ，2，(3)）。また，発生主義の下では，ストック計算とフロー計算とが帳簿上，有機的に関連づけて記録される複式簿記が採用される（「研究報告」Ⅴ，2，(4)）[15]。

**【参考資料】**

梶川融，森洋一（2013）「日本公認会計士協会非営利法人委員会研究報告第25号『非営利組織の会計枠組み構築に向けて』の概要」『公益・一般法人』第855巻。

佐藤恵（2016）「非営利組織会計の純資産区分に関する議論─財務的弾力性の観点から」『非営利法人研究学会誌』第18号。

柴毅・森洋一（2015）「『非営利組織の財務報告の在り方に関する論点整理』の概要」『公益・一般法人』第907巻。

柴毅（2016）「非営利組織会計検討プロジェクトについて」『会計・監査ジャーナル』第736号。

柴毅・星野梨恵（2017）「非営利法人委員会研究報告第30号『非営利組織会計基準開発に向けた個別論点整理～反対給付のない収益の認識～』の概要」『公益・一般

---

(15)　複式簿記を採用することにより，情報利用者は，財政状態と活動状況を一体的・包括的に理解することができる。また，財務諸表作成者にとっては，会計処理や記帳の誤りを発見しやすくなり，会計の信頼性向上につながる（「研究報告」Ⅴ，2，(4)）。

法人』第935巻。

柴毅・松前江里子（2019）「非営利組織の『モデル会計基準』の解説」『公益・一般法人』第994巻。

日本公認会計士協会（2013）「非営利法人委員会研究報告第25号『非営利組織の会計枠組み構築に向けて』」。

日本公認会計士協会（2015）「非営利組織会計検討会による報告『非営利組織の財務報告の在り方に関する論点整理』」。

日本公認会計士協会（2017）「非営利法人委員会研究報告第30号『非営利組織会計基準開発に向けた個別論点整理〜反対給付のない収益の認識〜』」。

日本公認会計士協会（2019）「非営利組織会計検討会による報告　公開草案『非営利組織における財務報告の検討〜財務報告の基礎概念・モデル会計基準の提案〜』」。

日本公認会計士協会（2019）「非営利組織会計検討会による報告『非営利組織における財務報告の検討〜財務報告の基礎概念・モデル会計基準の提案〜』」。

日本公認会計士協会「非営利組織会計検討プロジェクト」。https://jicpa.or.jp/specialized_field/non-profit-accounting/index.html#anchor-02（2023年1月31日閲覧）

**（青木　孝暢）**

# 第16章

## 宗教法人の簿記

### 第1節　はじめに：宗教法人会計の現状

　宗教法人会計において，学校法人会計基準や社会福祉法人会計基準などの他の非営利組織体に見られるような，所轄官庁から定められた統一的な会計規則は現在存在していない。

　宗教法人法は1951（昭和26）年に公布施行された。戦前期は「国家の宗祀」として宗教外の扱いを受けていた神社神道に関する諸法規と，神社神道を除く宗教に対する統一法規として1940（昭和15）年に施行された宗教団体法とに分かれて運用されていたが[1]，戦後はすべての宗教法人の統一法規として成立し現在に至っている。

　宗教法人法において，宗教法人に作成が義務づけられている決算書は，財産目録および収支計算書であるが，このうち収支計算書については公益事業以外の事業を営んでいない一定規模以下の法人において「当分の間」免除されている。また，貸借対照表は任意作成とされ，これらをまとめると**図表16－1**のとおりとなる。

---

（1）　戦前期の神社は国家の造営物法人として公法人の扱いとされ，他の宗教団体や宗教結社と区別されていた。

254　第5部　複式簿記の導入過程にあるグループ―あるべき処理（展望）―

**図表16-1**　宗教法人法に規定されている決算書

| 営んでいる事業の種類および規模の要件 | 作成を要する決算書 |
|---|---|
| 公益事業以外の事業を行っておらず年収が8千万円以下の法人 | 財産目録 |
| 公益事業以外の事業を行っておらず年収が8千万円以下の法人で，かつ貸借対照表を任意作成している法人 | 財産目録<br>貸借対照表 |
| 公益事業以外の事業を行っている，もしくは公益事業以外の事業を行っておらず年収が8千万円超の法人 | 財産目録<br>収支計算書 |
| 公益事業以外の事業を行っている，もしくは公益事業以外の事業を行っておらず年収が8千万円超の法人で，かつ貸借対照表を任意作成している法人 | 財産目録<br>収支計算書<br>貸借対照表 |

出典：筆者作成。

　宗教法人法は宗教法人が作成すべき決算書の名称（財産目録，収支計算書，貸借対照表）を規定するのみであって，決算書を作成するにあたっての会計処理の方法や決算書の形式について具体的に定めていない。こうした宗教法人会計の状況について，「各宗教法人の自主性を尊重し，会計処理の基準についても各宗教界，宗派ごとの規則，慣習により行われていることが宗教法人の会計制度の特徴」（吉盛（2013）13頁）という見解がある。

　一方で，日本公認会計士協会は業務充実委員会・宗教法人会計専門委員会の連名で1971（昭和46）年に「宗教法人会計基準（案）」（以下，「基準案」という）および「宗教法人計算書類記載要領（案）」（以下，「記載要領案」という）を公表している。その理由について「宗教法人法は，宗教法人が法人としての人格を持ち，行動するに必要な最低限を規定するにとどまり，積極的にその会計のあり方，処理の基準については何等の規定を行わず，宗教法人自体の規則のもとにその自立に任せているのが現状である。社会の変遷と共に宗教法人も多岐にわたり，また質量共に大規模化しその会計内容も複雑化してきたので，その処理の基準についても秩序ある規制が望まれることになり今回の会計基準案が要望される前提になった」（日本公認会計士協会業務充実委員会編（1973）23-24頁）と述べている。

　その後，日本公認会計士協会が2001（平成13）年に非営利法人研究報告第6号として公表したのが「宗教法人会計の指針」（以下，「指針」という）である。これは1995（平成7）年の宗教法人法の改正を受け，信者等の利害関係者から

の請求により決算書等を閲覧請求できることとなったため，宗教法人が自ら会計に係る情報を充実させ，本来の活動や事業の運営に役立てることが社会性を確保するうえで必要かつ重要なことであり，この社会的要請に応える目的で公表したと述べている（「指針」宗教法人会計の指針について）。

　個別の宗教の例を見ると，神社本廳では1946（昭和21）年に被包括法人の基準として「神社財務規程」および「神社財務規程施行細則」を定めており，その目的について「この規程は，神社の財務に関する基準を示して，その運用業績を明確にし，適切な管理に資することを目的とする」（第1条）としたうえで，「神社の財務については，法令，規程又は神社規則において別段の定めのあるもののほか，この規程で定めるところによる」（第2条）として，同法人と被包括関係にある神社が適用すべき基準であることを示している。

　また，日本キリスト教連合会は2013（平成25）年に「キリスト教会会計基準」および「キリスト教会会計基準の解説」を定め，会計基準の目的について，新約聖書に収められた書簡である「コリント信徒（コリント人）への手紙二」を引用し，寄附寄進の取扱いについては主の前のみならず人の前でも公明正大にふるまうべきと導かれているものと説く（第1条）。さらに「キリスト教会会計基準の解説」（以下，「教会基準解説」という）の「はじめに」において「法律（宗教法人法―筆者注）上はその様になっていても，それは所轄庁が法人の存在を確認するなどの諸事情から最低限の定め方をしたものですから，必ずしもキリスト教会（以下，教会という）の会計に対する説明責任からの要請ではありません。したがって教会は，本会計基準に基づき各教会がそれぞれ会計処理基準等を作成し，公明正大な会計を行い，そして説明責任が十分果たせるような計算書類を作成すべきものとしました」と述べている。

　このように，宗教法人全体あるいは宗教独自の統一的な会計規則の策定をしようとする試みが行われている。そこで本章は，かかる宗教法人の簿記・会計について法制度と諸会計規則の内容を繙き，宗教法人会計において簿記が果たす役割とその有用性について考察する。

## 第2節　宗教法人会計における決算書類

### 2.1　宗教法人法の決算書類

　先述のとおり，宗教法人法では宗教法人が備え付けるべき決算書に関する規定が存在するのみであり，その様式や作成方法に関する規定はない。そこで，本章では宗教行政を管轄する文化庁宗務課が作成した『宗教法人運営のガイドブック』（文化庁（2010））と『宗教法人実務研修会資料（令和二年度版）』[2]（文化庁（2020））の中に示されている決算書の様式および作成に関する解説から，宗教法人法が求める決算書を探ることとする。

　文化庁（2020）において財産目録の様式が示されており（文化庁（2020）95-96頁），その資産の部は，「特別財産」，「基本財産」，「普通財産」の3区分としている。特別財産とは，文化庁（2020）の「財産台帳」の様式において「A宝物（本尊，神像等礼拝の対象となる物件）」，「B什物（宗教行事専用の器具）」という但し書きが附されている（文化庁（2020）84頁）。特に宝物は，「礼拝の対象となる物件」との文言のとおり「宗教団体にとって最も重要な財産であり，財産目録は，宗教法人が必ず作成しなければならない帳簿である（宗教法人法第25条）から，宝物は洩れなく財産目録に記載することが肝要」（文化庁（2020）45頁）とされ，宗教法人法上では，法人設立時に所轄庁への届け出が必要（宗教法人法第12条の8）である他，その処分にあたって，その1カ月前までに，信者その他の利害関係者に対して公告を要する（宗教法人法第23条）こととされる。

　基本財産は，「宗教活動を行っていく上に必要な財政的基礎となるもので，境内地や境内建物のほか，基本財産として設定されている一定の基金がある場合などが該当」（文化庁（2010）44頁）し，普通財産は，「法人の通常の活動に要する費用に充当すべき財産」（文化庁（2010）44頁）とそれぞれ解説されている。基本財産について宗教法人法では法人設立時にその総額を登記する必要があるとされている（宗教法人法第52条）。

　財産目録の様式例において，宝物は，金額欄を「－」で表示されているが「法

---

（2）　1967（昭和42）年以来，全国の宗教法人の法人事務担当者に対して研修が実施されており，当該冊子は2020（令和2）年度の研修資料として作成・配布されたものである。

人が自ら選定した仏像等の宝物については，特別財産として取り扱いますが，これらのものは，一般的に評価の対象となるものではありません。価額が評価できないような場合には，「―」（バー）と記載してください」（文化庁（2010）45頁）と解説している。また，土地や建物について取得時の価額がわかればその価額を，取得時の価額がわからない場合には，土地については固定資産課税台帳記載の価格や近傍類似価格又は路線価等を，建物については可能な限り合理的な方法によって価額を算定するよう努めることを要したうえで，どうしても算定が困難な場合には宝物と同じく「―」で表示することを認めている（文化庁（2010）44頁）。

　宗教法人において，宝物や祭具，境内地など取得時期や取得価額が不明なものが存在する。特に礼拝の対象となる宝物は，その宗教法人にとって永続的な物件であり，修復を行うことがあるにしても交換・売却を意図して保有するものではなく，貨幣的価値により評価を行うことに馴染まない。貸借対照表ではこれら評価不能な資産が記載されないこととなり，物的数量をもって表現する財産目録であればこそ記載が可能である。宗教法人法が財産目録について当初から作成義務を課していた所以であろう。

　正味財産は，資産から負債を控除した差額概念である。これは宗教法人には持分権者が不在であり，奉納，寄進，事業収入に対して，提供者から使途が特定されたとしても，それは前述した資産側で別掲するか，もしくは特別会計を別途立てるかなどして対応するためであると考えられる。

　文化庁（2020）の収支計算書の様式は予算決算比較方式となっている。予算について「予算は，その年度の宗教法人の活動の計画を金銭面から表示したものである……（中略）……事務の決定は責任役員会の議決によって行われ，代表役員は，その決定の範囲内での執行権を与えられているに過ぎない。従って，透明，公正で，かつ効率的な運営を行うためには，責任役員会で予算を定めることが重要である。代表役員は，その決定された予算の範囲内で事務を執行する権限を与えられるため，規模の大小にかかわらず，予算を省略すべきではない」（文化庁（2020）43頁）と，代表役員に与えられる職務執行権限との関連から予算の重要性を説き，宗教法人においても他の非営利組織体と同じく予算準拠主義に立っていることが見て取れる。

　収支決算は，事業計画を数値化した予算に対して，代表役員がその年度の宗教法人会計に関する職責を果たしたことを明らかにするものである（文化庁

（2020）51頁）。収支計算書に記載される内容は現金主義的に現金預金の実際収支に基づくものであり，債権・債務等の発生額は記載されない。

　貸借対照表については「資産，負債の明細を一定の区分，配列により記載した書類である。財産目録が個々の財産の面積，金額等の明細を表示するのに対し，貸借対照表は，それを基に土地，建物等の区部にまとめ，その金額の合計を表示することにより，法人の財産状況を明らかにするもの」（文化庁（2020）53頁）との解説が載せられているものの，その様式は示されていない。

## 2.2 「基準案」の計算書類

　「基準案」の財産目録は，宗教法人法のような資産の区分はせずに資産負債の科目を列挙している一方で，貸借対照表の配列法は「貸借対照表の科目の配列は固定性配列法による」（「記載要領案」Ⅲ 2）とされ，固定資産は「有形固定資産とその他の固定資産に小分類される」（「記載要領案」Ⅲ 3）とし，さらに「有形固定資産（土地・宝物および什物を除く。）は，その資産の属する科目ごとに減価償却累計額を控除して記載する」（「記載要領案」Ⅲ 4）としている。

　文化庁（2010）および文化庁（2020）ではほとんど言及されていない資産の評価や費用の期間配分について「基準案」では詳細に規定している。資産の評価額は原則として取得価額としつつも，受贈によって取得した資産は取得時の公正な評価額とし，評価が困難な宝物・什物についても評価額を附さないのではなく，備忘価額を附すものとしている（「基準案」Ⅱ 3(2)）。この他，固定資産の減価償却，有価証券および棚卸資産の強制評価減，取立不能額に対する引当が列挙されている（「基準案」Ⅱ 3(2)）。負債については，負債性引当金と将来の特定の支出に充てるための特定引当金の計上が規定されている（「基準案」Ⅱ 3(3)）。

　また，他の会計諸規則では資産と負債の単なる差額概念に過ぎなかった正味財産であるが，「基準案」では「基金」の部を設け，さらに「基本金」と「剰余金」とに区分している。基本金は設立当時に宗教法人規則によって定められた額である「当初基本金」，寄附者の意思によって永続的に維持されるものとして指定を受けた額である「指定基本金」，宗教法人規則に定められた決議機関により剰余金から基本金に組み入れられた額である「組入基本金」からなる。そして基本金以外の正味資産の増減額をもって剰余金とすることにより，寄附財源の拘束性による分類を「基準案」では示している。

「基準案」の資金収支計算書は「資金（現金及びいつでも引き出すことができる預貯金をいう。）収支とは会計期間におけるすべての収入及び支出の金額をいう」（基準案Ⅱ2⑴）としている。収入の部と支出の部はそれぞれ経常収支と特別収支に分類され，さらに経常収支は宗教活動収支，資産収支，財務収支，その他収支に分類することが「記載要領案」に定められているが（「記載要領案」Ⅱ1-3），それぞれをどのように分類するかについては「基準案」および「記載要領案」いずれにも示されていない。

資産の評価や費用の期間配分，引当金の計上など，「基準案」の貸借対照表が発生主義を採用しているのに対して，一方の資金収支計算書は資金の収支事実に基づいて作成されるため，両者は複式簿記を介した連携がなされない。そこで「基準案」は，現金主義によって算定された資金剰余金に，資金収支を伴わない調整項目を加減して発生主義による剰余金（不足金）を計算する「資金剰余金計算書」の作成を要請しており，この計算書が資金収支計算書と貸借対照表の連携を行う役割を果たしている。

## 2.3 「指針」の計算書類

「指針」では複式簿記による継続記録の結果として誘導的に作成されるのが貸借対照表であるのに対し，会計年度末に資産・負債の有高を調査して積み上げて作る計算書類が財産目録であるとしており，貸借対照表を基本に位置づけて財産目録はその科目明細としての役割を担うものとしている（「指針」解説5）。

資産の区分（様式4），資産評価の方法（「指針」解説7，8）などは文化庁（2010）および文化庁（2020）と同様である。貸借対照表は固定性配列法により固定資産と流動資産とを区分しない様式2-1と，区分する様式2-2が示されている。減価償却については「宗教法人の場合は，効率性の測定は必ずしも要請されないし，仮に要請されたとしても，これらを計数化することは再び議論の余地があるところである」として，減価償却を行うかどうかについて各々の宗教法人の選択に委ねている（「指針」解説9）。この他，「基準案」に存在した基金の区分はなくなり，宗教法人法と同様に資産と負債の差額概念である正味財産の区分としている。

収支計算書は，文化庁（2020）の様式に似た形式である様式1-1と，「基準案」の資金収支計算書の形式を踏襲した様式1-2の2種類の様式が示されているが，その対象となる資金の範囲について「指針」は例示していない。これは「そ

れぞれの宗教法人の状況に応じて様々な考え方があることを考慮し，資金の範囲について会計方針の選択をそれぞれの宗教法人に委ねることとしたのである」とし，「①現金預金」，「②現金預金，金銭債権債務及びこれに準ずるもの」などの中から，宗教法人がそれぞれの規模や資産構成などを勘案して決定すべきとしている（「指針」解説6）。

　さらに「指針」において正味財産増減計算書が計算書類の1つとして挙げられ，これは「当会計年度における正味財産のすべての増減内容を表示するもの」であるが「正味財産の増減が極めて少額である場合等，相当な理由があるときは，正味財産計算書を省略することができる」とされている（「指針」第4‐1）。正味財産増減計算書は収支計算書の収支差額および貸借対照表の実在勘定の差額計算により表示する「ストック式」の様式2‐1と，収支および損益という名目勘定の増減・発生により表示する「フロー式」様式2‐2が示されているが，「ストック式」のほうが原則とされる（「指針」解説4）。

## 2.4　「神社財務規程」の財務諸表

　信仰対象や宗教儀礼に必要不可欠な物品について，他の会計規則では宝物や什物が「特別財産」と称されているが，「神社財務規程」の財産目録では「特殊財産」と規程されている（「神社財務規程」第36条）。また資産側の配列についても，他の会計規則での様式は「特別財産」，「基本財産」，「普通財産」であったものが，「神社財務規程施行細則」では「基本財産」，「特殊財産」，「普通財産」の順である（「神社財務規程施行細則」第2号様式の4）。また，複式簿記を採用しない神社では資産負債の各残高を財産目録に記載することによって，貸借対照表に代えることができるとしている（「神社財務規程」第14条）。

　貸借対照表は，他の会計規則の様式と異なり現金預金から配列されており，一見して流動性配列法によっているように見えることである。貸借対照表に収容される資産・負債の中でも未収金，未払金，前受金，前払金については「神社財務規程施行細則」第7条でその内容が掲げられている[3]。資産の貸借対照表価額は原則取得価額とし，取得価額が判明しない物や寄附によって無償で取得した物については，その時の適正な時価によって評価計上する。ただし宝物に関しては名目価格の計上もしくは評価しないことができるとされ，評価しない宝物については，財産目録中相当欄において価額を計上しない（「神社財務規程施行細則」第17条）。さらに，資産負債の差額については「剰余金」とい

第16章　宗教法人の簿記　　*261*

う名称が附されている。

　収支計算書に相当するのが歳入歳出決算書である。「（神社財務—筆者注）規程第14条に定める財務諸表のうち歳入歳出決算書の様式は，第一号様式による歳入歳出予算書の様式に準ずる[4]。歳入歳出決算書の様式は宗教法人法の収支計算書，「基準案」の資金収支計算書，「指針」の収支計算書様式1－1に近い形[5]である。また，資金の範囲については「金銭（現金，預金，小切手，郵便為替証書その他これらに類するものをいふ）」（「神社財務規程」第26条）と定めている。

## 2.5　「教会基準」の計算書類

　「教会基準」において財産目録の様式，貸借対照表と財産目録の関係，資産の評価，減価償却，簡便な会計処理等について改変した記述となっているものの「指針」を踏襲している。

　「教会基準」の資金収支計算書は，「当会計年度におけるすべての資金の収入及び支出並びに資産・負債の異動と，それに伴う正味財産の増減の内容を明瞭に表示するものである」（「教会基準」第6条）と規定され，資金収支を扱う収支計算の部と，それ以外の財産増減を扱う正味財産増減の部に区分する様式1－1（「教会基準」第6条2項）と，収支計算の部をさらに経常収支と経常外収支（または臨時収支）に区分する様式1－2（「教会基準」第6条3項）が示されている。また，小規模な教会で正味財産の増減が極めて少額である等の理由による場合は正味財産増減計算の部を省略することができる（「教会基準」第6条4項）としている。

　また，資金の範囲について「教会基準解説」では，①現金預金のみ，②現金預金，短期債権債務およびこれに準ずるものと列挙したうえで「教会基準」の

---

(3)　未収金は「土地建物の賃貸料，定期性預金利子，確定利付証券利子，その他契約により金額が確定し，且つ，次年度において収入確実と認められるもの」，未払金は「物品購入代金，請負代金，給付金等の支払で，現に支払要件を備へるもののうち次年度以降において支払ふもの」，前受金は「土地建物の賃貸料，委託祭祀料，その他の収入で，これに対する役務又は物品を次年度以降に給付するもの」，前払金は「土地建物の賃借料，借入金利子，請負代金，内渡金その他の支払で，契約に基づく役務又は物品の給付を次年度以降において受けるもの」としている（「神社財務規程施行細則」第7条）。

(4)　ただし，歳入歳出予算書において「予算額」，「前年度予算額」および「増減」とあるのを，決算書においては「決算額」，「予算額」および「差異」とする（「神社財務規程施行細則」第8条）と規定している。

(5)　科目が「款」，「項」，「目」の3つのレベルに段階分けされており，また決算額が予算額より先に配置されていることが他の会計規則の様式と異なっている。

262　第5部　複式簿記の導入過程にあるグループ―あるべき処理（展望）―

原則方式は②であり，各教会の規模や資産構成などを勘案し，適切な資金の範囲を決定することとしている（「教会基準解説」8）。

## 第3節　宗教法人会計における簿記手続きと取引要素の結合関係

　宗教法人の諸会計規則において，どのような帳簿を備えて簿記一巡を行うかについて言及されていない[6]。それは，これまで採り上げてきた宗教法人会計の諸規則は必ずしも複式簿記を前提とした制度としていないためである[7]。そこで仮に宗教法人法，「基準案」，「指針」，「神社財務規程」および「教会基準」それぞれに要請された内容を複式簿記で表現しようとすると下記のような取引要素の結合関係となるものと考える。

　宗教法人法，「指針」，「神社財務規程」および「教会基準」における正味財産（剰余金）は，資産と負債との単なる差額概念に過ぎず，これは決算後に計算されて初めて額が確定するものである。したがって，期中の取引において正味財産（剰余金）が直接増減されるような取引は発生しない。一方で，後述するように収支の伴わない収益（財源）および費用は決算書に収容されるか否かは別として発生しうる（**図表16-2**）。

　これに対し「基準案」では基金の項目を設け，さらにその中で当初基本金，指定基本金，組入基本金，剰余金に分類しており，期中においてもそれらの組入れや取崩しといった取引が発生しうる（**図表16-3**）。

　なお，宗教法人における複式簿記の実践例をみると，たとえば宗教法人神社本廳の「財務規程」が挙げられる[8]。その目的について「この規程は，神社

---

（6）　宗教法人の帳簿について，文化庁（2020）では「宗教法人備付け書類及び帳簿様式例」として「2. 会計帳簿」として「(1) 収入予算管理簿」，「(2) 支出予算管理簿」，「(3) 入金・出金伝票」，「(4) 月別科目別収支集計表」，「(5) 現金出納簿」，「(6) 預金出納簿」を，この他に「3. 財産台帳」，「4. 物品出納簿」などを例示している（文化庁（2020）78-94頁）。

（7）　「基準案」は一般原則に正規の簿記の原則を挙げており，「指針」において「会計帳簿は，次の方法によって正確に作成するものであること」という表現に改められたが，「指針」の貸借対照表解説で「複式簿記による継続記録の結果として誘導的に作成される計算書類」としたうえで，「この指針では，貸借対照表を計算書類の基本に位置付けた」と述べており，本来的には複式簿記を志向していることが読み取れる。また，「神社財務規程」は複式簿記に関する言及があり（「神社財務規程」第14条および第23条），「教会基準」は「記帳は複式簿記による手法が望ましい」（「教会基準」第4条）と述べている。

（8）　「財務規程」は「神社財務規程」と同じく1946（昭和21）年に定められたが，1959（昭和34年）の全面改正の折に複式簿記が採用され今日に至っている（中野（2023）1頁）。

第16章 宗教法人の簿記    263

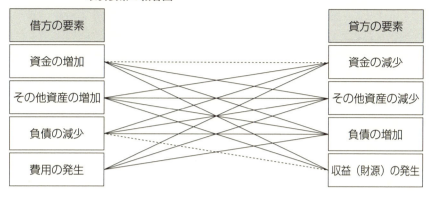

図表16-2 宗教法人法,「指針」,「神社財務規程」および「教会基準」における取引要素の結合図

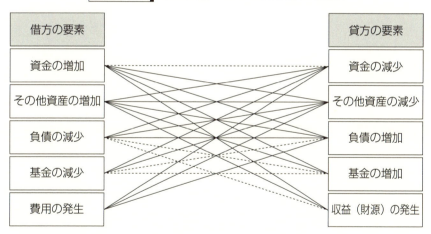

図表16-3 「基準案」における取引要素の結合図

本庁(以下「本庁」といふ。)の財務に関する基準を確立し,もつて本庁における財務運用の業績を明確にし,その適切な管理に資すること」(第1条)としている。さらに,「第五条に定める収支について,正規の簿記の原則に従つて適正に記帳整理すること」(「財務規程」第3条3項)という条文を定め,帳簿組織については「財務規程施行細則」により主要簿は総勘定元帳とし,伝票綴および金銭出納帳を主要簿に準ずるものとする(「財務規程施行細則」第8条)。一方で補助簿は補助記入帳と補助元帳に分類するものとしている(「財務規程施

行細則」第9条）。

　簿記一巡の手続きは，取引が認識されるとその取引の内容に応じて，入金伝票，出金伝票，振替伝票を起票し（「財務規程」第10条および「財務規程施行細則」第4条），伝票は勘定科目別に貸借集計する日査表で毎日集計精査され（「財務規程施行細則」第6条），その後に総勘定元帳および補助記入帳，補助元帳へと転記される。各会計帳簿は決算時に決算整理が行われたうえで締め切られ（「財務規程」第12条），その後に歳入歳出決算書（事業会計は損益計算書，特別会計は収支計算書），貸借対照表，財産目録などの財務諸表が作成される手続きを採っている（「財務規程」第15条）。

# 第4節　宗教法人会計における簿記処理

## 4.1　宗教法人法および「神社財務規程」の簿記処理

　これまで見てきたように，宗教法人法上作成義務のある決算書は，一定規模以下の法人を除いて財産目録および収支計算書であり，貸借対照表の作成は任意規定となっている。財産目録においては，評価不能な財貨を除き数量と貨幣額で計算され，資産と負債の差額概念として正味財産額が計算されている。収支計算書の当期末現金預金は，財産目録における普通財産の現金および預金の合計額と一致することとなっている（文化庁（2020）77頁）。すなわち，1会計期間の宗教法人における取引がすべて現金または預金の取引のみである場合は，収支計算書に記載される科目を名目勘定とみなすと，財産目録における実在勘定の増減（正味財産の増減）に関する説明項目となる。また，減価償却に代表される費用の期間配分は宗教法人法では求められていない。

　しかしながら，たとえば土地や建物の寄進を受けた場合，前述のとおり出来うる限り合理的な算定を行って財産目録に記載することが求められている（文化庁（2010）44頁）。この時の受贈益は基本財産における現金および預金が増減していないので収支計算書には記載されない。また，宗教活動上で生じた債権や債務においても，その発生時には収支計算書には記載されず，債権の回収時や債務の支払時になって初めて記載される。

　つまり，宗教法人法に基づいて複式簿記を採用した場合，総勘定元帳に存在する一方で，収支計算書には表示されない名目勘定が発生する（仕訳例2）。す

なわち，実在勘定や正味財産の増減について，収支計算書に表示される名目勘定のみではそれらの増減理由を説明するという役割を果たせないこととなる。この現象は「神社財務規程」においても同様である。

---

**（例1）** 信者より10,000が奉納された。

（借）現　　　　　金　　10,000　　（貸）宗　教　活　動　収　入　　10,000
　　　【貸借対照表】　　　　　　　　　　　　　【収支計算書】

**（例2）** 信者より境内地（路線価2,000,000）の寄進を受けた。

（借）土地（基本財産）　2,000,000　　（貸）受　　贈　　益　　2,000,000
　　　【貸借対照表】　　　　　　　　　　　　　【収容される決算書なし】

**（例3）** 祭器具を新たに購入し，45,000を現金で支払った。

（借）什器備品購入支出　45,000　　（貸）現　　　　　金　　45,000
　　　【収支計算書】　　　　　　　　　　　　　【貸借対照表】

（借）什物（特別財産）　45,000　　（貸）特別財産購入額　45,000
　　　【貸借対照表】　　　　　　　　　　　　　【収容される決算書なし】

---

## 4.2　「基準案」の簿記処理

「基準案」では，資金剰余金計算書が加わることによって，全ての勘定がいずれかの計算書類に収容されることとなる。この場合，貸借対照表に収容される実在勘定の増減に対する説明項目として，資金収支計算書または資金剰余金計算書に収容される名目勘定がその対応関係となり，仕訳例を示すと下記のとおりとなる。

---

**（例4）** 信者より10,000が奉納された。

（借）現　　　　　金　　10,000　　（貸）宗　教　活　動　収　入　　10,000
　　　【貸借対照表】　　　　　　　　　　　　　【資金収支計算書】

**（例5）** 信者より境内地（路線価2,000,000）の寄進を受けた。

（借）土地（基本財産）　2,000,000　　（貸）資産期中増加額　2,000,000
　　　【貸借対照表】　　　　　　　　　　　　　【資金剰余金計算書】

**（例6）** 祭器具を新たに購入し，45,000を現金で支払った。

（借）祭　器　具　費　　45,000　　（貸）現　　　　　金　　45,000
　　　【資金収支計算書】　　　　　　　　　　　【貸借対照表】

（借）什物（特別財産）　45,000　　（貸）資産期中支出額　45,000
　　　【貸借対照表】　　　　　　　　　　　　　【資金収支計算書】

## 4.3 「指針」および「教会基準」の簿記処理

「指針」において，正味財産増減計算書がストック式によってもフロー式によっても，正味財産増減計算書の勘定を設けることにより，全ての勘定がいずれかの計算書類に収容されることとなる。この場合，「基準案」と同様に貸借対照表に収容される実在勘定の増減に対する説明項目として，収支計算書または正味財産増減計算書に収容される名目勘定がその対応関係となる。この現象は正味財産計算を資金収支計算書に収容する「教会基準」においても同様である。

| | | | | | | |
|---|---|---|---|---|---|---|
| **(例7)** | 信者より10,000が奉納された。 | | | | | |
| （借） | 現　　　　　金　　　　10,000 | | （貸） | 宗教活動収入 | | 10,000 |
| | 【貸借対照表】 | | | 【収支計算書】 | | |
| **(例8)** | 氏子総代A氏より境内地（路線価2,000,000）の寄進を受けた。 | | | | | |
| （借） | 土地（基本財産）　　　2,000,000 | | （貸） | 基本財産増加額 | | 2,000,000 |
| | 【貸借対照表】 | | | 【正味財産増減計算書】 | | |
| **(例9)** | 祭器具を新たに購入し，45,000を現金で支払った。 | | | | | |
| （借） | 什器備品購入支出　　　45,000 | | （貸） | 現　　　　金 | | 45,000 |
| | 【収支計算書】 | | | 【貸借対照表】 | | |
| （借） | 什物（特別財産）　　　45,000 | | （貸） | 特別財産増加額 | | 45,000 |
| | 【貸借対照表】 | | | 【正味財産増減計算書】 | | |

## 第5節　宗教法人会計における複式簿記の役割と必要性

宗教法人会計における複式簿記は利益計算を目的としていない。「基準案」は維持すべき基本金と，正味財産の純増減額から計算される剰余金とに分けて

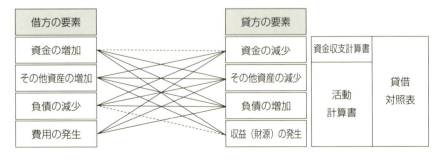

**図表16－4**　宗教法人における取引要素の結合関係と決算書等の連携

いた一方で，その他の諸会計規則において資産と負債の差額概念である正味財産（剰余金）としている。

齋藤真哉（2020）は，「宗教法人を含む非営利法人会計が特定の者の立場で利益計算を行うことを目的としていない……（中略）……負債と純資産ないしは資本を区別する必要があるかが改めて検討されるべき」（齋藤真哉（2020）282頁）とし，このような非営利法人会計の特質を会計主体論の立場で見た場合「資本主理論の適用はできず，企業体理論に準じた考え方に基づく」（齋藤真哉（2020）282頁）と述べている。この論に基づけば基金と剰余金の分類を行う意味を見出すことはできない。そもそも資産を区分してそれぞれの拘束の度合いを設けており，その区分こそが宗教法人の活動における重要性の度合いといえる。資産側で拘束を行っている中で，さらに貸方側でも拘束を行う必要性はない。また，宗教法人は憲法における政教分離の観点から，補助金や助成金といった公的資金が投入されることがほとんどあり得ないため，宗教活動による財源額と公的資金による財源額の峻別も必要ない。以上の観点から，貸方側の負債以外の項目は資産と負債の単純な差額としての正味財産（剰余金）とするのが妥当であろう。

こうした宗教法人持分の増減計算について，その原因把握を資金収支のみならず資金収支以外の資産および負債の増減要因をも網羅的に行うことにより，宗教法人の永続性を担保するための法人運営の効率性計算に資する。この時，資金収支および資金収支以外の資産・負債増減に伴う法人持分増減計算の説明科目となるのが名目勘定である。資金収支原因を説明する資金収支計算書と，資金以外の法人持分増減原因を説明する活動計算書とに名目勘定を収容して貸借対照表と連携させることが，宗教法人における複式簿記のあるべき姿であろう。

宗教法人法では代表役員がその会計責任を負い，その会計責任の解除は責任役員の過半数の決議によってなされるが，1995（平成7）年の宗教法人法の改正によって，信者等の利害関係者が決算書等の閲覧を請求できるようになったことを契機として宗教法人の財政状況に対して情報開示を求める声が挙がっている。しかしながら神社，寺院，教会等の宗教施設に対する参拝行為は広く解放されているのが一般的である。これは即ち宗教法人にとって「信者」の幅が広く，また奉納や布施なども少額に行えることから誰しもが資源提供者になりうることを意味する。こうした少額寄附者に対してまで会計情報を詳らかにす

るというのは問題があり，文化庁（2020）が示した閲覧対象者を限定する方針
は正しい。また，憲法による政教分離の観点からその宗教団体の保有する財に
対して指定文化財等の保護を受けない限り，公からの補助または助成が望めな
い点において，他の非営利組織体と異なる状況である。

　以上の点から，宗教法人における会計および簿記は情報提供よりも，むしろ
適切な財産管理にこそ資するべきものと考える。適切な財産管理を行うために
資金収支に力点を置く現行の実務に対して，減価償却や経過勘定の把握を行う
ことにより財産管理がより精緻化し，以て法人の永続性を高めるという効果が
期待できる。そしてそれは複式簿記により組織的に記録が行われ，そこから誘
導して作成される決算書が互いに連携することによって達成される。

　現に，現在宗教法人がその活動を行うに際し，根幹をなす宝物や拝礼施設等
を維持し続ける環境は厳しさを増している。石井（2019）によれば，神社本廳
が実施した全国調査で「あなたの氏神様を知っているか」という問いに対し，
1996年時点では「知っている」72.6％：「知らない」27.4％であったものが，20
年後の2016年時点では「知っている」59.5％：「知らない」40.5％まで差が縮まっ
ている（石井（2019）151-152頁）。日本人の宗教的帰属意識が薄まっている1
つの証左といえよう。

　さらに，2019（令和元）年に行われた天皇践祚の重要祭祀である大嘗祭を斎
行する大嘗宮建設に関して，人件費や木材費の高騰により建設の規模を縮小し
屋根を茅葺から板葺に変えたにも関わらず，建設予算が平成の大嘗宮を上まっ
たとしている（日本経済新聞2018年12月21日朝刊）。これは，伝統の建築様式を
維持することがその信仰の形のあり方とみる全ての宗教にも共通した問題であ
る。これを裏付けるかのように2020（令和2）年6月5日の徳島新聞朝刊で「国
府の大御和神社の境内8割，異例の売却へ　社殿建て替え費調達」という記事
が載った。老朽化した社殿建替費用の調達の目途が立たず，宮司および責任役
員の合意により境内地の8割を売却して造替費用に充てるという結論に至った
ものの，地元の氏子の猛反発を受けているという。

　信仰の対象として，あるいは拝礼する場として特別財産や基本財産を維持管
理する責任を信者から負っている宗教法人が，複数事業年度にわたって計画的
かつ計数的に修繕・造替費用を算出したうえで事業計画を組織的に遂行するた
めに複式簿記は有用であろう。

　宗教法人において費用の期間配分を行うことに一定の批判もある。斎藤稔

（2002）はそもそも非営利組織体であるところの宗教法人の会計目的は損益計算ではない点と，資産の取替更新を行う場合には必ずしも自己補填的に行われるものではなく，その多くが寄附寄進によって賄われることが多い点から，宗教法人における減価償却に否定的である（斎藤稔（2002）46頁）。また，齋藤力夫（2019）は「数百年前の古代に取得した建物，構築物等（たとえば，日光東照宮，銀閣寺，清水寺等），近代に取得した建物，構築物等，宗教法人の所有するこれらの資産はさまざまで，その価値判断は難しくなりますので減価償却する判断が難しいのです」（齋藤力夫（2019）75頁）と述べている。

　しかしながら，前述したとおり，日本人の宗教的帰属意識が希薄化する中で，宗教法人運営が非効率的であることが許されない時代が来ている。特に宗教活動の根幹をなす宝物や拝礼施設等の維持や造替修繕に必要な財源となる寄附寄進が昔日に比べて厳しさを増しているのは，大嘗宮建設費用問題や大御和神社境内地売却問題の報道を見れば明らかであろう。齋藤力夫（2019）は減価償却するか否かの判断が難しいとしているが，宝物や文化財指定を受ける等して現在の形を今後もそのまま維持していくことを目的とする建物や構築物等は修繕引当を，それ以外の什物，建物，構築物等は減価償却を行うという一定の指標を設ければ解決可能ではなかろうか。

　岩田（1955）は，複式簿記について「決算中心の簿記」と「管理中心の簿記」という2つの類型がある旨を説いた（岩田（1955）8 - 9頁）。高橋（2017）は，岩田（1955）のいう「管理中心の簿記」について「日々の記録において価額・物量の情報を絶えず把握しておくことが，財産の自律的な管理に結びつく」と同時に，「記録の結果を損益計算書という分析・管理装置にインプットし，その装置を通じて経営状態を診断し，企業活動の改善に結びつけていくことになる」とし，複式簿記によって財産管理と経営の効率性測定を同時に達成する機能を有していると述べている（高橋（2017）37頁）。

　宝物の修繕のための引当費用や，拝礼施設等の減価償却費を期間配分して費用計上し，これを宗教活動によって稼得した収益やその相手勘定として当該財産に対する負債または評価勘定として対応させる他，すべての勘定の発生・増減について有機的結合関係から二面的把握を行い，貨幣数値により継続的かつ組織的に分類・記録・整理し，それらの結果として貸借対照表と活動計算書とが複式簿記から誘導して作成されることが，宗教法人の適切な財産管理や法人活動の効率性，ひいては法人そのものの継続性について，宗教法人の運営に責

任を負う代表役員および責任役員，そして重要な利害関係者に正しく認識をさせることが可能なシステムとして「管理中心の簿記」が必要であろう。

**【参考文献】**

石井研士（2019）「戦後の神社神道」『明治聖徳記念學會紀要』復刊第56号，139-162頁。

岩田巌（1955）「二つの簿記学：決算中心の簿記と会計管理のための簿記」『産業経理』第15巻第6号，8-14頁。

齋藤真哉（2020）『現代の会計』放送大学教育振興会。

齋藤稔（2002）「宗教法人に対する税務調査の現状と宗教法人の会計」『宗教法』第21号，31-50頁。

齋藤力夫（2019）『宗教法人の実務のすべて』中央経済社。

神社本廳編（2021）『神社本廳規程類集　令和三年度版』神社新報社。

高橋賢（2017）「簿記と管理会計」『横浜経営研究』第37巻第3・4号，35-45頁。

中野貴元（2023）「神社本廳における複式簿記導入史」『会計史学会年報』第41号，1-15頁。

日本キリスト教連合会会計基準検討委員会（2013）『キリスト教会会計基準』日本キリスト教連合会。

日本公認会計士協会（1971a）『宗教法人会計基準（案)』日本公認会計士協会。

日本公認会計士協会（1971b）『宗教法人計算書類記載要領（案)』日本公認会計士協会。

日本公認会計士協会（2001）『非営利法人委員会研究報告第6号　宗教法人会計の指針』日本公認会計士協会。

日本公認会計士協会業務充実委員会編（1973）『宗教法人会計の解説』日本公認会計士協会。

文化庁文化部宗務課（2010）『宗教法人運営のガイドブック』文化庁。

文化庁文化部宗務課（2020）『宗教法人実務研修会資料（令和二年度版)』文化庁。

吉盛一郎（2013）「宗教法人の会計・税務・監査」『長岡大学生涯学習センター　生涯学習研究年報』第7号（通巻第16号)，13-20頁。

**（中野　貴元）**

# 第17章

## 地方自治体の簿記
### —「地方公会計マニュアル」における複式記入—

## 第1節　はじめに

　本章の目的は，わが国の地方自治体に「複式簿記」がどのように導入されているかを明らかにすることである。具体的には，総務省により2015（平成27）年1月に公表された「統一的な基準による地方公会計マニュアル」（以下，「地方公会計マニュアル」）において示された，財務書類作成のための「複式簿記」がどのようなものかを分析する。その簿記は，企業会計における「複式簿記」とどのように異なるのか，また，公会計に固有の活動はどのように処理されているのかも合わせて明らかにする。

　なお，本章では，「複式簿記」を「経済取引の記帳を借方と貸方に分けて二面的に行う簿記の手法」（総務省（2015a）1-1頁）という「地方公会計マニュアル」での定義を利用する。このような「複式簿記」を利用することで，「ストック情報（資産・負債）の総体の一覧的把握が可能」となるとともに，元帳のほかに，補助簿としての「固定資産台帳」が整備されることで，会計数値に関する「検証機能」をもつことに意義があるとされる（総務省（2015a）1-1頁）。

　以下，第2節では，「地方公会計マニュアル」の概要とそこで示された具体的な複式簿記による仕訳例を分析する。また，「期末一括仕訳」による仕訳帳への記帳についても検討する。第3節で，地方自治体に導入された複式簿記がどのようなものであったのか，その特徴をまとめることとする。

## 第2節 「地方公会計マニュアル」における複式簿記

### 2.1 「地方公会計マニュアル」の概要

　2015（平成27）年1月23日に，総務大臣が地方公共団体に対して，「統一的な基準による地方公会計の整備促進について」という文書を通知した。これは，2014（平成26）年4月30日に「固定資産台帳の整備」と「複式簿記の導入」を前提とした財務書類の作成に関する「統一的な基準」が公表され，その後，「今後の新地方公会計の促進に関する実務研究会」が設置されて，その成果として「地方公会計マニュアル[1]」が取りまとめられたことを受けての通知であった。この通知により，すべての地方公共団体は，上記のマニュアルも参考にして，「統一的な基準」による財務書類を，2015（平成27）年度から2017（平成29）年度までの3年間で作成し，予算編成等に積極的に活用するように求められている（総務省（2015b）1頁）。

　「地方公会計マニュアル」（およびその前提となる「統一的な基準」）によれば，①記帳方式として「複式簿記」を導入し，②活動による構成要素の認識基準として「発生主義会計」を採用し，③財務書類として，a）「貸借対照表」，b）「行政コスト計算書」，c）「純資産変動計算書」，d）「資金収支計算書」の4表を作成する。なお，b）とc）の書類について，「行政コスト及び純資産変動計算書」として1表への統合も認められる（総務省（2015a）2-3頁）。

　また，財務書類作成のために「複式簿記」・「発生主義会計」が採用されたからといって，これまでの公会計がまったくなくなるわけではない。市民の代表者である議会は，当該年度の現金収支を民主的統制下におくことで，予算の適正・確実な執行を図るという観点から，確定性・客観性・透明性に優れているとされる単式簿記による現金主義会計を採用してきている。つまり，「歳入歳出決算書」，「歳入歳出決算事項別明細書」，「実質収支に関する調書」，「財産に関する調書」といった従来の決算書類は作成され続けることになる。換言すれ

---

（1）「地方公会計マニュアル」の具体的な内容は，(1) 財務書類作成にあたっての基礎知識，(2) 財務書類作成要領，(3) 資産評価及び固定資産台帳整備の手引き，(4) 連結財務書類作成の手引き，(5) 財務書類等活用の手引き，(6) Q&A集から構成される。なお，「財務書類作成にあたっての基礎知識」において，具体的な仕訳例（複式記入）が示されており，「財務書類作成要領」において，各種の書類の作成手順等が示されている。

ば，これらの数値を記録するためには，従来のように，期中における活動（およびその歳入・歳出）は現金主義・単式簿記で記録されることになる。あくまで「地方公会計マニュアル」によって作成される財務書類は，現金主義会計による予算・決算制度の補完としての役割を果たすことになる。

## 2.2 複式簿記による記帳と財務書類作成の流れ

地方公会計においても，「検証可能性を高め，より正確な財務書類の作成を可能とするためには，複式簿記の導入が不可欠である」と考えられており，「複式簿記」を導入する意義として，次の2つの点が挙げられている（総務省（2014）32-33頁）。

① 帳簿体系を維持し，貸借対照表と固定資産台帳を相互に照合することで検証が可能となり，より正確な財務書類の作成に寄与すること

② 事業別・施設別等のより細かい単位でフルコスト情報での分析が可能となること

そもそも「統一的な基準」においては，「財務書類は，公会計に固有な会計処理も含め，総勘定元帳等の会計帳簿から誘導的に作成」することとしている（総務省（2014）11頁）。それを受けて，「地方公会計マニュアル」では，会計帳簿として「仕訳帳」と「総勘定元帳」を作成することを要求するとともに，補助簿として「固定資産台帳」と「資産負債内訳簿」の整備もあわせて要求されている（総務省（2015a）2-7頁）。

「地方公会計マニュアル」が想定する，仕訳処理も含めた財務書類作成の流れ（一般会計等財務書類まで）は，**図表17-1**のとおりである。

なお，一般会計等の「歳入歳出データ」から複式仕訳を作成する方法には，次の2つの方法があるとされる（総務省（2014）33頁）。

① 日々仕訳：取引の都度，伝票単位ごとに仕訳を行う

② 期末一括仕訳：日々の取引の蓄積を，期末に一括して仕訳を行う（基本的には，伝票ごとに仕訳を行う）

これらの原理はいずれも同じであるとされるが，「地方公会計マニュアル」においては，「日常的に仕訳を作成するためには，そのような機能を有する財務会計システムが整備されていなければ」ならず，「日々仕訳については，各地方公共団体が導入している財務会計システムによるところが大きいため」，財務書類作成要領では，「期末一括仕訳を例として記述し」ている（総務省（2019）

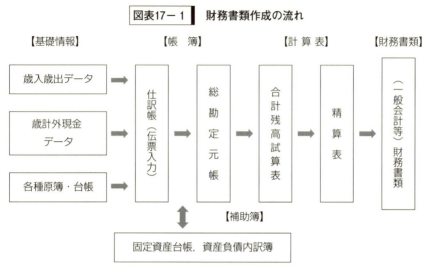

出典：総務省（（2015a）1-8頁）を参照して作成。

39頁）。

## 2.3 具体的な仕訳例による複式簿記の分析

それでは，「地方公会計マニュアル」に示された具体的な仕訳例を用いて，地方自治体で行われることになる「複式簿記」を分析する。

まず，政府に固有の取引として，税金の賦課・徴収はどのように記録されるのかを明らかにする。2月3日に住民税の調定を行い，税額が500と決定されたとすると，その時点では歳入は生じていないが，次の仕訳を行う。

```
（例1―1）  2月3日，住民税の調定・賦課
   （借）未 収 金    500    （貸）税 収 等    500
         【資産】                【財源等】
```

また，3月3日に，上記の住民税のうち450を現金で徴収したとすると，歳入が生じるとともに，次の仕訳を行う。

```
（例1―2）  3月3日，住民税の徴収
   （借）租 税 等 収 入    450    （貸）未 収 金    450
         【業務収入】                    【資産】
```

第17章　地方自治体の簿記―「地方公会計マニュアル」における複式記入―　*275*

　税金を賦課した際に貸方記入される「税収等」は,「純資産変動計算書」における純資産の増加原因（財源等）として処理される。また,徴収による「現金」の増加は,「収入」勘定に置き換えて処理され,さらに活動別（業務・投資・財務）に分類される。

　次に,補助金を受け取るとともに,地方債を発行することで,道路の建設を行う取引を考えてみる。3月5日に道路の建設が完了し,検査確認の結果,請負業者に500を支払うことが決定したとすると,その時点では歳出は生じていないが,次の仕訳を行う。

---

**（例2―1）**　3月5日,道路建設に関する支払代金の決定
（借）工　作　物　　　500　　（貸）未　払　金　　　500
　　　【資産】　　　　　　　　　　　　【負債】

---

　この道路の建設に関して,3月6日に国から補助金として現金100を受け取るとともに,3月10日に地方債を300発行し,同額の現金を受け取るとすると,それぞれ次の仕訳を行う。

---

**（例2―2）**　3月6日,道路建設に関する国からの補助金の受取り
（借）補助金収入　　　100　　（貸）国県等補助金　　　100
　　　【投資活動収入】　　　　　　　　　【財源等】

**（例2―3）**　3月10日,道路建設に関する地方債の発行
（借）地方債発行収入　　300　　（貸）地　方　債　　　300
　　　【財務活動収入】　　　　　　　　　【負債】

---

　なお,受け取った補助金は,「財源等」として処理されるとともに,現金の増加は「投資活動収入」として記録する。一方,地方債の発行による現金の増加は「財務活動収入」として記録する。さらに,3月14日に,請負業者に現金500を支払ったとすると,次の仕訳を行う。

---

**（例2―4）**　3月14日,道路建設に関する請負業者への代金支払い
（借）未　払　金　　　500　　（貸）公共施設等　　　500
　　　【負債】　　　　　　　　　　　整備費支出
　　　　　　　　　　　　　　　　　　　【投資活動支出】

---

　現金の増加を「収入」勘定に置き換えて記録していたのと同様に,現金の減少もまた,「支出」勘定に置き換えて記録する。期中取引における各種の「支出」の処理で,これを確認しておく。3月17日に,職員に対して給与として現金

276　第5部　複式簿記の導入過程にあるグループ—あるべき処理（展望）—

150を支払い，3月24日に，A法人に対して長期の貸付として，現金50を手渡し，3月27日に，財政調整基金として現金50を積み立てたとすると，それぞれ以下のような仕訳を行う。

---

**（例3）**　3月17日，給与の支払い

（借）　職 員 給 与 費　　　　150　　（貸）　人 件 費 支 出　　　　150
　　　　【費用（人件費）】　　　　　　　　　　　　　　【業務支出】

**（例4）**　3月24日，他法人への貸付

（借）　長 期 貸 付 金　　　　50　　（貸）　貸 付 金 支 出　　　　50
　　　　【資産】　　　　　　　　　　　　　　　　　【投資活動支出】

**（例5）**　3月27日，財政調整基金への積立

（借）　財 政 調 整 基 金　　　50　　（貸）　基 金 積 立 支 出　　　50
　　　　【資産】　　　　　　　　　　　　　　　　　【投資活動支出】

---

現金の支払いが，支払額の決定後に即時に行われない場合であっても，まず，「費用」と「負債」を記録し，実際の支払時に「負債」を減少させることになる。たとえば，3月28日に，消耗品を20購入し，ただちに納品され，3月31日に，消耗品の購入代金20を現金で支払ったとすると，次の仕訳が行われる。

---

**（例6—1）**　3月28日，消耗品の購入・納品

（借）　物 　件 　費　　　　20　　（貸）　未 　払 　金　　　　20
　　　　【費用（物件費等）】　　　　　　　　　　　【負債】

**（例6—2）**　3月31日，消耗品代金の支払い

（借）　未 　払 　金　　　　20　　（貸）　物 件 費 等 支 出　　　　20
　　　　【負債】　　　　　　　　　　　　　　　　　【業務支出】

---

上記のように，「支出」は「資金収支計算書」で計上される活動の性格に応じて，それぞれの勘定を特定する。また，借方に記入される「費用[2]」は，「行政コスト計算書」に計上される。なお，公会計における純資産は，費用以外の構成要素である「その他の純資産減少原因[3]」によっても減少することがあるが，「費用」は「行政コスト計算書」に計上されるのに対し，「その他純資産

---

[2]　「費用」とは，「一会計期間中の活動のために費消された，資産の流出もしくは減損，または負債の発生の形による経済的便益またはサービス提供能力の減少であって，純資産の減少原因をいう」と定義される（総務省（2014）8頁）。

[3]　「その他の純資産減少原因」とは，「当該会計期間中における資産の流出もしくは減損，または負債の発生の形による経済的便益またはサービス提供能力の減少をもたらすものであって，費用に該当しない純資産（またはその内部構成）の減少原因をいう」と定義される（総務省（2014）8頁）。

第17章　地方自治体の簿記―「地方公会計マニュアル」における複式記入―　　*277*

減少原因」は「純資産変動計算書」に計上される（総務省（2014）8頁）。

　純資産の減少原因が，「費用」と「その他の純資産減少原因」に区分されるのと同様に，純資産の増加原因も「収益」と「財源及びその他純資産増加原因」に区分される<sup>(4)</sup>。そして，「収益」は「行政コスト計算書」に計上され，「財源及びその他純資産増加原因」は「純資産変動計算書」に計上される（総務省（2014）9頁）。

　期中に収益の生じる取引の仕訳も確認しておこう。たとえば，3月31日に，公共施設の使用料として，現金50を受け取ったとすると，次の仕訳が行われる。

---

**（例7）**　3月31日，使用料及び手数料の受取り

| （借） | 使用料等収入 | 50 | （貸） | 使用料及び手数料 | 50 |
| | 【業務収入】 | | | 【収益（経常収益）】 | |

---

　この貸方に記入される「使用料及び手数料」は，「行政コスト計算書」において「経常収益」として計上される。

　仕訳帳には，現金取引以外の「非資金仕訳」を行う必要がある取引・会計事象も記録される。それらには，①歳入歳出データに含まれるが，整理仕訳を要するもの<sup>(5)</sup>（たとえば，固定資産売却損益・引当金の振替処理など）および未収・未払・不納欠損に係るもの，②減価償却費や引当金といった現金の流出入を伴わない非資金取引等が含まれる。このうち，現金の流出入を伴わない非資金取引は，日々仕訳方式であっても期中には記録されず，決算整理手続の一環として記録される。たとえば，決算整理において，退職手当引当金の当期負担額250と賞与等引当金の当期負担額200を引当てたとすると，それぞれ次のように仕訳される。

---

**（例8）**　決算整理：退職手当引当金の引当て

| （借） | 退職手当引当費 | 250 | （貸） | 退職手当引当金 | 250 |
| | 【費用（人件費）】 | | | 【負債】 | |

---

(4)　「収益」とは，「一会計期間中における活動の成果として，資産の流入もしくは増加，または負債の減少の形による経済的便益またはサービス提供能力の増加であって，純資産の増加原因をいう」と定義される（総務省（2014）8頁）。また，「財源及びその他純資産増加原因」とは，「当該会計期間における資産の流入もしくは増加，または負債の減少の形による経済的便益またはサービス提供能力の増加をもたらすものであって，収益に該当しない純資産（またはその内部構成）の増加原因という」と定義される（総務省（2014）9頁）。

(5)　複数の勘定科目が混在する取引については，当初，1科目・金額で処理し，決算整理に先立ち，その仕訳を正しい科目・金額に修正・振替えする「整理仕訳」が必要となることもある。

278　第5部　複式簿記の導入過程にあるグループ―あるべき処理（展望）―

---

**（例9）**　決算整理：賞与等引当金の引当て

（借）　賞 与 等 引 当 費　　　　200　　（貸）　賞 与 等 引 当 金　　　　200
　　　　【費用（人件費）】　　　　　　　　　　　　　【負債】

---

　以上の諸取引・事象が，「地方公会計マニュアル」では例示されており，これらの仕訳に基づいて，総勘定元帳の各勘定へ転記される[6]。

　期中の活動（および決算整理事項）が仕訳・転記されると，総勘定元帳への転記が正しく行われているかを検証するために，総勘定元帳の各勘定科目ごとの残高と合計額を表示した一覧表である「合計残高試算表」が作成される。（また，複数の会計を対象として記帳を行っており，一般会計等の計数が総計（単純合計）されている場合には，「精算表」を作成して，各会計相互間の内部取引を相殺消去し，一般会計等の純計を算出する。）合計残高試算表の数値等を基礎として，貸借対照表，行政コスト計算書，資金収支計算書，純資産変動計算書という「財務4表」が作成される。なお，作成された財務4表の相互関係は，**図表17-2**のようになる。

**図表17-2**　　**財務4表の相互関係**

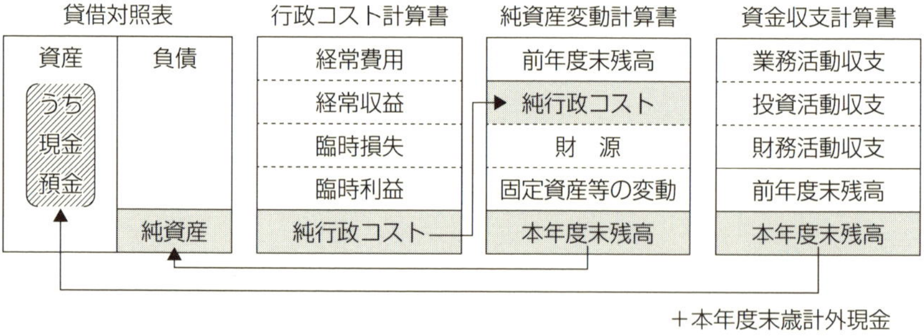

＋本年度末歳計外現金

出典：総務省（2015a）1-5頁。

　上記の仕訳例の分析からわかることとして，次の諸点が指摘できる。

① 「未収金」および「未払金」や各種の引当金を計上しており，現金収支以外の取引・事象を把握している。

---

（6）　なお，「地方公会計マニュアル」が示した総勘定元帳には，「現金預金」勘定の記入例が示されているが，上記の仕訳でも確認できるように，現金の増減は「収入」・「支出」の諸勘定に置き換えられているため，仕訳帳からの転記によっては作成されないはずである。

② 「現金」勘定の増減を「収入」・「支出」の諸勘定に置き換えて記録している。

③ 公会計に固有の活動・事象も，取引として複式簿記によって記録している[7]。たとえば，租税の調定・徴収については，調定時に「税収等」（財源等）を計上していた。また，インフラ資産（設例では「工作物」が該当）も資産として計上されていた。

①について補足すれば，記録の対象を，現金収支そのものから「将来生じるであろう現金収支」にまで拡張しており，また，期末に非資金取引による当期が負担すべき費用額等を計上していることから，現金主義会計ではない「発生主義会計」を採用しているといえる[8]。また，②について，「地方公会計マニュアル」では，「効率的に資金収支計算書を作成する観点」（総務省（2015a）1-6頁）から収入・支出への置換えを行っているとしている。

次節では，マニュアルの示した仕訳例を離れ，「期末一括仕訳」がどのように行われるのか，詳細に検討する。

## 2.4 「地方公会計マニュアル」における仕訳帳への期末一括仕訳による記帳

統一的な基準では，「財務書類は，公会計に固有の会計処理も含め，総勘定元帳等の会計帳簿から誘導的に作成」（総務省（2014）11頁）することとされ，そのための会計帳簿として，①仕訳帳（仕訳伝票），②総勘定元帳，③固定資産台帳（建設仮勘定台帳を含む），④資産負債内訳簿が作成される。このうち，仕訳帳は，「財務書類を作成する上での最小基本単位」であり，「日々の取引を発生順に記録した仕訳伝票の綴りまたはこれを転記した帳簿」であるとされる（総務省（2019）34頁）。また，「財務書類上の計数は，繰越額や計算項目等を除き，すべて仕訳帳から積み上げて集計」（総務省（2019）34頁）されるため，仕訳帳にどのようなデータが記帳されるのかが重要になる。

仕訳帳に記入されるデータは，前述のように，A）歳入歳出データ，B）歳計外現金[9]データ，C）各種原簿・台帳データの3種類から作成される。このうち，歳入歳出データおよび歳計外現金データは現金取引にかかわるもので

---

（7） ただし，予算の計上を仕訳の形で表すことは行われていなかった。

（8） 非資金仕訳の例として，決算における償却資産に対する減価償却や有価証券や投資等の評価額の変動も含まれており（総務省（2015a）2-17頁），「発生主義会計」が採用されているといえよう。

あり，各種原簿・台帳データは非現金取引（ないし振替取引）にかかわるものである。

　歳入歳出データは，そもそも歳計現金の増減を示す単式データであるため，予算科目単位に借方・貸方の勘定科目を効率的に付与し「複式化[10]」するために，「資金仕訳変換表」が用いられる。具体的には，まず，歳入歳出データを，①現金取引データと②未収・未払・不納欠損にかかるデータとに分類する。そして，①の現金取引データのうち，一義的に仕訳が特定できる予算科目[11]（たとえば，都道府県民税や使用料及び手数料，給料など）に属するデータは，「資金仕訳変換表」により，伝票データごとに「仕訳帳」に記帳する。また，資産・負債に関連する予算科目（たとえば，財産売払収入や公有財産購入費など）に属するデータなど，一義的に仕訳が特定できないものは，その明細を検討したうえで，「資金仕訳変換表」の仕訳候補から仕訳を選択し，伝票データごとに「仕訳帳」に記帳する。これらの仕訳は「資金仕訳」と呼ばれる。

　一方，②の未収・未払・不納欠損に係るデータについては，「資金仕訳変換表」を利用せず，後述する「非資金仕訳」として処理することになる。

　これらの歳入歳出データの複式化についてまとめれば，**図表17－3**のようになる。

　まず，歳入歳出データは，財務会計システムから予算科目別の個別伝票データとして取得され，「資金仕訳変換表」を参照しつつ，**図表17－4**のような仕訳帳において，借方・貸方の仕訳パターンが付加される。なお，「地方公会計マニュアル」における「資金仕訳変換表」の対象範囲は，（未収・未払・不納欠損に関するデータを除いた）現金取引に限定されているため，付加される勘定科目（相手勘定科目）は，資金収支計算書項目の収入・支出の各勘定に限られる。

　たとえば，予算科目として「都道府県民税」ないし「市町村民税」の伝票データ（たとえば，歳入額140,000）については，借方に「税収等収入」，貸方に「税

---

（9）　歳計外現金とは，地方自治法第235条の４第２項に規定されている「普通地方公共団体の所有に属しない現金」をいい，市町村における「預り県民税」や職員の給与に係る「預り源泉税」，公営住宅の「預り敷金」等が該当するが，出納調整期間中の出納を考慮すると解消されるものが大部分である。これらは，自治体が一時的に保管しているだけでその所有に属さず，その受払は歳入歳出決算には含まれない（鈴木（2016）45頁）。

（10）　なお，「複式化」とは，単式簿記による記録である予算執行データを，その内容に基づき，借方・貸方の勘定科目を選択して複式仕訳に変換することと定義しておく。

（11）　各地方自治体の予算科目は相当数にのぼるが，そのほとんどについては予算科目の階層（歳出に関しては「節」）に着目することで仕訳を一義的に特定することが可能であるとされる（総務省（2019）40頁）。

第17章　地方自治体の簿記―「地方公会計マニュアル」における複式記入―　　*281*

**図表17－3**　歳入歳出データの複式化（複式帳簿への変換）

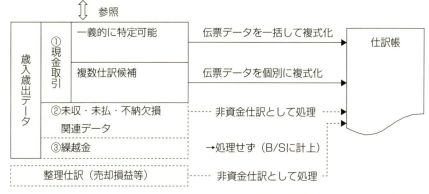

出典：総務省（2019）42頁より一部修正。

**図表17－4**　「地方公会計マニュアル」による仕訳帳（財務書類作成要領　別表2）

| 伝票No. | 歳入歳出データ ||||||| 仕訳パターン付加部分 |||||| 建仮番号 |
||予算科目コード|データ区分|出納日|件名|出納金額|出納相手方|担当部署|借方|||貸方|||
|||||||||勘定科目コード|勘定科目名|借方金額|勘定科目コード|勘定科目名|貸方金額||
| #26 | △△ | | 5/16 | ○○ | ×× | | | → | | 収入 | ×× | | | ×× | |
| #27 | ▲▲ | | 5/18 | ●● | ×× | | | → | | | ×× | | 支出 | ×× | |
| : | ◇◇ | | : | | × | | | | | | × | | | × | |

出典：総務省（2019）100頁より一部加筆修正。

282　第5部　複式簿記の導入過程にあるグループ—あるべき処理（展望）—

収等」の勘定科目が付加されて，次の仕訳を行う。

---

**（例10—1）**

　（借）税 収 等 収 入　　140,000　　（貸）税　　収　　等　　140,000
　　　　【業務収入】　　　　　　　　　　　　　　　　【財源等】

---

　また，歳入歳出科目からは勘定科目を特定できない場合は，取引内容を検討のうえ，科目および金額を特定して仕訳を行うことになる。たとえば，予算科目として「公有財産購入費」の伝票データ（歳出額250,000）については，購入された財産が何であるのか，インフラ資産や事業用資産の科目を特定し，たとえば「事業用建物工事」のための支出であれば，次の仕訳を行うことになるし，また，「土地」取得のための支出であれば，借方の勘定科目を「土地」として仕訳を行うことになる。

---

**（例10—2）**

　（借）建　　　　　物　　250,000　　（貸）公 共 施 設 等　　250,000
　　　　（事業用資産）　　　　　　　　　　　整　備　支　出
　　　　【資産】　　　　　　　　　　　　　　【投資活動支出】

---

　上記のような「資金仕訳」が行われる取引・事象に対して，「非資金仕訳」が行われる取引・事象も存在する。これらは，①歳入歳出データに含まれるが，「整理仕訳」（固定資産売却損益・引当金の振替処理等）を要するもの，②歳入歳出データに含まれるが，未収・未払・不納欠損に係るもの，③歳入歳出データに含まれず，減価償却費や引当金の計上といった現金の流出入を伴わない非資金取引等に分類できる（総務省（2019）43頁）。

　なお，①の「整理仕訳」とは，「複数の勘定科目が混在する取引について，当初，1科目・金額で処理しておき，後日，その仕訳を正しい科目・金額に修正する振替仕訳」をいう（総務省（2019）111頁）。整理仕訳を必要とする取引例としては，売却損益の生じる資産の売却や元利混在の貸付金償還，退職手当・賞与等の支払いの引当金による充当などが考えられる。

　たとえば，予算科目「財産売払収入」の伝票データ（歳入額120,000）について，まず，売却された財産が台帳に記載された固定資産かどうかを調査し，固定資産であった場合はその科目を特定する。特定された科目が「土地」であったならば，次の仕訳を行う（つまり，売却総額で処理される）。

第17章　地方自治体の簿記―「地方公会計マニュアル」における複式記入―　　*283*

---

（例10―3）
　（借）資　産　売　却　収　入　　120,000　　（貸）土　　　　　地　　120,000
　　　　　【投資活動収入】　　　　　　　　　　　　　　　【資産】

---

なお，この売却において，簿価に対して売却損益が生じていれば，非資金仕
訳としての整理仕訳が必要となる。土地の簿価（ないし元本額）が100,000であり，
売却益が20,000だけ生じていたとするならば，次の整理仕訳を行い，科目・金
額を修正する[12]。つまり，歳入に関しては，資産勘定の貸方に総額で表記し
ておき，後日（決算日など），修正することで損益を確定させる「総記法」的な
記帳方法が採られていることがわかる。

---

（例10―4）
　（借）土　　　　　地　　20,000　　（貸）資　産　売　却　益　　20,000
　　　　　【資産】　　　　　　　　　　　　　　　　【収益（臨時利益）】

---

また，予算科目「職員手当等」の伝票データ（歳出額70,000）について，当
初はその全額を「職員給与費」で処理しておき，賞与等引当金を充当して支払っ
た部分（50,000）について，賞与等引当金を取り崩して充当するために，整理
仕訳を行う[13]。

---

（例10―5）［当初仕訳］
　（借）職　員　給　与　費　　70,000　　（貸）人　件　費　支　出　　70,000
　　　　　【費用（人件費）】　　　　　　　　　　　　【業務支出】

（例10―6）［整理仕訳］
　（借）賞　与　等　引　当　金　　50,000　　（貸）職　員　給　与　費　　50,000
　　　　　【負債】　　　　　　　　　　　　　　　　【費用（人件費）】

---

次に，②の未収・未払・不納欠損に係るものについて，本項のように期末一
括仕訳を前提にすると，未収金・未払金は年度末に生じる（増加する）ことに

---

(12)　同様に，有価証券の売却による「財産売払収入」（歳入額60,000）の伝票データが受領され，有
　　　価証券の簿価（ないし元本額）は90,000であった場合，次の仕訳を行う。
　【当初仕訳】　（借）資産売却収入　60,000　（貸）有　価　証　券　60,000
　　　　　　　　　　　【投資活動収入】　　　　　　　　　　【資産】
　【整理仕訳】　（借）資産除売却損　30,000　（貸）有　価　証　券　30,000
　　　　　　　　　　　【費用（臨時損失）】　　　　　　　　【資産】

(13)　なお，このように，支出時には費用勘定で処理しておき，事業年度末に決算整理に先立ち，引
　　　当金によって補填計算を行う処理は，「勘定の精算」とよばれ，決算整理に先立って行うべき当然
　　　の処理であるとする考え方（たとえば，沼田（1992）178頁）も存在しており，地方公会計マニュ
　　　アルに特有な処理というわけではないが，一般的な簿記テキストでは見られない。

284 第5部 複式簿記の導入過程にあるグループ―あるべき処理（展望）―

なる。なお，「地方公会計マニュアル」では「現金取引（未済）」という見慣れない語句が出てくるが，本来であれば現金取引であったものが，未だ受け取られていない（もしくは支払われていない）ため，未収金もしくは未払金が生じる状態といった程度の意味である。

たとえば，年度末に，税金（都道府県民税や市町村民税）のうちの一部（歳入額2,000）が未収（現金取引（未済））である場合，次の仕訳を行う[14]。

```
（例10―7）
　（借）未　収　金　　　2,000　　（貸）税　収　等　　　2,000
　　　　【資産】　　　　　　　　　　　　　　【財源等】
```

そして，翌年度に，当該未収分が収納されたことが歳入データから明らかになれば，次の仕訳を行い，貸方は既存の未収金が消し込まれ（減少し），借方は未収金を計上した際の相手勘定から判断して，収入科目を選択することになる。

```
（例10―8）
　（借）税 収 等 収 入　　　2,000　　（貸）未　収　金　　　2,000
　　　　【業務収入】　　　　　　　　　　　　　【資産】
```

なお，年度末に未払金や未払費用が生じた場合もほぼ同様に処理されることになるが，未払費用については，翌年度の期首に「再振替仕訳」が行われていない点[15]が，企業会計を前提とした簿記手続との相違である。

また，債権（たとえば未収金）について不納欠損決定した額については，当該債権額を貸記して減少させるとともに，徴収不能引当金が計上されている場合には「徴収不能引当金」が借記により取り崩され，そうでない場合には債権の種類に応じて，「その他（その他の業務費用）」または「その他（臨時費用）」として費用が借記される。

このような未収・未払・不納欠損に係る取引データについては，資産負債内訳簿の「未収・未払・不納欠損残高整理表」と照合しながら，整理仕訳（や附属明細表の作成）が行われる。

歳計外現金データについては，「歳計外現金管理簿」から資産負債内訳簿の

---

(14) 期末一括仕訳方式では，税金が賦課された時点では「未収金」を計上する仕訳（①―1）は行われていないことになる。

(15) つまり，未払費用として計上されたものは，翌年度に支出が確認されたならば（支出時点とは限らない），借方に「未払費用」を計上して消込み，貸方は未払費用を計上した際の相手勘定から判断して，支出科目が選択され，仕訳が行われる。

第17章　地方自治体の簿記―「地方公会計マニュアル」における複式記入―　　*285*

「現金預金明細表」に転記した金額で非資金仕訳が行われる（総務省（2019）43頁）。歳計外現金は，現金取引にかかわるものであるが，その増減は非資金仕訳によって記帳される。なお，歳計外現金の受入・払出をその都度，個別に処理すること，もしくは年度末に本年度増減総額をもって処理することのいずれも認められている。

　各種原簿・台帳データから仕訳を行うものには，歳入歳出データには現れない資産・負債の増減がある。現金の流出入を伴わない固定資産の増減としては，除却，無償所管換受払，寄贈・受贈，過去の登録漏れの判明，償却資産の減価償却などがある。また，建設仮勘定から完成に伴う本勘定への振替えも，固定資産内で勘定の増減が起こるのみで現金の増減は生じない。現金を伴わない金融資産の増減としては，有価証券や投資等の評価額の変動やその他の債権・債務の増減（確定した損害賠償等を含む）などがある（総務省（2019）43頁）。

　また，各種の引当金の計上・取崩しもこのような非資金取引に含まれる。さらに，固定資産から流動資産（または固定負債から流動負債）への振替えも現金の流出入を伴わない。

　固定資産については，「固定資産台帳（建設仮勘定台帳を含む）」において増減の発生を確認したうえで，資産負債内訳簿に資産種類別，増減原因別に集約整理する。その他の資産・負債の増減についても，原簿その他の情報から，資産負債内訳簿に資産・負債の種類別，増減原因別に集約整理する[16]。そして，集約整理された資産負債内訳簿の計数を用いて非資金仕訳を行うことになる（総務省（2019）43頁）。

　これらの歳入歳出を伴わない資産・負債の増減に関するデータの複式化についてまとめれば，**図表17-5**のようになる。

　たとえば，期中に固定資産を無償で取得する「無償所管換受入」（もしくは寄付受入・受贈・調査による発見など）があった場合（受け入れた備品は60,000とする），次の仕訳を行う。なお，このとき貸方に記録される「無償所管換等」は純資産変動計算書科目である。

---

(16)　固定資産の増減に関して記帳される資産負債内訳簿には，「債権債務整理表」，「投資その他の資産明細表」，「有形・無形固定資産等明細表」がある。また，その他の資産・負債の増減に関して記帳される資産負債内訳簿には，上記の他に「地方債明細表」，「引当金明細表」がある。

図表17－5　歳入歳出を伴わない資産・負債の増減データの複式化

(例10－9)
（借）備　　　　品　　60,000　　（貸）無償所管換等　　60,000
　　　　【資産】　　　　　　　　　　　　【純資産増加】

また，業務に利用していたソフトウェア（償却後の簿価5,000）を除却するとき，次の仕訳を行う。

(例10－10)
（借）資産除売却損　　5,000　　（貸）ソフトウェア　　5,000
　　　　【費用（臨時損失）】　　　　　　　【資産】

ほかにも，満期保有目的の債券以外の有価証券（および市場価格のある出資金）について，基準日時点における市場価格をもって再評価[17]（評価損9,000を計上）する場合，次の仕訳を行う。

(例10－11)
（借）資産評価差額　　9,000　　（貸）有　価　証　券　　9,000
　　　　【純資産減少】　　　　　　　　　　【資産】

また，期末に退職手当引当金（または徴収不能引当金など）を計上する場合（繰入額1,000），次の仕訳を行う。

(例10－12)
（借）退職手当引当金　1,000　　（貸）退職手当引当金　1,000
　　　　繰　入　額　　　　　　　　　　　【負債】
　　　　【費用（人件費）】

---

[17] 満期保有目的以外の有価証券のうち，市場価格のあるもの（および出資金のうち，市場価格のあるもの）については，基準日時点における市場価格をもって貸借対照表価額とし，この市場価格での評価替えに係る評価差額については，洗替方式により，純資産変動計算書の「資産評価差額」として計上する（総務省（2019）145頁）。

さらに，固定資産の減価償却について，資産負債内訳簿の「有形・無形固定資産等明細表」における減価償却額（たとえば，建物の減価償却額25,000）に基づいて，次の仕訳を行う。

```
（例10—13）
　（借）減 価 償 却 費　　　25,000　　（貸）建 物 減 価 償 却　　　25,000
　　　　【費用（物件費等）】　　　　　　　　累 計 額
　　　　　　　　　　　　　　　　　　　　　【資産の評価】
```

これらの資産・負債の増減はいずれも現金の流出入を伴わないため，非資金仕訳となる。このような非資金仕訳を行うためには，「固定資産台帳」と「資産負債内訳簿」の記録が非常に重要になってくる。固定資産台帳は，固定資産を，その取得から除売却処分に至るまで，その経緯を個々の資産ごとに管理するための帳簿であり，所有するすべての固定資産について，取得価額，耐用年数等のデータを網羅的に記載したものである（総務省（2019）125頁）。また，すべての固定資産を1単位（口座）ごと[18]に，勘定科目，件名，取得年月日，取得価額等，耐用年数，減価償却累計額，帳簿価額，数量等の情報を記帳した台帳であり，開始貸借対照表の作成よりも前に，原則としてすべての保有固定資産について評価・整備し，その後も継続的に，購入，無償取得，除売却，振替，減価償却等を含む増減を記録しなければならない（総務省（2019）35頁）。

また，資産負債内訳簿は，歳入歳出を伴わない資産・負債も含むすべての資産・負債について，勘定科目別に，期首残高，期中増減高，期末残高を記載した帳簿である（総務省（2019）35頁）。期首に，各表の前年度末残高が期首残高として記録される。また，毎決算時に，総勘定元帳等から内訳を取得するほか，棚卸法により，残高を確認する（総務省（2019）101頁）。

予算執行と連動する資産・負債の増減については，歳入歳出データに基づいて資金仕訳が行われ，資産負債内訳簿の現金取引分と照合される。一方，歳入歳出を伴わない資産・負債の増減については，資産負債内訳簿の個々の記録に基づいて，非資金仕訳が行われる。特に，期末に一括して非資金仕訳を行う場合には，仕訳作成前に記録整理が終わっていなければならないことになる（総務省（2019）36頁）。つまり，資産負債内訳簿に記録された個々の資産・負債の

---

(18)　固定資産台帳の記載単位は，①現物との照合が可能な単位である，②取替や更新を行う単位である，という2つの原則に照らして判断し，決定される（総務省（2019）131頁）。

増減記録（単式データ）を，複式化して仕訳帳に記録することになる。

## 第3節　まとめに代えて

　本章では，わが国の地方自治体に導入された複式簿記が，どのようなものかを分析してきた。本章で分析の対象とした「地方公会計マニュアル」において具体的な複式簿記での取引例が示されたことの影響は，かなり大きなものであったと考えられる。

　また，「地方公会計マニュアル」による財務書類の作成は，基本的に，企業会計と同様の「誘導法」的な処理であるが，4つの財務書類をすべて元帳記録から作成しようとする点で，企業会計における複式簿記よりも進化している部分も存在するといえる。ただし，「歳入歳出データ」から複式仕訳を作成する方法として「期末一括仕訳」による処理を採用した場合，誘導法の利点であるはずの，適時に財務書類を作成することが困難になると考えられる。適時に財務書類を作成し，それを分析・解釈することにより，次年度の予算編成等に会計情報を利活用することができると考えられるため，「日々仕訳」による記帳を可能にするシステム構築が望まれる。

　また，既述のように，自治体の歳入歳出取引による現金の増減は，「収入」・「支出」勘定に記帳されていた。そのため，「地方公会計マニュアル」に基づく複式記入では，2種類のフロー（損益フローと資金フロー）と1種類のストック（資産・負債）が結びつくことになる。これを取引要素の結合関係で考えてみると，次のようになる。

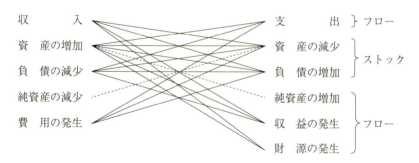

　すなわち，「収入」（現金の増加）と「支出」（現金の減少）は，収支計算の必

第17章　地方自治体の簿記―「地方公会計マニュアル」における複式記入―　*289*

要性から，「資産の増加」と「資産の減少」から分離されて，他の取引要素と結合している。このことから，2種類のフローが記録される複式簿記となっている。この2種類のフローに属する勘定で，損益計算（より正確には，行政コストがどれほど税金等で補償されているかの補償計算と純資産の変動計算）と収支計算が行われており，1種類のストックに属する勘定で財政状態が明らかにされる。

　ただし，フローやストックの諸勘定の残高が，どのように財務書類に集約されるかは，「地方公会計マニュアル」では明らかにされない。それというのも，財務書類が合計残高試算表（および精算表）を基にして作成されると説明されているためか，財務書類作成のための集合勘定（集計勘定）は1つも示されていないからである。そのため，行政コスト計算書で計算される「純行政コスト」の金額は，いかなる勘定口座においても計算されていない。また，貸借対照表の純資産の部や純資産変動計算書に計上される純資産の内訳項目である「固定資産等形成分」と「余剰分（マイナスは，不足分）」の金額は，純資産に関わる諸勘定（設例では，「税収等」と「国県等補助金」）の金額からはわかりえない[19]。さらに，純資産変動計算書で計算される「純行政コスト」と「財源等」の純額である「本年度差額」もまた，いかなる勘定口座においても計算されていない。もちろん，すべての数値が勘定で計算されている必要はないが，財務書類作成のための集計勘定を設定して説明するべきではないだろうか。

　地方自治体には，その財政の透明性を高め，説明責任をより適切に図る観点から，単式簿記による現金主義会計では把握できないストック情報やフルコストによるフロー情報を住民や議会等に説明するために，複式簿記による発生主義会計が求められている。今後も「地方公会計マニュアル」に基づく複式簿記によって，その目的が達成されるように，適宜，修正や改善が行われるべきである。

---

(19)　なお，例示された純資産変動計算書における「固定資産等形成分」の金額は，資金収支計算書の投資活動収支の「公共施設等整備費支出」や「基金積立支出」，「貸付金支出」の金額によって変動することが説明されている（総務省（2015a）1-16頁）。

**【参考文献】**

総務省（2014）「今後の新地方公会計の推進に関する研究会報告書」（平成26年4月）今後の新地方公会計の推進に関する研究会。

総務省（2015a）「統一的な基準による地方公会計マニュアル」（平成27年1月23日）今後の新地方公会計の推進に関する実務研究会。

総務省（2015b）「統一的な基準による地方公会計の整備促進について（総務大臣通知）」（平成27年1月23日）。

総務省（2019）「統一的な基準による地方公会計マニュアル（令和元年8月改訂）」。

鈴木豊編（2016）『新統一地方公会計基準』税務経理協会。

沼田嘉穂（1992）『簿記教科書（五訂新版）』同文舘出版。

吉田智也（2020）「公会計における会計アプローチと複式簿記」安藤英義・新田忠誓編著『森田哲彌学説の研究——橋会計学の展開—』（第11章 所収）中央経済社。

（吉田　智也）

# 第6部

# 非営利組織体における
# 簿記研究の展開

*292*　第6部　非営利組織体における簿記研究の展開

# 第18章

# 非営利組織体への複式簿記導入の特徴

　本章では，各非営利組織体における簿記処理の現状，各非営利組織体における複式簿記の意義・役割について検討したい。

## 第1節　非営利組織体への複式簿記導入の経緯

　非営利組織体の簿記処理の現状は，大きく3つに分類できる。(1)当初から複式簿記が求められている組織体，(2)単純な収支計算などから複式簿記による簿記処理へ移行した組織体，(3)複式簿記導入の過渡期にある組織体である。本節では，この3つの分類に沿って，当該非営利組織体への複式簿記導入の経緯を確認する。

### 1.1　当初から複式簿記による簿記処理が求められている組織体

　1つ目は，当該非営利組織体の設立根拠となる法律等が制定され，運用が開始された当初から複式簿記が求められている組織体である。農業協同組合（以下，「農協」という），独立行政法人，国公立大学法人，特定非営利活動法人（以下，「NPO法人」という）が該当する。

#### 1.1.1　農業協同組合（農協）

　農協は1947年に制定された農業協同組合法により設立された，「個人あるいは事業者などが共通する目的のために自主的に集まり，その事業の利用を中心としながら，民主的な運営や管理を行なう営利を目的としない組織」であり，組合員のために「最大の奉仕」あるいは「直接の奉仕」を目的とする。協同組合原則によると，組合員は組合財政への参加（出資）が求められ，農協は組合員に対して組合財政に関する報告を行わなければならない。

　農業協同組合法第52条2項では，組合員による農協事業の利用成果たる剰余

金から事業分量配当金を支払うことが定められて，同法施行規則第88条では「一般に公正妥当と認められる企業会計の基準その他の会計慣行を斟酌しなければならない」とされる。組合員のために，非営利の活動である農協事業の利用程度を測るために複式簿記が必要とされている。

### 1.1.2 独立行政法人

独立行政法人は，公共上の見地から実施されることが必要な事業であるが，国が直接実施する必要はないものの，民間に委ねた場合に実施されない可能性がある事業を効果的かつ効率的に行わせる法人であり，1997年12月の行政改革会議最終報告（政策の企画と実施を分離）において，政策の実施部門として設立されることとなった。国からの財源措置があり，交付された資金について，その使途を納税者である国民に説明する責任を負うことになり，資金の効率的利用について，所轄官庁への報告とともに国民一般への説明が必要となる。

まずは，独立行政法人がアウトプットを生み出すために使用したフルコストたる行政コストを行政コスト計算書において算定する。行政コストのうち当該年度に関して措置された財源に対応する部分は費用として損益計算書に計上され，当該年度の資金利用の効率性を測るための情報となる。財源と費用が均衡することで事前に想定された活動が想定どおりに実施されたことを表すことができる。一方，財産的基礎（政府等からの出資のほか，出資と同じく業務を確実に実施するために独立行政法人に財源措置されたもの）を構成する資産に関連する行政コストについては上記とは区別し，財産的基礎を構成する資産のための財源を資本剰余金とし，資産の価値減少を損益外減価償却相当額として認識し，資本剰余金から控除する。これが純資産変動計算書に計上される。

このように，負託された全ての経済資源を会計計算の対象とし，効率性の業績指標となる損益計算書に計上されるフロー情報だけでなく，損益外項目とされる純資産変動計算書に計上されるフロー情報をも生成することで国民負担の指標を提供することが求められる点に複式簿記の必要性が認められる。

### 1.1.3 国公立大学法人

国立大学法人は，1999年4月の「国の行政組織等の減量，効率化等に関する基本的計画」により設立されることとなった。国立大学法人は国と密接不可分の関係にあり，その業務は公共上必要とされるものである。また，教育研究を

推進する場でもあるため，一定の自主性が必要となる。ただし，業務の効率性
の向上が必要とされており，国立大学法人の公共的性格に重点を置いたうえで，
法人の運営状況および財政状態，ならびに国立大学法人事業の実施コスト等を
適正に財務諸表に表すことを目的とする会計制度が求められる。

独立行政法人と同様，1会計期間の法人の運営状況を表す損益計算書に表現
されるコスト情報だけではなく，その他のコスト，たとえば，損益外減価償却
相当額，損益外減損損失，引当外賞与増加見積額，引当外退職給付増加見積額
等を加算することによって，業務運営にかかる全てのコストを一旦集約し，そ
こから自己収入により賄えた金額を控除することで，国立大学法人等の業務運
営に関して，国民がどの程度のコストを負担するのかを国民の負担に帰せられ
るコストに関する注記において把握しようとする点に複式簿記の必要性が認め
られる。公立大学法人においても，地方独立行政法人会計基準に準拠し，同様
の簿記処理が求められる。

### 1.1.4　特定非営利活動法人（NPO法人）

NPO法人は，市民がさまざまな活動をよりスムーズに行うために法人格を
容易に取得できるようにという各界からの要望や機運によって，1998年12月の
NPO法施行議員立法により誕生した。NPO法人の設立は所轄庁の「許可」で
はなく，要件に適合していれば「認証」される制度であるため，NPO法人会
計基準では情報利用者である市民にとってわかりやすい会計報告が求められ，
市民からの監視を受けることを前提とした簿記処理が求められる。

NPO法人においては，活動水準を示すフロー情報だけではなく，寄附者か
ら拠出された活動資金の使途が制約されている場合には，その旨および寄附者
の意思を反映した資金の使用に関する情報を提供する必要もあり，その金額の
重要性が高い場合には正味財産の部を「指定正味財産」と「一般正味財産」に
区分表示し，資金源泉別のフロー情報を明らかにしている。この点に，複式簿
記の必要性が認められる。

## 1.2　単純な収支計算などから複式簿記による簿記処理へ移行した組織体

2つ目は，当初は単純な収支計算などが求められていたが，その後の法律等
の改正によって，複式簿記による簿記処理へ移行した組織体である。医療法人，

地方三公社，公益法人，学校法人，社会福祉法人が該当する。この5つの非営利組織体は，次の法律に基づいて，複式簿記による簿記処理に移行することとなった。

① 一定基準以上の医療法人：医療法人会計基準（2016年）
② 地方外郭団体（三公社）：公社ごとの会計基準
③ 公益法人：公益法人会計基準（1977年）
④ 学校法人：学校法人会計基準（1971年）
⑤ 社会福祉法人：社会福祉施設を経営する社会福祉法人の経理規程準則の制定について（1976年）

### 1.2.1 医療法人

国民医療費は増加の一途を辿っている。国民皆保険のわが国では，医療費の主な財源は国民負担（税金等）であり，国民全員が医療法人の利害関係者となりうる。医療費削減のために各医療法人の効率的な経営が不可欠であり，この程度を明らかにする仕組みが求められる。

また，2016年まで医療法人に強制適用される会計基準はなく，各医療法人は病院会計準則（厚生労働省），医療法人会計基準（四病院団体協議会），企業会計などさまざまな基準で簿記処理を行っていた。しかし，病院間の比較可能性を確保し，その効率的な経営を評価するためには同一の会計基準に基づく簿記処理が必要であり，2016年に医療法人会計基準（四病院団体協議会）をベースに，医療法人会計基準（厚生労働省令）が制定され，一定の要件を満たす法人に強制適用されることとなった。

複式簿記を導入することにより，公的医療保険からの税投入額（医療法人にとっての収益）と医療法人の活動水準を示す費用を対比させることが可能になる。この情報を開示することには国民的な資源配分の見地からも意味があると考えられ，複式簿記の必要性が認められる。

### 1.2.2 地方外郭団体（地方三公社）

地方三公社とは，土地開発公社，地方住宅供給公社，地方道路公社を指す。その多くは，戦後，財団法人として設立され，その後，各公社法によって公社へ改組され，市民生活のためのインフラを提供してきた。地方三公社については統一的な会計基準はない。各公社法によって公社へ改組された時点で，貸借

対照表および損益計算書の作成を求める公社ごとの会計規定が作成され，複式簿記による処理が行われている。

1990年前後には，公益的事業に民間経営手法を取り入れて効率的な事業運営を行う試みであった第三セクターが相次ぎ破綻する問題が生じた。また，公社は長期的なストック管理を行わなければならない。そのため，各公社の会計規定においては，財政状態，経営成績，キャッシュ・フローの状況に関する報告を行い，すべての取引および事象について，ストックとフローを把握できる複式簿記により体系的に記帳することが求められる。

### 1.2.3 公益法人

公益法人に適用される公益法人会計基準は，2004年に全面的な改正が行われた。公益法人を取り巻く社会経済状況の変化を受け，一層効率的な事業運営が求められるようになり，事業の効率性に関する情報を充実させる必要性が認識されていたし，一部公益法人による不祥事等を受けて，公益法人の事業活動の状況を透明化し，寄附者等（会員等を含む）から受け入れた財産の受託責任についてより明確にすることを通じて，広く国民に対して理解しやすい財務情報を提供することが求められていたからである。

さらに，2008年には公益認定の制度が開始され，認定を受けた財団・社団法人だけではなく，今後，認定を受けようとする財団・社団法人に対しても，公益法人会計基準が適用されることとなり，キャッシュ・フロー計算書の作成が追加されるなど，充実が図られた。

公益法人会計基準は，寄附者等から受け入れた財産の受託責任を明確にし，理解しやすい財務情報を提供するために，それまでの収支計算書を中心とする体系を見直し，貸借対照表と正味財産増減計算書（フロー式）を必要とする体系を構築した。事業活動と受託責任の状況を明確に示すフロー情報を明示する点に，複式簿記の必要性が認められる。

### 1.2.4 学校法人

私立学校を設置する学校法人は，高等教育が一般化していく中で，人口増加に伴う学生・生徒の増加，それら学生・生徒の受入態勢の整備，それらに対応するための学費値上げ問題などさまざまな社会的課題を抱えるようになり，1971年にそれまで公的な補助を受けることがなかった学校法人に公的な資金を

投入する仕組みができた。この仕組みの下で補助を受ける学校法人に対して，学校法人会計基準に基づく収支計算書・消費収支計算書（現在は事業活動収支計算書）・貸借対照表の作成，およびそれらの所轄官庁への届出が義務付けられた。

これらの計算書を作成するために必要なフロー情報のみならず，サービス受益者がサービスを受ける期間が長期になるため，組織の永続性が求められる学校法人において，企業会計における損益計算書に相当する事業活動収支計算書において，負債とならない収入と教育活動のための支出（非資金的支出を含む）を対比させ，事業活動の状況を明らかにする必要がある。ここに，複式簿記による簿記処理が必要とされることになった。

### 1.2.5　社会福祉法人

わが国では少子高齢化社会が到来し，将来の福祉需要の増大に対応するため，介護保険制度の導入など個別施策の見直しに加え，社会福祉事業，社会福祉法人，措置制度など社会福祉の共通基盤制度全体の改革に取り組み，利用者の立場に立った社会福祉制度を構築しつつある。その中でも措置制度から利用者個人による施設の選択（それに応じて選択された社会福祉法人が公的補助を受ける仕組み）への移行により，社会福祉法人の所轄官庁への報告が必要とされるようになった。

また，近年は一部の社会福祉法人における不適切な運営や法人制度主旨に反する事例が見受けられ，事業運営の透明化を図り，財務規律を強化して社会に対する説明責任を果たすことが重要になっている。

社会福祉法人会計基準は，事業別に事業活動計算書などの作成を求め，事業運営の透明化・財務規律の強化に資する。ここに，社会福祉法人における複式簿記の必要性が認められる。

## 1.3　複式簿記導入の過渡期にある組織体

3つ目は，複式簿記導入の過渡期にある組織体であり，宗教法人，地方自治体が該当する。

### 1.3.1　宗教法人

宗教法人法では，宗教法人が備え付けるべき決算書（財産目録，収支計算書）

に関する規定が存在するが、統一的な会計規則は存在しない。その理由として、戦時中における公権力の宗教活動への介入や弾圧などの歴史、または政教分離などにより、情報を不特定多数の外部に向かって発信する情報開示には消極的な姿勢がある点を挙げられる。

宗教活動においては、信仰対象である宝物が重要な位置を占める。また、奉納、寄進など、資金提供者からその使途が特定された資金提供を受ける場合もある。ただし、その場合でも、財産目録の資産側で、資金の使途が資産と結び付けられて記載される形で対応するため、その点において複式簿記による簿記処理の必要性は低い。

一方で、近年では、信者等の利害関係者からの決算書等閲覧請求に対応することなどを目的とし、統一的な会計規則を策定する試みもなされている。そこでは、宗教法人の正確な収支および財産の状況を把握することにより、宗教法人の健全な運営と財産維持に資することが目的とされている。信者数の減少など、宗教法人を取り巻く環境が悪化している中で、宗教法人の永続性を担保する情報として、複式簿記による簿記処理の必要性が認められる。

### 1.3.2　地方自治体

地方自治体においては、現金収支を議会の民主的統制下に置くことで、予算の適正・確実な執行を図るという観点から、既存の財務会計システムは残っており、従来どおり、期中における歳入・歳出を記録し、予算・決算書類が作成される。ただし、2015年に公表された地方公会計マニュアルにおいて、特にストックの管理に焦点を当て、ストック情報の総体の一覧的把握を可能にするための手法として複式簿記を採用している。そして、地方公会計マニュアルに基づく財務4表（貸借対照表、行政コスト計算書、純資産変動計算書、資金収支計算書）を予算編成等に積極的に活用することが求められる。

なお、そこで採用されている複式簿記は、現金の増減を収入・支出勘定で表すなど、特殊な処理を必要とすることになる。

## 第2節　非営利組織会計検討プロジェクト

近年、法人形態が異なる非営利組織体において、同種の事業が実施されることが多くなり、その結果として各法人のステークホルダーも重複する傾向にあ

る。これに対し，非営利組織体の会計基準は，法人形態ごとにその所轄官庁により設定・改正され，会計処理や表示に関する取扱いが相互に異なっている。このような状況の下で，非営利組織体の財務諸表について，その横断的理解が難しいという課題が生じている。

また，行政からの補助割合が低下し，民間からの資源確保を増やす必要があるが，会計基準の設定・改正では所轄官庁の利便性が重視され，一般の情報利用者のニーズに応えることに主眼が置かれてこなかった。したがって，法人形態別の財務諸表を横断的に理解可能にし，かつ一般の情報利用者のニーズに応えることができる会計の枠組みを構築する必要がある。

こうした試みの1つとして，日本公認会計士協会は，非営利組織会計検討プロジェクトを開始し，2019年に「非営利組織における財務報告の検討（公開草案）」を公表した[1]。この公開草案では，法人形態別の会計基準が設定・改正される際に参照されることを目的として，非営利組織体に共通する財務報告における基礎的な概念を整理するとともに，これを基礎として，非営利組織体におけるモデル会計基準を開発している。なお，公開草案では，収益・費用を資源変動時に認識しており，そのためには，ストック計算とフロー計算を帳簿上，有機的に関連づけて記録する複式簿記を採用することが必要であるとする。

## 第3節　非営利組織体に求められる財務書類

非営利組織体に対しては，**図表18－1**のとおり，財務書類が求められている。

---

（1）　2022年に最終報告書が公表されているが，基本的な方向性は2019年の報告書と同等であると評価できるため，ここでは2019年の公開草案によっている。

**図表18－1** 非営利組織体が作成する財務書類

| 組織体 | | ストック計算 | フロー計算 | | | 収支計算 | その他 |
|---|---|---|---|---|---|---|---|
| 独立行政法人 | | 貸借対照表 | 行政コスト計算書 | 損益計算書 | 純資産変動計算書 | キャッシュフロー計算書 | 利益損失処分計算書<br>附属明細書 |
| 国立大学法人<br>公立大学法人 | | 貸借対照表<br>（固定性配列） | 損益計算書<br>（経常費用から表示） | 純資産変動計算書 | － | キャッシュフロー計算書 | 利益処分計算書<br>附属明細書 |
| 特定非営利活動法人 | | 貸借対照表 | 活動計算書 | － | － | － | 財産目録 |
| 農業協同組合 | | 貸借対照表 | 損益計算書 | － | － | － | 剰余金処分計算書<br>附属明細書 |
| 公益法人 | | 貸借対照表 | 正味財産増減計算書 | － | － | キャッシュフロー計算書 | 附属明細書<br>財産目録 |
| 学校法人 | | 貸借対照表<br>（固定性配列） | 事業活動収支計算書 | － | － | （活動区分）資金収支計算書 | 附属明細書<br>財産目録 |
| 社会福祉法人 | | 貸借対照表 | 事業活動計算書 | － | － | 資金収支計算書 | 附属明細書<br>財産目録 |
| 医療法人 | | 貸借対照表 | 損益計算書 | 純資産変動計算書 | － | キャッシュフロー計算書 | 附属明細表<br>財産目録 |
| 地方三公社 | | 貸借対照表 | 損益計算書 | － | － | キャッシュフロー計算書 | 剰余金計算書<br>附属明細書<br>財産目録 |
| 地方自治体 | | 貸借対照表 | 行政コスト計算書 | 純資産変動計算書 | － | 資金収支計算書 | |
| 宗教法人 | 法 | （貸借対照表：任意） | － | － | － | （収支計算書）公益以外or8千万円超 | 財産目録 |
| | 案 | 貸借対照表 | 資金剰余金調整計算書 | － | － | 資金収支計算書 | 剰余金処分計算書<br>財産目録 |
| | 指 | 貸借対照表 | 正味財産増減計算書 | － | － | 資金収支計算書 | 財産目録 |

# 第4節　非営利組織体における複式簿記の現状と特徴

　以上，非営利組織体への複式簿記の導入の状況についてみてきた。複式簿記により，収支計算からは得られないフロー情報を利害関係者に提供できるようになる。それらの情報は，非営利組織体自身の活動の評価・改善にも有用であり，非営利組織体の運営者（経営者）にとって必要な情報でもある。多くの非営利組織体に効率的な運営とその透明性が求められ，かつ，活動の継続性が求められ，そのために複式簿記が必要とされている点を指摘できる。

　さらに，各非営利組織体に適用される会計基準において，複式簿記の導入によって生み出される情報（財務諸表）の利用者が想定されており，まとめると**図表18－2**のとおりである。◎は最も優先的に考えられている利用者，○がその次に考えられている利用者を表す。また，受益者は当該非営利法人が提供するサービスを受益する者であり，経緯欄の(1)〜(3)は第1節冒頭で示したグループである。

**図表18－2　非営利組織体の財務書類の利用者**

| 経緯 | 非営利組織体 | 所轄官庁 | 資金拠出者 | 一般市民 | 受益者 |
|---|---|---|---|---|---|
| (1) | 農業協同組合 | | | | ◎ |
| | 独立行政法人 | ◎ | | ○ | |
| | 国公立大学法人 | ◎ | | ○ | |
| | 特定非営利活動法人 | | | ◎ | ○ |
| (2) | 医療法人（一定規模以下は任意適用） | | | ◎ | |
| | 地方三公社 | ◎ | | ○ | |
| | 公益法人 | | ◎ | ○ | |
| | 学校法人 | ◎ | | | ○ |
| | 社会福祉法人 | ◎ | | | ○ |
| (3) | 宗教法人（任意適用） | | ○ | | ◎ |
| | 地方自治体 | ◎（議会） | | ○ | |

## 4.1 当初から複式簿記による簿記処理が求められている組織体（経緯欄(1)）

農協では受益者たる利用者への報告に，独立行政法人，国公立大学法人では資金拠出者たる所轄官庁への報告に，NPO法人では資金拠出者たる一般市民への報告に主な焦点が当てられ，さらに，それに加えて，独立行政法人，国公立大学法人ではそのコストを負担する一般市民への報告に，NPO法人では受益者たる利用者への報告に焦点が当てられている。

これらの組織体の会計報告は単なる収支報告ではなく，非営利組織体の活動の効率性の指標となり，コスト負担の程度を把握するあるいは資金の使途を明示するために，複式簿記によってもたらされる会計報告が必要とされている。

たとえば，独立行政法人，国公立大学法人では，各年度の事業実施・組織運営のために政府から予算措置がなされ，交付された運営資金は一旦，負債（運営費交付金債務）として認識されたうえで，予算が執行された期間において収益として認識し，損益計算書において運営コストと対応させられる。すなわち，年間の予算という形で策定されている各年度の活動の効率性を判断するために，予算措置されている費用を計上するとともに収益を認識する。

---

**（例1）** 運営費交付金100,000が当座預金に振り込まれた。
（借）当 座 預 金 100,000 （貸）運営費交付金債務 100,000
**（例2）** 運営費交付金の対象である費用（人件費）を計上し，上記交付金を収益化した。
（借）人 件 費 100,000 （貸）現 金 預 金 100,000
（借）運営費交付金債務 100,000 （貸）運営費交付金収益 100,000

---

一方，長期的に使用される資産取得のために交付された資金は，各年度の活動の効率性を表すための収益とは区別しなければならず，一旦，負債として認識された後，資本剰余金として認識する。ただし，長期的に使用される資産のコストも最終的には国民が負担すべき金額となる。そこで，行政コスト計算書において，各年度の効率性の測定値である損益計算書の末尾の金額に，これらの資産に関する項目（下記の例では，損益外減価償却累計額）を反映させて，国民が負担すべきコストの総額を表示する。

第18章　非営利組織体への複式簿記導入の特徴　　*303*

---

| （例3） | 施設費100,000を受領した。 | | | | |
|---|---|---|---|---|---|
| （借） | 現　　　　金 | 100,000 | （貸） | 預 り 施 設 費 | 100,000 |
| （例4） | 固定資産（建物）取得時 | | | | |
| （借） | 建　　　　物 | 100,000 | （貸） | 現　　　　金 | 100,000 |
| （借） | 預 り 施 設 費 | 100,000 | （貸） | 資 本 剰 余 金 | 100,000 |
| （例5） | 減 価 償 却 | | | | |
| （借） | 損益外減価償却累計額 | 10,000 | （貸） | 建物減価償却累計額 | 10,000 |

## 4.2　単純な収支計算などから複式簿記による簿記処理へ移行した組織体（経緯欄(2)）

　医療法人では一般市民への報告に，地方三公社，学校法人，社会福祉法人では所轄官庁への報告に，公益法人では資金拠出者への報告に主な焦点が当てられ，加えて，地方三公社，公益法人では，そのコストを負担する一般市民への報告に，学校法人，社会福祉法人では受益者たる利用者への報告に焦点が当てられている。

　これらの非営利組織体でも，公的な資金が投入されること，永続的な活動が求められることなどに対する説明を行うために，複式簿記からもたらされる情報の報告が必要とされる。たとえば，学校法人，社会福祉法人では，長期にわたって利用する設備等を取得するための資金を，経常的な活動に充てる資金から区別するために基本金として分離して認識し，対応する基本金組入額が事業活動収支計算書において収益から控除される。

---

| （例6） | 学校法人の設立に際し寄附50を受け入れた。 | | | | |
|---|---|---|---|---|---|
| （借） | 現　　　　金 | 50 | （貸） | 寄　　　　附　　　　金 | 50 |
| （例7） | 教育に必要な設備等50（耐用年数2年）を取得した。 | | | | |
| （借） | 備　　　　品 | 50 | （貸） | 現　　　　金 | 50 |
| （借） | 基 本 金 組 入 額 | 50 | （貸） | 第 1 号 基 本 金 | 50 |

## 4.3　複式簿記導入の過渡期にある組織体（経緯欄(3)）

　宗教法人，地方自治体においては，複式簿記による記録が求められているわけではないが，複式簿記による記録の有用性は認識されており，納税者や受益者に対する説明責任を果たすために，複式簿記による記録が導入されつつある。

*304* 第6部 非営利組織体における簿記研究の展開

たとえば，地方自治体においては，さまざまな収入・支出を，その属性に応じて分類集計する。収入・支出がその内容に応じて分類表示されることにより，自治体の活動内容を詳細に示すことができるようになる。

| （**例8**） 住民税500を調定し，そのうち450を徴収した。 | | | | | | | |
|---|---|---|---|---|---|---|---|
| （借） | 未　収　金 | 500 | （貸） | 税　収　等 | 500 |
| （借） | 税 収 等 収 入 | 450 | （貸） | 未　収　金 | 450 |

複式簿記が導入されると，1期間を超える予算・実績管理や財産増減に関する要因説明が容易になるという変化がもたらされる。収支計算のみを行い，収支の原因を個別に拾い上げてそれを示すことも可能ではある。しかし，組織体の規模が大きくなるにつれてその手間は膨大になる。その複雑な作業をダイレクトにこなす手段が複式簿記であるといえよう。

非営利組織体が置かれている経済的な環境が変化していく中において，各非営利組織体に求められる役割を果たすため，活動の効率性を高めながら，永続的な活動を行わなければならない。そのために複式簿記が必要なのである。

## 第5節　資金の性格と複式簿記の意義・役割

各非営利組織体における簿記処理を既述のように考えると，非営利組織体の簿記処理を最も特徴づけている要因が，資金提供者からの使途制限のある資金あるいは維持しようとする資金の簿記処理にあると考えられる。各非営利組織体は資金提供者への情報提供が求められるが，各非営利組織体と資金提供者との関係は多様であるため，資金提供者から提供された資金の簿記処理に多様性が生じているからである。

そこで，**図表18－3**のように，それら資金の簿記処理の"場"に着目し，非営利組織体をグルーピングしたうえで，各非営利組織体で行われている複式簿記の意義・役割を検討する。

第18章　非営利組織体への複式簿記導入の特徴　　*305*

## 図表18－3　資金の性格に着目した非営利組織体の分類

| グループ | 使途制限（維持すべき資金）を表す"場" | 該当法人 |
|---|---|---|
| 第1 | 企業会計に近い形で出資額の維持を行う | 農協・医療法人・地方三公社 |
| 第2 | 貸方項目だけで使途制限を表す | 独立行政法人・国公立大学法人 |
| 第3 | 借方項目・貸方項目の両者で使途制限を表す | 公益法人・NPO法人 |
| 第4 | 貸方項目だけで維持すべき金額を表す | 学校法人・社会福祉法人 |
| 第5 | 現在，複式簿記の導入過程にある | 宗教法人・地方自治体・プロジェクト |

## 5.1　第1グループ：企業会計に近い形で出資額の維持を行うグループ

　第1グループ（農協，医療法人，地方三公社）は，非営利性が認められるとはいえ，その業務内容が営利企業に近く，営利企業と同様の簿記処理が行われるケースが多い（拠出額が資本金・出資金とされるなど）。一方，たとえば，医療法人には次のような特徴的な簿記処理もあり，そこからも複式簿記の意義と役割が明らかになる。

---

**【医療法人】**

**(例1)**　基金への資金提供者に1,000の払戻しを行った。

（借）**基　　　　　金**　　1,000　　（貸）現　　　　　金　　1,000
　　　　【純資産】

（借）**繰越利益積立金**　　1,000　　（貸）**代 替 基 金**　　1,000
　　　　【純資産】　　　　　　　　　　　　　　　【純資産】

---

　当初，提供された資金を基金（純資産）として記録しておき，当該資金提供者へ払戻しを行った場合，財産的基盤の維持のために，利益の累積額である繰越利益積立金（純資産）を，取崩しに制限のある代替基金（純資産）に振り替える役割が複式簿記に求められる。純資産内の振替えを可能にする点に複式簿記の意義が認められる。

## 5.2　第2グループ：貸方項目だけで使途制限を表すグループ

　第2グループ（独立行政法人，国公立大学法人）は，本来，政府が行うべき業務を担う組織であるため損益均衡が前提とされ，提供された資金についてその点を明示できる簿記処理のシステムが必要となり，次のような特徴的な簿記処理が行われている。

　この処理の特徴は，提供された資金がいったん負債として計上され，活動により対応する費用が生じたときに収益化される点である。また，現物出資された建物に関する減価償却費を費用とすると損益均衡を達成できないため，損益外減価償却累計額として資本剰余金のマイナス項目として，純資産の額を間接的に減少させる処理を行う。

---

**【独立行政法人・国公立大学法人】**

**（例2）**　政府より建物100,000の出資を受けて設立された。

（借）建　　　　物　100,000　　（貸）**資　　本　　金**　100,000
　　　　　　　　　　　　　　　　　　　　　　　　【純資産】

**（例3）**　運営費交付金50,000を受領した。

（借）現　金　等　　50,000　　（貸）**運営費交付金債務**　50,000
　　　　　　　　　　　　　　　　　　　　　　　【負債】

**（例4）**　教育研究経費50,000を計上するとともに交付金債務を収益化し，また，
　　　　　建物に関する減価償却（定額法・耐用年数10年）を行う。

（借）教 育 研 究 経 費　50,000　　（貸）現　金　等　　50,000
（借）**運営費交付金債務**　50,000　　（貸）**運営費交付金収益**　50,000
　　　　【負債】　　　　　　　　　　　　　　　　【収益】
（借）**損益外減価償却累計額**　10,000　　（貸）建物減価償却累計額　10,000
　　　【純資産（資本剰余金のマイナス）】

---

　このように，「財産基盤に基づく運営活動」（資本金・損益外減価償却累計額）と「運営活動に関わる財源措置」（運営費交付金債務・運営費交付金収益）の2つの動きを，企業会計方式の会計体系の中で矛盾なく行う仕組みを構築する役割が複式簿記に求められており，損益を認識できる本来の企業会計体系と同じ処理を行うことで，運営活動に関わる財源措置の効果を表し，それを損益均衡の基本原理の枠内に収めるように描写する点に，複式簿記の意義が認められる。

## 5.3 第3グループ：借方項目・貸方項目の両者で使途制限を表すグループ

第3グループ（公益法人，NPO法人）における簿記処理の特徴は，正味財産（純資産に相当）内を指定正味財産と一般正味財産に区分し，使途制限の変化を反映させる点である。

---

**【公益法人・特定非営利活動法人】**

（**例5**）　5年間の保有を条件として，株式100,000の贈与を受け，特定資産とした。

（借）　**投資有価証券**　　100,000　　（貸）　**投資有価証券受贈益**　　100,000
　　　　【特定資産(資産)】　　　　　　　　　　　　　【指定正味財産】

（**例6**）　上記の保有期間が経過した。

（借）　投 資 有 価 証 券　　100,000　　（貸）　投 資 有 価 証 券　　100,000
　　　　【その他固定資産(資産)】　　　　　　　　　　　【特定資産(資産)】

（借）　一 般 正 味 財 産　　100,000　　（貸）　投 資 有 価 証 券　　100,000
　　　　へ の 振 替 額　　　　　　　　　　　　受 贈 益 振 替 額
　　　　【指定正味財産】　　　　　　　　　　　　　【一般正味財産】

---

使途制限が付されている寄附・贈与について，指定正味財産項目の増加として処理し（例5），制限が解除される場合に指定正味財産項目から一般正味財産項目へ，正味財産内での振替えが行われ，同時に特定資産（ないし基本財産）から通常の資産への振替えも行われる（例6）。

純資産内で拘束されている資金（指定正味財産）と非拘束の資金（一般正味財産）を区別し，組織の実質的な財政状態を示すための処理を行う役割が複式簿記に求められると考えられる。ただ，簿記処理に依拠しない財務諸表表示を要請している点も特徴として挙げられ，この点に着目すれば，財務諸表利用者に向けた情報開示を第一として，つまり財務諸表表示を第一義とし，その範囲で複式簿記の技術を活用していると指摘できるかもしれない。

## 5.4 第4グループ：貸方項目だけで維持すべき金額を表すグループ

第4グループ（学校法人，社会福祉法人）の簿記処理の特徴は，「基本金」を計上する点である。たとえば，次のような特徴的な簿記処理が行われる。

【社会福祉法人】

（**例7**） 設立のための資金として30,000の寄附金を受け取った。

（借） 現 　 　 　 金 　 30,000 　 （貸） 寄 附 金 収 入 　 　 30,000
　　　　　　　　　　　　　　　　　　　　　　　　【収益】

（**例8**） 上記資金を使って，永続的活動に必要な設備30,000を取得した。

（借） 備 　 　 　 品 　 30,000 　 （貸） 現 　 　 　 金 　 30,000
（借） 基 本 金 組 入 額 　 30,000 　 （貸） **第 1 号 基 本 金** 　 30,000
　　　　　【費用】　　　　　　　　　　　　　　　　　　　【純資産】

　社会的使命を帯びた社会福祉事業の安定的かつ永続的運営のために必要な財産を維持（維持すべき金額を収益から分離）するための処理が複式簿記に求められ，公的な資金に支えられた社会福祉事業の状況を公開できる情報を作り出す点に複式簿記の意義が認められる。

## 5.5　第5グループ：現在，複式簿記の導入過程にあるグループ

　検討プロジェクトにおける簿記処理の特徴は拘束された資金と非拘束の資金を区別し，それらの間で振替えを行うこと，宗教法人と地方自治体における簿記処理の特徴は収支計算をも行う点である。たとえば，地方自治体では次のような特徴的な処理が行われる。

【地方自治体】

（**例9**） 道路建設に関する国からの補助金100を現金で受け取った。

（借） 補 助 金 収 入 　 　 100 　 （貸） **国 県 等 補 助 金** 　 100
　　　　　【収入】　　　　　　　　　　　　　　　　　　　【財源】

　収入・支出を独立して把握し，複数のフロー項目（収益・費用・財源）をそれぞれ把握する点が特徴であり，貸借対照表・行政コスト計算書・純資産変動計算書・資金収支計算書という4つの財務書類をすべて元帳記録から作成する役割が複式簿記に求められる。地方自治体では，流入資金の性質に応じて収益と財源に区分する処理，検討プロジェクトでは，純資産内部での振替処理を行う点に，それぞれ複式簿記の意義が認められる。

## 第6節　非営利組織体間の比較分析

　各非営利組織体の活動目的はそれぞれ異なるが，資金の性格に応じてその簿記処理の特徴を類型化できた（**図表18-3**）。一方，さまざまな点で簿記処理に異同点がみられる。

### 6.1　第1グループ：企業会計に近い形で出資額の維持を行うグループ

　第1グループの共通点は，業務内容が営利企業に近いことから，企業会計とほぼ同様の処理が行われる点，取引要素の結合関係がほぼ同じ点である。また，事業の継続性が要請されることから，その程度に差はあるが，資本金，出資金（基金）の拘束性が高く，財産的基盤の維持が重視されている点も共通点である。

### 6.2　第2グループ：貸方項目だけで使途制限を表すグループ

　独立行政法人と国公立大学法人は，政府からの財政措置があり，それに基づく運営が行われることから，その簿記処理に違いはほとんどない。

　一方で，中期計画への関与の度合い，運営の自由度の違い，評価機関による評価の違いによって，利益に相当する勘定の違いを生じさせる。行政代行機関である独立行政法人はほぼ完全に損益均衡が求められるのに対して，教育研究機関である国公立大学法人は計画された目標を上回る実績が，その後の資金的な自由度を高めることになり，この際の簿記処理に関する検討が必要とされる。

### 6.3　第3グループ：借方項目・貸方項目の両者で使途制限を表すグループ

　制度上，借方項目・貸方項目の組み合わせで使途制限の状況を表す点が共通点である。

　公益法人会計基準では，正味財産の部において，借方項目と貸方項目の組み合わせを内訳表示することで，使途制限の度合いをグラデーションのように示している。一方，NPO法人会計基準では，借方項目と貸方項目の両者で使途制限項目を設けることができるものの，借方項目と貸方項目の整合性は示されていないという違いがある。

　また，公益法人会計基準については，複式簿記の技術はあるべき財務諸表表

示を達成されるために活用されている一方，NPO法人においては，広く市民への情報公開を前提としており，企業会計寄りの財務会計としての体系の前提として複式簿記が求められる点を指摘した。

## 6.4　第4グループ：貸方項目だけで維持すべき金額を表すグループ

　学校法人と社会福祉法人においては，基本金という同じ勘定を用いているが，その内容は全く異なる。学校法人の基本金は固定資産への支出額（借方）に規定され，社会福祉法人の基本金は寄附金による収入額（貸方）に規定される。なぜならば，学校法人においては所有者が存在しないために学校法人自身の意思（固定資産支出額）が反映されるのに対して，社会福祉法人においては資金提供者の意思が反映されるからである。また，同じ性質を持つ項目が，学校法人では基本金とされるのに対して，社会福祉法人では積立金とされることがあるため，基本金という単一の勘定だけではなく，純資産全体を見ていく必要がある。

（小野　正芳）

# 第19章

## 業務類似性と簿記処理
### —国公立大学法人と学校法人の比較—

## 第1節　国公立大学法人と学校法人の業務類似性と　　簿記処理の違い

　非営利組織体はさまざまな業務を行っており，社会にとって不可欠な存在となっている。活動を行うためには，寄附をはじめとしたさまざまな資源や公的組織からの支援を必要とするため，資源提供者・監督官庁への説明の重要性が高まっている。資源提供者への説明の手段の1つとして会計情報が重要な位置を占めることは，ここまで議論してきたとおりである。

　現在，非営利組織体の種類（国公立大学法人，学校法人，宗教法人など）ごとに求められる会計情報が定められ，その情報を生み出すための簿記処理が行われている。資源提供者・監督官庁はそれらの情報を判断材料として，資源提供・公的支援の実施に関する意思決定を行う。場合によっては，同じ種類の複数の非営利組織体を比較して，どの組織体へ資源を提供するのかといったことを決定するかもしれない。たとえば，学校法人のうちA学校法人とB学校法人を比較して，いずれの学校法人に寄附をするのかといった意思決定である。

　一方で，同じ活動を行っていても，非営利組織体の種類が異なると，異なる簿記処理が行われ，異なる会計情報が作り出される。その場合，同じ活動を行っている異なる非営利組織体を比較できない。たとえば，A国立大学法人とB学校法人があったとしよう。A国立大学法人とB学校法人は同じような活動（研究・教育）をしていることが一般的であるが，その活動を記録する簿記処理は異なるし，その結果生み出される会計情報も異なる。この場合，国公立大学法人と学校法人の活動を会計情報の視点から比較することが難しい。

　そこで，本章では，同じ活動を行っている異なる非営利組織体の簿記処理と生み出される会計情報を比較し，異なる簿記処理・会計情報がそれらの非営利

312　第6部　非営利組織体における簿記研究の展開

組織体の比較にどのように影響を与えるのかを考察する。題材として国公立大学法人と学校法人を取り上げ[(1)]，資本金・基本金，減価償却の処理を検討し，教育活動が描写されている情報を比較することの意義・比較可能性について検討する。

　現在，すべての非営利組織体の活動を統一した会計基準に基づいて描写しようという提案がなされている（第15・22章）。また，米国においてはFASBの統一基準（SFAS No. 117）に基づいて活動の描写が行われている。本章の検討を通じて，統一基準を用いることの意義についても検討したい。

## 第2節　資本金と基本金

### 2.1　国公立大学法人における資本金の計上

　国立大学法人および公立大学法人においては，法人運営の財産的基礎について，基本的に企業会計方式と同様，資本金として貸方項目で簿記処理を行っている。これは，いずれの法人についても設置主体が存在し，それら設置主体からの出資（現物出資を含む）によってこの法人運営の財産的基礎が賄われていることに起因する。

　国立大学法人は，行政のスリム化と対をなす形で実施された独立行政法人化を背景として制度化されたものである。したがって，公的に必要とされる教育活動，研究活動，附属大学病院運営等の社会サービス活動といった基本任務を，設置主体である国より与えられ，それに必要となる財政的な基盤を資本として提供を受けた国立大学法人は，国から独立した存在として，これらを自律的にかつ効率的に行う責務を負うことになる。

　公立大学法人についても，上記独立行政法人化の動向を踏まえつつ，地方行政等のスリム化や公立大学の運営活動の効率化等を求める動きを背景として制度化されているため，国立大学法人同様の責務を，地方行政等に対して負っている。

　ただし，いずれの法人についても，教育活動・研究活動・社会サービス活動

---

（1）　他にもさまざまな具体例が想定できる（介護施設：社会福祉法人が運営しているケースと医療法人が運営しているケース，病院：医療法人が運営しているケースと国公立大学法人が運営しているケースなど）が，本章ではそのテストケースとして学校法人と国公立大学法人を取り上げる。

等を，公共的立場から利益獲得を目的とせずに行わなくてはならないため，これらを確実に実施する目的で，運営費交付金や施設費をはじめとする多額の財源措置が施されている。そのため，どちらの法人についても独立採算制は前提とされていない。こうした財源措置を最終的に負担するのは，国民や市民等の税負担者等のステークホルダーであるため，いずれの法人も，これら行政等のコストに見合う効率的で効果的な運営活動を行う責務を負うことになる。

つまり，国公立大学法人の運営活動には，設置主体からの資本金を基礎とした資金循環と，多額の財源措置を基礎とした資金循環という，二系統の資金の動きが存在していることから，国公立大学法人の簿記および会計には，それら資金の財務的な変動と効果を，簿記の記録計算体系を通じて，帳簿と財務諸表において，明確に区分しつつ適切に表現し，ステークホルダーに示すという役割が基本的に与えられていることになる。

国公立大学法人において，これら2つの系統の資金循環を表現する鍵となっているのは，損益均衡という視点である。すなわち，多額の財源措置によって生じた財務的な効果については，債務化等の簿記処理を通じて，法人の財産的基礎に基づく運営活動に正しく関わらせながらも，法人の経営努力の成果には関わらせないようにするため，基本的には，費用計上額に見合う収益化の簿記処理を行うことにより損益均衡が図られているのである。

2系統の資金循環を表現するためのもう1つの鍵となるのは，損益均衡の原理に基づいて表現される財源措置であっても，一部の施設費のように損益計算書には計上されないような簿記処理が行われる項目について，「損益外のコスト」として，「国立大学法人等の業務運営に関して国民の負担に帰せられるコストに関する注記」を損益計算書の注記欄に表現し，最終的な負担者となる国民や市民等の納税者に開示するという思考である。

以上より，国公立大学法人の2系統の資金循環に関する簿記処理と財務諸表の関係は**図表19-1**のように表現することができるだろう。すなわち，資本金を財源とする資金循環に関しては，基本的に，①の簿記処理を通じて損益計算書の費用収益項目への計上を通じて，最終的な損益（利益）に反映するものであり，資本提供者である設置者に対する責務を表現する。しかし，公共性の高い運営活動を行うことで受ける財政措置に関しては，基本的に②の処理を通じて費用と収益を均衡処理により計上することで，損益（利益）数値に関わらない形で損益計算書に表示される。ただし，一部の施設費等の場合には，③の簿

記処理を通じて貸借対照表のみに表現され，損益計算書には表現されないため，ステークホルダーへの情報開示のために，国民の負担に帰せられるコストとして注記されるのである。

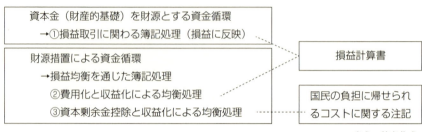

図表19－1　法人の2系統の資金循環に関する簿記処理と財務諸表の関係

出典：筆者作成。

## 2.2　学校法人における基本金の計上

学校法人においては，学校法人が維持すべき資産を維持するための財源を表す貸方項目として基本金の計上が求められている。たとえば，寄附金・補助金を得て学校経営に必要な固定資産を取得した場合の簿記処理と最終的に作成される貸借対照表・損益計算書，そこに含まれる意義は次のとおりである[2]。

| | | | | | | | |
|---|---|---|---|---|---|---|---|
| **(例1)** | 取引の記録 | | | | | | |
| （借） | 現　　　　金 | 80 | （貸） | 寄　附　金 | 80 | | |
| | 【資産の増加】 | | | 【活動収入の発生】 | | | |
| （借） | 備　　　　品 | 50 | （貸） | 現　　　　金 | 50 | | |
| | 【資産の増加】 | | | 【資産の減少】 | | | |
| **(例2)** | 決算整理 | | | | | | |
| （借） | 基本金組入額 | 50 | （貸） | 第1号基本金 | 50 | | |
| | 【活動収入の取消・控除】 | | | 【純資産の増加】 | | | |

---

(2)　紙幅の都合のため，勘定記入および損益振替え・資本振替えは省略している。

第19章 業務類似性と簿記処理—国公立大学法人と学校法人の比較—　　*315*

| 事業活動収支計算書 | | | 貸借対照表 | | | | |
|---|---|---|---|---|---|---|---|
| 寄附金 | 80 | 現　　金 | 30 | 第１号基本金 | 50 |
| 基本金組入前収支差額 | 80 | 備　　品 | 50 | 繰越収支差額 | 30 |
| 基本金組入額 | 50 | | 80 | | 80 |
| 繰越収支差額 | 30 | | | | |

　学校法人は公共性，自主性，永続性という特質を持つ。このうち公共性から以下の１つ目の特徴が，自主性から以下の２つ目の特徴が導き出される。

　学校法人会計において，学校経営のために組織内に留保しておくべきであり（学校経営のために必要な固定資産を調達するための財源であり），当年度収支差額（企業会計における利益）の構成要素としてはならないと考えられる寄附金等[3]は事業活動収入（企業会計における収益）として事業活動収支計算書に記載される。

　基本金が計上されない場合，学校法人会計では，元手の区別という当然と思える簿記処理が行われない状態となってしまうのである。寄附金等を事業活動収入とすると，事業活動収入があるのだから，その分だけ事業活動支出を計上する余地があると解釈されてしまい，計算構造上，その部分まで消費してしまうことが許容されてしまう。言い換えると，計算構造上の措置を何も講じなければ，寄附金等相当額が繰越収支差額（利益）とされてしまい，消費を通じて外部に流出しかねない。

　そこで，学校法人の経営のために必要な固定資産を取得するために要する資金（＝財源）が事業活動収入から控除される仕組みを必要とするのであり，それが基本金組入額という事業活動収入の取消項目である。したがって，基本金組入額という項目は消費項目を表すのではなく，ましてや，何かしらのお金を留保するための収入控除を表す項目ではない。基本金の１つ目の特徴は，事業活動収入のうち学校法人の経営のために必要な固定資産を取得するために要する資金（＝財源）が消費されないように，その資金（＝財源）を消費可能な資金から区別するための計算構造上の工夫であるという点である。

　そして，基本金の２つ目の特徴は，この固定資産への投下金額を決めるのが学校法人自体であるという点である。資源提供者による拠出額が基本金になる

---

（3）　補助金や授業料などで学校経営に必要な固定資産を調達する場合も同様の処理が行われる。

のではない。つまり，資源提供者が基本金の額を決めるのではない。学校法人自身が自らの経営のために維持することが必要な固定資産とその金額を決め，その金額が基本金の額とされるのである。

## 2.3 比較分析

国公立大学法人は経営の自助努力のために，基本的には企業会計と同等の仕組みへの転換が図られ，①利害調整目的（国や地域社会・債権者などの外部利害関係者や，学長・教職員・学生等の内部利害関係者）および，②国民や社会への説明責任，という会計目的が設定され，若干の修正が施された形で企業会計方式が導入されている。国公立大学法人運営の財産的基礎となる国または地方公共団体からの拠出資本についても，企業会計と同じく資本金という勘定によって計上されており，「資本金とは，国立大学法人等の会計上の財産的基礎であって，国立大学法人等に対する出資を財源とする払込資本に相当する」（『国立大学法人会計基準』第19）。

また，資本金以外の純資産勘定として資本剰余金，利益剰余金が設定されており，これらの名称についても企業会計と同様であるが，国立大学法人はこれら剰余金から国に対して配当等を行う必要がなく，国を毎事業年度における損益計算上の利益（剰余金）の獲得を目的として出資する資本主として制度上予定していない。

一方で，学校法人の基本金は国公立大学法人の資本金とはかなり様相が異なる。すなわち「学校法人が，その諸活動の計画に基づき必要な資産を継続的に保持するために維持すべきものとして，その事業活動収入のうちから組み入れた金額」（『学校法人会計基準』第29条）と定義されており，寄附金等の事業活動収入の中から第1号から第4号まで分類に応じて組み入れられる。とりわけ第2号基本金は「学校法人が新たな学校の設置又は既設の学校の規模の拡大，教育の充実向上のために将来取得する固定資産の取得に充てる金銭その他の資産の額」とあり，将来の資産取得のために留保する資金までもが含まれている。

国立大学法人の場合，固定資産取得のために独立行政法人大学改革支援・学位授与機構から施設費を受領した場合には，取得の時まで預り施設費として流動負債に計上された後，当該固定資産取得後に資本剰余金で処理される。

国公立大学法人の資本金の減少について，「国立大学法人等は，準用通則法第48条本文に規定する重要な財産のうち，国立大学法人法第7条第3項又は附

則第９条第２項の規定により政府から出資された土地を譲渡したときは，当該譲渡した財産に係る部分として文部科学大臣が定める金額については，当該国立大学法人等に対する政府からの出資はなかったものとし，当該国立大学法人等は，その額により資本金を減少するものとする」（『国立大学会計基準』第94条）と具体的な事例が規定されているが，その他に減資に関する規定は示されていない。

　学校法人の基本金の減少については，事業活動の一部または全部の停止に伴う基本金額，固定資産の除売却，将来固定資産を取得するための計画の停止，その他やむを得ない事由などが列挙されているが，取り崩すか否かは自由とされている（『学校法人会計基準』第31条）ため，現実の貸借対照表においては，繰越収支差額が基本金を取り崩していないために生じた金額なのか，事業活動での赤字が累積した額なのか，その内訳が不明であるという問題が生じている。

　以上，国公立大学法人の資本金と学校法人の基本金を比較すると**図表19－2**のようになる。

**図表19－2　　国公立大学法人の資本金と学校法人の基本金**

| 国公立大学法人 | 比較内容 | 学校法人 |
|---|---|---|
| 国立大学法人等の会計上の財産的基礎であって，国立大学法人等に対する出資を財源とする払込資本に相当する金額 | 資本金または基本金の定義 | 諸活動の計画に基づき必要な資産を継続的に保持するために維持すべきものとして，その事業活動収入のうちから組み入れた金額 |
| 国または地方公共団体からの出資（現物出資を含む）を受けた場合に資本金に計上 | 資本金または基本金の計上 | 寄附金等の事業活動収入の中から第１号から第４号までの基本金の分類に応じて計上 |
| 国または地方公共団体から出資された土地を譲渡した場合に，出資がなかったものとして減少させる | 資本金または基本金の減少 | 事業活動の一部または全部の停止に伴う基本金額，固定資産の除売却，将来固定資産を取得するための計画の停止，その他やむを得ない事由などが列挙されているが，取り崩すか否かは自由 |

　国公立大学法人の資本金および学校法人の基本金の計上と減少を設例で確認

318　第6部　非営利組織体における簿記研究の展開

する。

## 【設例】(4)

① 国立大学法人が校舎建設のための土地100を国より譲渡を受け，学校法人が校舎建設のための土地100を設立者より寄附を受けた。また，同日，決算を迎えた。

② 国立大学法人が独立行政法人大学改革支援・学位授与機構より大規模校舎改修計画に基づき300の施設費を受領し普通預金へ振り込まれた。学校法人が大規模校舎改修計画に基づき300の寄附を受け普通預金へ振り込まれた。また同日，決算を迎えた。

③ 国立大学法人と学校法人が，それぞれ大規模校舎改修工事が完了して引き渡しを受けた。また，同日，決算を迎えた。

④ 国立大学法人が①で取得した土地50を譲渡し代金は普通預金に振り込まれ，ただちに独立行政法人大学改革支援・学位授与機構へ全額普通預金口座より納付した。また，学校法人が①で取得した土地50を譲渡し代金は普通預金に振り込まれたが，基本金の取崩しは行わないこととした。いずれも簿価と同額で譲渡しており諸経費はかかっていないものとする。

| 取引 | 国公立学校法人 | 学校法人 |
|---|---|---|
| ① | 土　　　　地　100／資　本　金　100 | 土　　　　地　100／寄　附　金　100<br>基本金組入額　100／第1号基本金　100 |
| ② | 普　通　預　金　300／預り施設費　300 | 普　通　預　金　300／寄　附　金　300<br>第2号引当資産　300／普　通　預　金　300<br>基本金組入額　300／第2号基本金　300 |
| ③ | 建　　　　物　300／普　通　預　金　300<br>預り施設費　300／資本剰余金　300 | 普　通　預　金　300／第2号引当資産　300<br>建　　　　物　300／普　通　預　金　300<br>第2号基本金　300／第1号基本金　300 |
| ④ | 普　通　預　金　50／土　　　　地　50<br>資　本　金　50／普　通　預　金　50 | 普　通　預　金　50／土　　　　地　50 |

　①について，国公立大学法人は受けた出資を払込資本として資本金に計上する。一方，学校法人は寄附金として一旦収益に計上した後に，決算において基本金へ計上

---

（4）　国公立大学法人における資本金の計上と減少および預り施設費の資本剰余金への振替えは取引発生時に行われるのに対し，学校法人における基本金の組入れは決算時に行われるため，便宜上全ての取引例で同日に決算を迎える例としている。

される。

②について，国公立大学法人は預り施設費として負債に計上する。一方，学校法人は寄附金として一旦収益に計上した後に，決算において基本金を計上すると同時に，対応する普通預金を第2号引当資産として基本金と紐づける。

③について，国公立大学法人は固定資産の引渡しと同時に，負債計上されていた預り施設費を資本剰余金に振替える。一方，学校法人は第2号引当資産を取崩し固定資産を取得したため，決算において第2号基本金から第1号基本金へと振替える。

④について，国公立大学法人は土地を譲渡した際にそもそもの出資がなかったものとして資本金を減少させる。一方，学校法人は土地を取得した際に第1号基本金を計上するものの，その譲渡の際に第1号基本金を減少させるか否かは学校法人の任意である。

# 第3節　減価償却

## 3.1　国公立大学法人における減価償却

すでに述べたように，国公立大学法人には，財産的基礎である資本金と財政措置による資金の2系統の資金循環が存在しており，法人は，それらを一定のルールの下で有形固定資産の取得財源として利用する。

これら有形固定資産は，国公立大学法人の運営活動に用いられながら，同時にその価値を減少させることになるため，取得財源がいずれの場合であっても，それらの財務的な側面の変化と効果とを，減価償却の簿記処理を通じて貸借対照表および損益計算書に表現する必要がある。

ただし，資金の回収面，すなわち，収益の簿記処理に関しては，取得時の財源がいずれかにより異なることに注意する必要がある。財産的基礎である資本金を財源として有形固定資産を取得した場合，基本的には，現物出資でない限り，通常の減価償却が行われ，それが通常の業務からの収益に対応させられる過程を通じて，運営活動の損益（利益）算定に影響を及ぼす。

一方，運営費交付金等の財政措置を財源として取得した固定資産については，損益均衡の基本的な思考に基づいて，有形固定資産を取得した時点で収益化が行われる。ただし，機関の補助金等については，それに見合った長期繰延勘定（負債）を一旦計上しておき，減価償却によって費用化される金額に合わせ，当該勘定に計上された額を徐々に収益化する，という簿記処理が行われる。そ

のため，損益計算書には，費用面における効果と収益面の効果が，前者の場合には期をまたいで，後者の場合には同額計上され表示されることとなる。機関の補助金を財源として有形固定資産（償却資産）を取得した場合の簿記処理は次のとおりである。

---

**（例3）** 運営費交付金受領時

（借）　現　　　　金　　××　（貸）　預り補助金　　　××
　　　　【資産の増加】　　　　　　　　　【負債の増加】

**（例4）** 運営費交付金執行時

（借）　機　械　装　置　　××　（貸）　現　　　　金　　××
　　　　【資産の増加】　　　　　　　　　【資産の減少】

（借）　預　り　補　助　金　　××　（貸）　長期繰延補助金　　××
　　　　【負債の減少】　　　　　　　　　【負債の増加】

**（例5）** 決算時

（借）　減　価　償　却　費　　××　（貸）　機械装置減価償却累計額　　××
　　　　【費用の発生】　　　　　　　　　【資産の評価】

（借）　長期繰延補助金　　××　（貸）　補　助　金　等　収　益　　××
　　　　【負債の減少】　　　　　　　　　【収益の発生】

---

　財政措置による資金を財源とする場合，もう1つ注意すべき点は，一部の施設費等の場合のように，簿記処理を通じて貸借対照表のみに表現され，損益計算書には表現されない損益外コストの存在である。こうした施設費の場合には，国等の施設整備計画を背景としており，資本金を補うものと位置づけられることから，施設費を財源として有形固定資産を取得したときの財政措置は，資本剰余金勘定へと計上されることになる。ただし，こうした財源措置は，施設を購入するという目的に限られるものであるため，資本剰余金への計上は，その目的の有形固定資産（償却資産）に係るコストが，費消されるまでの間に限られる。したがって，償却資産の場合，資本剰余金は減価償却分だけ毎期減少し，未償却額のみが計上されることになる。

　このように，損益外減価償却累計額は，費用計上されないため損益計算書には表現されない情報となるものの，純資産項目を直接減少させることで，財産的基礎の充実と業務への役立ち度合いとを同時に表現するため，貸借対照表上においては，有益な情報が表示されることとなる。ただし，ステークホルダーに対して，業務を運営する際にかかるコストの全貌を示す必要は，このままでは残されてしまうため，これを業務運営コスト計算書や行政コスト計算書等に

おいて情報として開示することが制度として義務づけられている。施設費を財源として有形固定資産（償却資産）取得した場合の簿記処理は次のとおりである。

---

**（例6）** 施設費受領時

（借）現　　　　金　　　×× 　（貸）預 り 施 設 費　　　××
　　　【資産の増加】　　　　　　　　　　【負債の増加】

**（例7）** 施設費執行時

（借）建　　　　物　　　×× 　（貸）現　　　　金　　　××
　　　【資産の増加】　　　　　　　　　　【資産の減少】

（借）預 り 施 設 費　　　×× 　（貸）資 本 剰 余 金　　　××
　　　【負債の減少】　　　　　　　　　　【純資産の増加】

**（例8）** 決算時

（借）損益外減価償却累計額　×× 　（貸）建物減価償却累計額　××
　　　【純資産の減少】　　　　　　　　　【資産の評価】

---

## 3.2　学校法人における減価償却

　営利を目的としない学校法人は，永続的に存在するために，経営のために必要な固定資産の価値の減少を各世代の利用者からの回収によって担保しなければならない。そのために行われるのが減価償却である。たとえば，取得原価50，耐用年数2年の備品を減価償却し（2年目），取得原価55の備品へ更新した場合の簿記処理と最終的に作成される貸借対照表・損益計算書，そこに含まれる意義は次のとおりである[5]。

---

**（例9）** 決算整理

（借）減 価 償 却 費　　　25 　（貸）備品減価償却累計額　25
　　　【活動支出の発生】　　　　　　　　【資産の評価】

**（例10）** 設備更新

（借）備品減価償却累計額　50 　（貸）備　　　　品　　　50
　　　【資産の評価】　　　　　　　　　　【資産の減少】

　　　固定資産除却損　　　　0
　　　【活動支出の発生】

（借）備　　　　品　　　55 　（貸）現　　　　金　　　55
　　　【資産の増加】　　　　　　　　　　【資産の減少】

（借）基 本 金 組 入 額　　5 　（貸）第 1 号 基 本 金　　5
　　　【活動収入の取消・控除】　　　　　【純資産の増加】

---

（5）　紙幅の都合のため，勘定記入および損益振替え・資本振替えは省略している。

322　第6部　非営利組織体における簿記研究の展開

|  | ④　事業活動収支計算書 |  |
|---|---|---|
| 授業料 |  | 110 |
| 教育研究経費 | 80 |  |
| 減価償却費 | 25 | 105 |
| 　　基本金組入前収支差額 |  | 5 |
| 基本金組入額 |  | △5 |
| 　　　繰越収支差額 |  | 0 |

⑤　貸借対照表

| 現　　　金 | 45 | 第1号基本金 | 55 |
|---|---|---|---|
| 備　　　品 | 55 | 繰越収支差額 | 45 (6) |
|  | 100 |  | 100 |

　減価償却によって生じる活動支出が繰越収支差額の計算に含められる。基本金組入後の繰越収支差額がゼロになるようにすることによって，活動に必要な固定資産取得額と活動からの収入が同額であることを意味し，永続的に存在するために必要となる固定資産を維持したうえで，回収すべき額を回収していることを意味する。

　減価償却費は支出を伴わない費用である。したがって，減価償却費相当額だけ貨幣資産が組織内に留保される。現金のかたちで留保されることもあろうし，減価償却積立金という勘定で積立てられることもある。減価償却された分だけ固定資産の帳簿価額は減少するが，減価償却費（減価償却累計額）相当額の貨幣資産がその減価分を補填する資産として，組織内に留保され，更新時期が到来すると，更新のために使われる。これが学校法人会計における減価償却の機能である。損益計算を適正にするための役割というよりも，学校法人の永続性を担保するための投下額の回収を機能させることが目的である。

　学校法人は公共性，自主性，永続性という特質をもち，これらのための貸方側での対応として基本金制度が，借方側での対応として減価償却が存在している。基本金制度は，流入した資金から維持すべき分を控除する機能を有する制度であり，この制度が存在することで維持すべき金額を学校法人内に維持することができる。一方，減価償却は，営利企業においては投下資金の回収のための仕組みであるが，学校法人では永続性を担保するために学校法人の資産を消費した消費者から，更新するために必要な資金を回収する過程を示すための仕組みである。これらがそれぞれの役割を果たすことにより，各期における管理上の情報のみならず，適切な表示をもたらしているといえる。

---

（6）　当期末の繰越収支差額45は，前期末繰越収支差額45に当期収支差額0を加えたものである。

このように学校法人においては，その法人の特質を担保するための会計的仕組みとして複式簿記が必要とされている。

## 3.3 比較分析

以上に基づいて両非営利法人にとって，減価償却を実施することに対し，どのような意義が存在するのかを考えよう。特に，非営利法人の財源と費用との対応関係がそもそも存在するのか，また非営利法人運営に効率性の観点が必要なのかという点に着目する。

国公立大学法人において減価償却を行う意義は，大学運営状況を明らかにするために収益と費用とを均衡させる点にある。まず，運営費交付金を財源として購入した固定資産を計上する場合，大学運営業務の遂行に応じ運営費交付金を収益化する処理が行われる。これに対し国公立大学が得た補助金を財源とした取得資産の場合，預り補助金を長期繰延補助金勘定等の負債へと振り替え，決算時には減価償却の計上と同時にこれらを収益に振り替えることにより，減価償却費と収益額を均衡させる。

一方で，学校法人において減価償却を行う意義は，法人が永続的に存在するために，この固定資産の価値の減少を各世代の利用者からの回収によって担保する手段となることとされる。減価償却の手続きによって生じる活動支出が繰越収支差額の計算に含められ，基本金組入後の繰越収支差額がゼロになるようにすることによって，活動に必要な固定資産取得額と活動からの収入が同額であることを意味し，投下した資本を利用者から回収すべき額を無事回収するとともに，永続的に存在するために必要となる固定資産へ再投下するための資金が担保される。

これらの処理を比べると，国公立大学法人が固定資産の取得原価を費用配分することを通じて収益と均衡させる思考であるのに対し，学校法人は固定資産の取得原価を回収して再投資するための将来の担保と見做す思考である点に違いを見ることができる。すなわち，国公立大学法人の減価償却は過去の取得原価の当期の費用配分額と財源に応じた収益との対応に着目しているのに対し，学校法人の減価償却は未来の固定資産の再取得資金の確保に対する資金の担保に着目しているのである。

減価償却費の表現方法も財源に応じて異なる。国公立大学法人の場合，資本金を財源として固定資産を取得した場合は，それが現物出資でない場合におい

324 第6部 非営利組織体における簿記研究の展開

て損益計算書上で減価償却費が計上されて収益と対応する一方，施設費や補助金等の国や地方公共団体からの財源措置による場合には，固定資産を取得した時点で資本剰余金を計上したうえで減価償却費を費用としてではなく資本剰余金の減少額として処理する。学校法人の場合は，あくまで回収再投資のための担保としての手段である。実務では減価償却費は活動収支計算書の活動支出として計上された同額を減価償却積立金として資金留保させる手続きも行われている。

　国公立大学法人と学校法人の減価償却を設例にすると，下記のとおりとなる。

## 【設例】

　国公立大学法人において建物減価償却費100（資本金を財源とするもの），構築物減価償却費50（施設費を財源とするもの）を計上した。また学校法人においても建物減価償却費100，構築物減価償却費50を計上した。

| 国公立学校法人 | 学校法人 |
|---|---|
| 減価償却費　　 100／建物減価償却　 100<br>　　　　　　　　　／累　計　額 | 減価償却費　　 100／建物減価償却　 100<br>　　　　　　　　　／累　計　額 |
| 損益外減価償却　 50／構築物減価償却　 50<br>累　計　額　　　　／累　計　額 | 減価償却費　　　 50／構築物減価償却　 50<br>　　　　　　　　　／累　計　額 |

　国公立大学法人は資本金を財源として取得した建物の減価償却費100を計上したうえで，既に固定資産購入時に計上されていた収益と対応させることで期をまたいだ収益費用の均衡を行う。一方で，施設費を財源とした構築物の減価償却費については，前述したとおり資産取得額を取得時に資本剰余金として計上しているため，それを直接減額させることとなる。

　学校法人は減価償却費を活動支出として計上され，大学運営活動による収入と対応されることを通じて，同額が回収されたものとし，繰越収支差額に影響されない。これによって，減価償却費に相当する資金等が留保され，固定資産取得に投下された投資額が回収されると同時に，将来の固定資産再取得のための担保となるのである。

# 第4節　結　　び

　以上，国公立大学法人と学校法人における会計基準・簿記上のそれぞれの特徴と比較を行った。同じ学校事業であるにも関わらず，全く異なる計算構造や

第19章 業務類似性と簿記処理—国公立大学法人と学校法人の比較— *325*

計算書類体系を持つことが示されたと思われる。

　国公立大学法人は，独立行政法人化という流れから法人運営の効率的運用を表現する手段として，企業会計方式の記録計算や計算書類の体系が採用されている。設置者たる国または地方公共団体からの拠出資本は資本金勘定で処理され，運営交付金，施設費，寄附金，補助金等から償却資産・非償却資産を取得した場合に資本剰余金勘定で処理される。償却資産の減価償却は企業と同じく行われるが，それらは中期計画に沿った事業活動が行われることによって期間配分された減価償却費用と収益とが均衡していることを対比させるための手段である。

　一方で，学校法人の会計は私立大学連盟の学校会計研究会の研究報告がベースとなっており，その目的は内部管理目的であり企業会計方式とは異なる独自の記録計算や計算書類の体系が採用された。学校法人の基本金は国公立大学法人の資本金とは異なり，設立時の寄附者からの拠出資本のみならず，固定資産の取得や将来の固定資産の取得に対応する金額が積み立てられる。減価償却は事業活動支出に含まれるが，繰越収支差額には影響しない計算となる。

　これらは国公立大学法人が当期の費用と収益の均衡を目的とする一方，学校法人は法人の永続性を目的とする違いの表れであると思われる。すなわち，国公立大学法人では資本金を財源とする償却資産について減価償却費を費用計上する一方，同額を収益計上すること等により均衡処理が行なわれている。また，施設費等の財源措置によって取得された償却資産の減価償却費は費用計上ではなく，償却資産の取得に応じて計上された資本剰余金から直接減額させる。

　学校法人は固定資産を取得するごとに第1号基本金を維持するべき金額として必ず計上しなければならないが，当該固定資産を除却した場合に第1号基本金の取崩しは任意とされ，実務的にもそれが基本形であるという。結果として維持すべき金額としての第1号基本金への留保額は増加の一途をたどり，繰越収支差額のマイナスという形で均衡する。減価償却費は未来の固定資産の再取得のための担保となっており，基本金の充実と減価償却費がともに学校法人の永続性の目的に資するための機能を果たしている。

　これまで見てきたとおり，国公立大学法人の資本金と学校法人の基本金とでは全く性格が異なるため，その金額比較は著しく困難であることが示されたであろう。また減価償却費については，国公立大学法人は，その財源によって損益計算書に計上されるものと，資本準備金から直接減額されて損益外となるも

のとに分かれるなど，取扱いもその意義も異なる。同じ学校という業務領域に位置付けられる法人でありながらも，国公立大学法人が独立採算を前提とせず，運営資金や設備資金を国または地方公共団体からの拠出に頼る基本構造であるのに対し，学校法人は国からの一定の補助金があるにせよ，基本的に独立採算していかなければならない立場にあることが，財源の違いに基づく複雑な処理を生み出す要因となっていることが明らかになった。

（中村　文彦／中野　貴元／小野　正芳）

# 第20章

# 取引要素の結合関係の比較分析
―非営利組織体における取引要素の結合関係の諸相―

## 第1節　はじめに

　本章までにおいて，各組織体における活動，すなわち取引がどのように記録されるのかを検討してきた。検討した組織体の中には，「正味財産の減少原因」，「正味財産の増加原因」，「資金の増加」，「資金の減少」，「収入」，「支出」などを独立した「取引要素」としているものもあった。そこで，本章では，改めて，各非営利組織体の取引が，どのような取引要素の結合関係として説明されるかを検討するため，各章で説明された組織体の諸取引に関する取引要素の結合（関係）図をもとに，その内容を分析する。

　分析にあたり，基本形となる企業における簿記の取引要素の結合関係は，「取引8要素の結合関係」と呼ばれ[1]，一般的に次のように示される。

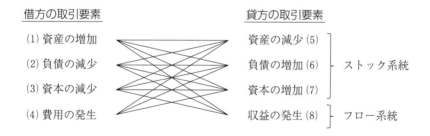

　このように，「貸借記入原則」に則り，すべての取引は，2つ（単純取引の場

---

(1) このような「取引要素の結合関係」図式は，「欧米には見られない日本の簿記書および簿記教育の一大特色」とされており，「簿記の素養がある者の間で，共有財産といえるほどに，疑問の余地のないものとして広く受け入れられている」とされるが（安藤 (2002) 487-488頁），非営利組織体の簿記においても，普遍的なものなのかどうかを明らかにすることも，本章の目的の1つである。

合）またはそれ以上（複合取引の場合）の取引要素に分解され，その取引要素の結合関係として記帳されている。取引は，かならず借方要素と貸方要素によって結合しており，「原因・結果として結合する」とされる（大藪（2008）431頁）。

以下では，この「取引8要素の結合関係」を基本形として，各非営利組織体の取引の結合図を分析する。

また，上記のような取引要素の結合関係は，見方をかえれば，その組織体において作成される財務諸表の構成要素の結びつきとしても捉えることができる。そのため，各組織体で作成が要求されている財務諸表との関係についても触れることとする。上記の結合図でいえば，企業会計において，ストック系統に分類されるものは，財政状態を表す貸借対照表の構成要素であり，フロー系統に分類されるものは，経営成績を表す損益計算書の構成要素である。ただし，各章で取り上げてきた組織体には，損益計算書（やそれに該当するもの）を作成しない組織体もあった。そのため，その取引要素がいかなる財務諸表の構成要素となっているかについても，あわせて検討することになる。

次節以降で詳細に検討する取引要素の結合関係は，大きく3つに類型化することができる。1つ目は，企業会計と同様の「取引8要素の結合関係」として表されるグループである。2つ目は，「取引6要素の結合関係」として表される可能性のあるグループである。そして，3つ目は，「取引要素が10を超える」グループである。

# 第2節　グループごとの取引要素の結合関係

## 2.1　「取引8要素の結合」として表されるグループ

このグループには，企業会計に近い形で出資額の維持を行うグループの農業協同組合（第2章），医療法人（第3章），地方三公社（第4章）のほか，貸方項目で使途制限を表すグループである独立行政法人（第6章），国公立大学法人（第7章）が含まれる。

基本形と同様に，取引8要素が結合するため，その結合関係図は，以下のようになる。ただし，医療法人および地方外郭団体では，「資本の減少」と「収益の発生」，「費用の発生」と「資本の増加」の結合はないものとされる。また，

独立行政法人や国公立大学法人では，補助金や寄付金を目的に沿って利用する取引について，「負債の減少」と「収益の発生」の結合として処理することがあり，企業会計においてはあまり見慣れない結合も存在する。

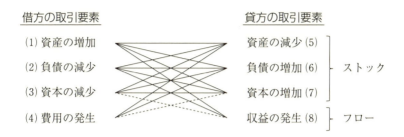

各組織体が作成する財務諸表の観点からも見ておく。

まず，農業協同組合は，貸借対照表，損益計算書，剰余金処分案（または損失処理案），注記表を作成しなければならないとされる。このうち，貸借対照表と損益計算書の作成のために必要な会計数値は，上記の結合関係図で説明される諸取引の記帳から導くことができよう。

次に，医療法人では，法人の規模による相違はあるものの，財産目録，貸借対照表，損益計算書，関係事業者との取引状況報告書[2]，純資産変動計算書，附属明細表等の作成が要求されている。なお，設立形態ごとに純資産の構成が異なる点に特徴があるものの，純資産の内訳を示すことのできる勘定科目を設定すれば，特段問題はないものと考えられる。そのため，各財務諸表は，財産目録を除き，帳簿数値から誘導的に作成されるものと考えられる。

また，地方三公社は，公社により違いがあるが，貸借対照表，損益計算書，キャッシュ・フロー計算書，剰余金計算書（住宅供給公社のみ），事業計画書（道路公社では財務諸表の一部；予定貸借対照表・予定損益計算書も作成），財産目録（道路公社では財務諸表の一部，住宅供給公社や土地開発公社では財務諸表外や作成されないこともある）の作成が求められている[3]。なお，キャッシュ・フロー計算書をどのように作成するのかは不明であるが[4]，貸借対照

---

[2] 関係事業者との取引状況報告書とは，企業会計でいうところ，「関連当事者との取引」に関する開示に相当するものである。
[3] 第4章では，埼玉県の三公社を分析の対象としていたが，筆者が首都圏の他の公社が作成している財務諸表の種類を調査すると，さまざまな場合があることがわかった。

表と損益計算書は，帳簿記録から誘導法により作成されるものと考えられる。

独立行政法人の財務諸表の体系は，貸借対照表，行政コスト計算書，損益計算書，純資産変動計算書，キャッシュ・フロー計算書，利益の処分または損失の処理に関する書類，附属明細書である。このうち，独立行政法人に特有の財務諸表である「行政コスト計算書」の構成要素となる「独立行政法人の損益計算書の役割に照らして費用として扱うべきではない資源消費額」（具体的には，「その他行政コスト」とされる減価償却相当額（「損益外減価償却累計額」など），減損損失相当額，利息費用相当額など）が，もし別個の取引要素として扱われるのであれば，結合関係図は「基本形」と同じものにはならない。ただし，第6章の分析による限り，これらの勘定科目は，純資産の減少（資本剰余金のマイナス項目）として扱われているようであり，結合関係としては，企業会計における「基本形」と同様になる。

国立大学法人の作成すべき財務諸表は，貸借対照表，損益計算書，キャッシュ・フロー計算書，利益の処分または損失の処理に関する書類，国立大学法人等業務実施コスト計算書，附属明細書である。企業会計には存在しない「国立大学法人等業務実施コスト計算書」では，損益計算書に計上されている費用から自己収入額を差し引き，そこに損益計算書には計上されていない「その他の業務実施上のコスト」（損益外減価償却相当額や損益外利息費用相当額など）を加えることで，納税者がどの程度コスト負担をしているのかを示す業務実施コストを計算しているが，「機会費用」の金額を除けば，複式簿記を通じて記録される情報に基づいている。また，キャッシュ・フロー計算書は，精算書方式によって作成されているため，取引要素として「収入」・「支出」を区別して記録する必要はない。

上記の5つの組織体は，取引要素それ自体は「基本形」と同じ8つであるが，その要素である「収益」や「費用」の定義が，企業会計のそれと同様かどうかについては追加的な検討が必要であろう。また，取引要素の結合関係として，結びつきのないものも存在していることから，取引要素の数だけではなく，結びつきそのものを対象に分類・分析することが，今後必要とされるかもしれない。

---

（4） ただし，「事業活動によるキャッシュ・フロー」を主要な取引ごとに収入総額と支出総額を表示する直接法で表示していることから，現金および預金に関する各勘定の内容や現金出納帳などの記録に基づいて作成されることが予想される。

## 2.2 「取引6要素の結合」として表される可能性のあるグループ

このグループには，借方項目・貸方項目で使途制限を表すグループである一般社団法人・一般財団法人（第9章）と特定非営利活動法人（NPO法人）（第10章）が含まれる。これらの組織体の簿記では，ストック項目としての「正味財産」（または「資本」）の増減が独立した取引要素とされず，「基本形」の「資本の減少」と「資本の増加」にあたる取引要素が存在しない[5]。また，「費用の発生」と「収益の発生」の代わりに，「正味財産の減少原因」と「正味財産の増加原因」がそれぞれ取引要素となる。そのため，取引要素の結合関係を示せば，次のようになる（**図表10－1**参照）。

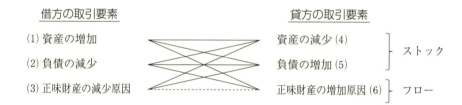

つまり，正味財産の増加・減少はフローとして捉えられ，正味財産増減計算書を経由し，増減結果の残高が貸借対照表に記載されることになる。

一般社団法人・一般財団法人では，正味財産の内訳項目の増減を勘定上で区分して記録するため，「指定正味財産（の増減）と一般正味財産（の増減）に属する勘定の振替仕訳」が生じるとされ，上記のように「正味財産の減少原因」と「正味財産の増加原因」の結合が存在する。

なお，正味財産の内訳項目である指定正味財産の増減原因と一般正味財産の増減原因を別個の取引要素とみなす可能性もある。この場合の結合関係は次のように変化し，8要素の結合関係となる（**図表9－1**参照）。

---

(5) 期中の取引を記録する際に「正味財産」に属する諸勘定は設定されていないものの，期末に正味財産の増減計算の結果として，残高を振り替えるための指定正味財産勘定および一般正味財産勘定を設定することは否定されないと分析されている。

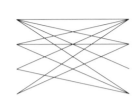

　一般正味財産の減少原因と増加原因は，それぞれ費用と収益にあたる項目となる。また，指定正味財産の減少原因と一般正味財産の増加原因が結びつく取引には，使途制限の解除により指定正味財産から一般正味財産に振り替える処理が該当する。つまり，使途制限に変化が生じたことを正味財産の内訳項目の振替えとして表現していることになる。

　NPO法人においても，出資や持分という概念が存在しないため，基本形にある「資本の減少」および「資本の増加」が取引要素として存在しない。また，「費用の発生」と「収益の発生」はそれぞれ「『正味財産減少』の発生」と「『正味財産増加』の発生」に置き換わっており[6]，6要素の結合関係となる。

　さらに，NPO法人に特有の取引である「ボランティアによる役務の提供」や「無償又は著しく低い価格で施設の提供を受けた場合」の処理として，「『正味財産減少』の発生」と「『正味財産増加』の発生」が結合することが指摘されている。つまり，他勘定への振替えの記録ではなく，NPO法人に特有の取引を複式簿記で記録するために，あえて「費用の発生」と「収益の発生」の結合にあたるものが想定されることになる。

　一般社団法人・一般財団法人では，財務諸表として，貸借対照表，正味財産増減計算書，キャッシュ・フロー計算書が作成される（なお，財務諸表のほかに，附属明細書，財産目録の作成が義務づけられている）。キャッシュ・フロー計算書の作成手続は不明であるが，貸借対照表と正味財産増減計算書を誘導的に作成するため，期中の複式簿記記録が利用される。

　また，NPO法人の作成すべき財務諸表としては，活動計算書と貸借対照表

---

（6）「『正味財産減少』の発生」と「『正味財産増加』の発生」は，一般社団法人・一般財団法人で使用された「正味財産の減少原因」と「正味財産の増加原因」と異なる取引要素ではなく，同じものと考えられる。取引要素をどのように命名するかの違いである。本章では，各章を執筆した著者の命名法をそのまま利用している。

があり，それぞれ正味財産の増減の諸勘定の貸借差額を振り替える集合勘定としての「正味財産増減」勘定と，資産・負債・正味財産の諸勘定の残高を振り替える「決算残高」勘定から誘導的に作成されると分析されていた。

## 2.3　「取引要素が10を超える」グループ

このグループには，貸方項目で維持すべき金額を表すグループの学校法人（第12章）と社会福祉法人（第13章），現在導入過程にあるグループの非営利組織会計検討プロジェクトが想定する組織体（第15章）および宗教法人（第16章），地方自治体（第17章）が含まれる。そして，1つの取引に関して，2つの系統の仕訳を同時に行う「1取引2仕訳」を可能とするために取引要素を増やしているものと，そうではないものに大別できる。

### 2.3.1　1取引2仕訳を行わない

1取引2仕訳を行わない組織体は，非営利組織会計検討プロジェクトが想定する組織体，宗教法人，地方自治体である。3つの組織体は，それぞれ異なる理由で，取引要素が10を超えている。

まず，「基準案」（1971）に基づく宗教法人の簿記では，「資金」（法人によって範囲は異なる）の増減をそれ以外の資産の増減と区別して記録するため，「基本形」の取引要素が2つ増えて，取引10要素の結合関係となることがある。また，基本形の「資本の減少」および「資本の増加」が，「基金の減少」と「基金の増加」に置き換わっている（**図表16－3**参照）。

| 借方の取引要素 | | 貸方の取引要素 | |
|---|---|---|---|
| (1) 資金の増加 | | 資金の減少 (6) | }　フロー？ |
| (2) その他資産の増加 | | その他資産の減少 (7) | |
| (3) 負債の減少 | | 負債の増加 (8) | }　ストック |
| (4) 基金の減少 | | 基金の増加 (9) | |
| (5) 費用の発生 | | 収益の発生 (10) | }　フロー |

なお，宗教法人法および「指針」（2001）等の想定する諸取引においても，資金の増減とその他の資産の増減を区別して記録しているが，正味財産は，「資

産と負債との差額概念に過ぎず，これは決算後に計算されて初めて金額が確定するものである」とされ，期中に直接増減するような取引は存在しないため，「資本の増加」と「資本の減少」にあたる取引要素は存在しない。そのため，この場合は，取引8要素の結合関係となる（**図表16－2**参照）。

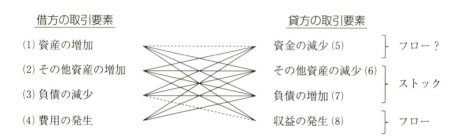

また，宗教法人法によれば，宗教法人が作成すべき財務諸表は，財産目録，収支計算書（規模による），貸借対照表（任意）である。一方，「基準案」によれば，資金収支計算書，貸借対照表，資金剰余金調整計算書，剰余金（不足金）処分計算書，財産目録とされる。また，「指針」では，収支計算書，正味財産増減計算書，貸借対照表，財産目録とされる。いずれにせよ，複式簿記の記録から作成される財務諸表は，収支計算書と貸借対照表ということになろう。また，資金剰余金調整計算書（「基準案」による場合）や正味財産増減計算書（「指針」による場合）も，複式簿記記録から作成されることもありうる。

非営利組織会計検討プロジェクトでは，基本形に「振替による純資産の減少」と「振替による純資産の増加」という取引要素が加えられており，取引10要素となっている（**図表15－3**参照）。

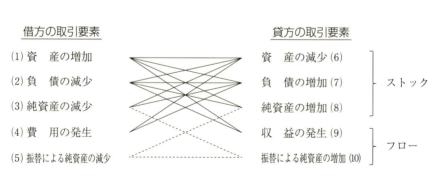

使途制限の課された資源に関する情報提供のため，非営利組織会計プロジェクトが提案する活動計算書の「純資産間の振替」の区分において，拘束性の異なる使途拘束純資産と非拘束純資産との間での振替えが行われることがある。また，基盤純資産との振替えも行われる。このとき，他の諸取引と同様に，複式簿記により記録されるものの，純資産を直接増減させるのではなく，「拘束区分の変更勘定」を用いて処理されることから[7]，取引要素が加えられている。

非営利組織会計検討プロジェクトにおいて想定される作成すべき財務諸表は，「資産，負債および純資産の状態を表す貸借対照表と，収益および費用とその差額として計算される純資産増減を表す活動計算書」，さらに，財務健全性を表す資金フロー情報を明らかにする「キャッシュ・フロー計算書」とされる。このうち，キャッシュ・フロー計算書は，主要な取引ごとに収入総額と支出総額を表示する直接法による表示が原則とされ，「資金に該当する現預金勘定または現預金出納帳の増減記録を要約して作成するか，貸借対照表に計上される収入・収益のズレと支出・費用のズレを活動計算書の収益と費用の各項目に調整して作成する」とされるため，勘定記録に基づいて作成する方法と精算表を利用して作成する方法が存在しているものと考えられる。いずれにせよ，貸借対照表と活動計算書は，帳簿記録から誘導的に作成されることになろう。

地方自治体では，資金収支計算書を作成するためのデータを元帳記録から得るために，現金をそれ以外の資産と区別したうえで，その増減を「収入」と「支出」に置き換えている。また，「地方公会計マニュアル」に掲載された取引例を詳細に分析したところ，使用料などの収益とは異なる，税収や補助金といった財源を独立して把握する必要があり，「財源の発生」を別個の取引要素として分離している。さらに，一部資産の再評価や無償所管替等により，「純資産」を直接増減させる取引がわずかながら存在していることも明らかになった。そのため，取引要素の結合関係は，以下のように11要素の結合関係になる[8]。

---

（7）　なお，第15章の分析においては，「活動計算書において，基盤純資産の増減を表示する区分は存在しない」とされているが，活動計算書の「基盤純資産との振替」の行がそれには該当しないのかについて，検討を要するかもしれない。

（8）　総務省（2014）による財務書類の構成要素の定義に従えば，「財源の発生」と「純資産の増加原因」は区別されず，「財源及びその他の純資産増加原因」とされるため，取引要素は10個になる。

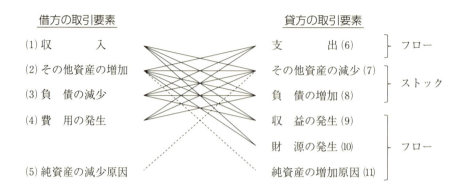

　地方公会計マニュアルで要請される財務諸表は，貸借対照表，行政コスト計算書，純資産変動計算書，資金収支計算書である。これらのすべてを複式簿記による帳簿記録から作成しようとしているため，結合関係が複雑なものとなっている。

### 2.3.2　1取引2仕訳を行う

　学校法人では，収支計算書を作成するための帳簿系統（仕訳帳・元帳）と，貸借対照表・活動収支計算書を作成するための帳簿系統（仕訳帳・元帳）が別個に存在している。また，社会福祉法人においても，事業活動計算の仕訳と資金収支計算の仕訳が区別される。そのため，いずれも基本形の「取引要素」の結合とは別の「取引要素」の結合が存在する。ただし，基本形の取引要素と，(資金)収支計算のための取引要素が結びつくことはなく，それぞれが独立している。

　学校法人は，基本形の「費用の発生」・「収益の発生」に代えて「活動支出の発生」・「活動収入の発生」が取引要素とされる。また，学校法人に特有の取引（行為）である「基本金の組入れ」は，「活動収入の控除」という借方の取引要素（ただし，「活動支出の発生」と同義と解釈する）と「純資産の増加」の結合として処理される。このため，取引要素の結合関係図は，次のようになる（**図表12－5**および**図表12－7**参照）。

第20章 取引要素の結合関係の比較分析―非営利組織体における取引要素の結合関係の諸相― *337*

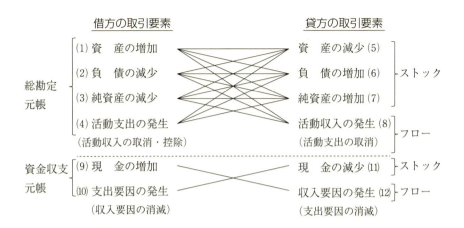

　学校法人において作成が求められる財務諸表は，資金収支計算書，事業活動収支計算書，貸借対照表である。資金収支を記録する元帳から資金収支計算書が，事業活動を記録する総勘定元帳から活動収支計算書と貸借対照表がそれぞれ作成される。
　一方，社会福祉法人における取引要素の結合関係を示せば，次のようになる。

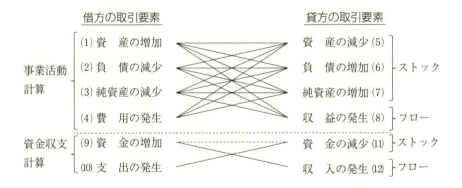

　事業活動計算を行うための仕訳における結合関係は，基本形とほぼ同様である。ただし，支払資金を構成する流動資産および流動負債が増減する取引に関しては，資金収支計算を行うための仕訳も，同時に行われる。その際，支払資金の増減の原因を示す勘定が相手勘定として記入されることで，複式記入が行われている。また，資金の範囲である支払資金内での変動もありうるため，資金収支計算を記録している元帳において「資金の増加」と「資金の減少」が結

合することもある。

　また，社会福祉法人が作成すべき財務諸表は，資金収支計算書，事業活動計算書，貸借対照表である。これら3つの財務諸表を作成するにあたり，事業活動計算のための仕訳から得られる勘定データから貸借対照表と事業活動計算書を，資金収支計算のための仕訳から得られる勘定データから資金収支計算書を，いずれも誘導的に作成することが可能である。

# 第3節　おわりに

　前節までにおいて，各非営利組織体における取引要素の結合関係について考察してきた。結果として，企業会計において見られる基本形と同様の結合関係で説明可能な組織体も存在したが，要求される財務諸表の違いによるものか，基本形とは異なる結合関係をもつ組織体が多数存在した。これは，非営利組織体の必要としている複式簿記による記録が企業会計のそれとは異なることを意味している。

　ただし，最後に取引要素の結合関係による仕訳の説明は万能ではないことを指摘しておかなければならない。本章では，原則として，各章で分析された結合関係図に基づいて，議論を進めており，そもそも取引要素をどのように分けるのか，つまり「取引要素の判別基準ないし成立条件」が，全章で統一されているかについては検討していない。

　また，基本形の取引8要素の結合関係では，「費用の消滅（減少・取消）」や「収益の消滅（減少・取消）」の要素は設けられていないため，擬制した解釈をせざるを得ない（島本（2015）71頁）[9]。さらに，他勘定への振替仕訳や訂正仕訳は，取引要素の結合関係を利用して説明されることはほとんどなく，決算整理仕訳や決算振替仕訳についても，取引要素の結合関係を考えることはまずないといってよいだろう。

---

（9）　沼田（(1971) 55-56頁）によれば，「利益，損失についてはそれぞれ発生（増加）のみを認めて取消（減少）は掲げていない。」が，「それらを掲げて取引要素を10個として，その結合関係表を示してもよく，その方が完全である」と述べている。また，そうしない理由として，「(a)表を複雑にして解りにくくすること，(b)計算上，利益の取消は損失の発生，損失の取消は利益の発生と全く同一の取扱であり，このため，取消を取引要素として認める必要がないこと，(c)取消取引はいわば例外の取引で，実際上は少ないこと，などの理由によるものと思われる。とくに(a)，(b)が重要な理由である」としている。

取引要素の結合関係は，仕訳ないし簿記の貸借記入原則を理解させるための簿記教育の有効な方策ではあるものの，借方の取引要素と貸方の取引要素を線で結んだ結合パターンのすべてについて例を示して説明することまでは求められず，その必要もないものと考えられる。なぜならば，すべての結合パターンが等しい重要性と頻度で生じるわけではないからである。

**【参考文献】**

安藤英義（2002）「吉田良三「取引要素説」の形成」『一橋論叢』第128巻第5号，487-503頁。

泉宏之（2002）「非営利組織の簿記」杉山学・鈴木豊編『非営利組織体の会計』（第1章　所収）中央経済社。

大藪俊哉（2008）「取引要素」森田哲彌・宮本匡章編著『会計学辞典（第五版)』中央経済社，430-431頁。

島本克彦（2015）『簿記教育上の諸問題』関西学院大学出版会。

総務省（2014）「今後の新地方公会計の推進に関する研究会報告書」（平成26年4月）今後の新地方公会計の推進に関する研究会。

沼田嘉穂（1971）『完全簿記教程〔Ⅰ〕』中央経済社。

（吉田　智也）

# 第21章

# 非営利組織体における純資産の意味

## 第1節　はじめに

　営利企業において複式簿記が採用されるのは，企業活動における資本の運動を把握することが大きな目的である。企業活動を捉えるための収益・費用も資本の増減として認識・測定される。さらに，営利企業には持分所有者としての出資者がおり，その出資者に対する説明責任を果たすうえで資本を管理するためにも複式簿記を採用することが必要になる。

　しかし，非営利組織体に対して同じ考え方を適用することはできない。非営利組織体には利益の分配を受ける持分所有者としての出資者はいない。そもそも非営利組織体の活動目的は社会における福祉の増進を図るためのサービスの提供であって，営利企業のように資本を調達・運用することではない。一部の非営利組織体では利益の獲得も行われるが，それはあくまで資金ベースでの費用に対する収益の超過額であって，資本の増減として損益が認識・測定されるわけではない。したがって，非営利組織体における複式簿記の目的は資本の運動を把握することではない。しかしながら，非営利組織体に複式簿記が採用されれば，貸借対照表の作成を通じて，営利企業の資本に相当する金額が認識・測定されることになる。本章の目的は，複式簿記が採用されることで非営利組織体においても資本に相当する金額の認識・測定が行われることの意味と機能を横断的に検討することである。

　なお，本章では貸借対照表の貸方における負債の部とは別の区分で示される金額を，非営利組織体の種類にかかわらず「純資産」と呼んでいる。実際には，純資産ではなく「正味財産」という区分名を用いている非営利組織体もあり，地方三公社のように貸借対照表で「資本」と表記されている場合もある。また，その区分の内訳となる科目名に関しても，「資本金」，「出資金」，「基金」，「基

本金」等のさまざまな名称が用いられている。非営利組織体の複式簿記を検討するうえではそれらの区分名・科目名の相違が生じた理由を検討することも1つのアプローチとしては考えられる。しかし本章では，名称自体に差異が生じた理由は検討の対象とはしていない。

　本書における検討の目的は，非営利組織体に複式簿記を導入することの意義を明らかにすることである。そして複式簿記の導入は，非営利組織体に資産・負債というストックを網羅的に認識・測定させるが，資産合計と負債合計は一致しないため，両者の差異としてのストックが認識・測定されることになる。資産と負債は，実地棚卸によっても認識・測定を行うことはできるが，第3の区分である純資産は複式簿記が導入されているからこそ認識・測定される。それゆえ，非営利組織体に複式簿記を導入することの意味を実践的に検討するうえでは，第3のストックとしての純資産が認識・測定されているという事実の分析を行うことが望ましいと考えられる。それゆえ，本章では名称上の差異の意味を検討するというアプローチは採らず，名称に関わらず貸借対照表の貸方に負債の部とは異なる区分の金額が認識・測定されることの意味についての考察を行うことで，非営利組織体に複式簿記を導入することの意義を直接的に検討する。

　ただし，本章においても非営利組織体の「純資産」，「正味財産」，「資本」をすべて同一のものとして捉えているわけではない。後述するように非営利組織体における純資産の形成プロセスは複数あり，それらの形成プロセスの違いを名称が表している場合もある。ただし，本章で注目するのは純資産の形成原因自体であり，名称の相違ではない。

## 第2節　純資産の形成プロセス

　非営利組織体において純資産が計上されるのは，基本的には，資産合計が負債合計を上回るためである。企業会計においては，持分所有者である出資者からの資金の払込みや利益の内部留保が行われることによって資産合計が負債合計を上回る。しかし，非営利組織体においては，成果の配分を受ける所有者は存在しない。また，利益の獲得が活動目的ではない以上，費用に対する収益の超過額が純資産に加算されることはあっても，積極的な意味での利益留保が行われるわけでもない。そこでまず，非営利組織体において純資産が形成される

342 第6部 非営利組織体における簿記研究の展開

プロセスについて検討する。

なお，近年では企業会計において株主資本以外の純資産の構成要素が認識・測定されるようになったために，貸借対照表の貸方における負債以外の区分の名称が「純資産」とされた。具体的には，個別貸借対照表に表示される評価・換算差額や新株予約権がある。ただし，非営利組織体には新株予約権は存在しない。したがって問題となるのは評価・換算差額であるが，非営利組織体においては資産・負債の時価評価を行うべきか否かは，それ自体が大きな問題である。資産・負債の評価替えに伴う純資産の増減を認識する非営利組織体もあるが，非営利組織体の活動目的や内容には大きな多様性があるため，資産・負債の評価を横断的に論じることは難しい。そこで本章では，資産・負債については取得原価による評価が行われることを前提とし，資産の評価差額以外の純資産が形成されるプロセスを取り上げる。

## 2.1 外部からの資金の払込みによる純資産の形成

多くの非営利組織体で，外部からの資金の払込みに起因する純資産の認識・測定が行われている。ただし，農業協同組合を除き，具体的に出資者の存在を個別的に把握している非営利組織体はない。少なくとも，非営利組織体はたとえ出資を受けているとしても利益の出資者への配分は行われない。また，資金の払込みによる純資産の増加を記録する場合も，資金の払込みと同時に純資産の増加を記帳する非営利組織体と，いったん負債または収益としたうえでその後に純資産への振替えを行う非営利組織体がある。

### 2.1.1 資金の払込みを直接に純資産の増加とする非営利組織体

農業協同組合，医療法人，地方三公社，独立行政法人，国立大学法人，および一般社団法人・一般財団法人においては，外部からの資金の払込みにより直接的に純資産の増加が記帳される。農業協同組合においては資金の拠出者は出資者として位置づけられるものの，その他の非営利組織体においては資金の提供者を出資者と位置づけているわけではない。地方三公社，独立行政法人，および国立大学法人に対して資金の払込みを行うのは国や地方公共団体等の公的機関に限定されており，それらの公的機関は非営利組織体の経営に対する議決権や利益の配分を受ける権利を有しない。また，医療法人や一般社団法人・一般財団法人においては民間部門からの資金提供による純資産の増加が認識され

ることもあるが，その資金拠出者も議決権や配当受益権を有しない。したがって，非営利組織体において外部からの払込みにより純資産が認識・測定されているとしても，その金額は出資者の持分を表しているわけではない。

また，営利企業の純資産との大きな相違点としては，たとえ外部からの資金の払込みによって認識・測定された純資産であるとしても，資金の提供者に対する払戻しによる減額は行われない点がある。地方三公社，独立行政法人，および国立大学法人においては，資金の提供者である公的機関に対して資金の払戻しを行う仕組みがない。また，医療法人や一般社団法人・一般財団法人においては資金拠出者に対して返還が行われる場合にも純資産の増加として基金が記録されるが，基金の返還が行われた場合には代替基金という科目を純資産に計上することが求められ，計上された代替基金は取り崩すことができない。例外的には，農業協同組合において脱退者からの出資金が収益に振り替えられるようなケースはある。しかし，これらの非営利組織体においては，基本的には外部からの資金の払込みが行われた場合に認識・測定された純資産はその後も継続して計上され続けることになる。

これらの直接的に計上される純資産は，その非営利組織体に対して，長期的な活動の基盤とすべき資金が外部から払い込まれてきたことを示している。さらに，これらの非営利組織体において負債合計に対する資産合計の超過額が払い込まれた資金の総額を下回っている場合には，純資産の中に負の金額が表示される。それにより，非営利組織体に対しては，組織体としての規模を維持するための努力が要請されることになる。

### 2.1.2 払い込まれた資金を負債・収益とした後に純資産とする非営利組織体

独立行政法人や国立大学法人においては，公的機関からの出資金が純資産に計上されるだけでなく，公的機関からの毎年の財政支援の金額のうち，施設・設備の取得・拡充に充てるべき金額を得ることにより純資産が増加する。ただし，出資金と異なり，それらの資金の受け取られた場合には，いったん負債が計上され，その後に具体的な施設・設備が取得された時点で当該負債が純資産に振り替えられる。

また，学校法人や社会福祉法人においても，活動基盤を整備するための補助金や寄附金を得た場合に純資産が増加するが，これらの組織体においても資金

の払込みが行われただけで純資産の増加は認識・測定されない。資金の獲得は
いったん収益の発生として記帳され，その後に補助金や寄附金の目的を果たす
支出が行われた時点で，純資産の積増しが行われる。

これらの非営利組織体も，外部からの資金の払込みが行われることで純資産
が形成されたことは前述した直接的に純資産の増加を記録する非営利組織体と
同様である。ただし，払込みが直接に純資産の増加として記帳される場合とは
異なり，外部から資金の払込みを受けたという事実だけでは純資産は増加しな
い。非営利組織体自体が払込みの目的に合致した固定資産の取得等を実施した
ことが純資産を認識・測定するうえでの要件となっている。

このような非営利組織体において複式簿記が導入されておらず，純資産の認
識・測定が行われていないのであれば，外部からの資金拠出によって取得され
た施設・設備が存在することが把握できない。調達資金の源泉も記録された資
産台帳が存在すれば，施設・設備が補助金や寄附金により取得されたものであ
ることが個別的にはわかる。しかし会計主体全体として外部からの得ている支
援の度合いを把握することはできない。これらの非営利組織体における純資産
は，その組織体が活動を継続するうえで外部から資金的な援助を受けてきたこ
とを示しており，純資産の金額が大きい場合には，それだけ活動を継続すべき
大きな義務を負っていると考えることができる。

## 2.2 資産と負債の差額を純資産とする非営利組織体

非営利組織体の中には，純資産を直接に認識・測定するのではなく，資産と
負債を網羅した貸借対照表を作成したことの結果として派生的に純資産の認
識・測定が行われていると考えられる場合もある。たとえば，医療法人の純資
産の部に表示されている科目が積立金のみである場合や，NPO法人において
指定正味財産と一般正味財産の区分が行われていない場合は，純資産は資産合
計と負債合計の差額を貸借対照表で表示しているに過ぎない。また，宗教法人
の純資産も認識・測定された資産合計が負債合計を上回っていることを示して
おり，直接に認識・測定されたものではない。地方公共団体においても，純資
産の金額は資産合計と負債合計の差額であるに過ぎない。

資産と負債の差額が純資産として貸借対照表で表示している非営利組織体の
特徴は，純資産について形成原因ごとに区分された内訳項目が表示されていな
い点である。NPO法人のように，当期分の純資産増加額は区分表示される場

合もあるが，その場合も，前期以前から繰り越されてきた純資産は合算されて
しまっており，その純資産が形成されてきた経緯はわからない。外部からの払
込みに基づいて純資産の認識・測定を行っている非営利組織体は期中取引の1
つとして純資産の増減が記録されるが，資産と負債の差額を純資産として表示
している非営利組織体では期中取引としての純資産の増減はない。期中に記録
されるのはあくまで資産および負債の増減である。

　ただし，報告式での資産と負債の一覧表を作成するのではなく，資産合計と
負債合計の突き合わせが行われる貸借対照表が作成されることからは，純資産
の存在を表示することは重視されていると考えられる。それゆえ，資産と負債
の差額として純資産の認識・測定を行っている非営利組織体については，その
組織体において資産と負債の差引計算を行うことの意義と純資産を認識・測定
することの意義が結びつく。

　資産と負債の差引計算が意味を持つためには，資産と負債との間に概念的な
共通性がなければならない。資産と負債がその非営利組織体によって保有され
ているストックであることは共通している。企業会計における資産と負債は，
ともに将来のキャッシュ・フローに結び付く経済的資源として捉えられる。そ
して，保有している経済的資源から将来における放棄もしくは引渡しで減少す
る資源を差し引いて，将来のキャッシュ・フローに結びつく正味の経済的資源
の大きさを把握するために資産と負債の差引計算が行われる。すなわち企業会
計におけるストックは，将来のキャッシュ・フローに結び付く経済的資源であ
る。しかしながら，非営利組織体は，将来においてキャッシュ・フローを獲得
することを活動目的としているわけでない。それゆえ，非営利組織体における
資産と負債の差引計算の目的を将来のキャッシュ・フローの予測との関係で論
じることはできない。

　非営利組織体が資産を保有するのは，それらの資産を通じて関係者に対する
サービスの提供を行うためである。資産が減少すれば，当該組織体によるサー
ビスの提供能力は減少する。非営利組織体においても負債は将来における資産
の流出であり，負債が大きければ，将来におけるサービスの提供能力の低下が
予想されることになる。それに対して純資産が存在すれば，その金額に相当す
る非営利組織体のサービス提供能力は維持される。すなわち，それぞれの非営
利組織体における活動の継続可能性を把握するうえで，資産と負債の差引計算
が行われており，その結果として純資産が表示されていると考えられる。

346 第6部 非営利組織体における簿記研究の展開

# 第3節 非営利組織体における純資産の機能

非営利組織体の純資産を検討するうえでは，まず非営利組織体において「純資産」とは何かを定義したうえで，演繹的な検討を行うことも考えられる。しかしながら，持分がある出資者がおらず，利益獲得も目的としていない非営利組織体において「純資産」を定義することは難しい。そこで本章での検討では，帰納的なアプローチを採用する。すなわち，現実に計上されている純資産がそれぞれの非営利組織体の運営に与えている影響を基礎として，非営利組織体における純資産の機能を明らかにする。

## 3.1 内部的な機能

非営利組織体においても，会計記録は内部的な運営のための情報源として用いられる。そして，会計記録における純資産もその非営利組織体の運営と結びつけられている。本章では，純資産が非営利組織体の運営に対して果たしている機能を，内部的な機能と位置づける。

### 3.1.1 固定資産取得への動機づけ

現実に計上されている非営利組織体の純資産の大きな特徴としては，貸借対照表において資産との紐づけが行われている場合が多い点がある。営利企業における純資産は，外部からの出資としての資金の払込みがあれば，払込まれた資金の使途がどのようなものであっても，純資産が計上される。資金の使途によって純資産としての科目が変わることもない。

それに対して非営利組織体では，固定資産の取得と結びつけて純資産が計上される場合が多い。補助金等として資金の受入れが行われた場合に，いったんは負債もしくは収益が計上されていても，その補助金の目的である固定資産の取得が行われた時に，負債の振替え等により純資産が計上される。資金の払込みが直接に純資産の増加として計上される場合であっても，受け取られた資金のうち純資産として計上されるのは，資金の拠出者が非営利組織体による固定資産の取得にその資金が使われることを想定している。さらに，学校法人や社会福祉法人のように，計上された純資産を資金拠出者の意図に基づいて区分表示することが求められている非営利組織体もある。すなわち，多くの非営利組

第21章 非営利組織体における純資産の意味 *347*

織体で，固定資産の取得が純資産の認識要件となっている。

また，計上されている純資産の金額は，取得された固定資産の取得原価である。そして，国立大学法人のように，関連付けられた固定資産の減価償却費が純資産の減少として処理される場合もある。すなわち非営利組織体においては，固定資産が純資産の測定とも結びつけられている。

非営利組織体の多くは棚卸資産を持たない。それゆえ，非営利組織体における固定資産は実質的には事業用資産と同義であると考えられる。そして，非営利組織体はその活動目的であるサービスの提供を固定資産により行う。したがって，固定資産の取得に伴って純資産が計上されることで，純資産の大きさにより非営利組織体がサービス提供能力を拡大していることが示されることになる。

ただし，固定資産は貸借対照表の借方で区分表示されている。資産の中で固定資産の大きさが直接的に表示されていれば，特に純資産は計上されていなくとも，非営利組織体によるサービス提供能力を示すことは可能である。しかしながら，資産の中に固定資産が存在することを示すだけでは，調達された資金の使途が示されているに過ぎない。そのため，資産の中で固定資産を区分表示するだけでは，非営利組織体の運営者に対して固定資産の取得・増加が促されることはない。

それに対して，固定資産の取得により純資産が増加するのであれば，固定資産の取得により負債合計に対する資産合計の超過額が直接に増加することになる。したがって，非営利組織体においても純資産の大きさが財務的な安全性の評価を高めることになると運営者が考えているのであれば，固定資産の取得により純資産が増加することは，運営者に対して固定資産の取得を促す動機づけとなり得る。すなわち，固定資産の取得により純資産が増加するという仕組みが設けられることによって，サービス提供能力の強化を促すという機能を会計に期待することができる。その点で，非営利組織体においても純資産の認識・測定が行われることが意味を持つ。

### 3.1.2 財務的な基盤の維持

非営利組織体の純資産においては，いったん認識・測定された金額を減額することが認められていない場合がある。たとえば，地方三公社においては，計上された資本金を減額する仕組みが存在しない。また，医療法人や一般社団法

人・一般財団法人では，基本金自体の払戻しは行われるものの，同時に取り崩すことができない代替基金を計上することが必要になる。さらに，かつて計上されていた農業協同組合の回転出資金も同様の機能を有していた。そして，学校法人や社会福祉法人では基本金の取り崩しを行うことができるのは事業を廃止した場合に限定され，事業を継続している限りは基本金を減額することはできない。営利企業においては，法令による制限は設けられているものの，純資産を会計主体の意思で減額することが可能である。多数の非営利組織体において減額に対しての強い制限が課せられている点が，非営利組織体における純資産の大きな特徴である。

　純資産の中に減額することが認められない科目が設けられることにより，非営利組織体には負債総額を上回る資産の保持が求められる。その点で，非営利組織体において純資産の認識・測定を行うことは，財政的な基盤を強化するという機能を果たしていると考えられる。非営利組織体にも活動の継続性が求められるのであれば，中長期的な活動を支える財政的な基盤を確立させることが必要である。そのためには非営利組織体に純資産を認識・測定させる必要があり，複式簿記の導入が求められることになる。

　営利企業においては，株式会社における配当制限のように，純資産の科目を用いた会計主体からの資源の流出を制限する仕組みが確立されている。非営利組織体にも資源の流出を制限すべき理由があるのであれば，複式簿記を導入して貸借対照表を作成させ，営利企業の仕組みを援用することが求められる。ただし，非営利組織体は利益の獲得が目的ではなく，利益処分により資源の流出はない。それゆえ資金拠出者に対する払戻しを禁止する規定が設けられていれば，必ずしも純資産を認識・測定しなくても会計主体からの資源の流出を制限することもできる。したがって，非営利組織体における財政基盤の強化の要請と複式簿記の導入による純資産の認識・測定とが単純に結び付けることはできない。

　ここで注目されるのは，非営利組織体の活動での過大な費用の発生によって資源の流出が生じた場合，純資産の認識・測定が行われ，取り崩すことが認められない科目が計上されていることで，純資産にマイナスの科目が計上される点である。そして，そのようなマイナスの科目が表示されることが非営利組織体に対する評価を下げることになるのであれば，非営利組織体の運営にあたって過大な費用の発生を回避するための取組みが行われる。そして，そのような

効率的な運営を促すという内部的な機能があることが，非営利組織体に純資産を認識・測定させる理由となる。

## 3.2 外部向けの機能

　非営利組織体では，貸借対照表で純資産の区分はあるが，その内訳の表示は行われていない場合がある。たとえば，医療法人では純資産が積立金のみである場合があり，宗教法人でも剰余金のみが表示されている場合がある。またNPO法人においても正味財産の区分表示が義務付けられているわけではない。さらには，地方公共団体の貸借対照表で示されている純資産も，資産合計と負債合計の差額を示しているに過ぎない。これらの場合，純資産は決算で貸借対照表が作成された後に誘導的に認識・測定されるのであり，何らかの勘定科目に残高があることによって非営利組織体の期中の運営に対して内部的な影響を及ぼすわけではない。あくまで資産合計が負債合計を上回っていることを財務諸表で外部に表示することが純資産の役割となっていると考えられる。

　純資産の中で資本剰余金と利益剰余金の区分表示が行われている場合についても，その区分は外部に対する表示を目的としていると考えられる。営利企業においては，資本剰余金と利益剰余金の区分は利益処分という会計主体の活動に影響を及ぼすが，利益処分が行われない非営利組織体では資本剰余金と利益剰余金の区分が会計主体の活動に影響を及ぼすわけではない。非営利組織体における資本剰余金と利益剰余金の区分は，負債合計に対する資産合計の超過額が外部からの払込みによるものであるのか，非営利組織体自体の事業活動によるものであるのかの違いを示すために設けられている。すなわち，資本剰余金と利益剰余金の区分が行われている場合であっても，資産合計が負債合計を上回っていることを外部に示すことが貸借対照表における純資産の役割となっている。

　複式簿記が採用されていない場合であっても，期末において資産と負債の実地棚卸を行えば，資産合計と負債合計とに差異があることを把握することはできる。しかしながら，単に資産合計と負債合計が示されるだけでは，両者の差額自体は説明責任の対象とならない。それに対して貸借対照表が作成され，純資産が表示されれば，資産合計と負債合計の差額自体を説明責任の対象とすることができる。すなわち非営利組織体の純資産には，非営利組織体に説明責任の履行を求めるという点で，外部向けの機能を有する。

非営利組織体は，営利企業のように投資の回収を目的として資産を保有しているわけではない。したがって，資産合計の大きさと直接的に債務の返済能力とは直接には結びつかない。しかし，資産は非営利組織体におけるサービス提供能力の源泉であり，非営利組織体が事業活動を継続して実施していくうえでは相当規模の資産が保有されていなければならない。非営利組織体の貸借対照表に純資産が表示されていることは，その非営利組織体が負債として調達された資金の規模からみても相当に大きな資産を保有していることを示している。したがって，純資産が計上されている非営利組織体は継続的なサービス提供能力を有しているのであり，NPO法人等で正味財産（純資産）と「財務的生存力」とを結びつけた議論が行われることにも根拠がある。

非営利組織体を取り巻く利害関係者にとっても非営利組織体の存続可能性を評価することは重要である。その点で非営利組織体が純資産を外部の利害関係者に開示していることには大きな意味がある。

# 第4節　純資産の意義に基づく複式簿記の必要性

非営利組織体において純資産の認識・測定が行われていることは，非営利組織体に複式簿記が導入されていることと直接に結びつく。しかし，非営利組織体では損益計算は行われない。それゆえ，非営利組織体については純資産を成果計算の基礎として位置づけることはできない。この点が営利企業の複式簿記と非営利組織体の複式簿記との大きな相違点である。

しかし，成果計算の基礎とはいえないものの，非営利組織体の複式簿記も純資産の科目にさまざまな役割が与えられている。そしてそれらの役割は，基本的には非営利組織体に活動の継続性が期待されていることと結びつく。非営利組織体に固定資産の取得を促すのは，非営利組織体に継続的な活動の基盤を形成させるためである。財政的な基盤の維持を求めるのも，非営利組織体に将来に向けた活動の継続が期待されているためである。そして，純資産を対外的に開示し，非営利組織体の運営者に説明責任を課すことも，その非営利組織体が将来に向けて活動を継続し得るという判断を外部の利害関係者に促すためであると考えられる。したがって，非営利組織体にも活動の継続性を求めることが必要であるならば，非営利組織体に純資産を認識・測定させることが望ましい。

非営利組織体の純資産に関する検討を行ったことで，非営利組織体の活動に

継続性が求められることと非営利組織体で認識・測定される純資産とが密接に結びつくことが明らかになった。そして，純資産の認識・測定が複式簿記の導入によって行われる以上，複式簿記の導入もまた非営利組織体の活動に継続性が求められるのであれば必要となる。現在の経済社会において非営利組織体が重要な役割を担うのであれば，非営利組織体にも活動の継続性が求められる。それゆえ，非営利組織体にも複式簿記の導入が求められることになる。

（大塚　成男）

# 第22章

# モデル会計基準のその後の展開

## 第1節　モデル会計基準の普及

　日本公認会計士協会から2022年7月に非営利組織会計検討会による報告「非営利組織モデル会計基準の普及のための課題の整理～非営利組織会計基準の共通化に向けた提案～」（以下，「課題整理」という）が公表されている。この課題整理では，公益法人，学校法人，社会福祉法人，医療法人の各会計基準とモデル会計基準（以下，「モデル基準」という）との比較を行い，各会計基準の改正や制度発展のための検討を行う際に，モデル基準を参考にできるよう課題を取りまとめている（「課題整理」はじめに）。

　課題整理で取り上げた4つの法人のうち公益法人では，2020年5月15日に公益会計基準（以下，「公益基準」という）が改正されている。この改正の経緯について，公益基準の検討組織である公益法人の会計に関する研究会が「令和元年度公益法人の会計に関する諸課題の検討結果及び整理について」（以下，年度を付して「検討整理」という）を公表している。当報告書では，今後の検討において，モデル基準に関心を向けることが明記されている（「令和元年度検討整理」8）。

　課題整理では，公益基準が財務三基準の判定を重要視しており，モデル基準の導入を提案するにあたっても財務諸表で当該基準の判定に必要な数値を提供する必要があるとしている（「課題整理」Ⅱ，1，(1)）。そこで，本章では，課題整理が提案する財務諸表における財務三基準の判定方法を確認し，当該財務諸表の導入が簿記処理に与える影響を指摘することを通して，非営利組織会計基準の共通化に対して若干の考察を試みる。

第22章　モデル会計基準のその後の展開　　*353*

## 第2節　財務三基準

　「公益社団法人及び公益財団法人の認定等に関する法律」（以下，「認定法」という）には，税制優遇を受ける公益法人の資源が公益目的事業に使用されるための財務上の仕組みが設けられている。この仕組みを財務三基準という。財務三基準には，収支相償，公益目的事業比率および遊休財産額保有制度という3つの基準が存在する。

### 2.1　収支相償

　公益目的事業とは，「学術，技芸，慈善その他の公益に関する……（中略）……事業であって，不特定かつ多数の者の利益の増進に寄与するもの」（「認定法」第2条4号）である。公益目的事業には，無償または低廉な価格設定などにより，受益者の範囲を可能な限り拡大することが求められる（「公益法人制度等に関するよくある質問」（以下，「FAQ」という）問Ⅴ-2-③）。そこで，認定法では，「公益法人は，その公益目的事業を行うに当たり，当該公益目的事業の実施に要する適正な費用を償う額を超える収入を得てはならない」（第14条）という収支相償が規定される。ただし，この規定が求めるのは，単年度ではなく中長期で収支が均衡することである（「FAQ」問Ⅴ-2-③）。

　収支相償は，2段階を経て計算される。第1段階は，公益目的事業単位の収支相償であり，公益目的事業ごとの収入と費用が比較される。ここでの収入と費用は，正味財産増減計算書における事業ごとの経常収益と経常費用である[1]。収入が費用を上回り剰余金が生じた場合は，当該事業に係る特定費用準備資金への積立てとする（「公益認定等に関する運用について（公益認定等ガイドライン）」（以下，「ガイドライン」という）Ⅰ，5，(1)，①）。ここで特定費用準備資金とは，「将来の特定の事業費，管理費に充てるため，法人の任意で積み立てる資金」（「FAQ」問Ⅴ-4-②）である。

　第2段階は，公益目的事業全体の収支相償である。公益法人は，収益事業等から生じた利益の最低50％を公益目的事業財産に繰り入れなければならない（「認定法」第18条4号，「公益社団法人及び公益財団法人の認定等に関する法律施行

---

（1）　正味財産増減計算書内訳表では，会計を公益目的事業会計，収益事業等会計および法人会計に区分し，さらに公益目的事業と収益事業等を事業ごとに表示する（「ガイドライン」Ⅰ，18，(2)）。

354　第6部　非営利組織体における簿記研究の展開

規則」（以下，「認定規則」という）第24条，第26条7号・8号）。

　なお，収益事業等からの利益の繰入れが50％の場合と50％超の場合で収支相償の計算方法が異なる。まず，収益事業等からの利益の繰入れが50％の場合は，公益目的事業に係る収入と費用を比較する。ここで収入は，正味財産増減計算書における公益目的事業に係る経常収益，公益目的事業に係る特定費用準備資金の取崩額および収益事業等の利益の50％を繰り入れた額の合計額である（「ガイドライン」I，5，(2)，①）。一方，費用は，正味財産増減計算書における公益目的事業に係る経常費用，公益目的事業に係る特定費用準備資金の積立額の合計額である（「ガイドライン」I，5，(2)，②）。

　剰余金が生じた場合は，公益目的事業に係る資産取得資金（以下，「公益資産取得資金」という）の積立ておよび当期の公益目的保有財産の取得に充てる（「ガイドライン」I，5，(4)，①）。ここで公益資産取得資金とは，「公益目的保有財産となる実物資産の取得又は改良に充てるための資金」（「FAQ」問V-2-⑤）であり，公益目的保有財産とは，「継続して公益目的事業の用に供するために保有する財産」（「ガイドライン」I，8，(1)，①）である。また，このようにしても収支相償が満たされない場合は，翌年度に同額程度の損失となるようにする（「ガイドライン」I，5，(4)，①）。

　これに対して，収益事業等から生じた利益の50％超を繰り入れるのは，公益目的事業のために法人において特に繰入れの必要があると決定されたためであり，剰余金が生じることはない（「FAQ」問V-2-②・⑤）。そこで，収益事業等からの利益の繰入れが50％超の場合は，費用と収入の差額に収益事業等の利益から100％を上限に繰り入れる（「ガイドライン」I，5，(3)，③）。ここで収入は，正味財産増減計算書における公益目的事業に係る経常収益，公益目的事業に係る特定費用準備資金の取崩額，公益資産取得資金の取崩額および公益保有目的財産の売却収入（簿価＋売却損益）の合計額である（「ガイドライン」I，5，(3)，①）。一方，費用は，正味財産増減計算書における公益目的事業に係る経常費用（公益保有目的財産に係る減価償却費を除く），公益目的事業に係る特定費用準備資金の積立額，公益資産取得資金の積立額および公益保有目的財産の取得支出の合計額である（「ガイドライン」I，5，(3)，②）。

　ただし，収益事業等からの利益の繰入れが50％超の場合は，計画的な特定費用準備資金と公益資産取得資金の積立てと取崩しを行うため，収支相償を計算するうえでの積立額は，積立見込額を積立年数で除した額を限度とする。また，

**図表22－1　収支相償（第2段階）の計算方法**

収益事業等からの利益の繰入れが50%の場合

| 費　用 | 収　入 |
| --- | --- |
| 公益目的事業に係る経常費用 | 公益目的事業に係る経常収益 |
| | 公益目的事業に係る特定費用準備資金取崩額 |
| 公益目的事業に係る特定費用準備資金積立額 | 収益事業等の利益の50%を繰り入れた額 |

収入が費用を上回る場合は，
公益目的事業に係る資産取得資金の
積立ておよび当期の公益目的保有財産の
取得に充てる。

収益事業等からの利益の繰入れが50%超の場合

| 費　用 | 収　入 |
| --- | --- |
| 公益目的事業に係る経常費用（減価償却費を除く） | 公益目的事業に係る経常収益 |
| 公益目的事業に係る特定費用準備資金積立額（積立見込額を積立年数で除した額に限る） | 公益目的事業に係る特定費用準備資金取崩額（積立時に費用とした額に限る） |
| 公益目的事業に係る資産取得資金積立額（積立見込額を積立年数で除した額に限る） | 公益目的事業に係る資産取得資金取崩額（積立時に費用とした額に限る） |
| | 公益保有目的財産の売却収入（簿価＋売却損益） |
| 公益保有目的財産の取得支出 | 収益事業等の利益を繰り入れた額（利益の100%を上限） |

出典：「FAQ」問V-2-②をもとに作成。

取崩額は，積立時に費用とした額を限度とする（「ガイドライン」I，5，(3)，①・②，「FAQ」問V-2-②）。

## 2.2　公益目的事業比率

公益法人は「公益目的事業を行うことを主たる目的とするもの」（「認定法」第5条1号）である。そのため，法人の全事業規模に占める公益目的事業の規模は過半を占めることが求められる（「FAQ」問V-3-③）。認定法では，「毎事業年度における公益目的事業比率……（中略）……が100分の50以上となるように公益目的事業を行わなければならない」（第15条）と規定される。

公益目的事業比率は，公益実施費用額を公益実施費用額，収益等実施費用額および管理運営費用額の合計額で除して算定する（「認定法」第15条，「認定規則」第13条2項）。ここで公益実施費用額とは公益目的事業に係る事業費の額であり，収益等実施費用額とは収益事業等に係る事業費の額であり，管理運営費用額とは管理費の額である（「認定規則」第13条2項）。また，事業費とは当該法

356　第6部　非営利組織体における簿記研究の展開

人の事業の目的のために要する費用であり，管理費とは法人の事業を管理するため，毎年度経常的に要する費用である（「ガイドライン」I，7，(1)，①）。

　公益実施費用額，収益等実施費用額および管理運営費用額は，損益計算書[2]における各事業費または管理費に以下の項目を加減することにより求められる。認定規則によると，各事業費または管理費に加算されるのは，譲渡した商品や製品の原価（第15条2項），土地の使用に係る費用額（第16条），融資に係る費用額（第16条の2），無償の役務の提供等に係る費用額（第17条）および特定費用準備資金の積立額（第18条1項）である。他方，減算されるのは，引当金の取崩額（第14条），財産の譲渡損・評価損・運用損の額（第15条1項・3項・4項）および特定費用準備資金の取崩額（第18条2項）である。

## 2.3　遊休財産額保有制度

　公益法人が国民の寄附等や税制優遇を受けるのは，法人の財産が公益目的事業に使用され，公益の促進が見込まれるからである。公益目的事業に使用される具体的な見込みのない財産を法人に過大に蓄積することは，寄附等をした国民の期待や税制優遇の趣旨に反するものである（「FAQ」問V-4-①）。そこで，認定法では，「公益法人の毎事業年度の末日における遊休財産額は，……（中略）……当該事業年度における公益目的事業の実施に要した費用の額を……（中略）……超えてはならない」（第16条1項）と規定される。ここで遊休財産には，「特定の目的，使途を持たずに保有している財産」（「FAQ」問V-4-②）が該当する。1年分の公益目的事業費相当額を上限とした遊休財産の保有が認められるのは，法人の収入源が途絶えたとしても1年程度は公益目的事業を実施できるようにするためである（「FAQ」問V-4-②）。

　遊休財産額は，純資産額（総資産－総負債）から基金と控除対象財産（対応する負債の額を除く[3]）を差し引いた残額である（「認定規則」第22条2項，「FAQ」問V-4-②）。ここで基金とは「将来の収支の変動に備えて法人が自主的に積み立てる財政基盤確保のための資金」（「FAQ」問V-4-③）である。また，控除対象財産とは，「法人の財産の中で目的，用途が具体的に定まっている財産」（「FAQ」問V-4-②）である。控除対象財産には，①公益目的保有財産，②公

---

（2）　認定法および認定規則では，正味財産増減計算書のことを損益計算書と呼称している。
（3）　控除対象財産から対応負債を除くのは，借入等によって控除対象財産を取得している場合，負債が二重に控除されることを防ぐためである（「FAQ」問V-4-⑤）。

益目的事業を行うために必要な収益事業等や管理運営に供する財産，③資産取得資金，④特定費用準備資金，⑤寄附等によって受け入れた財産で，財産を交付した者の定めた使途に従って使用または保有されているものおよび⑥定めた使途に充てるために保有している資金が該当する（「認定規則」第22条3項，「FAQ」問V-4-②）。

これに対して，遊休財産額の保有上限額となる公益目的事業の実施に要した費用の額は，公益目的事業に係る事業費に以下の項目を加減することにより求められる（「認定規則」第21条1項）。認定規則によると，事業費に加算されるのは，譲渡した商品や製品の原価（第21条2項）と特定費用準備資金の積立額（第21条3項）である。他方，減算されるのは，引当金の取崩額（第21条4項），財産の譲渡損・評価損・運用損の額（第21条5項）および特定費用準備資金の取崩額（第21条6項）である。

# 第3節　課題整理の提案

課題整理は，公益法人の財務諸表に財務三基準を判定するための数値を提供する必要性を認識している。公益基準の財務諸表のうち財務三基準の判定と関係が深いのは，貸借対照表（貸借対照表内訳表を含む）と正味財産増減計算書（正味財産増減計算書内訳表）である。以下では，貸借対照表，正味財産増減計算書およびそれぞれの内訳表に対する課題整理の提案を取り扱う。

## 3.1　貸借対照表

公益法人の貸借対照表にモデル基準を導入するうえで課題整理が提案するのは，資産の区分表示と純資産区分についての2点である[4]。

### 3.1.1　資産の区分表示

資産の区分表示について，公益基準では，基本財産または特定資産を有する場合，固定資産を「基本財産」，「特定資産」および「その他固定資産」に区分する（「公益基準」注解注4，1）。この点について，課題整理は，特定資産がその目的を表す科目で表示されており，たとえば特定資産に換金性の高い預金や

---

（4）　この他に有価証券の評価基準と評価差額の処理が検討されているが，本章では検討の対象から外すこととする。

有価証券が含まれていても，資産の種類に関する情報が表示されないことを指摘する（「課題整理」I，4，(1)，③）。

一方，モデル基準では，使途拘束の状況を資産の部で表示すると，流動固定分類，資産形態別区分に加えて，拘束性区分により表示の複雑性が増し，理解可能性を損ねる可能性があるとする。そこで，使途拘束のある資産についても他の資産と同様に流動固定分類を基本として表示し，資産の使途拘束に関する情報は注記される（「検討報告」第3章，5，(2)，①）。

課題整理は，資産を流動固定分類で表示することにより，収支相償と遊休財産額保有制度に課題が生じると指摘する。まず，収支相償を達成するための資金を特定資産として表示できないこと[5]については，拘束資産の注記で代替することを提案する。また，貸借対照表とその注記から遊休財産額保有制度における控除対象財産が判明しないことについては，財産目録から把握を行うとする（「課題整理」II，1，(4)，③，イ）。

### 3.1.2　純資産区分

公益基準における正味財産の部は，「指定正味財産」と「一般正味財産」から構成される（「公益基準」第2，2）。これは，寄附者および補助金・助成金提供者を特別な利害関係者とみなしているためである（「課題整理」II，1，(4)，④，ア）。また，基金を設定した場合は，「基金」が正味財産の部に加わる（「公益基準」注解注5）。

モデル基準の純資産区分との関係について，指定正味財産は「使途拘束純資産」に含まれるが，使途拘束純資産には機関決定により制約を課したもの（機関決定使途拘束）が含まれると指摘される（「課題整理」II，1，(4)，④，ア）[6]。このうち機関決定使途拘束には，理事会等の機関における承認のみならず，個別具体的な計画があり，使途が明確なものに限定することが望ましいとされ（「課題整理」II，1，(4)，①，イ），特定費用準備資金や資産取得資金の計上が想定されている（「課題整理」II，1，(4)，①，ウ）。

なお，「基盤純資産」には，基金が該当する。これは基金には返還義務があり，

---

（5）　収支相償を達成するための資金は特定資産として表示することが求められる（「FAQ」問V-2 -⑥，3，イ）。

（6）　非拘束資源を機関決定により使途拘束した場合，公益基準では特定資産への振替えが行われるのに対し，モデル基準では非拘束純資産から使途拘束純資産へ純資産間の振替えが行われる。

第22章　モデル会計基準のその後の展開　*359*

返還時に基金に相当する額を取崩しが認められない代替基金として純資産に計上するためである（「課題整理」Ⅱ，1，(4)，④，イ・ウ）。**図表22－2**は，公益基準と課題整理の提案における正味財産と純資産の関係を示している。

**図表22－2**　正味財産と純資産の関係

| 公益基準 | 基金 | 指定正味財産 | 一般正味財産 | |
|---|---|---|---|---|
| 課題整理 | 基盤純資産 | 使途拘束純資産 | | 非拘束純資産 |
| | | 資源提供者による使途拘束 | 機関決定による使途拘束 | |
| | 組織活動の基盤 | 使途拘束あり | | 使途拘束なし |

## 3.2　活動計算書

　公益法人の会計に関する研究会が各年度に公表している検討整理では，正味財産増減変動計算書から活動計算書への名称変更が検討されてきた[7]。活動計算書を導入するうえで課題整理が提案するのは，事業別区分情報の注記，拘束区分別の表示と注記，事業費と管理費の形態別内訳の注記についての3点である。

### 3.2.1　事業別区分情報の注記

　公益法人の定期提出書類である別表A(1)・(2)と別表B(5)その1・その2を作成する際には，事業ごとの経常収益と経常費用の記載を求めている[8]。このように，財務三基準を判定する際には事業区分ごとの数値が用いられる。これまで公益法人は，これらの情報を正味財産変動計算書内訳表から入手してきた。しかし，収支相償と公益目的事業比率の判定において，特定費用準備資金や資

---

（7）　ただし，令和4年度検討整理では，「新しい時代の公益法人制度の在り方に関する有識者会議」において公益法人制度の見直しに必要な検討が行われていることを理由に，「正味財産増減計算書」から「活動計算書」への名称変更や記載内容の変更等の検討は中断されている（「令和4年度検討整理」はじめに）。

（8）　別表Aは収支相償の計算を行うための書類であり，別表Bは公益目的事業比率を算定するための書類である。

360　第6部　非営利組織体における簿記研究の展開

産取得資金の積立・取崩，および無償の役務の提供等に係る費用などを用いるため，これらの判定に必要なすべての数値を正味財産変動計算書内訳表から入手することはできない（「課題整理」Ⅱ，1，(4)，①，ア）。また，事業区分別の情報に関連して，収支相償の第2段階における収益事業等からの利益の繰入れが50％超かどうかが財務諸表で把握しづらいという指摘もある（「課題整理」Ⅱ，1，(4)，①，イ）[9]。そこで，課題整理は，**図表22－3**のような活動計算書における「非拘束の部」の事業区分別情報の注記を提案する[10]。

**図表22－3　事業別会計区分情報**

活動計算書　非拘束の部

| 科　　目 | 公益目的事業会計 | | | | 収益事業等会計 | 法人会計 | 合　計 |
|---|---|---|---|---|---|---|---|
| | 公1 | 公2 | 共通 | 小計 | | | |
| 経常収益 | 100 | 100 | 0 | 200 | 100 | 100 | 400 |
| 経常費用 | 150 | 80 | 0 | 230 | 20 | 110 | 360 |
| 経常収益費用差額 | −50 | 20 | 0 | −30 | 80 | −10 | 40 |
| 収益事業等から生じた利益の繰入額 | | | 35 | 35 | −35 | | 0 |
| 収支差額 | −50 | 20 | 35 | 5 | 45 | −10 | 40 |

出典：「課題整理」Ⅱ，1，(4)，①，ウを引用。

### 3.2.2　拘束区分別の表示と注記

　財務三基準の判定では特定費用準備資金の積立額や取崩額，資産取得資金の繰入れ，公益目的保有財産の取得等も考慮するため，正味財産増減計算書内訳表のみでは財務三基準を判定することはできない（「課題整理」Ⅱ，1，(4)，①，ア）。このうち特定費用準備資金と資産取得資金の増減について，課題整理では，使途拘束の部を「機関決定使途拘束」と「資源提供者による使途拘束」に

---

（9）　正味財産増減計算書内訳表において，収益事業等からの利益の繰入れは他会計振替額に記載される。

（10）　正味財産増減計算書の経常収益や経常費用は，活動計算書における「非拘束の部」の経常収益や経常費用に該当する。

区分し，「機関決定使途拘束」に計上することを提案する。特定費用準備資金と資産取得資金のそれぞれの増減については，使途拘束純資産の内訳と増減額および残高の注記を**図表22－4**のように提案する（「課題整理」Ⅱ，1，(4)，①，ウ）。

| 図表22－4 | 使途拘束純資産の内訳と増減額および残高 |

| 内　訳 | 前期末残高 | 当期増加額 | 当期減少額 | 当期増減差額 | 当期末残高 |
|---|---|---|---|---|---|
| 機関決定使途拘束純資産<br>　公2　○○準備金 | | | | | |
| 　　小　計 | | | | | |
| 資源提供者による使途拘束純資産<br>　公1　○○助成金<br>　公1　○○寄附金 | | | | | |
| 　　小　計 | | | | | |
| | | | | | |

出典：「課題整理」Ⅱ，1，(4)，①，ウを引用。

### 3.2.3　事業費と管理費の形態別内訳の注記

　事業費と管理費について，公益基準では形態別分類が行われ（「運用指針」12，(2)），正味財産増減計算書内訳表により公益目的事業，収益事業といった事業区分ごとに表示される（「運用指針」13，(2)）。公益基準で形態別分類が行われるのは，収支相償の算定要素としての費用にどのような項目が含まれているか形態別の情報で審査するためである（「課題整理」Ⅱ，1，(4)，②，ア）。

　一方，モデル基準では活動別分類が行われ，形態別分類の情報は注記される（「検討報告」第3章，5，(2)，②）。ただし，この注記は，事業費と管理費に区分されるため，事業ごとに形態別分類の情報を入手することはできない。財務三基準を判定する際に事業区分ごとの数値が用いられるのは既述のとおりである。そこで，課題整理は，**図表22－5**のような事業区分の列を設けた事業費と管理費の形態別内訳の注記を提案する（「課題整理」Ⅱ，1，(4)，②，イ）。

*362* 第6部 非営利組織体における簿記研究の展開

**図表22-5** 事業費及び管理費の形態別内訳

| 科　目 | 公一事業費 | 公二事業費 | 収益事業費 | 管理費 |
|---|---|---|---|---|
| 役員報酬 | | | | |
| 給与手当 | | | | |
| ⋮ | | | | |
| 合　計 | | | | |

出典：「課題整理」Ⅱ，1，(4)，②，ウをもとに作成。

## 第4節　公益法人にモデル基準を導入した場合の簿記処理

　公益法人に課題整理の提案するモデル基準を導入した場合に簿記処理が大きく変化する項目として，資源提供者により使途拘束された資源に関する一連の処理がある。本節では，当該資源の受入れと使途拘束の解除に分けて，公益基準とモデル基準の簿記処理を比較検討する。

### 4.1　資源提供者により使途拘束された資源の受入れ

　資源提供者により使途拘束された資源の受入れについて，以下の取引例を設定する[11]。

> **（例1）**　A財団法人は○○地域の希少植物保護事業を実施することを指定された
> 　　　　　寄附金1,000を普通預金に受け入れた。
> 　（借）　希少植物保護事業　　　1,000　　（貸）　受 取 寄 附 金　　　1,000
> 　　　　　普 通 預 金　　　　　　　　　　　　【指定正味財産の増加】
> 　　　　　【固定資産・特定資産】

　公益基準によると，使途が指定された寄附によって当期中に受け入れた資産の額は，正味財産増減計算書において「指定正味財産の増加」として記載される（「公益基準」注解注6）。当該増加額は，正味財産増減計算書を通じて貸借対照表の「指定正味財産」の額に反映される。なお，使途が制約される普通預

---

(11)　本節における取引例は，非営利法人委員会実務指針第38号「公益法人会計基準に関する実務指針」Q9をもとに作成した。

第22章　モデル会計基準のその後の展開　　*363*

金は，保有目的を示す独立の科目をもって「特定資産」に計上される（「公益
基準」注解注4，3）。

---

**（例2）**　使途が指定された寄附金1,000を普通預金に受け入れた。

（借）　普　通　預　金　　　　　1,000（貸）　　受　取　寄　附　金　　　1,000
　　　　【流動資産】　　　　　　　　　　　　　　　　　　　【資源提供者による使途拘束・経常収益】

---

　モデル基準と課題整理によると，使途が指定された寄附金の額は，活動計算
書において「資源提供者による使途拘束」のある経常収益に記載される（「モ
デル基準」190，「課題整理」Ⅱ，1，(4)，①，ウ）。当該経常収益は，活動計算書
を通じて貸借対照表の「資源提供者による使途拘束」のある純資産の額に反映
される（「検討報告」第3章，4，(10)，「課題整理」Ⅱ，1，(4)，④，イ）。なお，
普通預金は流動資産に計上され（「モデル基準」25），使途拘束の状況が資産に
よって表示されることはない。

　モデル基準が使途拘束のある資源の受入れを収益として認識するのは，合意
された使途の範囲において資源の将来を公益法人が決定でき，経済的資源に対
する権利が移転しているとみなしているためである（「モデル基準」189）。

## 4.2　使途拘束の解除

　使途拘束の解除には，使途拘束に従った資源の使用による使途拘束の解除と
資源使途の変更による使途拘束の解除がある。

### 4.2.1　使途拘束に従った資源の使用

　使途拘束に従った資源の使用による当該拘束の解除について，以下の取引例
を設定する。

---

**（例3）**　受入年度に600の事業を行った（例1の続き）。

（借）　事　業　費　　　　600　　（貸）　希少植物保護事業　　　600
　　　　【一般正味財産の減少・経常費用】　　　　　普　通　預　金
　　　　　　　　　　　　　　　　　　　　　　　　【固定資産・特定資産】

（借）　一般正味財産への　　600　　（貸）　受取寄附金振替額　　600
　　　　振　替　額　　　　　　　　　　　　【一般正味財産の増加・経常収益】
　　　　【指定正味財産の減少】

---

　公益基準では，事業の実施により普通預金の使途制約が解除されるため，指
定正味財産から一般正味財産への振替えが行われる。当該振替額は，正味財産

増減計算書において「指定正味財産の減少」と「一般正味財産の増加」の経常収益に記載される（「公益基準」注解注15）。また，毎期経常的に発生する事業費は，「一般正味財産の減少」の経常費用に記載される（「公益基準」第3，3）。

モデル基準では，拘束純資産を拘束に従って使用したときに，拘束純資産区分において費用を計上する方法が採用されている（「検討報告」第3章，5，(2)，②）。そのため，事業費は，活動計算書において「資源提供者による使途拘束」のある経常費用に記載される。なお，公益基準で行われるような振替処理は行われない（「課題整理」Ⅱ，1，(4)，①，ア・ウ）。

**（例4）** 受入年度に600の事業を行った（例2の続き）。
（借）事　業　費　　600　　（貸）普　通　預　金　　600
　　　【資源提供者による使途拘束・経常費用】　　　　　　【流動資産】

使途拘束に従った資源の使用により当該拘束が解除されたときに，公益基準では，一般正味財産増減の部に収益とそれに対応する費用が計上される。一方，モデル基準では，拘束・非拘束の各区分において収益と費用が対応することとなる。

### 4.2.2　資源使途の変更

資源使途の変更による使途制約の解除について，以下の取引例を設定する。

使途が指定された寄附金は，寄附者の同意により当該制約の範囲を超えて事業に充当することが可能となる（「実務指針」Q18）。公益基準に従うと，寄附者の同意により普通預金の使途制約が解除されるため，指定正味財産から一般正味財産への振替えが行われる。当該振替額は，正味財産増減計算書において「指定正味財産の減少」と「一般正味財産の増加」の経常収益に記載される（「公益基準」注解注15）。なお，普通預金は，使途制約の解除により，「特定資産」

第22章　モデル会計基準のその後の展開　　*365*

から「流動資産」に変更される（「公益基準」第2，2）。

> **（例6）**　寄附金400の使途制約の解除について，寄附者の同意を得た（例4の続き）。
>
> （借）　非拘束純資産への　　　　　400　　（貸）　資源提供者による　　　　　400
> 　　　　振　替　額　　　　　　　　　　　　　　　使途拘束からの
> 　　　　【資源提供者による使途拘束・純資産間の振替】　　　　　　振　替　額
> 　　　　　　　　　　　　　　　　　　　　　　　　【非拘束・純資産間の振替】

　モデル基準に従うと，寄附者の同意による使途制約の解除は，活動計算書において「純資産間の振替」に記載される（「モデル基準」36）[12]。

　公益基準では，使途拘束に従った資源の使用であるか資源使途の変更であるかに関わらず，使途拘束が解除されたときに一般正味財産増減の部で収益が計上される。他方，モデル基準では，資源使途の変更は，非営利組織に資源流入をもたらさず，内部振替えとみなしている（「検討報告」第3章，5，⑵，②）。

# 第5節　非営利組織会計基準の共通化

　課題整理では，公益法人の財務諸表にモデル基準を導入するにあたって，貸借対照表や活動計算書における使途拘束の区分を「機関決定使途拘束」と「資源提供者による使途拘束」に分けることや事業区分別の情報を注記することなどを提案する。これらの提案は，モデル基準の財務諸表による財務三基準の判定に役立つ一方で，資源提供者により使途拘束された資源を受け入れたときや当該使途拘束が解除されたときには，公益法人の簿記処理に大きな変化をもたらすこととなる。

　以上の内容を踏まえたうえで，非営利組織会計基準の共通化について，若干の考察を行う。非営利組織において法人ごとの会計基準を設定しているのは，利害関係者でもある所轄官庁である。そのため，会計基準の設定・改正にあたっては，所轄官庁が当該法人を管理監督する際の利便性が重視される（「検討報告」第1章，2）。

　公益基準の設定主体は内閣府公益認定等委員会であるが，当該基準に準拠して作成される財務諸表は行政庁が財務三基準を判定することに主眼が置かれて

---

（12）　非拘束純資産への振替えは，「機関決定使途拘束」と「資源提供者による使途拘束」から行われるため，当該勘定は使途拘束の方法ごとに設定する必要があると考えられる。

いる（「課題整理」Ⅱ，1，⑴）。したがって，これまでも財務三基準の判定は
つつがなく行われており，課題整理の提案する財務諸表が財務三基準の判定に
役立つだけでは，公益基準を改正する動機にはなり得ない。

　昨今の非営利組織は，補助金や助成金だけに頼らない民間からの資源確保が
求められ，かつ異なる法人形態において事業差異が縮小する傾向にある（「検
討報告」第1章，1，⑴・⑶）。このような状況で，一般の情報利用者のニーズ
に応え，さらに法人形態の異なる財務諸表の横断的な理解を高めることは，非
営利組織の発展にとって大変有意義なことである。

　現在，モデル基準では，法人形態別の会計基準の改定の際に当該基準が参照
され，基準間の相互整合性を高めるアプローチが採用されている（「検討報告」
第1章，4）。しかし，非営利組織全体に関わる非営利組織会計基準の共通化は，
個々の所轄官庁が対応すべき事案ではない。そこで，非営利組織会計基準の共
通化を促進するためには，複数の異なる会計基準を統合化するアプローチの導
入も検討すべきではないだろうか。


## 【参考文献】

佐藤　恵（2021）「一般社団法人・一般財団法人の簿記」日本簿記学会簿記実務研究
　　部会『非営利組織体の簿記に関する研究』（第8章所収）。
全国公益法人協会（2023）『非営利用語辞典（非営利法人研究学会編）』。
　　https://www.koueki.jp/dic/（2023年1月31日閲覧）
内閣府（2022）「公益法人制度等に関するよくある質問（FAQ）」。
内閣府公益認定等委員会（2020）「『公益法人会計基準』の運用指針」。
内閣府公益認定等委員会公益法人の会計に関する研究会（2020）「令和元年度公益法
　　人の会計に関する諸課題の検討結果及び整理について」。
内閣府公益認定等委員会公益法人の会計に関する研究会（2021）「令和2年度公益法
　　人の会計に関する諸課題の検討結果及び整理について」。
内閣府公益認定等委員会公益法人の会計に関する研究会（2022）「令和3年度公益法
　　人の会計に関する諸課題の検討結果及び整理について」。
内閣府公益認定等委員会公益法人の会計に関する研究会（2023）「令和4年度公益法
　　人の会計に関する諸課題の検討結果及び整理について」。
日本公認会計士協会（2019）「非営利法人委員会実務指針第38号『公益法人会計基準
　　に関する実務指針』」。

日本公認会計士協会（2019）「非営利組織会計検討会による報告『非営利組織における財務報告の検討～財務報告の基礎概念・モデル会計基準の提案～』」。

日本公認会計士協会（2022）「非営利組織会計検討会による報告『非営利組織モデル会計基準の普及のための課題の整理～非営利組織会計基準の共通化に向けた提案～』」。

日本公認会計士協会「非営利組織会計検討プロジェクト」。
https://jicpa.or.jp/specialized_field/non-profit-accounting/index.html（2023年1月31日閲覧）

拙稿（2021）「非営利組織会計検討プロジェクトにおける簿記」日本簿記学会簿記実務研究部会『非営利組織体の簿記に関する研究』（第14章所収）。

**（青木　孝暢）**

# 第23章

# 非営利組織会計の多様性と簿記会計

## 第1節　はじめに

　非営利組織体は，名前のとおり営利活動を目的とする組織ではないため，通常の企業会計とはやや異なる勘定科目や報告項目を設定しているのが普通である。非営利組織体ゆえ企業会計で最も重要とされる「当期純利益」という勘定科目・報告項目を用いないというところにその典型が見て取れる。

　ひとくちに非営利組織体と言っても多様な形態が存在しており，所轄する官庁ごとに異なる会計基準が存在しているのが現状である。縦割り行政の弊害が現れたもので，他の非営利法人との比較可能性よりも，所轄官庁が管理監督する際の利便性が重視されてきたという経緯があったからだ（非営利組織会計検討会（2019）4頁）。このため，「同じ取引でも異なる会計処理が行われ，非営利会計に関する理解可能性や比較可能性，さらに有用性や表現の忠実性に重大な問題が生じている」（長谷川（2012）111頁）との指摘もなされている。

　ところで「簿記」と「会計」との関係については諸説あり，しばしば「簿記会計」と一緒に言及されるように，両者は表裏一体のものであるとする「一体説」と，簿記の固有性を認め会計とは異なるものであるという「独立説」とに分類される（角ヶ谷（2022））。また，従来の簿記は「決算中心の簿記」であったが，「会計管理のための簿記」というものも存在しうるとして機能的に簿記を分類するものもある（岩田（1955））。前者の分類と後者の分類は，一見すると似ているが，論点がやや異なっている点に留意しなければならない。

　期中取引の記録や管理と，決算整理や連結を含む財務諸表の作成をも含めた簿記会計のプロセス全体を見渡した場合，情報公開のあり方と簿記処理がどのような関係性を持つかについて，もう少し違う視点から論じることはできないだろうか。そこで，これらの概念的な対比について，二律背反的なものなのか，

それとも何らかの技術革新により止揚し得るものなのかを考察してみることにした。

単純な簿記処理を想定した場合，「一体説」では簿記処理上用いられる勘定科目体系は，財務諸表作成の影響を受けることになる。しかしながらXBRLと呼ばれる技術に注目すると，XBRL GLというタクソノミ・フレームワークで策定されているSRCDといった機能を駆使すれば，組織内部では「会計管理のための簿記」として記帳を行い，決算を意識しない勘定科目を用いていたとしても，最終的な報告項目への紐付けを丹念に行えば，「決算中心の簿記」でなくても，財務諸表作成に至る一連のプロセスを一体化させることができることになる。その意味で「会計管理のための簿記」を運用しながら，「一体説」を実現することも可能となるわけだ。

この考え方を敷衍すると，非営利組織会計の多様性に対して，技術的な観点から解決しうるのではないかというアイデアが出てくる。本章は，その技術的可能性と非営利組織会計への適用可能性について検討するものである。

## 第2節　非営利組織体に対する会計規制の現状

非営利組織体ごとの簿記会計処理の特徴については，他の章で詳細に検討されているため，ここでは詳細に取り上げることはしないが，いくつか事例を取り上げてみたい。

たとえば学校法人に対する簿記会計処理についても，学校法人と国公立大学とでは，用いる勘定科目や報告項目が異なるというレベルではなく，計算思考自体が大きく異なっている。学校法人では学校法人会計基準が適用されるが，その中の「基本金」という概念が極めて特殊なためで，「継続的に教育サービスを安定的に提供するために財産的基礎としての基本金を用いて内部留保を進めることにより財線基盤を強化する必要に応える」（古市（2017）122頁）ものとして設定されたものだからだ。一方，国公立大学の会計基準は，いずれも独立行政法人会計基準に準ずる形で作成されており，非営利を目的とする点では異なってはいるが，発生主義を取り入れるなど，企業会計と計算思考が大きく異なることはない。学校法人1つとっても理解可能性や比較可能性の問題が大きく横たわっているのが現状である（長谷川（2012））。

非営利組織体の典型であるNPO法人に対する簿記会計処理については，

2009年3月に全国のNPO支援センターと会計税務の専門家の有志によって設立されたNPO法人会計基準協議会が2010年7月に「NPO法人会計基準」を公表した。翌2011年11月には内閣府に設置された研究会の報告書「特定非営利活動促進法に係る諸手続の手引き」（特定非営利活動法人の会計の明確化に関する研究会（2012））において「本研究会としては，現段階において『NPO法人会計基準』は特活法人（注：NPO法人）の望ましい会計基準であると考える」との最終報告書をまとめたことにより，2012年4月1日に改正されたNPO法において，強制適用ではないものの，このNPO法人会計基準が実質的に採用されることとなった。これにより，従来は計算書類として「財産目録」，「貸借対照表」，「収支計算書」による情報開示が求められていたが，「収支計算書」から「活動計算書」へと名称が変わり，「活動計算書」と「貸借対照表」が基本財務諸表として整理され，「財産目録」は附属明細書としての位置づけに変わるなどしている。

　また公益法人会計基準が適用される公益法人についても，他の非営利組織体と異なり，いわゆる公益認定基準の1つである財務三基準，すなわち「収支相償」，「公益目的事業比率の制約」，「遊休財産保有制限」の影響を強く受けた会計基準のあり方が検討されている。たとえば「令和3年度公益法人の会計に関する諸課題の検討状況について」（公益法人の会計に関する研究会（2022））という内閣府から公表された報告書において，財務三基準を満たしているかの判定に使用される「正味財産増減計算書」の名称が「活動計算書」に変更されるにともなって，その記載内容の変更についての検討がなされており，さらに翌年の「令和4年度公益法人の会計に関する諸課題の検討結果及び整理について」（公益法人の会計に関する研究会（2023））ではインボイス制度導入にともなう公益法人における消費税の会計処理等が追加されるなどの展開を見せている。公益法人が作成する財務諸表のうち「正味財産増減計算書」が「活動計算書」に変更されたため，NPO法人会計基準との歩み寄りが図られることとなったが，非営利組織体の会計についてはまだまだ多様性が存在し，統一的な会計基準が策定されるにはまだ時間がかかることだろう。

　非営利組織体における財務報告の統一化については，日本公認会計士協会（以下，「JICPA」という）の非営利組織会計検討会が公表した「非営利組織における財務報告の検討～財務報告の基礎概念・モデル会計基準の提案～」（非営利組織会計検討（2019））において，非営利組織体に共通の「モデル会計基準」

が提言されている。

社会福祉法人，公益法人，医療法人，学校法人，特定非営利活動法人（NPO法人）といった法人形態ごとに会計基準や作成する財務諸表，その他の開示書類に大きな差異が存在しており，一般の情報利用者による横断的な理解が困難な状況を生み出しているとして，法人形態を越えて，ステークホルダーのニーズに応え得る共通的な会計の枠組みの必要性に鑑み，非営利組織体における財務報告の基礎概念を整理し，非営利組織体共通の会計の枠組みとして「モデル会計基準」を提示することで，非営利組織体ごとに乱立する会計基準全体の整合性を確保しようと試みたものである（**図表23-1**）。

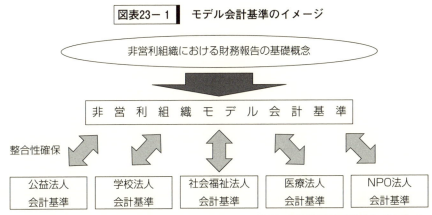

**図表23-1** モデル会計基準のイメージ

出所：非営利組織会計検討会（2019）6。

モデル会計基準における財務諸表の体系は，貸借対照表日における全ての資産，負債，純資産の状態を表す貸借対照表，一期間に属する全ての収益，費用及びその他の純資産増減を表す活動計算書，資金フローを表すキャッシュ・フロー計算書の三表によって構成されるものとしている。このモデル会計基準に対しては，社会福祉法人会計基準検討会におけるモデル会計基準への取組みについて言及しておこう。社会福祉法人会計基準は，2016年の社会福祉法人制度改革の一環として，厚生労働省令第79号として規定され，社会福祉法人が行う会計処理の根拠として運用されてきた。

この社会福祉法人会計基準とJICPAが提示したモデル会計基準との違いについては，2020年度第1回社会福祉法人会計基準検討会において，①固定資産に

ついては，固定資産を基本財産とその他の固定資産に区分している一方で，モデル会計基準では資産の部に基本財産や特定資産等の資産の拘束を示す科目はないこと，②減損については，簡便的な強制評価減のみである一方で，モデル会計基準では保有する資産の性質に応じた最適な測定基礎として，資金生成資産と非資金生成資産に区分して減損会計を適用するとしていること，③純資産については，基本金，国庫補助金等特別積立金，その他の積立金，次期繰越活動増減差額という区分から構成される一方で，モデル会計基準では基盤純資産，使途拘束純資産，非拘束純資産の3区分で構成されていること，④有価証券評価差額の会計処理については，事業活動計算書に反映させる一方で，モデル会計基準では純資産直入で別掲表示としていること，⑤事業活動計算書と資金収支計算書については，モデル会計基準では活動計算書とキャッシュ・フロー計算書という呼称になっていること，などが示された（松前（2020）8頁）。そして，社会福祉法人会計基準に規定のない項目はモデル会計基準を参照するなど，すべての項目を取り入れなくとも必要性のあるものを取り入れることで，徐々に各法人形態別の会計基準の整合性が高まるとの指摘がなされている（松前（2020）7頁）。

　以上のように，JICPAが非営利組織会計基準の統一化を目指したモデル会計基準の存在はあるものの，現状においては各法人形態別に会計基準が策定され，かなりの相違が見られる状況は依然として存在している。

# 第3節　会計管理のための簿記と決算中心の簿記についての考察

　ここで，冒頭で少しばかり言及したように，岩田（1955）による「会計管理のための簿記」と「決算中心の簿記」という分類について，少々検討することにしたい。議論を発散させないために，本節における会計管理のための簿記とは，「簿記の主目的を財産管理とし，そのために必要な事象を記録する簿記」と定義することにしたい。また同様に，本節における決算中心の簿記とは，「簿記の主目的を決算（財務諸表作成）とし，そのために必要な事象を記録する簿記」と定義することにしたい。

　このような分類と定義には，以下のような2つの暗黙的な前提が置かれているように思う。1つ目の前提は，会計管理のために記帳した記録内容では，決

算で適切に財務諸表を作成できない，もしくは財務諸表の作成のために必要な情報の一部が欠けてしまう，というものだ。会計管理のために記帳を行っていても，適切に財務諸表が作成できるのであれば，このような分類が生じることはないからだ。また2つ目の前提は，決算で財表作成を作成するために記帳した記録内容では，適切に会計管理ができない，もしくは一部管理ができない状況が生じる，というものだ。適切な財務諸表を作成するために決算中心の簿記を行っていても，十分に会計管理ができるのであれば，このような分類が生じることはないはずである。つまり，会計管理のための簿記と決算中心の簿記は，二律背反的な性格を持つものとして捉えられているということにほかならない。

　上記のような二律背反的な状況とは，実際にはどのような場合に生じるのだろうか。たとえば会計管理目的としては十分な詳細さをもった粒度で日々の取引が記帳されていた場合であっても，それ以上の細かい粒度での会計報告が求められた場合などが該当するだろう。たとえばセグメント別情報を開示する場合，主たる市場が日本とアジア地域だけで欧米での売上がほとんどない企業の場合，日本国内の売上とアジア地域での売上さえしっかりと把握できていれば，会計管理目的としては十分に機能しうるはずである。しかし財務諸表の利用者がアメリカ，ヨーロッパ，アフリカ地域での売上高も開示するように要求された場合，当該地域については項目を立てて売上管理をしておらず，取引データそのものが存在しないということもありうる。この場合，会計管理のための簿記では，必要とされる情報開示ができないことになる。

　また，そのような情報開示要求に沿うように，会計管理上はまったく必要はないにもかかわらず，アメリカ，ヨーロッパ，アフリカの各地域別に売上高を報告できるように，管理上必要のない地域についても別個に勘定科目を細分化して記帳処理を強いられるとしたら，無駄なコストを負担することになり，決算中心の簿記が会計管理のための簿記を歪める結果となってしまう。このような状況が生じる場合，たしかに会計管理のための簿記と決算中心の簿記は，互いに二律背反的なものとなってしまうことになる。

　ここでもう少し考察を進めることにしよう。会計管理目的には十分なレベルで帳簿に記帳していた場合に，それ以上に詳細なデータを求められることが一般に想定されるか否かという視点である。非営利組織体の会計基準が数多く存在することの理由は，行政の縦割りということにも一因があるが，それよりも補助金や税制優遇などを付与している関係で，当該団体が当該目的に照らして，

374 第6部 非営利組織体における簿記研究の展開

しっかりと資金や財産を管理できているか報告させることにあるからではない
だろうか。だとすると，しっかりと管理ができるだけの詳細さで記帳処理がな
されているのであれば，それを管轄する関係省庁への報告のために作成する財
務諸表も十分に作成が可能であるはずだ。この視点に立つならば，会計管理の
ための簿記と決算中心の簿記は矛盾せず，両立しうるということである。別の
言い方をするならば，決算中心の簿記だとしても，会計管理のための簿記とし
て十分に機能しうるということである。

　当該非営利組織体がその目的を達成するために，資金や財産について会計管
理のための簿記を徹底して行っているのであれば，それは財務諸表作成のため
にも十分に機能しうるはずである。そのように考えれば，少なくとも非営利組
織体の簿記会計において，会計管理のための簿記と決算中心の簿記といった分
類自体が意味をなさないのではないかということである。

　決算中心の簿記が問題とされるのは，組織内の資金管理や財産管理のための
記帳処理とは，極端に異なる内容の財務諸表の作成が要求された場合ではない
だろうか。端的に言えば株式会社の投資意思決定のために，極端な時価主義会
計的な内容での財務諸表の作成を要求された場合であろう。極端な時価主義会
計の下では，資産や負債は現時点の株式市場や債券市場における価格を見るか，
将来キャッシュ・フローの割引現在価値で評価すればよいので，市場価格の観
察あるいは将来におけるキャッシュ・フローの見積りと割引計算で使う利率の
見積りだけで事足りることになり，そこに過去情報である帳簿への記録の必要
性はなくなってしまう。たとえばBreeden（1990）は，SEC議長就任中にニュー
ス・リリース「財務報告の適切な目的：市場ベースの会計」という文書を公表
し，とりわけ金融機関については取得原価主義の問題点とリスクを指摘し，適
切な財務報告をするためには市場価格に基づく評価が不可欠であり，現行の会
計基準を変更すべきであると述べている。

　資産の評価については，大きく4つのものがある。過去における取得原価，
現時点における売却時価，現時点における再調達原価，将来におけるキャッ
シュ・フローの割引現在価値の4つである(1)。このうち簿記によって記録さ
れた情報が用いられるのは取得原価のみであって，現時点の売却時価・再調達
原価は市場価格を参照することによってのみ得られる情報であるし，将来にお
いてのキャッシュ・フローの割引現在価値にいたっては，キャッシュ・フロー
も金利もすべて見積りであって，過去の記録とは一切関係がない。したがって，

極端に時価主義会計を推し進めれば進めるほど，簿記の記録との関係が失われてしまうのである。

　ここまでの考察で明らかになったのは，会計管理のための簿記と決算中心の簿記との違いが問題となるのは，過去情報を記録する「簿記」と，現在情報である市場価格や将来情報である将来キャッシュ・フローの割引現在価値でのみ作成される「財務諸表」といった極端な状況のもとでしか生じないということである。別の言い方をするならば，極端な時価主義会計の下では「簿記・会計は独立して存在している」（簿記会計独立説）と見ることができるし，そうでなければ「簿記・会計は一体のもの」（簿記会計一体説）と見ることができる。しかしながら，このような視点以外にも簿記会計の一体説や独立説について言及する考え方がある。そこで次節においてこの問題を検討することにしたい。

## 第4節　簿記会計一体説と簿記会計独立説についての考察

　簿記論や会計学のテキストには，「簿記会計」といった表現が散見される。この時，「簿記」と「会計」が表裏一体のものなのか（簿記会計一体説），それとも別々のものなのか（簿記会計独立説），ということがしばしば問題となる（角ケ谷（2022））。

　たとえば連結財務諸表の作成に関しては，しばしば「簿記とは関係ない」との言説が見られる。連結決算時の仕訳についても，連結精算表上の処理を仕訳形式で示したものであり，帳簿に記帳するものでないので，「簿記」ではなく「会計」の領域であるという考えに基づくものである。連結修正仕訳は帳簿に記入されないので，過去に行った連結修正仕訳が帳簿に蓄積されず，毎期末に過去の連結修正仕訳を繰り返すことになるため，連結修正仕訳は通常は簿記による記録とはみなされない（池田（2017）25頁）。また，Jaeger（1976, 6-56頁）やStein（1988, 6-83頁）のように，連結精算表すら用いずに連結財務諸表を作成

---

（1）　資産の評価については，過去・現在・未来という3つの時制と，収入・支出という2つのキャッシュ・フローがあり，それらを組み合わせると6つの評価方法が考えられるが，このうち「過去の収入」と「未来の支出」を除く4つ，すなわち「過去の支出」による評価が取得原価，「現在の収入」による評価が売却時価，「現在の支出」による評価が再調達原価，「未来の収入」による評価が将来キャッシュ・フローの割引現在価値となる。このような説明は，たとえば桜井（2023）でも見られる。

する方法を解説しているテキストもあるぐらいであり，少なくとも連結財務諸表を作成するために会計帳簿は必須ではない。連結決算中心の今日の会計を見るかぎり，やはり簿記会計独立説をとらざるを得ないのだろうか。

しかし連結財務諸表で報告主体となる企業集団を，1つの経済的実体として捉え，仮に帳簿を備えたと仮定すると，各企業の帳簿は連結主体から見ればある種の補助元帳として捉えることができ，連結主体の元帳は，連結子会社の帳簿に記帳された内容の統合勘定を表していると仮定することもできる。たとえば池田（2017）は，連結帳簿の構造と記帳技術を明らかにすることで，連結帳簿というものが論理的に成立しうることを示している。経済的実体である企業集団が連結帳簿を備えうるのであれば，連結精算表上の処理も通常の修正仕訳と同様に記帳することが可能となる。そうなると「帳簿が存在しない」「記帳処理をしない」ということを理由に，「簿記ではなく会計の領域である」といった言説ができなくなるのではないか。個人的には，連結帳簿が存在しうるのであれば，連結決算処理は簿記の一部であると考えてもよいのではないかと思っている。

ところで，簿記での勘定科目と財務諸表上の報告項目は一致しないことが多い。簿記上では「売上」が財務諸表上では「売上高」と変わることはよく知られている。売掛金や買掛金も，企業内部では取引先の人名勘定を用いて管理しているのが普通であり，財務諸表上項目とは実際には異なっている。もっとも売掛金や買掛金については，統合勘定を用いて処理をすれば，ある程度は一致させることはできるが，「たな卸資産」のように簿記処理上では通常は使われない報告項目も多々存在し，両者が完全に一致することはない。

上記のような「簿記上の勘定科目」と「財務諸表上の報告項目」との乖離をもって簿記会計独立説を取るというのは，早計のような気がする。財務諸表は，金融商品取引法や会社法などの法令・規則によって規制されており，企業間比較を容易にするためにも，ある程度の報告項目の統一化が図られている一方で，各企業には経理自由の原則があり，企業内部で実際にどのような勘定科目を用いるかについては，各企業に委ねられているからだ。

これは非営利組織体であっても同様であり，内部で用いている勘定科目と，財務諸表上の報告項目が一致していないからといって，簿記会計がそれぞれ独立したものであるとは断言できない。このことは，XBRLのGLとFRとの関係になぞらえて考えるとわかりやすいかもしれないが，この点については次節で

議論することにしたい。

「簿記」と「会計」が完全に独立するというのは、前節の最後で取り上げたように、財務諸表上の数値が帳簿に記入された過去情報から導き出されるのではなく、現在情報の市場価格や未来情報の将来キャッシュ・フローの割引現在価値からのみ導き出され報告されるといった状況になった時であろう。両者に共通するのは辛うじて勘定科目ぐらいで、各勘定に記録される数値と財務諸表上の数値とが完全に乖離するのであれば、簿記会計一体説は崩れ、簿記会計独立説をとることになるが、その可能性は極めて低いと思っている。

## 第5節 XBRLの視点からの考察

ここで少しばかり工学的な視点から、簿記会計一体説と簿記会計独立節の問題を検討することにしたい。財務情報を記述するためのコンピュータ言語として、XBRL（eXtensible Business Reporting Language）というものが存在することは周知のことであろう。会計情報システムを中心に考えると、そのインプット側の記述、すなわち仕訳データの記述にはXBRL GL（Global Ledger）というタクソノミ・フレームワークが用いられ、アウトプット側の記述、すなわち財務諸表データの記述にはXBRL FR（Financial Reporting）というタクソノミ・フレームワークが用いられる（**図表23－2**）。

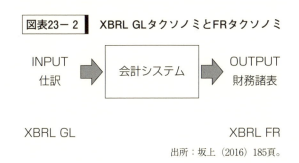

出所：坂上（2016）185頁。

XBRL GLタクソノミの構造を見ると、勘定科目はインスタンスであり、企業が自由に設定し、企業自身が記入するデータである[2]。一方、XBRL FLタクソノミの構造を見ると、勘定科目（正確には報告項目）はタクソノミの中で定義されるメタ情報であり、その扱いは大きく異なっている。たとえば1億

2,000万円の土地を所有している企業があるとする。GLでは「借方科目」と「借方金額」がメタ情報で，「土地」と「120,000,000」がインスタンスとなる一方で，FRでは金額の「120,000,000」はインスタンスであるものの，「土地」はメタ情報としてFRタクソノミの中で定義されるものとなっている（**図表23-2**）。このように，GLとFRのインスタンスを見てみると，両者に共通するのは金額の「120,000,000」のみであり，そのデータ構造から見る限り両者に共通性はないように見える（**図表23-3**）。表面的には，簿記会計独立説を示しているかのようであるのだ。

図表23-3　XBRL GLとXBRL FRの違い

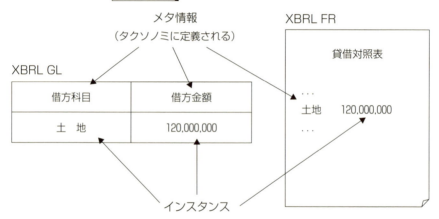

出所：坂上（2016）243頁。

しかしながらXBRLにはGLデータとFRデータを結びつけるためのモジュールが存在しており，GLタクソノミの中に埋め込まれている。それがSRCD（Summary Reporting Contextual Data）である[3]。XBRL GLタクソノミのルー

---

（2）　XBRLには「XBRL仕様」，「タクソノミ」，「インスタンス」という３つの基礎概念がある。世界共通のXBRL仕様に基づいてタクソノミが作成されるが，GLタクソノミはXBRL International Inc.が作成した世界共通のものが利用される一方で，FRタクソノミは会計基準の法域ごとに別々に作成し利用されている。そのタクソノミに従って，実際に企業自身により記入される値がインスタンスである。

（3）　SRCDとはSummary Reporting Contextual Dataの頭文字を取ったものであるが，報告項目のデータのソースが示されたものという意味を込めて，しばしばSourcedと発音されたりする。詳細な記録集約し，財務諸表上のどの報告項目と結び付けられるかという情報を格納するもので，GLタクソノミの中にモジュールとして埋め込まれている。

ト要素であるAccounting Entriesの下にある3つの基本要素の1つであるEntity Informationのさらに下位にあるEntry Detail要素の中に記述される。このEntry Detail要素の中のInformation About Source Document要素とXBRL Information要素の中にそれぞれ，データの源泉と連携先のFRタクソノミの要素に関する情報が記述され，これらを総称してSRCDモジュールという（**図表23－4**）。

**図表23－4** GLとFRとの連携の仕組み

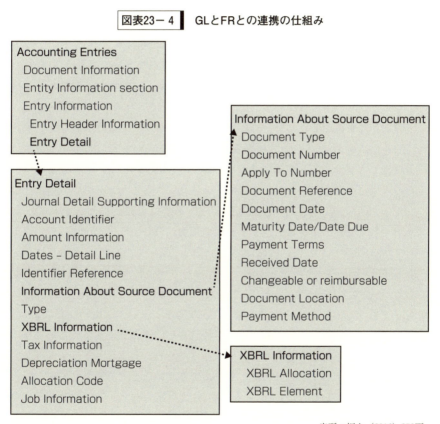

出所：坂上（2016）253頁。

先ほど，内部で用いている勘定科目と，財務諸表上の報告項目が一致していないからといって，簿記と会計が独立したものであるとは断言できないと述べたが，ここで極端な例を示して考察することにしよう。たとえば企業内で，売掛金の管理のために「買掛金」という勘定科目を用いていたとしよう。もちろ

380　第6部　非営利組織体における簿記研究の展開

ん資産勘定なので，借方残高科目であり，その増加は借方に記入し，その減少
は貸方に記入することになる。同様に買掛金の管理のために「売掛金」という
勘定を用い，負債勘定なので，貸方残高科目であり，その増加は貸方に記入し，
その減少は借方に記入するものとする。このような記帳方法は経理自由の原則
により，禁止はされてはいないが，これをそのまま財務諸表上で表示すること
できない。なぜならば，財務諸表を作成する際の用語や様式，作成方法などを
定めている財務諸表等規則などの法令・規則が存在するからだ。

　このように財務諸表上の報告項目とはまったく異なる勘定科目名で内部的に
は記帳していたとしても，XBRL GLデータのSRCDモジュールのXBRL Infor-
mation要素には，売掛金の関連づけ先のXBRL FRタクソノミ項目は「買掛金」
と指定し，買掛金の関連づけ先のXBRL FRタクソノミ項目は「売掛金」と指
定しておくことで，両者は有機的に関連づけられ，結びつくことになる。

　このことは組織内部において管理目的で勘定科目がどのような名称で記入さ
れているかということと，財務諸表作成の際に用いられる（関連づけられる）
報告項目とが異なっていても（それがたとえ真逆であっても），それを結びつけ
るための情報を備えていれさえすれば，一体化できることを示唆している。現
にXBRL GL形式でインプットし，XBRL FR形式に自動的に集約されアウト
プットできる会計情報システムであれば，適切にSRCDデータが記入されたGL
データからFRデータを自動的に作成し，その作成されたFRデータをドリルダ
ウンして元のGLデータにたどるという動作をさせることは，理論的には可能
である[4]。つまりXBRL GLとFRのタクソノミ構造からは，簿記と会計とは
一見して独立しているように見えるが，SRCDモジュールの助けを借りれば，
簿記と会計が一体化したものとして連携されるということである。このことは，
簿記会計一体説を支持する有力な証拠となるだろう。

　しかしながらGLデータとFRデータを結びつけることができない場合という
ものも存在する。それは，FRデータの数値が，GLデータと何の関連もなく表
示されることを求められる場合であり，繰り返しになるが，極端な時価主義会
計による財務報告が求められる場合である。記録されたデータに基づかずに財
務諸表が作成されるのであれば，XBRL GLとFRとを結び付けるSRCDの仕組

---

（4）　XBRL GLデータをインプットとする会計情報システムの例としては，ワコール社の会計情報シ
　　ステムが知られており，実際，FRデータをドリルダウンし，元のGLデータを参照可能なシステ
　　ムが構築されている。

みそのものが無意味な存在となってしまう。

# 第6節　おわりに

　非営利組織体の会計には多様性がある。会計基準１つ取っても，公益法人会計基準，学校法人会計基準，社会福祉法人会計基準，医療法人会計基準，NPO法人会計基準等々があり，それぞれの法人形態によって帳簿に記録される内容もさまざまである。その一方で，JICPAの非営利組織会計検討会が提示したモデル会計基準というものがある。法人形態別に存在している各会計基準に示されていない会計処理を行う際にこのモデル会計基準を参照することによって，各会計基準間にある相違を減らし，整合性を確保しようとする試みもなされている。その成果は，企業会計で用いる損益計算書に相当する計算書類について，活動計算書という呼称で統一されつつあることからも見て取れる。

　法人形態によって管理すべき対象は違うだろうし，簿記処理の仕方についてもさまざまであるかもしれないが，各会計基準でそれに特化した財務諸表が作成されているのであれば，会計管理のための簿記と決算中心の簿記とは一致することになる。

　しかし，全ての非営利法人がモデル会計基準に従って会計報告を行うことになった場合に，このような統一的な財務諸表様式に対応するために，会計管理のための簿記が歪められることも考えられる。会計管理のための簿記をしっかりと行いつつ，会計報告を行うための財務諸表の作成も行うことができるのかという問題について，本章ではXBRL GLとFRとの連携を図るSRCDの仕組みを紹介し，技術的には十分に対応することができることを示した。つまり会計管理のための簿記を貫きながら，簿記と会計が一体となって有機的に連携することができることが示されたのである。

　非営利組織会計の多様性は，理解可能性を阻み，これまでも多くの人々を悩ませ続けてきた。モデル会計基準だけでは，監督官庁から要求される全ての会計報告を達成することはできないかもしれないが，貸借対照表や活動計算書などの基本的な計算書類だけでも，統一的な概念の下で作成され，統一的な様式の下で報告されることにより，非営利組織体の取組みがより良く理解されるようになることを期待している。

## 【参考文献】

Jaeger, H. K. (1976) *The Structure of Consolidated Accounting*, The Macmillan Press Ltd. (会田義雄監訳, 指方徳幸訳, 1983年『連結会計の構造』セントラル出版社)

Stein, N. D. (1988) *Preparation of Consolidated Accounts*, Financial Training Publications Ltd.

池田幸典 (2017)「連結帳簿の必要性と可能性」『愛知経営論集』第174・175合併号, 25-50頁。(URL：https://core.ac.uk/download/268151651.pdf)

岩田巌 (1955)「二つの簿記学：決算中心の簿記と会計管理のための簿記」『産業経理』第15巻第6号, 8-14頁。

公益法人の会計に関する研究会 (2022)『令和3年度公益法人の会計に関する諸課題の検討状況について』公益法人Information。(URL：https://www.koeki-info.go.jp/よりダウンロードできる)

公益法人の会計に関する研究会 (2023)『令和4年度公益法人の会計に関する諸課題の検討結果及び整理について』公益法人Information。(URL：https://www.koeki-info.go.jp/よりダウンロードできる)

桜井久勝 (2023)『財務会計講義〈第24版〉』中央経済社。

角ケ谷典幸 (2022)「簿記と会計の関係性と（学際的）簿記研究の可能性」『簿記研究』, 第5巻第1号, 1-8頁。

特定非営利活動法人の会計の明確化に関する研究会 (2012)「特定非営利活動促進法に係る諸手続の手引き」内閣府。(URL：https://www.npo-homepage.go.jp/uploads/202106_manual_all.pdf)

松前江里子 (2020)「非営利組織における財務報告の検討について（概要）」『第1回社会福祉法人会計基準等検討会資料（資料7-1）』厚生労働省。(URL：https://www.mhlw.go.jp/content/12000000/000702219.pdf)

長谷川哲嘉 (2012)「非営利会計の混迷」『早稲田商学』第432号, 111-174頁。

非営利組織会計検討会 (2019)『非営利組織における財務報告の検討〜財務報告の基礎概念・モデル会計基準の提案〜』日本公認会計士協会。(URL：https://jicpa.or.jp/specialized_field/files/0-0-0-2a-20190718_2.pdf)

古市雄一朗 (2017)「非営利組織の純資産についての研究」『研究年報』第11号, 117-127頁。

（坂上　学）

# 結　章

# 本研究のまとめと今後の課題・展望

　本書では，非営利組織体における簿記に関して，その特徴・意義・役割等を明らかにするとともに，損益計算を本来目的としないと考えられる非営利組織体にとって，複式簿記がどのように利用されているのか，複式簿記がどのように役立っているのかを，実務の側面から検討することを目的として，次のような問題意識をもち，検討を行ってきた。

（問題ａ）　各非営利組織体に，複式簿記がどのような経緯で導入されるに至ったのか。
（問題ｂ）　各非営利組織体における特徴的な簿記処理はどのような要因によるものなのか。
（問題ｃ）　各非営利組織体で実践されている複式簿記には，どのような意義・役割があるのか。
（問題ｄ）　各非営利組織体で実践されている複式簿記における，取引要素の結合関係はどのようなものか。
（問題ｅ）　非営利組織体間の簿記処理の異同点はどのようなものか。

　これらに対して，検討対象とした非営利組織体ごとに，各非営利組織体への複式簿記の導入状況，非営利組織体の中での実践方法，そこから得られる情報（財務諸表），非営利組織体間の簿記処理の比較，取引要素の結合関係などを検討した結果，以下のような結論を得ることができた。

（結論１）　非営利組織体においては，活動目的の実現の程度を明らかにするため，かつ，活動の効率性を明らかにするために，活動の状況を表す名目勘定の記録を必要とすること。

　（結論１）は，（問題ａ）と（問題ｃ）に対する解答である。活動目的がどのくらい実現したかどうかはさまざまな手法で表すことができるが，非営利組織体の活動はさまざまな資金提供者からの資金によって支えられているため，資

384 結 章 本研究のまとめと今後の課題・展望

金的な側面からその程度を表すことが求められる。そのためには，実在勘定だけでの報告は不十分であり，名目勘定による説明が必要とされる。つまり，名目勘定を明示的に記録することができる複式簿記が必要とされる。

> （結論2） 非営利組織体においては，使途制限や資金の維持の状況を資金提供者等へ明示するために，実在勘定と名目勘定の記録を必要とすること。

この結論は，（問題b）と（問題c）に対する解答である。使途制限のある資金や維持すべき資金の受領を表すだけではなく，使途制限のある資金や維持すべき資金がどのような状況になっているのか，使途制限のある資金や維持すべき資金に関する状況がどのように変化しているのかなど，さまざまな資金提供者からの資金によって活動が支えられている非営利組織体は，自らの活動の状況を説明しなければならず，そのために実在勘定だけでなく名目勘定が必要とされ，両者を統合的に記録することができる複式簿記が必要とされる。

> （結論3） （結論1）と（結論2）について，複数の取引要素の結合関係を伴う記録を必要とすること（複数項目の異なる動きが同時に記録される体系を必要とすること）。

この結論は，（問題a）・（問題b）・（問題c）に対する解答である。非営利組織体は，営利を目的に活動を行っているわけではないが，営利企業と同様に，活動目的の達成・活動の効率性が求められる。そのためには，名目勘定によって活動の状況を記録するとともに，実在勘定によってそれらの活動がどのような結果に至ったかを関連付けて明示する必要があり，複数の勘定を同時に関連付けて記録することができる複式簿記が必要とされる。

> （結論4） 取引要素の結合関係は企業会計とは異なる形をとる。これは，非営利組織体が必要としている複式簿記における要素が企業会計のそれとは異なることを意味する。

この結論は，（問題d）に対する解答である。非営利組織体における取引要素の結合関係は，企業会計と同様の「8要素の結合関係」もみられるが，「6要素の結合関係」，「10要素の結合関係」，「11要素の結合関係」，「12要素の結合関係」といった関係も見られた。「8要素の結合関係」となる場合にも，要素の内容が企業会計と異なる可能性がある点を考えると，非営利組織体における取引要素の結合関係は企業会計のそれとは異なる可能性が示唆されるのであり，

結　章　本研究のまとめと今後の課題・展望　　*385*

非営利組織体に必要とされる複式簿記の意義・役割が企業会計のそれとは異なることの1つの裏付けと考えることができよう。

> （結論5）　非営利組織体それぞれが異なる活動目的を持ち，その活動目的の達成状況を明確に表すことができる記録体系を必要としており，そのことは類似の非営利組織体の簿記処理にも表れている。

　この結論は，（問題a）〜（問題e）に対する解答である。各非営利組織体は，それぞれが異なる活動目的をもち，その活動目的に賛同するあるいはその活動目的を支えるべき人々・組織から資金を提供してもらい，活動目的を達成すべく活動する。そして，当該非営利組織体の活動状況が最も反映されるような形で，非営利組織体に関わる人々への活動報告（情報提供）を行う必要がある。したがって，そのような目的を果たせるように求められる記録体系は各非営利組織体の活動状況が明確に表れることを前提としており，それが各非営利組織体の簿記処理の特徴として表れており，非営利組織体における複式簿記が，（結論1）〜（結論4）のような特徴を持つに至ったと結論づけられよう。

> （結論6）　XBRLの技術により，異なる情報の作成が求められる各非営利組織の簿記処理および表示について一定の共通化は技術的に可能であるが，非営利組織体ごとに利害関係者に提供すべき情報が異なるため，一律の共通化ではなく会計基準の統合化など複数のアプローチを考えるべきである。

　この結論は，（問題e）に対する解答である。近年，非営利組織体ごとに異なる会計基準の共通化に関する議論が進んでいる。営利を求めないという点で共通する非営利組織体の会計基準を共通化することは，多くの資金を不特定多数の人々から調達しなければならない状況になりつつある現在，望ましいことであるかもしれない。

　一方，非営利組織体ごとにその活動目的（ミッション）が異なるのであり，活動の状況および活動の結果たる非営利組織体の状況について，非営利組織体が利害関係者に提供すべき情報は異なる。したがって，会計基準および求められる簿記処理・表示の一律の共通化はむしろ非営利組織体の状況を適切に表現できなくなってしまう可能性もあり，それゆえ会計基準の統合化など，共通化とは異なるアプローチの必要性を主張するものである。

一方で，次のような大きな課題も認識している。

1つ目の課題は，本書における2つのグルーピングの接合に関する検討が不十分である点である。第1部～第5部において各非営利組織体の簿記処理の検討を行う際には，その簿記処理を特徴づけている使途制限のある資金・維持すべき資金の処理方法に応じて5つにグルーピングした。一方で，取引要素の結合関係に関する検討を行う際には，各章で分析された結合関係図に基づいてグルーピングしており，その結合関係図に反映されている取引要素の判別基準ないし成立条件が統一的なものかどうかの検討は行われていない。

したがって，後者のグルーピングに関するさらなる検討を行い，取引要素の結合関係から各非営利組織体の簿記処理の特徴を明らかにし，前者で取り扱った資金の性格に基づく簿記処理の特徴の議論を結びつけることにより，非営利組織体で実践されている複式簿記の特徴をさらに一般化できる可能性がある。この点について研究を継続し，議論を深めていきたい。

2つ目の課題は，会計基準共通化の動きに対する具体的な手法の提示が行えていないことである。社会的な役割が高まっており，多くの資金を調達しなければならないのであれば，さまざまな非営利組織体が共通化されている情報を提供するほうが，資金提供者の資金提供に関する意思決定に，より資するであろう。一方で，われわれは，一律の共通化に対する危惧も有している。そのような中で最も適切な情報提供のあり方についてはまだ結論を得ることができなかった。各非営利組織体に対して求められる情報ニーズをしっかりを見極め，理論的・技術的に最も適切な共通の情報提供のあり方について，さらに研究していきたい。


今後も，非営利組織体に対する社会的要請はより高まり，その質も高まっていくであろう。たとえば，少子高齢化社会の到来により，学校法人へ効率的運営を求める社会的要請や社会福祉法人へ役割拡大を求める社会的要請は高まるであろうし，自然災害の頻度が上がっている現代においては，NPO法人に対する期待も高まるであろう。さらに，人口減少社会において，税を中心とする財源が細る現代においては，独立行政法人などが効率的にその役割を果たしていくことに対する社会的要請が高まるであろう。

このような時代背景・環境のもとで，各非営利組織体がその役割をよりよく満たすためには，各組織体が効率的に活動できるように，非営利組織体をナビ

ゲートする情報が必要であり，各組織体はそれらの情報を適時かつ正確に作り出さなければならない。そのために，非営利組織体はそのような情報を生み出す仕組みである複式簿記を必要とし，各非営利組織体の活動実態に合った形で展開しているのである。

（小野　正芳）

# 索　引

## 【欧文】

Entry Detail要素 ································ 379
Information About Source
　Document要素 ···························· 379
NPO法 ········································· 140
NPO法人会計基準 ·········· 140, 158, 370
NPO法人に特有の取引等 ············ 144
PDCAサイクル ····························· 9
SRCDモジュール ························· 380
XBRL ········································· 377
XBRL FR ···································· 377
XBRL FRタクソノミ項目 ··········· 380
XBRL GL ···································· 377
XBRL Information要素 ················ 379

## 【あ行】

意思決定モデル ····························· 8
意思決定有用性 ························· 238
１取引１仕訳 ··························· 138
１取引２仕訳 ···················· 137, 333
一体説 ····································· 368
一般財団法人 ··························· 128
一般社団法人 ··························· 128
一般正味財産 ·········· 129, 147, 162, 344
医療法人 ···································· 65
医療法人会計基準（厚生労働省令）
　··································· 36, 67
医療法人会計基準（四病院団体
　協議会）································ 36
インスタンス ··························· 377
インフラ資産 ··························· 279
運営費交付金 ····················· 84, 115
運営費交付金債務 ······················ 85

## 【か行】

会計管理のための簿記 ················· 368
介護保険制度 ··························· 194
開示 ·········································· 5
回転出資金 ······················· 28, 348
外部ガバナンス体制 ···················· 97
貸方科目 ·································· 11
貸方項目だけで維持すべき金額を
　表すグループ ······················ 307
貸方項目だけで使途制限を表す
　グループ ·························· 306
学校法人会計 ··························· 174
学校法人会計基準 ····················· 369
活動計算書 ··· 142, 163, 239, 332, 359, 370
活動制限 ·································· 12
活動の継続性 ··························· 350
活動別分類 ······························ 248
借方科目 ·································· 11
借方項目・貸方項目の両者で
　使途制限を表すグループ ········· 307
関係事業者との取引状況報告書 ······ 329
機会費用 ································· 330
機関決定使途拘束 ····················· 360
期間進行基準 ··························· 116
企業会計に近い形で出資額の維持を
　行うグループ ······················ 305
基金 ································· 164, 258
基金制度 ·································· 41
基金の返還 ······················· 41, 343
基盤純資産 ······················ 240, 335
寄附金 ····················· 84, 211, 224, 343
基本金 ············· 177, 211, 220, 258, 369
基本金組入額 ······················ 176, 225

基本金組入前当年度収支差額 ……… 176
基本財産 ………… 130, 158, 212, 224, 256
期末一括仕訳 …………………………… 271
キャッシュ・フロー計算書 ………… 239
キャッシュ・フローの割引現在価値
　………………………………………… 374
教育外活動収支 ……………………… 176
教育活動収支 ………………………… 176
教育活動による資金収支 …………… 176
行政コスト …………………………… 107
行政コスト計算書 ………… 80, 272, 330
共同計算方式 ………………………… 17
業務運営努力 ………………………… 123
業務実施コスト ……………………… 107
業務達成基準 ………………………… 116
業務類似性 …………………………… 311
拠点区分 ……………………………… 197
キリスト教会会計基準 ……………… 255
キリスト教会会計基準の解説 ……… 255
繰越収支差額 ………………………… 177
経営努力の認定 ……………………… 106
経済的な資源 ………………………… 345
計算書類 ……………………………… 196
経常活動区分 ………………………… 242
継続可能性 …………………………… 345
継続企業 ……………………………… 3
継続的活動能力 ………………… 238, 241
形態別分類 …………………………… 249
経理規程準則 ………………………… 194
経理自由の原則 ……………………… 376
決算残高 ……………………………… 333
決算中心の簿記 ……………………… 368
現金預金明細表 ……………………… 285
公益事業 ……………………………… 197
公益法人会計基準 …………………… 158
公益法人制度改革関連３法 ………… 128
公益目的事業比率 …………………… 355
合計残高試算表 ……………………… 278
拘束区分の変更勘定 … 242, 243, 248, 250

公的医療保険 ………………………… 44
広範なステークホルダー …………… 105
公有地の拡大の推進に関する法律
　…………………………………… 46, 68
効率性 ………………………………… 9
公立大学法人評価委員会 …………… 125
効率的な法人業務運営の達成 ……… 122
国立学校特別会計 …………………… 100
国立大学の法人化 …………………… 95
国立大学法人会計基準 ……………… 114
国立大学法人会計基準注解 ………… 114
国立大学法人等業務実施コスト
　計算書 ……………………………… 330
国立大学法人評価委員会 …………… 125
国立大学法人法 ……………………… 111
コスト削減努力 ……………………… 122
国庫補助金等特別積立金 ……… 213, 226
固定資産 ……………………………… 344
固定資産台帳 ………………………… 271
固定資産等形成分 …………………… 289
固定資産の取得 ………………… 346, 347
固定資産の取得財源別の処理 ……… 102

## 【さ行】

財源及びその他純資産増加原因 …… 277
財源措置 ……………………………… 96
財源等 ………………………………… 275
財源に応じた減価償却 ……………… 104
財産的基礎 …………………………… 99
財産の分配 …………………………… 3
財産目録 ………………… 174, 254, 329
財政的な基盤 ………………………… 348
財政面の均衡 ………………………… 101
埼玉県住宅供給公社会計規定 ……… 55
財団形態 ……………………………… 32
再調達原価 …………………………… 374
歳入歳出決算書 ……………………… 261
歳入歳出データ ……………………… 273
債務化 ………………………………… 102

| | | | |
|---|---|---|---|
| 財務活動収入 | 275 | 使途拘束純資産 | 241, 335 |
| 財務規程 | 262 | 使途制限等のある資金 | 84 |
| 財務健全性 | 241 | 使途制限のある資金 | 115 |
| 財務三基準 | 353, 370 | 資本 | 340 |
| 財務諸表 | 10 | 資本剰余金と利益剰余金の区分 | 349 |
| 財務諸表の構成要素 | 239, 240, 328 | 資本の運動 | 2, 4, 340 |
| 財務的生存力 | 144, 350 | 社会福祉基礎構造改革 | 193, 194 |
| 財務的弾力性 | 241 | 社会福祉事業 | 193, 194 |
| 債務の振替処理 | 102 | 社会福祉法人 | 193 |
| サービス提供能力 | 345, 347 | 社会福祉法人会計基準 | 194 |
| 時価評価 | 342 | 社会福祉法人制度改革 | 195 |
| 事業活動計算書 | 197 | 社団形態 | 33 |
| 事業活動支出の取消 | 181 | 収益事業 | 197 |
| 事業活動支出の発生 | 181 | 宗教団体法 | 253 |
| 事業活動収支計算書 | 175, 337 | 宗教法人会計基準（案） | 254 |
| 事業活動収入の取消・控除 | 181 | 宗教法人会計の指針 | 254 |
| 事業活動収入の発生 | 181 | 宗教法人計算書類記載要領（案） | 254 |
| 事業計画書 | 329 | 宗教法人法 | 253 |
| 事業の継続性 | 73 | 集計勘定 | 289 |
| 事業分量配当金 | 28 | 収支計算 | 288 |
| 資金 | 333 | 収支計算書 | 142, 169, 170, 174, 196, 254 |
| 資金収支計算書 | 175, 197, 272 | 収支相償 | 353 |
| 資金収支元帳 | 179 | 収支簿記 | 17, 18 |
| 資金剰余金計算書 | 259 | 収入要因の消滅 | 180 |
| 資金仕訳 | 280 | 収入要因の発生 | 180 |
| 資金仕訳変換表 | 280 | 重要性の原則 | 144 |
| 資金フロー | 288 | 出資組合 | 16 |
| 資源提供者による使途拘束 | 360 | 出資者 | 342 |
| 資源提供目的との整合性 | 239, 241 | 取得原価 | 374 |
| 事後評価 | 96 | 取得原価主義 | 374 |
| 資産と負債の差引計算 | 345 | 純資産 | 13 |
| 資産負債内訳簿 | 273 | 純資産間の振替区分 | 242 |
| 支出要因の消滅 | 180 | 純資産変動額 | 250 |
| 支出要因の発生 | 180 | 純資産変動計算書 | 272 |
| 施設整備等活動による資金収支 | 176 | 準則主義 | 128 |
| 施設費 | 84 | 消費収支計算書 | 175 |
| 実費手数料方式 | 17 | 情報開示の機能拡大 | 111 |
| 指定正味財産 | 129, 147, 162, 163, 344 | 情報提供機能 | 7 |
| 使途拘束区分 | 242 | 正味財産 | 129, 147, 257, 340 |

正味財産増減計算書 ……… 130, 162, 331
剰余金 …………………… 258, 260, 349
剰余金処分案 …………………………… 329
神社財務規程 …………………………… 255
神社財務規程施行細則 ………………… 255
出納整理期間 …………………………… 101
スチュワードシップに基づく説明
　　責任 ……………………………… 238
ストック …………………………………… 10
ストック式 ……………………………… 260
成果計算 …………………………………… 3
正規の簿記の原則 ……………………… 142
税金の賦課・徴収 ……………………… 274
精算表 …………………………………… 278
整理仕訳 ………………………………… 282
責任役員 ………………………………… 267
責任役員会 ……………………………… 257
説明責任 ………………………………… 350
総勘定元帳 ……………………………… 179
措置制度 ………………………………… 193
その他活動区分 ………………………… 242
その他の純資産減少原因 ……………… 276
損益外減価償却累計額勘定 …………… 104
損益外減損損失 ………………………… 107
損益外の簿記処理 ……………………… 119
損益均衡 ………………………………… 102
損益フロー ……………………………… 288

### 【た行】

対価性のない資金の流入 …………… 100
貸借記入原則 …………………………… 327
貸借対照表 … 146, 174, 197, 239, 254, 357
貸借平均の原理 …………………………… 2
代替基金 …………………………………… 41
代表役員 ………………………………… 257
タクソノミ ……………………………… 377
棚卸法 …………………………………… 287
単純な収支計算などから複式簿記に
　　よる簿記処理へ移行した組織体 … 294

担税者 …………………………………… 105
地方外郭団体（三公社） ………………… 65
地方行政法人法 ………………………… 111
地方公会計マニュアル ………………… 271
地方三公社 ………………………………… 46
地方住宅供給公社 ………………………… 46
地方住宅供給公社法 ………………… 46, 68
地方道路公社 ……………………………… 46
地方道路公社法 …………………… 46, 68
中央省庁の再編 …………………………… 95
注記 ……………………………… 147, 163
調整勘定 ………………………………… 175
積立金 …………………………… 344, 349
定款 ………………………………………… 52
統一的な基準 …………………………… 272
投資活動収入 …………………………… 275
当初から複式簿記による簿記処理が
　　求められている組織体 …………… 292
当年度収支差額 ………………………… 176
特殊財産 ………………………………… 260
特定資産 ………………………… 130, 159
特定非営利活動促進法 ………………… 140
特別財産 ………………………………… 256
独立行政法人 ……………………………… 78
独立行政法人化 ………………………… 111
独立行政法人会計基準 ………………… 114
独立行政法人会計基準注解 …………… 114
独立行政法人通則法 …………………… 114
独立行政法人評価制度委員会 ……… 125
独立説 …………………………………… 368
土地開発公社 ……………………………… 46
取引要素 ………………………………… 327
取引要素の結合関係 …………… 243, 327

### 【な行】

内部ガバナンス体制 …………………… 97
内部管理機能 ……………………………… 8
農業協同組合 ……………………………… 65
農業協同組合法施行規則 ………………… 66

索　引　*393*

## 【は行】

売却時価 ……………………………… 374
発生主義 ………………… 138, 144, 251
非営利組織 …………………………… 236
非営利組織会計基準の統一化 ……… 372
非営利組織会計検討プロジェクト … 234
非現金取引 …………………………… 280
非拘束区分 …………………………… 242
非拘束純資産 ………………… 241, 335
非資金仕訳 ……………………… 277, 280
非出資組合 …………………………… 16
日々仕訳 ……………………………… 273
病院会計準則 ………………………… 35
費用進行基準 ………………………… 116
複式簿記 ……………………………… 251
複式簿記導入の過渡期にある組織体
……………………………………… 297
複式簿記の導入過程にあるグループ
……………………………………… 308
普通財産 ……………………………… 256
フロー ………………………………… 10
フロー式 ……………………………… 260
報告責任 ……………………………… 7
宝物 …………………………………… 256

簿記会計一体説 ……………………… 375
簿記会計独立説 ……………………… 375
補助金 …………………………… 225, 343
補助金等 ……………………………… 84
ボランティア ………………………… 148

## 【ま行】

未収・未払・不納欠損残高整理表 … 284
民間出えん金 ………………………… 88
無条件委託方式 ……………………… 17
無償所管換等 ………………………… 285
メタ …………………………………… 377
モデル会計基準 ………… 234, 352, 371

## 【や行】

遊休財産額保有制度 ………………… 356
翌年度繰越支払資金 ………………… 176
翌年度繰越収支差額 ………………… 176
予算の執行 …………………………… 100
余剰分 ………………………………… 289

## 【ら行】

利害関係者 …………………………… 5, 6
利害調整機能 ………………………… 6
連結帳簿 ……………………………… 376

〈編著者紹介〉

# 小 野 正 芳（おの　まさよし）

日本大学商学部教授　　博士（経済学）千葉大学

1975年　長崎県生まれ
1997年　長崎大学経済学部卒業
2004年　千葉大学大学院社会文化科学研究科修了
2005年　千葉経済大学経済学部専任講師，准教授，教授を経て，
2022年　日本大学商学部教授
2024年　税理士試験委員
　　日本簿記学会簿記実務部会部会長（2018〜2021年）を通じて簿記実務の側面から簿記の機能を研究するとともに，日本簿記学会簿記教育部会（2008年〜2010年）をきっかけに設立された簿記教育研究会にて，よりよい簿記教育についての研究を進める。

[著書等]
『現場で使える簿記会計』（上野清貴編著）分担執筆（第1章：会社の活動と会計記録），中央経済社，2017年。
『ビジネスセンスが身につく会計学』（成川正晃編著）分担執筆（第4章：負債項目），中央経済社，2018年。
『27業種別　簿記・会計の処理と表示』編著，中央経済社，2021年。

---

非営利組織体の簿記研究──浸透する複式簿記の原理

---

2025年2月20日　第1版第1刷発行

編著者　小　野　正　芳
発行者　山　本　　　継
発行所　㈱中央経済社
発売元　㈱中央経済グループ
　　　　パブリッシング

〒101-0051　東京都千代田区神田神保町1-35
電話　03（3293）3371（編集代表）
　　　03（3293）3381（営業代表）
https://www.chuokeizai.co.jp
印刷／昭和情報プロセス㈱
製本／誠　製　本　㈱

©2025
Printed in Japan

＊頁の「欠落」や「順序違い」などがありましたらお取り替えいたしますので発売元までご送付ください。（送料小社負担）

ISBN978-4-502-52021-1　C3034

JCOPY〈出版者著作権管理機構委託出版物〉本書を無断で複写複製（コピー）することは，著作権法上の例外を除き，禁じられています。本書をコピーされる場合は事前に出版者著作権管理機構（JCOPY）の許諾を受けてください。
JCOPY〈https://www.jcopy.or.jp　eメール：info@jcopy.or.jp〉

会計と会計学の到達点を理論的に総括し、
現時点での成果を将来に引き継ぐ

# 体系現代会計学 全12巻

■総編集者■

斎藤静樹(主幹)・安藤英義・伊藤邦雄・大塚宗春

北村敬子・谷　武幸・平松一夫

---

■各巻書名および責任編集者■

第1巻　企業会計の基礎概念───────斎藤静樹・德賀芳弘

第2巻　企業会計の計算構造─────北村敬子・新田忠誓・柴　健次

第3巻　会計情報の有用性───────伊藤邦雄・桜井久勝

第4巻　会計基準のコンバージェンス──────平松一夫・辻山栄子

第5巻　企業会計と法制度───────安藤英義・古賀智敏・田中建二

第6巻　財務報告のフロンティア──────広瀬義州・藤井秀樹

第7巻　会計監査と企業統治───────千代田邦夫・鳥羽至英

第8巻　会計と会計学の歴史───────千葉準一・中野常男

第9巻　政府と非営利組織の会計─────大塚宗春・黒川行治

第10巻　業績管理会計───────谷　武幸・小林啓孝・小倉　昇

第11巻　戦略管理会計───────淺田孝幸・伊藤嘉博

第12巻　日本企業の管理会計システム───廣本敏郎・加登　豊・岡野　浩

## 中央経済社